汉语常用双音虚词的语法化研究

雷冬平 ◎ 著

中国社会科学出版社

图书在版编目(CIP)数据

汉语常用双音虚词的语法化研究／雷冬平著.—北京：中国社会科学出版社，2022.2
ISBN 978-7-5203-9789-6

Ⅰ.①汉⋯　Ⅱ.①雷⋯　Ⅲ.①汉语—虚词—研究　Ⅳ.①H146.2

中国版本图书馆 CIP 数据核字（2022）第 031025 号

出 版 人	赵剑英
责任编辑	宫京蕾　郭如玥
责任校对	李　剑
责任印制	郝美娜
出　　版	中国社会科学出版社
社　　址	北京鼓楼西大街甲 158 号
邮　　编	100720
网　　址	http：//www.csspw.cn
发 行 部	010-84083685
门 市 部	010-84029450
经　　销	新华书店及其他书店
印刷装订	北京君升印刷有限公司
版　　次	2022 年 2 月第 1 版
印　　次	2022 年 2 月第 1 次印刷
开　　本	710×1000　1/16
印　　张	22
插　　页	2
字　　数	361 千字
定　　价	128.00 元

凡购买中国社会科学出版社图书，如有质量问题请与本社营销中心联系调换
电话：010-84083683
版权所有　侵权必究

目　　录

第一章　双音虚词语法化环境研究 …………………………………（1）
  第一节　连续语法化环境与双音虚词的形成 ……………………（2）
    一　引言 ……………………………………………………………（2）
    二　"好在"形成的源语环境 ………………………………………（3）
    三　"好在"形成的临界环境 ……………………………………（10）
    四　"好在"形成的孤立环境和扩展的习用化环境…………（13）
    五　结语 ……………………………………………………………（19）
  第二节　语境的强化和弱化与双音虚词的形成 …………………（20）
    一　引言 ……………………………………………………………（20）
    二　"正在"形成的研究述评 ……………………………………（21）
    三　"正在"语法化的关键语境：进行体标记"在这里/
    　　那里"的形成 …………………………………………………（24）
    四　"正在"语法化环境的组合强化与脱落弱化………………（28）
    五　"正在"继续语法化的环境：背景信息与前景
    　　信息的转换 ……………………………………………………（34）
    六　结语 ……………………………………………………………（41）
  第三节　构式语境的压制与双音虚词的形成 ……………………（41）
    一　引言 ……………………………………………………………（42）
    二　语气副词"还好"形成的构式语境及构式压制…………（43）
    三　语气副词"还好"扩展的习用化环境及其功能扩展………（52）
    四　结语 ……………………………………………………………（56）
第二章　双音虚词的语法化路径研究 …………………………………（58）
  第一节　多源归一的语法化路径研究 ……………………………（59）
    一　引言 ……………………………………………………………（59）

二　"太过"的多源归一的语法化路径研究……………………（59）
　　三　连词"因为"多源归一的形成路径研究…………………（71）
　　四　结语……………………………………………………………（75）
第二节　类源同向的语法化路径研究…………………………………（76）
　　一　引言……………………………………………………………（76）
　　二　"出于"的语法化路径研究……………………………………（77）
　　三　"基于"的语法化路径研究……………………………………（83）
　　四　"鉴于"的语法化路径研究……………………………………（88）
　　五　结语……………………………………………………………（94）
第三节　连续语法化路径研究…………………………………………（95）
　　一　引言……………………………………………………………（95）
　　二　名词性短语"好道$_1$"向肯定语气副词的演化………………（95）
　　三　肯定语气副词"好道$_2$"向测度副词"好道$_3$"的演化………（98）
　　四　测度副词"好道$_3$"向反诘副词"好道$_4$"的演化……………（99）
　　五　结语……………………………………………………………（101）
第四节　汉语虚词语法化路径的规律和例外研究……………………（101）
　　一　引言……………………………………………………………（101）
　　二　"总"与"拢"类总括副词的表义规律………………………（102）
　　三　"捞总"表义例外的规律性解释………………………………（111）
　　四　结语……………………………………………………………（125）

第三章　双音虚词语法化链与功能演化研究……………………………（127）
第一节　名词短语→形容词→语气副词的演变………………………（127）
　　一　引言……………………………………………………………（127）
　　二　副词"真心"的句法分布特征…………………………………（128）
　　三　"真心"的虚化轨迹及动因……………………………………（133）
　　四　语气副词"真心"的语用功能…………………………………（140）
　　五　结语……………………………………………………………（142）
第二节　名词→程度副词的演变………………………………………（143）
　　一　引言……………………………………………………………（143）
　　二　程度副词"极度、极端"的句法表现…………………………（143）
　　三　"极度、极端"语法化的过程…………………………………（145）

四　"极度、极端"语法化的动因……………………………(151)
　　五　结语……………………………………………………(154)
第三节　短语→连词→话语标记的演变………………………(155)
　　一　引言……………………………………………………(155)
　　二　连词"再有"的语法化过程……………………………(156)
　　三　连词"再有"的话语标记功能…………………………(162)
　　四　结语……………………………………………………(166)
第四节　跨层结构→连词→话语标记的演变…………………(167)
　　一　引言……………………………………………………(167)
　　二　连词"再则"的语法化过程……………………………(168)
　　三　"再则"的话语标记功能………………………………(172)
　　四　结语……………………………………………………(176)

第四章　构式框架与双音虚词的语法化研究……………………(177)
第一节　构式省缩与双音虚词的形成…………………………(178)
　　一　引言……………………………………………………(178)
　　二　"最/再+X+不过"构式中"X"的构成………………(179)
　　三　"最/再+X+不过"构式的句法和语用功能…………(182)
　　四　"最/再+X+不过"构式的语法化过程和语义获得……(186)
　　五　结语……………………………………………………(192)
第二节　构式配对与双音虚词的形成…………………………(194)
　　一　引言……………………………………………………(194)
　　二　语气助词"也罢"的功能………………………………(194)
　　三　语气助词"也罢"的语法化过程………………………(196)
　　四　语气词"也好"的语法化过程…………………………(202)
　　五　语气助词"也好"的语义语用分析……………………(205)
　　六　结语……………………………………………………(208)
第三节　构式构件融合与双音虚词的形成……………………(209)
　　一　引言……………………………………………………(209)
　　二　构式"一+N+VC"的构成及构件的性质……………(210)
　　三　构式"一+N+VC"的形成及其意义…………………(217)
　　四　构式"一+N+VC"的语用功能及构件的词汇化………(221)

五　结语…………………………………………………………（227）
第五章　汉语双音虚词语法化的动因和机制研究……………………（228）
　第一节　语用推理与双音虚词的形成………………………………（228）
　　一　引言…………………………………………………………（228）
　　二　语用推理与"看看"的功能演变……………………………（229）
　　三　语用推理与"眼看"的形成…………………………………（238）
　　四　结语…………………………………………………………（250）
　第二节　概念隐喻与双音虚词的形成………………………………（250）
　　一　引言…………………………………………………………（250）
　　二　概念隐喻与副词"流水"的形成……………………………（251）
　　三　概念隐喻与介词"透过"的形成……………………………（260）
　　四　结语…………………………………………………………（268）
　第三节　韵律制约与双音虚词的形成………………………………（269）
　　一　引言…………………………………………………………（269）
　　二　由果索因的演绎法与"无从"类词的形成…………………（269）
　　三　"所"的指称化标记与转指功能……………………………（278）
　　四　"有""无"的名物化强制功能和"所"的零形转指……（283）
　　五　韵律双音化的推动与功能词"所"的去留…………………（285）
　　六　结语…………………………………………………………（287）
　第四节　重新分析与双音虚词的形成………………………………（288）
　　一　引言…………………………………………………………（288）
　　二　"无比"的历史演化…………………………………………（290）
　　三　副词"无比"形成的动因、机制及其虚化特点……………（297）
　　四　程度副词"无比"句法功能的扩展…………………………（304）
　　五　结语…………………………………………………………（308）
参考文献………………………………………………………………（310）
后记……………………………………………………………………（345）

第一章　双音虚词语法化环境研究

　　语法化过程是语言演变中的一个重要方面，这一过程可能涉及语言的语音、语义、语法、词法、语用等各个方面。语法化研究的是一个语言的词汇项如何演变成一个功能项，或者是研究一个较虚的功能项演变成一个更虚的功能项。这样的研究决定了语法化研究属于语言的历时研究，即各个共时截面的语言，都叠置了历时的词汇和语法信息，共时层面的语言现象是语言在历史发展的过程中不断演变压缩叠置的结果。因此，语法化研究不仅要有共时层面语言现象的充分描写，更要有历时溯源和探流的研究，目的就是推导出语言形式的演变和形成过程。如果说共时研究是锯木头式的横截面年轮观察的话，则历时考察就是拉伸弹簧式的牵引观察，要把压缩在一个层面的平面年轮的面貌拉伸成一个圆柱形的立体的面貌，以观察语言的历时演变，或预测语言将要发展的方向，这就需要我们特别关注语言的项是在怎样的语境中发生了演变。所以，语法化环境是语法化研究第一需要注重的，如果语法化输入项的源环境没有找正确，则其后的整个演变路径和过程及其结果都有可能是错误的。本章特别强调语法化环境中的连续环境的研究，而且也注意语言在使用过程中，由于语用的需要，语法化环境会出现强化和弱化的现象，这种环境的变化都会导致置身其中的语言成分发生变化。特别是有时候，整个构式环境会因为语用因素而将这个构式的语义压制到某些成分之上，则获得这些语义的成分就容易在这种高频使用中发生语法化和词汇化现象。

第一节　连续语法化环境与双音虚词的形成[①]

一　引言

传统的语法化观认为，语法化就是一个单纯的由"实词性成分>虚词性成分"或"虚词性成分>语法性更强的虚词性成分"的过程。这一观点忽略了词语所处的句法环境，因而遭到众多学者的质疑。海涅（Heine）（2002）和迪瓦尔德（Diewald）（2002）提出语法化的"连续环境"理论，认为语法化发生于特定环境里。事实也是如此，因为单个词语从来不会孤立地发生语法化，词语的语法化离不开它所处的某个特定的高频使用的句法构式（construction）。因此，海涅（Heine）（2002：84-85）提出了"桥引环境（bridging context）""转换环境（switch context）"和"规约化环境（conventionalization context）"三种语法化中的连续环境。迪瓦尔德（Diewald）（2002：104-114）也提出了"非典型环境（untypical context）""临界环境（critical context）"和"孤立环境（isolating context）"三种语法化中的连续环境。我们同意彭睿（2008）在综合以上两位学者的基础上所提出的四种语法化中的连续环境（转引如下），即：

a. 非典型环境（untypical context）
源义为唯一解释
b. 临界环境（critical context）
源义和目标义都是可能解释
c. 孤立环境（isolating context）
目标义因该环境的特定语义和句法形态特征而成为唯一解释
d. 习用化环境（conventionalization）
目标义常态化，分布环境扩展

其中，"临界环境"也就是语法化研究中所说的某一语言形态可以进行重新分析所处的语境，即语法化"A→AB→B"过程中的"AB"形态

[①] 此节相关内容曾发表于《汉语学习》2015年第5期。

所处的句法环境，这一环境是语法化研究中的关键。当然，这一阶段语境又来源于 A 形态所处的"非典型环境"，因此，如果某一功能项的 A 形态所处的环境判断错误的话，那么后面的研究都会发生连环错误。因为 A 形态所处的环境是语法化链的源头环境，我们认为将 A 形态所处环境称为"源语环境"更为准确。

本节我们将以副词"好在"的形成为例，来探讨连续语法化环境分析在双音虚词语法化研究中的重要性。

二 "好在"形成的源语环境

"庆幸"义语气副词"好在"的研究主要集中在对其功能的描写上，有将其功能与"幸亏"功能进行比较研究的，如于峻嵘、康辉（2005），刘金哲（2009），方红（2010）等；也有将其置于整个"庆幸"义词类中进行比较研究的，如方红（2003）、丁杰（2007）和邵敬敏、王宜广（2011）等。刘小钦（2011）和刘丞（2012）则侧重对"好在"的形成进行了研究，当然也有刘愿愿（2011）对"好在"及其相关格式进行了系统研究。我们认为，学界对"好在"的功能研究已经很深入了，但是对于副词"好在"的形成，却存在几个需要解决的问题：第一，"好在"的形成过程不明；第二，引发"好在"形成的动因不清；第三，"好在"的"庆幸"语义如何获得。本节拟对这几个问题进行探讨。

（一）"好在"的源语环境

1. "好处在于"之"好在"

我们说，"好在"的源语环境的研究非常重要，在已有关于语气副词"好在"的形成研究中，刘小钦（2011）、刘愿愿（2011）和刘丞（2012）都把"好处在于……"义的线性排列"好在"认为是语气副词"好在"的来源语境。他们都用到了例（1）这样的例子：

（1）曰：好僧堂。对曰：极好工夫。曰：<u>好在</u>甚处。对曰：一梁一柱。（宋·惠洪《禅林僧宝传》卷二十五）

刘愿愿（2011）和刘丞（2012）都认为"好在甚处"是形容词

"好"+介词"在"结构,"在"字介宾短语充当"好"的补语。当然刘丞(2012)也认为该结构可以分析成主谓宾结构,即"好"转指为名词"好处"充当主语,"在"为动词充当谓语,后面的处所 L 为"在"的宾语。我们认为,"好在甚处"主谓宾结构的分析可能更接近于语言事实的本身,但无论是哪种解释,它都不是副词"好在"形成的源语环境。因为在这样的源语环境的判断下,刘丞(2012)将例(2)和例(3)这样的语言环境看成是副词"好在"形成的临界环境:

(2)蒋平道:"也倒罢了。只是我这牲口就在露天地里了。好在夜间还不甚凉,尚可以将就。"说罢,将坐骑拴在碾台子桩柱上。(清·石玉昆《七侠五义》)

(3)就便小人也不告知他们说是将军,但说是小人的至好朋友。好在小人村上只有小人一家,算是个独家村,原无他虑,但天下事没有小心出乱子来的。(清·唐芸洲《七剑十三侠》)

刘丞认为,当"好在"所处环境的"在"后宾语发生扩展,即在例(2)和例(3)中,"出现了'好在'处于句首,后接某一空间或时间事实的表述,这时,"好在"结构可以发生重新分析,他认为,以上二例"一方面可以分析为:好$_{指称}$+(在$_{介}$L/T)+VP;另一方面,'在'表示'在于',整个'好在'成为主谓结构,而后面的空间或时间表述为其小句宾语,可以分析为:好$_{指称}$+在$_{动词}$+S$_{小句(L/T)}$。同时根据上文分析,虽然'好在'后接表述时空的事实,但是语义重心已发生后移,韵律词'好在'已隐退为非语义重心。处于非语义重心地位的语段最容易发生句法成分间边界的改变,'好在'开始词汇化,也可以分析为:好在+S$_{小句(L/T)}$"。从这一段分析中可以看出,刘丞认为,例(2)、例(3)这样的语境是"好在"形成的临界环境,在这种句法环境中,"好在"的源义和目标义都可以解释。然而,我们认为,例(2)和例(3)中的"好在"已经完全是一个表示"庆幸"义的语气副词了,它不可以分析成例(1)中的"好在",也就是说,例(2)和例(3)中的"好在"是处于上文所说的孤立环境,在这种孤立环境中,"好在"作为副词的目标义因该环境的特定语义和句法形态特征而成为唯一解释。刘丞认为,语气副词

"好在"一般出现在这样的语义模式中：A，好在B，C。A叙述一个不利的状况，B记叙一个客观存在的事实情况，C是可能取得的理想结果"。我们认同刘丞关于副词"好在"成词的环境分析，也就是说，这种语境是副词"好在"所处的典型孤立环境。其实例（2）就包含着这样的语义模式，例（2）中，A就是"只是我这牲口就在露天地里了"，陈述的是一个不利的状况，B就是"夜间还不甚凉"，C就是"尚可以将就"。而例（3）其实是语气副词"好在"语境的发展，它已经突破了"好在"所处的孤立环境（详见下文），处于一种习用化环境中，因为A记述的是一种做法，并不是不利的状况，C前有转折，因而表达的不是因B的存在而取得的理想结果，而是表达尽管B仍C的意思。也就是说，尽管"小人村上只有小人一家，算是个独家村"，仍然要"小心才不会出乱子"。因此，例（2）和例（3）这样的例子分别是"好在"的孤立环境和习用化环境，在这样的句法环境中，"好在"已经完全是一个语气副词了，不能够进行两可的重新分析。另外，从研究来看（详见下文），此二例文献如当成重新分析的例子的话，从时代上来看也略晚，因为在二文献的成书年代，语气副词"好在"已发展成熟。

临界环境判断的偏差，主要是因为源语环境判断的失误。我们认为，"好$_{指称}$+在$_{动词}$+S$_{小句(L/T)}$"中的"好在"不可能发生词汇化，主要是因为：

第一，"好$_{指称}$+在$_{动词}$+S$_{小句(L/T)}$"结构从历史文献用例来看，一般用于对话语境中，可以处于问句，如例（1），再如：

（4）"如黄鲁直传，鲁直亦自有好处，亦不曾载得。"文蔚问："鲁直好在甚处？"曰："他亦孝友。"（宋·黎靖德《朱子语类》卷一百三十）

（5）先生云："曾见史丞相书否？"刘云："见了。看他说'昔在'二字，其说甚乖。"曰："亦有好处。"刘问："好在甚处？"曰："如'命公后'，众说皆云，命伯禽为周公之后。"（宋·黎靖德《朱子语类》卷七十八）

（6）一日雨下，天性上座谓师曰："好雨！"师曰："好在甚么处？"性无语。师曰："某甲却道得。"性曰："好在甚么处？"师指

雨，性又无语。师曰："何得大智而默。"（宋·释普济《五灯会元》卷九）

已有研究都提到这几个文献用例，但是这种句法环境中，缺乏上文所提到的"好在"语法化所需要的"A，好在B，C"格式。

"好在"亦可出现在问答中的答句。如例（4）中的回答补充完整是"好在他亦孝友"，语义表达已经结束了，没有一个语义逆转的C来促使"好在"融合。这主要是因为"在+L"结构是句子语义表达的信息焦点，即使有韵律的作用，它也很难重新分析成"好在+L"结构。如：

（7）只今何处有新诗？<u>好在</u>小春十月、醉翁辞。（宋·佚名《虞美人》词）

例（7）中，前一分句是问"何处有新诗"，后一分句回答"好的诗在小春十月醉翁写的辞"。这样的"好在"的跨层线性排列是不可能融合的。当然，这种"好在"也可以是用在陈述句中，陈述前一分句所述事物好处的所在之处，如：

（8）殊方他日登楼句，<u>好在</u>孤吟处。（宋·吴则礼《虞美人·寄济川》词）

所以，像例（7）和例（8）中这样的主谓式结构"好在"，当"好"发生了指称化转指"好的方面"，"在"为动词时，整句表示"好处在……"之义。这种用法在现代汉语中还很常见，如对话中，常说："你真好！"答曰："我好在哪儿？"对曰："你好在待人真诚。"此处的"好在"就同例（4）至例（8）一样，是主谓结构。"在"及其后成分是信息表达焦点，这种情况下，"在"很难虚化而与"好"发生融合。

第二，"好$_{指称}$+在$_{动词}$+S$_{小句(L/T)}$"这种结构的"好在"跨层结构到现代汉语中还可以形成一种拷贝式的强调结构"好就好在……"，如：

（9）韦国清同志的报告好，<u>好就好在</u>研究了新的历史条件下的问题，有针对性地提出了解决的办法。①

（10）"好八连"好就好在几十年如一日，发扬老红军的光荣传统，保持艰苦奋斗的政治本色。

（11）天津市河西区的做法，好就好在不做事后诸葛亮，而是未雨绸缪、防患于未然。

（12）一位男青年拿着一张恋人的照片印制私人挂历，他说："这样的挂历好就好在我能独自拥有。"

例（9）和例（10）前一分句中都出现了"好"，所以，"好就好在"中的"好"是对前文的照应，"好"只能理解成"好处"，而例（11）和例（12）前一分句虽然没有"好"，但在这样的句法环境中，"好"依然是"好处"义。既然表示"好处在于……"中的"好在"都可以变成这种扩展式拷贝结构，这说明这种结构的"好在"还没有凝固成词。即使在以上这样的句子中，如果将整个"好就好在"替换成"好在"，这样的"好在"依然不可以理解成语气副词"好在"。因为例（9）和例（10）的前一分句有"好"字照应，故其中的"好就好在"替换成"好在"，这种"好在"肯定不能理解成语气副词；我们将例（11）和例（12）中的"好就好在"替换成"好在"，看是否能将"好在"理解成语气副词：

（13）天津市河西区的做法，好在不做事后诸葛亮，而是未雨绸缪、防患于未然。

（14）一位男青年拿着一张恋人的照片印制私人挂历，他说："这样的挂历好在我能独自拥有。"

例（13）中，句法环境好像似乎也含有"A，好在B，C"这样的结构，但是，"好在"B分句所陈述的事实，并没有促使A的不利状况的改变，此例所表达是A就是C的语义。因此，这样的似是而非的例子也只

---

① 本书例句如无出处说明，则皆来源于北大语料库网络版（http://ccl.pku.edu.cn:8080/ccl_corpus）。

能理解成"好处在于……"之义。例（14）中的"好在"可以理解成语气副词"好在"，但前提是"好在"分句之后还隐含了一个省略的结果分句，如"这样的挂历好在我能独自拥有，就好像我已经完全拥有了她"，或者"这样的挂历好在我能独自拥有，否则，我会觉得离我太遥远"。但是未变换前的例（12）中"好就好在"分句是能够独立表达一个完整的意思的，这样，我们可以反推出一个结论，即：例（14）和例（12）之间不存在转换生成的关系。也就是说，即使将例（14）这样的"好在"理解成语气副词，它也不是从例（12）表示"好处在于……"这样的句法环境中演变而来的。因为两种结构所强调的语义焦点是不一样的，如（以下两例为自拟）：

(15) "我好在哪里呢？"
"你好在能吃苦。"
(16) 好在你能吃苦，才能挣下这份家业。

在这两个例子中，例（15）的表达焦点是"在于能吃苦"，这一点是"你好"的具体表现。而例（16）中，其语义焦点是你"幸好拥有能吃苦这个品质"，因为有吃苦这个品质（B），才能改变原来家里穷的状况（隐含的A）而挣下了一份家业（C）。"在于某处"不具有"存在"和"拥有"的语义基础。因此，语气副词"好在"的源语环境需要另辟蹊径去研究。

2. "好好地存在"义之"好在"

我们认为，语气副词"好在"的源语环境不是来源于"好在甚处"之"好在"，而是来源于"好好地存在"义的结构"好在"。这一"好在"在不同的语境中凸显主客观程度不同的语义，当它用于主语是人的分句中时，可表"安好"之义，多表一种问候。如：

(17) 白石峰之半，先生好在么？卷帘当大瀑，常恨不如他。（唐·贯休《怀匡山山长二首》，《全唐诗》第八三一卷）
(18) 子恭苏，问家中曰："许侍郎好在否？"（唐·张鷟《朝野佥载》卷六）

而当主语是物的时候,"好在"主要表示某物客观依然存在,相当于"依旧""如故"之义。如:

(19) 兴亡常事休悲。算人世荣华都几时。看锦江好在,卧龙已矣,玉山无恙,跃马何之。(宋·陈人杰《沁园春·问杜鹃》)

(20) 最难忘,西湖北渚澄秋。玉砌雕栏好在,桃共李、能忆人不?(宋·晁元礼《满庭芳》)

故二义可概括为表示人与物"好好地存在"义。既然是"好好地存在",就可以引申出没有什么变化,相当于"还好"之义。当构成"NP+好在"结构时,"好在"还只是一种客观的叙述,且具有明显的动词词组的性质,因而凝固得不是很紧密。由于语用凸显主观评判的需要,语言表达往往把充当谓语的成分前移至句首,这时候,谓语变成了一个更具有主观评判功能的成分。如:

(21) 甚矣,汝之不惠!(《列子·汤问》)

谓语提前后,比在原来的位置上"汝之不惠甚矣"要更具有主观评判性。"好在"在唐宋时期也存在大量的"好在+NP"谓语提前结构,其中"好在"的语义未变。如:

(22) 因君问消息,好在阮元瑜?(唐·杜甫《送蔡希曾都尉还陇右,因寄高三十五书记》,《全唐诗》卷二二四)

(23) 好在王员外,平生记得不?(唐·白居易《代人赠王员外》,《全唐诗》第四四二卷)

(24) 好在湘江水,今朝又上来。不知从此去,更遣几年回。(唐·柳宗元《再上湘江》,《全唐诗》卷三五一)

(25) 念北里音尘,鱼封永断。便桥烟雨,鹤表相望。好在后庭桃李,应记刘郎。(宋·贺铸《风流子》)

"好在"除了在唐代用来表示问候,如例(22)和例(23)之类的少数用例外,"好在"更多还是表达"事物未变,还依旧存在的一种庆幸"之义。如例(24)表达了"虽然人已变化,但是湘江水依旧是湘江水"这样的意思,这种句子中,显然就隐含了对"湘江水依旧未变"的一种"庆幸"。例(25)同样是如此,前两句说音信全无,只剩便门桥和华表于烟雨之中,表达一种惆怅之情,后一句语义发生了转折,表达后庭桃李依旧,它们应该还记得刘郎,又隐含有一种庆幸之义。再如:

(26)他年来此,贤侯未去,忍话先回。<u>好在</u>江南山色,凭时重上高台。(宋·张舜民《朝中措》)

(27)休论往事,投老相逢真梦寐。两鬓疏疏,<u>好在</u>松江一尺鲈。(宋·吴则礼《减字木兰花》)

例(26)中,前句说贤侯没有离开,怎么忍心说先回去;后句说江南山色依旧大好,登高时又重上高台。前后二句语义具有转折,前句叙述不利情况,后一句是利好情况,"好在"之"好好存在"义位于这样的两个分句之间就隐含有"庆幸"之义。因为通过语言表达的事物的存在本身就是人们认知世界的结果,而在"存在"之前再添加了一个表示主观评判意义的形容词"好",这就表示了事物的存在令说话人满意或者超出了说话人的意料,含有了欣喜之义。当这种欣喜之义是在某种不利情况发生好转的情况下表达的话,自然就表达对这种情况发生转变的庆幸之义。例(27)同样分析,前一分句说到老相逢真像做梦一般,人老了,两鬓的头发已经稀疏,而"吴淞江一尺长的鲈鱼肥美依旧"对比"两鬓疏疏",突出语义表达焦点,即"人已变,而物依旧",在"物依旧"这样的主观认知中,自然就含有了"庆幸"的语义。因此,语气副词"好在"的"庆幸"义是在"好好地存在"义的"好在"中就隐含有的。因此,这种"好在"所处的语境才是语气副词"好在"形成的源语环境。

三 "好在"形成的临界环境

我们说临界环境是词项可以发生重新分析的环境,既可以理解成源义,也可以理解成目标义。"好在"所处的临界环境是从源语环境中发展而来的，在这个发展过程中，还有包含了一个源语环境扩展的阶段。

(一)"好在"源语环境的扩展

在"好在+NP"结构中，其"庆幸"义表达得还比较隐晦，当结构扩展为"好在+VP/S"时，"好在"的动词短语性质消退，构词语素之间结合更加紧密，且主观评判的语气增加。如：

(28) 去年今日，倚楼还是听行藏。未觉霜风无赖，<u>好在</u>月华如水，心事楚天长。(宋·陈亮《水调歌头·癸卯九月十五日寿朱元晦》)

(29) 借银涛雪浪，一洗尘劳。<u>好在</u>江山如画，人易老、双鬓难茯。(宋·王以宁《满庭芳·重午登霞楼》)

二例"好在"之后的成分从 NP 扩展到了小句，例 (28) 中表达的是"没有觉得风霜可爱，然而月华依旧如水，心事重重像南方楚地的天空那样多"；例 (29) 中的"江山如画"这样的景色依旧 (好在)，从而发出"人易老"这样的感叹。"好在"所评判的是其后分句所描述的事件依旧，把其后的小句作为一个整体进行管控。这样的"好在"依然还是属于源语环境的范畴，它还不能理解成语气副词"好在"，因为其前后语句的语义逻辑还不具备促使"好在"完全成为一个语气评判的副词。尽管如此，因为"好在"后连接的是动词性短语和小句，在这种语境中，"在"的"存在"动词义弱化，由于韵律的强制，促使虚化的"在"向"好"靠拢，其含有的"庆幸"语义也和"好"的评判语义更紧密地融合在一起，共同承担对其后小句所表达内容的主观认知评判。

(二)"好在"临界环境的形成

在源语环境中，"好在"已经具备了向副词演变的语义和句法位置，只要在适当的语境中，它就可以重新分析成语气副词，这种语境首先必须具备"A，好在 B，C"这样的句法格式，而 A、B 以及 C 之间的语义应该形成一种这样的关系，即"好在"引导的分句所表达的客观事实，可以修正 A 的不利结果，从而出现结果 C。如：

(30) 牙床锦帐，三岁江北叹淹留。<u>好在</u>蟹螯如臂，判取兵厨百

斛，与客醉瑶舟。（宋·王之道《水调歌头·赵帅圣用生日》）

（31）任笑芗林老，雪鬓霜髯。好在章江西畔，有凌云玉笥，空翠相连。懒崎岖林麓，则窈窕溪边。（宋·向子諲《八声甘州·中秋前数夕，久雨方晴》）

（32）才情诗里见，风味酒边知。好在阿咸同老也，青云往岁心期。千钟百首兴来时，伯伦从妇劝，元亮信儿痴。（宋·晁补之《临江仙·呈祖禹十六叔》）

（33）晓天澄霁，花羞柳妒怯春寒。好在风光满眼，只恐阳春有脚，催诏下天关。剩写鹅溪幅，归去凤池看。（宋·林淳《水调歌头·次赵帅开西湖韵》）

以上四例的"好在"处于重新分析的语境中，既可以理解成源义"依旧"，又可以理解成语气副词"好在"。例（30）中"好在蟹螯如臂"（蟹螯如臂依旧或蟹螯依旧如臂）仍然可以看作是"好在蟹螯"（蟹螯依旧）的扩展，则整句的意义是，睡着精美的床帐中，对自己被贬江北多年感到可叹。但蟹螯依旧像手臂一样粗壮，有如此美食，判取美酒多斛，与客人在船上一醉方休；同时，例（30）之"好在"也可以理解成表示庆幸义的语气副词，则其需要的句法语境是，A（牙床锦帐，三岁江北叹淹留）表述了词人江北淹留的惆怅，但是好在 B（蟹螯如臂）的存在，改变了词人 A 中的惆怅心情，而形成了 C（判取兵厨百斛，与客醉瑶舟）中与客人同享美食美酒的自在心情。因此，"好在"可以看成是语气副词形成的最初阶段。同样，例（31）既可以理解成"章江西畔依旧有凌云玉笥"之义，同时也可以将"好在"理解成语气副词，即：A（任笑芗林老，雪鬓霜髯）表达了"人已老"的无奈，但好在 B（章江西畔有凌云玉笥，空翠相连）这么优美的景色，从而改变了 A 中的无奈情绪，从而有了 C（懒崎岖林麓，则窈窕溪边）徜徉山水、悠然自得的闲适心情。例（32）之"好在"既可以理解成源义的"安好"义，又可以理解成语气副词"好在"。理解成语气副词时，则 A（才情诗里见，风味酒边知）表达了词人知音难觅的感叹，然而幸好 B（阿咸同老也，青云往岁心期）阮咸这样有才情的人也同样和自己一样向往隐居的生活，从而实现 C（千钟百首兴来时，伯伦从妇劝，元亮信儿痴）像刘伶和陶渊明一样过着饮酒作诗的隐居生活。例（33）中"好在"理解成源义，则"好在风光满眼"为"风光依旧满眼"义；理解成语气副词，则A（花羞柳妒怯春寒）表达花柳因为寒冷而长得不是很好，但庆幸有B——风光满眼，春天已经来临，则C——要做的就是用鹅溪绢和凤池砚画下这美好的春天的景色来欣赏。

所以，词项的语法化不是孤立发生的，而是需要处于适当的构式中，其语义和句法才能发生重新分析。我们说"好好地存在"义的"好在"已隐含了"庆幸"的语义基础，当具有这一语义的"好在"处于例（30）—例（33）这样的语法环境中时，"好在"就发生重新分析。刘坚、曹广顺、吴福祥（1995）几位先生早就强调了诱发汉语词汇发生语法化的语境影响，也强调了重新分析只能在特定的句法环境中进行。这种句法环境就是我们所说的临界环境。杨荣祥（2005：192-196）在研究近代汉语副词形成的条件，也就是一个词汇项要具备什么样的条件才能够虚化为副词时，他也提到了三个条件：一是语义基础，即只有具有特定语义的词汇项才能虚化为相应的副词；二是语法位置，即词汇项线性顺序上的成分关系；三是语用因素。语气副词"好在"的形成满足了这三个条件：一、"庆幸"的语义基础，二、句首的语法位置，三、"A，好在B，C"这样的语用环境。因此，董秀芳（2011：11）说，汉语史研究发展到今天，我们不能只满足于对一些事实做粗线条的勾勒，而应对隐藏于演变事实背后的演变动因、制约演变的条件以及演变所经历的具体过程等问题做出分析和解释。而找寻出更多的不同时代的用例，尽可能全面地还原历史原貌，这些正是大大地有利于我们对演变动因、条件与过程做全面的考察，并做出符合汉语史的分析与解释。语气副词"好在"的形成过程描写也同样如此，我们不能只做源结构和目标域两端的研究，临界环境这样的中间环节研究是揭示词汇项语法化过程、动因以及机制的关键。

四 "好在"形成的孤立环境和扩展的习用化环境

（一）"好在"形成的孤立环境

处于孤立环境中的"好在"，其目标义因该环境的特定语义和句法形态特征而成为唯一解释。如：

(34) 张治道:"官府严厉,不当稳便怎处?"叶晋道:"好在他往九龙山庄上行事,不是我东阿的境内,就与足下无干了,只当拾他银子用的。"(明·佚名《明珠缘》第二十四回)

(35) 叶晋道:"他也知本地方不便,如今要往九龙山庄上建醮。好在不是本县地界,求二位担待一二。薄仪五金奉敬。"(明·佚名《明珠缘》第二十四回)

(36) 倒累老爷发了这场大怒,太太柱着了会子干急。好在他老夫妻二位的性情都吃这个。老爷听了这话,立刻怒气全消。(清·文康《儿女英雄传》第四十回)

(37) 至乳痈最怕耽搁日久,虽未破头,若里面已溃,眼药也难消散;此时好在才起两日,里面尚未成脓,也有五分可治。(清·李汝珍《镜花缘》第二十九回)

(38) 我呢,大半辈子的人了,就是没了这几吊养老本钱,好在有他们养活着我。我死了下来,这几根骨头,怕他们不替我收拾!(清·吴趼人《二十年目睹之怪现状》第八十九回)

(39) 你的钱,老爷说过,一个不少的,但是总得再过几天才能还你。好在你的家眷也同了来,今日说走,今日也未必动得身。等你动身的时候,自然是还你的。(清·李宝嘉《官场现形记》第六回)

从以上实例可以看出,到明代末年,表示"庆幸"义的语气副词"好在"已经形成,到了清代更是大量使用。也就是说,"好在"所在的语法环境固定于"A,好在B,C"这样的结构中,而且A、B、C这三个分句的语义逻辑已经固定下来,只能理解成B所陈述的客观事实使A改变不利情况而实现结果C的一种条件。认知主体认为这样的客观条件是一种适宜条件,即充分条件,有B必定有A。因此,"好在"不再能够理解成"客观(好好)存在"这样的语义,尽管把这样的语义放入以上例句中也能够勉强理解,但并不符合汉语的表达习惯,这只是语法化项语义滞留性的表现。如例(34)和例(35)二例的A是说"官府严禁讲经做会",但是好在B(不在本县地界、往九龙山庄上行事),因此就实现了结果C(对于做会的事情"与足下无关")。例(36)中老爷从A(大怒)到C的转变(怒气全消),都是客观存在一个条件B的结果;例

(37) 中乳痈从 A "难治" 到 C "五分可治" 的转变, 也是要客观具备 B "才起两日" 这个条件的; 例 (38) 和例 (39) 中 A 向 C 的转变都庆幸存在一个利好条件 B。

所以, 到了清代, 语气副词 "好在" 所处的句法环境已经形成了一个固定的 "A, 好在 B, C" 句法构式, 在这个固定的构式中, "好好 (客观) 存在" 义之 "好在" 隐含的 "庆幸" 语义因 A 与 C 之间的语义逻辑关系而得到凸显, 并蕴含了认知主体更多的主观态度, 因此, 语气副词 "好在" 的形成过程, 同时也是一个主观性不断增强的主观化过程。这种主观化还可以进一步表现在 "好在" 后面连接的不是一个客观的事实描述, 而是说话人的一种主观推测。如:

(40) 他听这话, 恐主人听见, 急急将银取出。好在我们并不图他下次生意, 那个还贩双头鸟儿再来贩卖! 乐得且多几两银子, 大家多醉几日, 也是好的。(清·李汝珍《镜花缘》第三十回)

(41) 后来所挖之土, 一时竟难上岸, 仍命工人把筐垂入坑内, 用辘轳搅上, 每取土一筐, 要费许多气力, 好在众百姓年年被这水患闹怕, 此番动工, 举国之人, 齐来用力, 一面挑河, 一面起堤, 不上十日, 早已完工。(清·李汝珍《镜花缘》第三十六回)

(42) 至于你令伯的话, 只好慢慢再说, 好在他终久是要回来的, 总不能一辈子不见面。(清·吴趼人《二十年目睹之怪现状》第四回)

以上三例中, 无论是 "我们并不图他下次生意" "众百姓年年被这水患闹怕", 还是 "他终久是要回来的" 都不再是表示现实已然如此, 而是说话人表达一种对已然情况 (如例 41) 或者未然情况 (如例 40 和例 42) 主观推测, 这种推测从客观事实上来说未必是正确的, 但是说话人主观认为这就是 A 向 C 利好转变的适宜条件。因此, 这三例中的 "好在 B" 较之例 (34) 一例 (39) 更具有主观性。

(二) "好在" 扩展的习用化环境

"孤立环境" 之后确实还存在一个 "习用化" 的阶段, 因为词项语法化形成一个新功能后, 该词项的演变发展并未停止。"好在" 在 "孤立环境" 中形成了语气副词功能, 这种功能和句法语义的获得是构式及词项互动的结果。"好在"在源语环境中已经隐含有"庆幸"的语义基础,但是这种语义需要在"A,好在B,C"构式中得到凸显和巩固。一旦句法语义固定于"好在"身上,"好在"会反过来突破原有的句法格式,发生句法环境的拓展。如:

(43)好在世子酒量极大,就以黄酒、童便当茶,时时冲服。(清·李汝珍《镜花缘》第二十九回)

(44)好在这路俺常贩货来往,将来甥女考过,你父亲如不回家,俺们仍旧同来。(清·李汝珍《镜花缘》第五十回)

(45)好在我行李无多,把衣箱寄在杏农那里,只带了一个马包,跨驴而行。(清·吴趼人《二十年目睹之怪现状》第六十九回)

(46)好在这钱不是老爷自己得的,自可以问心无愧。(清·李宝嘉《官场现形记》第二十二回)

以上四例中,语气副词"好在"所处的句法环境已经发生了拓展,突破了原有的"A,好在B,C"构式,A分句发生了脱落,形成了"好在B,C"这样的句法格式。为何会发生A的脱落呢?这是因为,在原来的句法构式中,A是整个语段语义逻辑的现实前提,这一前提在"好在"的"庆幸"语义不断凸显的情况下,其语义参照功能不断削弱,这样,即使A不出现的情况下,也可以根据B和C之间的逻辑语义来推导出A本该提供的语义前提。如例(43)A应为世子所服之药需要用酒和童便做药引;例(44)A应为父亲不肯回家见小山;例(45)A为雇驴比雇马要便宜;例(46)A是老爷要收一笔钱。在"A,好在B,C"构式中,"好在"B还是一个中间环节,所表达的是一种中间条件,即A与C发生语义关系,而B所起的是桥梁的作用。A的脱落导致B与C直接发生语义关系,B就成了C动作发生的原因,B与C之间的句法语义凸显为一种因果关系。以上例句的"好在"替换成"因为",其句子语义仍然是符合逻辑的,只是"因为"更凸显客观原因,而"好在"更凸显主观认知。再如:

(47)好在沉二宝和小飞珠已经断了多时,所以阿金和同着那几

个客堂里的相帮都不认得他是个戏子。(清·张春帆《九尾龟》第一百六十五回)

例（47）"好在"分句之后，连接的是"所以"分句，形成了"好在B，所以C"这样的格式，说明这种句式中，B主要是凸显原因，句子所表达的语义中心仍然是在C上，而B作为原因成为背景信息。这种构式中的"好在"还可以进一步主观化，即在"A，好在B，C"构式中，脱落分句C，将A这个现实前提作为构式的背景信息，从而使得B成为前景信息。如：

(48) 马成龙此来，非为别事，乃是为众国公报仇，好在众国公都在天牢。(清·竹溪山人《粉妆楼全传》第七十回)

(49) 你不要心慌，待我慢慢儿的想法。好在你父亲也就要回来。(清·张春帆《九尾龟》第五十一回)

(50) 次日便悬牌饬赴新任，贾琏禀谢下来，又见过司道，即带同平儿母子，一路起早往陈州去，好在没几天的旱路。(周汝昌《红楼真梦》第六十一回)

"好在"分句的前景化，使得"好在B"成为句子的信息焦点，是说话人所要突出表达的内容，更强调在A这样的不利条件下，幸好有B这样的情况存在，强化了"好在"的主观性。正是因为认知主体认为B非常重要，那么它就肯定会带来积极的影响，产生预想中的有利结果。因此，表达结果的C出现或者不出现都不会影响句子语义的表达，而且这种省略可以通过A与B之间的语义逻辑关系进行推导。例（48）可以推导出C"马成龙的报仇行动就会受到制约"，例（49）可以推导出C"他也会帮你想办法的，事情更加容易解决"；例（50）可以推导出C"不会觉得太过劳累"。

语气副词"好在"还发展出与其他表示"庆幸"义语气副词连用的模式，当然这种情况还是比较少见的。如：

(51) 就只一宗，我今日来时，遇见两个公差，偏偏的又把靴子

掉了，露出脚来。喜的好在拿住了，千万别要把他们放走了。（清·石玉昆《七侠五义》第五十回）

两个表示"庆幸"义语气副词的连用是一种强化格式，这表明两个词都已经完全发展成熟，只是出于语义表达的需要而进行叠加，这更能表现说话人"庆幸"的主观语义。但是，"好在"的主观化过程并未就此停止，到现代汉语中，"好在"可以单独位于分句之间，如：

（52）回首我第一次上路的日子，那重重摔倒的伤口仍让我隐隐作痛，好在，我把生活给我的教训铺在了前进的路上。

（53）至多也不过爱多说几句玩笑话罢了。在这里，我认识了生命的严肃，连句玩笑话都说不得的！好在，我心中有个空儿；我怎么叫别人"臭脚巡"，也照样叫自己。

（54）对此，公众似乎无动于衷，他们关注的热点是第43届世乒赛、甲A足球联赛和四国女排邀请赛。好在，媒介尚未冷落舞蹈。此间，中央电视台两度播出舞蹈专题片《舞之灵》。

这时的"好在"，其句法语义仍然是表示一种"庆幸"的主观评判，但不止于此，作为一个独立的语段，"好在"连接前后两个分句的功能增强。因为此时，"好在"前后语句的意思并未发生相反转向，更多的是表示一种反面或相关内容的补充，这种补充是在对前一分句内容表示完全认同的基础上，转而开启与前一内容相反或者相关的陈述。这时"好在"接近于连词"但是"，故以上三例中"好在"替换成"但是"后，句法和语义基本不变，说明此类"好在"的词汇意义减弱，而句法连接意义增加，接近连词的功能了，这可以看成是"好在"继续语法化的结果。

但"好在"的演变还在继续，在口语性很强的网络语言中，"好在"还大量可以和语气词"呀"和"吧"等连接共现，起共同引出话题或者转换话题的作用，如：

（55）"好在呀，姑娘您福大，即使是这么危险的境遇也挺了过来，转危为安醒了过来，真是谢天谢地，谢佛主保佑呢！"（杭州19

楼>女性阅读>女性阅读>帖子,2012年10月3日)

(56)看她睡着的样子,真是怎么爱她都不过分,看她淘气的样子,怎么揍她都不过分!好了,想点高兴的事吧,天亮了到哪开心去呢?<u>好在</u>呀,今年的生日可以亲自对俺的老爸老妈说感谢了!(亲子论坛>五棵松嘉年华>一大早跑来干嘛呢?嘿,俺呀,今天生日喽,)

(57)唉,所有人都说了,三亚基本没什么可吃的。……<u>好在吧</u>,度假的意义只有一半在食物上,哈哈哈。[宝宝树>蔓野葵的宝宝树>全部日记(221)>我们的旅行,2012年4月1日]

(58)有多少人能从这些字里看到我的心呢?更勿用说还有拿我写的字来"抨击"我的,<u>好在吧</u>,我不知道,或者不在乎,或者在这个天平上,你击不倒我。(伽蓝《凡事必有因果》,未名交友网,2009年9月28日)

"好在"之后连接语气助词"呀""吧"后,更能够凸显言者之义,虽然这种"好在"或多或少还含有"庆幸"语义,但这种"庆幸"不是用来评判某种存在的事实的,而是"庆幸"本身成为言域评判的对象,即意味着"好在"蕴含着更丰富的主观评判性。

五 结语

双音虚词的形成应尽可能地探讨其演变过程中的各个阶段,即应加强语法化中连续环境的探讨。其中源语环境和临界环境的探讨尤其重要,前者是语义的重要来源,后者是目标词项发生重新分析所需要的句法环境,因为词项演变总是在某种特定的句法构式中进行的。表示"庆幸"义语气副词"好在"的语法化过程就是在"A,好在B,C"这样的句法构式中重新分析而产生的。它的最初源语环境来自唐宋时期表示"好好地存在"之义的谓词性短语"好在",由于该结构更多地表示事物或事件依然保持某种状态之义,那么认知主体就容易把这一事物或者事件和它们的过去相比较,当"好在"从谓语的位置前移至句首对"事物依然"的状态进行凸显的时候,则隐含了一种"人已非,物依旧"的"庆幸"语义。而这种隐含的语义需要在一个临界环境中才能够通过重新分析而得到浮现，因此，当宋词中出现"A，好在 B，C"这样的构式，且构式能够重新分析成"'好在'引导的分句所表达的客观事实，可以修正 A 的不利结果，从而出现结果 C"这样的语义时，"好在 B"中的"好在"已经向语气副词发展了。可以说，到明末清初，语气副词"好在"已经完全形成，在清代文献中更是大量使用，高频使用让"好在"突破了原有的句法环境，形成了"好在 B，C"和"A，好在 B"这样的省缩结构，省略 A 或者省略 C 都是"好在"预设功能增强的体现，因为通过"好在"的预设义，可以对省略的部分进行补充，是认知主体对事物的认识转化为语言表达时的经济要求的体现，把无须直言的主观认知内容压缩到了"好在"的预设之内，这就更加强了"好在"的主观评判性。发展到了现代汉语中，"好在"不单单是对 B 这个客观事实的评判，而且蕴含了对整个语段语义逻辑关系的主观性凸显，特别是在一些网络语言中，"好在"更是发展出了开启或者转换话题的功能。这些发展都表明，副词"好在"形成后，还处在不断的演变中，继续语法化和主观化是其主要的演变趋势。

第二节　语境的强化和弱化与双音虚词的形成①

一　引言

语境的强化和弱化有时对双音副词的形成起着重要的作用，近代汉语时间副词"正在"的形成即是如此。时间副词"正在"的形成既不是"正+在+处所+VP"结构脱落了"处所"的结果，也不是"正+在+VP+之时"结构脱落了"之时"的结果，这都是因为没有对"正在"的语法化语境进行深入分析而造成的失误，"正在"是"正+在这里/那里+VP"这样的结构强化，然后又脱落"这里/那里"以至弱化更新的结果。具体过程是：首先，在"在+这里/那里+VP"构式中，当"V"是表心理等动作性不强的动词时，"在这里/那里"在宋代语法化为进行体标记；接着

---

① 此节关于副词"正在"的形成研究的内容曾发表于《中国语文》2010 年第 1 期，发表时限于篇幅有些内容没有刊登。

是表示"正在"义的时间副词"正"与进行体标记"在这里/那里"的强化连用;然后由于韵律的作用,"正+在这里/那里"重新分析成"正在+这里/那里",在心理动词等前面,"这里/那里"由于语义上的虚化和形式上的羡余而脱落,表义语境发生弱化,于是时间副词"正在"在元代产生。因此,在时间副词"正在"的发展期——明清时期的"正在"用例中,它所修饰的词大部分都是表心理等动作性不强的动词。另外,在近代汉语中,绝大部分"正在"处于背景信息分句,表时点参照功能,因而大部分"正在"的功能相当于时间副词"正",并且常构成"正在……之际/间/处"的同义框式强化结构来突出时点参照功能;到现代汉语中,"正在"多用于前景信息分句中,其功能是"正"与"在"功能的融合,表达在某个时间点上,动作正在进行。"正在"这种从背景信息分句到前景信息分句的功能转变,是其语用表达选择的结果,也是其进一步语法化的表现。

二 "正在"形成的研究述评

学界对时间副词"正在"的研究颇多,但对其形成过程研究并不多,概括起来可分为两派:一派持脱落说,另一派主合成说。

脱落说中认为是脱落处所宾语的有萧斧(1957),他认为"正在"来源于"正在+NL+VP"中介词"在"后处所宾语的虚化脱落;认为是脱落时间词的有:伊原大策(1986)认为"正在"来源于"正在+VP+之间/之时"中"之间/之时"的脱落,付义琴、赵家栋(2007)通过明清小说中的用例调查认为时间副词"正在"的形成更可能源于"正+在+VP+之时"结构脱落了"之时"的结果;还有认为两种脱落都有可能的有仇志群(1991)和张亚军(2002a,2002b)。

脱落说需要解决的问题是脱落的动因,处所脱落说存在的问题正如付义琴、赵家栋(2007:237)对张亚军第一条形成途径质疑时所说:"'在+宾'结构一般是语义焦点,不易脱落,且处所介词包括'在'的宾语一般是不能省略的。"而"之时/之间"脱落的动因在伊文、仇文以及张文均未说明。付文之说乍看能够超过前两家之说在于能够指明"正+在+VP+之时"结构中"之时"脱落的动因,即"[正+[在+[VP+之

时]]"结构重新分析成"[[正+在]+VP]+之时]"结构,然后受到时间副词"正"形成的类推:

正+VP+之时　　　　　　正+VP

正+在+VP+之时　　　　　　?

付文指出,"在语言精简原则的作用下,'正+在+VP+之时'中'之时'受到'正+VP'结构类推而脱落"。

然而,也正是这个类推过程,存在着自相矛盾的地方。付义琴、赵家栋（2007:241）指出:"'正'作为时间副词不晚于南北朝。"如:

丞相尝月下至石头看庾公,庾公<u>正</u>料事。(《世说新语·政事》)

然所举"正+VP+之时"结构的用例却为明代文献,有《西游记》《拍案惊奇》。按付文推理逻辑则可以得到:

正+VP+之时（明代）　　　　　　正+VP（南北朝）

也就是说,这种推理将得出"母式比所从出的子式产生更晚"的悖论。"正"之自身推理犹不可靠,何能类推"正在"的形成？而所见语料也表明,"正"表示时间副词的用法甚至还要更早。如:

（1）水深桥梁绝,中路<u>正</u>徘徊。(《曹操·苦寒行》)
（2）象鄂不怿,曰:"我思舜,<u>正</u>郁陶!" (《史记·五帝本纪》)

而具有同样功能的"正+VP+之时/之际"结构在唐以后才见:

（3）<u>正疑惑之际</u>,二歌推户。(金·董解元《西厢记诸宫调》卷一)

另外,付文还指出,"'正+VP'和'正+VP+之时'的表义功能是一样的,'正'本身就表示时点,加上'之时'之后,其表示时点的作用就更突出、更明确。"此句表明两个意思:一是两个结构中的"正"的功能没有变化，都是时间副词，只是结构语用的差异；二是可以在"正+VP"结构上加上"之时"。从第一个意思来看，推导式前后的"正"性质没有发生变化，故副词"正"的形成不是"正+VP+之时"结构脱落了"之时"形成，那么它如何能够推到"正在"的形成？从第二个意思来看，付文也发现了"正+VP"结构比"正+VP+之时"结构在前的事实，所以前后文对待"之时"的态度截然相反，一是脱落，二是添加，前后抵牾。

付文除本论部分的逻辑推理值得商榷外，旁证部分亦值得商榷。付文把时间副词"正当"的形成拿来与时间副词"正在"的形成进行类比。方法上本无不可，但为了论证时间副词"正在"形成于明代，于是说"从时间副词'正当'产生当时间来看，亦是在明代的小说中最先见到"。然而付文所谓时间副词"正当"至迟在唐宋已见，略举二例：

（4）孟郊《劝善吟》："一口百味别，况在醉会中。四座<u>正当</u>喧，片言何由通。"（《全唐诗》卷三百七十三）

（5）绿水池塘，笑看野鸭双飞过。<u>正当</u>呆坐，纫鼻须还我。（宋·向子𫍯《点绛唇·别自和》）

不同时代的词用来作为旁证，定会使结论不可靠。也就是说，时间副词"正在"是由"正+在+VP+之时"结构脱落了"之时"而形成的结论与"在"字后宾语脱落说一样缺乏有力证据。

合成说以何瑛为代表①。何瑛（2007：25）认为，"时间副词'正在'是'正'和'在'直接叠加使用的结果"。"'正'的时间副词用法在魏晋南北朝时期已经发展成熟，而'在'作时间副词的用法也萌芽于魏晋时期，'正'与'在VP'连用就像副词'尚''还'等与'VP'连用一样是很正常的。"合成说需要解决的问题是判定标准的问题。如果是

---

① 李宗江先生看本节初稿时也曾向笔者提到"正在"的形成有可能是时间副词"正"和时间副词"在""同义复合构词的结果"，并认为，"要证明这一点，只要证明在'正在'开始出现的时候，'在'已经是时间副词就可以了"。可以看出，宗江先生认为，"正在"的形成是构词层面的问题。但"正在"的形成如果仅是词汇层面的问题的话，这较难以解释在近代汉语中"正在"的功能不是"正"和"在"意义和用法的总和而是偏向于"正"的事实，也比较难以解释"正在"在近代汉语中多用于背景事件句而在现代汉语中多用于前景事件句的现象。

"正"与"在"二词的"直接叠加",那么是词汇层面的问题;如果是"'正'与'在VP'连用",然后再形成"正在"的话,那么涉及语法层面的问题,则需要解释从"[正[在VP]]"切分到"[[正在]VP]"切分这个重新分析过程的动因及其判定标准。因此,合成说还有一些关键问题需要解决。

那么,时间副词"正在"究竟是怎么形成的呢?我们赞成脱落说,认为是在"正+在+这里/那里+VP"的结构中形成的。过程是:第一步,在"在+这里/那里+VP"结构中,当V是表示心理等动作性不强的动词时,"在这里/那里"虚化为进行体标记;第二步,表示时点的时间副词"正"与进行体标记"在这里/那里"的强化连用,由于韵律的作用,"正+在这里/那里"重新分析成"正在+这里/那里",第三步,已经虚化的"这里/那里"成为羡余成分而脱落,新的时间副词"正在"才产生。

三 "正在"语法化的关键语境:进行体标记"在这里/那里"的形成

在近代汉语中,"在这里/那里"可以作为进行标记位于动词(包括心理动词)之前,构成"在这里/那里+VP"结构,表示动作正在进行,始见于宋代。功能相当于现代汉语中的"正、正在"。先看"在这里"用例:

(6) 自有天地,便只是这物事<u>在这里</u>流转,一日便有一日之运,一月便有一月之运,一岁便有一岁之运。(宋·黎靖德《朱子语类》卷一百一六)

(7) 我拿起这搋鼻木来。喝了一声道:甚么人?他便道:我是个叫化的。我便道:你是男子也是妇人?他便道:我是妇人,<u>在这里</u>养娃娃哩。(元·高茂卿《翠红乡儿女两团圆》第二折)

(8) 宋江道:"小可寻思,有三个安身之处……那三处<u>在这里</u>踌躇未定,不知投何处去好?"(明·施耐庵《水浒传》第二十二回)

(9) 熊汉江道:"正是不死不活,<u>在这里</u>淘气。医人再没个医得,只自听天罢了。"(明·陆人龙《型世言》第三十八回)

以上四例中,"在这里"已经不再表示地点状语。如例(6)中"流转"的主语是"这事物",也就是指"天地",是无生命的事物,原句即为"天地在这里流转","在这里"因为无所指而虚化;例(7)中的"在这里"与语气词"哩"形成照应,表示的是动作的时间而非地点,且从上下文看,此处"在这里"是强调"我"问话的时候,妇人正在养娃娃,因而强调的是时间;例(8)从句法上看,主语是"那三处",从语义上看是省略了言说主语"宋江",但"在这里"无论是从表层句法还是从深层语义关系分析都是虚指的,因而其语义已经虚化,在句中只表达动作"踌躇"正在发生或者呈现;例(9)的主语是熊汉江的女儿文姬,被蒋日休的仙草致病,无人医得,正不死不活,正让人淘气(怄气之义),"在这里"无实指地点,只能看成是表示动作进行的标记。

再看"在那里"用例:

(10)而今说天有个人在那里批判罪恶,固不可;说道全无主之者,又不可。(宋·黎靖德《朱子语类》卷一)

(11)行者笑道:"他在那里编谎哩,就待来也。"(明·吴承恩《西游记》第三十二回)

(12)陆婆依旧回到家中,恰好陆五汉要杀一口猪,因副手出去了,在那里焦躁。(明·冯梦龙《醒世恒言》卷十六)

"那里"是表示"较远处所"的远指代词。与"在"结合一般放在动词前面作状语,表示动作发生在离说话者较远的地方。但是例(10)已无处所可指,故"在那里"已不能理解成地点状语,而只能理解成是表示动作的进行;例(11)中的"编谎"这样的言说动词不需要指明具体的发生地点,且后一分句的将来时间也与"在那里"表示"正在"义相互照应。例(12)中"焦躁"是个心理动词,它的发生同样不需要地点状语,因而其前的"在那里"只能理解成为动作的进行标记,相当于"在"或者"正在"。

表处所的"在这里/那里"介宾短语何以能语法化成进行体标记呢?

第一,从认知的角度来看,一个动作在某地发生,一般来说,如果没有特别的时间说明,都认为是动作正在某地发生。如问:你在干什么?

答：我在教室上课。那么上课应该是现在正在进行。方言中同样存在这种情况，刘纶鑫（2001：297）曾指出"在+处所宾语+V"结构仍然有"正在某处+V"的意思。例如：

(13) 渠在教室里写字。(他正在教室里写字。)
(14) 渠两个人在马路上话事。(他们俩正在马路上说话。)

宁都话的"□"[ˌtɕʻi] 和客籍话的"去"[ɕiˀ] 与本地话的"在"在这种格式中的用法完全相同。例如：

(15) 渠□[ˌtɕʻi] 教室里写字。(宁都话)
(16) 渠去[ɕiˀ] 教室里写字。(客籍话)

而"在+这里/那里+VP"结构，因为其中表示处所的不是具体名词，而是较之更为抽象的指代名词"这里/那里"，故而就更容易表示"正在+VP"的意思。吕叔湘先生（1980：574）指出，"'在那里、在这里'等的处所意义有时很不明显，主要表示'正在进行'。"如：

(17) 人身上时时刻刻在那里消耗水。
(18) 我在这里想明天的工作安排。

第二，介宾短语"在这里/那里"语法化成进行体标记还受到"在这里/那里"表持续体标记用法的同步语法化影响。在近代汉语中，"在这里/那里"同样可以放在动词之后，构成"VP+在这里/那里"结构表示动作状态的持续，这种功能同样始见于宋代。"在这里"之用例如：

(19) 明是万物收敛醒定在这里，通是万物初发达，公是万物齐盛，溥是秋来万物溥遍成遂，各自分去，所谓"各正性命"。(宋·黎靖德《朱子语类》卷九四)
(20) 我不去，我有些破腹，你替我一替。你不替，我就作践在这里。(元·无名氏《朱砂担滴水浮沤记》第一折)

（21）定哥叹口气道："你去得这几日，我惹下一桩事在这里，要和你商议，故此叫你来。及至你到我跟前，我又说不出了。"（明·冯梦龙《醒世恒言》卷二十三）

"在那里"之用例如：

（22）如市，便不放教人四散去买卖；他只立得一市在那里，要买物事，便入那市中去。（宋·黎靖德《朱子语类》卷八六）

（23）可悲可耻，妇人家直恁的无仁义，多淫奔，少志气；亏杀前人在那里，更休说本性难移。（元·关汉卿《窦娥冤》第二折）

（24）讨这花枝般的女儿，自家也得精神对付他，终不然担误他在那里，有名无实。（明·冯梦龙《喻世明言》卷十）

进行体和持续体是两种意义相通的时间范畴。因为进行体表示的是动作正在进行，但如果参照一定的时间，这种进行也是一种持续。因此，同一个词既用来表示进行体标记，又用来表示持续体标记的话，那么它们的形成应该是同步的，所不同的是采取附着在动词的不同位置来区别动作的进行和持续。

"在这里/那里"表进行体和持续体的同步语法化在方言中亦有很多体现。例如孙叶林（2008：56/58）曾指出湖南邵东方言里，"'在咯里/那里+V'可以表示动作正在进行，'在咯/那里'并不表示具体的处所意义，而是虚化为一种抽象的动态意义，作用相当于普通话的时间副词'正/正在'"。"'在咯里/那里'还可用在动词或动词短语后可表动作状态的持续"。丁雪欢（2007：54-55）指出湖南沅江话中"在咯里/哦里+V"表示动作正在进行，属于动态行为的持续，相当于普通话的"（正）在V"。而"'V在咯里/哦里'是表示静止状态持续的特定形式"。另外，夏俐萍（2007：109）指出湖南益阳方言中的"在咯里/哦里"，邱震强（1994：34）指出湖南宁乡方言里的"在个里/那里"同样都能够表示进行和持续两个语法范畴。

除了湖南方言，其他方言同样存在这样的情况，李小凡（1998：202）曾指出在苏州话由表示存在意义的动词虚化而来的"勒海"就既可以表示进行也可以表示持续；彭小川（2003：47）指出广州话中由表处所的介词短语虚化而来的"喺处_{在这/那儿}"，失去表示处所的功能，也可以表示动作的进行和持续；陈泽平（1998：186）说："进行体属于动态动词，持续体属于状态动词。就福州话而言，可以前附'吼'的动词是动态动词，可以后附'吼'的动词是状态动词。因此，在动态动词之前的是进行体标记，而位于状态动词之后的是持续体标记。"张亚军（2002b：264）也曾指出，"上海话中用'拉V'表达进行，而用'V拉'表示持续与存续"。他还指出杭州话、泉州话、福州话、温州话、苏州话、金华话、绍兴话都是利用相同的语法成分分别通过附着在动词的前后而表达动作的进行和持续。这些语法成分都是与汉语表示处所的介词短语"在……"相对应的不同的方言表达形式。

　　方言中存在大量的这种用表示处所的短语表示动作的进行和持续是近代汉语"在这里/那里"表示动作的进行和持续这种语言现象的有力佐证。这种语法化过程是典型的从空间域向时间域映射的过程，同时也符合戴浩一（1988：10）提出来的"时间顺序原则"（PTS）："两个句法单位的相对次序决定于它们所表示的概念领域里的状态的时间顺序。"戴文（1988：14）谈到了我们所关心的介词"在"带处所状语的位置，认为"总诀是：它出现在动词之前表示事情发生的地点，它出现在动词之后表示事情过后参与者所处的位置。"他举例（1988：15）说："小猴子在马背上跳。""在马背上"的状态先于动作的开始；"小猴子跳在马背上"，动作的状态显然限于位置的状态。这两个句子和我们所说的"在这里/那里+VP"及"VP+在这里/那里"一样，都是遵循"时间顺序原则"的。正是在PTS的作用下，"在这里/那里+VP"和"VP+在这里/那里"发生不同方向的语法化。"在这里/那里+VP"表示"在某种状态下（这里/那里）发生动作V"之义，这种意义很容易引申为"正在发生某种动作V"，因而容易语法化成进行体标记；而"VP+在这里/那里"结构表达的是"动作发生后保持在某种状态下（这里/那里）"之义，此义易理解为"动作发生后一直保持这种状态"，因而容易语法化成持续体标记。

四　"正在"语法化环境的组合强化与脱落弱化

　　刘丹青（2001：73）："语法化中的强化（reinforcement）指在已有的

虚词、虚语素上再加上同类或相关的虚化要素，使原有虚化单位的句法语义作用得到加强。"近代汉语中，为了突出动作发生的"正在"意义，常在"在这里/那里"表示动作进行的基础上，再在前面加上时间副词"正"来加强动作进行的时点。这样，两个同类时间范畴形成连用的强化格式，这种格式始见于元代，如：

（25）我<u>正在这里想念</u>。张千，我元和孩儿好么？（元·石君宝《李亚仙花酒曲江池》第二折）

（26）奴家害羞回来，公公见说，也要投井死，奴家<u>正在这里劝解</u>公公。（元·高明《琵琶记》第十七出）

（27）今日<u>正在那里演习</u>些武艺，忽然看见山坡前走将一个牛也似的大虫。（元·张国宾《相国寺公孙合汗衫》第三折）

（28）（正旦云）谁这般道来？（院公云）观今<u>正在那里要拆毁</u>哩。（正旦云）上面见有先皇的御书，他怎敢拆毁？此人好是大胆也呵！（元·无名氏《谢金吾诈拆清风府》第一折）

以上四例中"在这里/那里"已无实指处所，因此，是时间副词"正"与进行体标记"在这里/那里"的连用，是语用连用强化格式。这种连用强化结构存在着不稳定性。由于"这里/那里"不再表示处所，加之韵律的强制，使得"正"与"在"形成一个音步，"［正］［在这里/那里］"重新分析成"［正在］［这里/那里］"，"这里/那里"因为虚指而不断弱化直至脱落，"正"与"在"最终凝固成词。副词"正在"在元代就能见到不少用例。如：

（29）太宗皇帝一日宣唤袁天纲入司天台观觑天文，推测世运。袁天纲在司天台无事，把那世数推验，做一个图谶。<u>正在推算</u>，忽太宗到来，唬得袁天纲疾忙起来，起居圣驾。（《新编五代史平话·梁史平话》卷上）

（30）燕守志<u>正在烦恼</u>，朱温向燕孔目道：……（评话，23）①

---

① 此例转引自杨荣祥（2005：63）《近代汉语副词研究》。

(31) 太后讳道:"不曾来,闻赵王在长信宫带酒未醒,<u>正在睡</u><u>哩</u>。"(《前汉书平话》卷中)

(32) 小生<u>正在攻书</u>,忽听母亲呼唤。(元·郑光祖《醉思乡王粲登楼》楔子)①

(33) 我方才<u>正在寻思</u>一计,要害孙二,谁想院君走来听见了,瞒他不得,只得与他说了,如何是好?(元·徐畖《杨德贤妇杀狗劝夫》第二十四出)

从强化结构到重新分析并脱落"这里/那里"的语法化过程并不是一蹴而就的。这个过程从元代开始,一直延续到明清时期。因此,我们认为时间副词"正在"形成于元代②,发展于明清。故而在明清文献中,同样还可以看到大量强化格式和脱落更新后的结构并存的状态。如:

(34) a. <u>正在这里恼你</u>,你却怎么又来寻我?(明·吴承恩《西游记》第六十回)

b. 我<u>正在恼你</u>,你今来贺怎么喜?(明·冯梦龙《醒世恒言》卷二十三)

(35) a. 记便记得是这等言语,只是一半儿不得分明,<u>正在这里</u><u>狐疑</u>,怎知今日你又来说这话,又将宝贝拿出。(明·吴承恩《西游记》第三十八回)

b. 且说徐达大军驻扎在姑苏城下,只不见康茂才这支人

---

① 此例出自太田辰夫(2003:256)《中国语历史文法》。
② 关于"正在"的成词年代,我们同意太田辰夫(2003:256)和杨荣祥(2005:63)元代的观点。因为元代以前,"正在"线性排列与动词连用仅见二三例,且基本都可以作别解。何瑛(2007)认为"正在"作为时间副词形成于唐代,首见之例为:"如云急过,似鸟奔飞,正在商量,已却归殿。"(《敦煌变文校注·双恩记》)此例看作近代汉语时间副词"正在"似乎不妥。此例之"正在"从上下文语义可看出是用于背景事件句,如果是时间副词,那么表达的语义应该是"正在商量之时,某一动作也发生"。而此例之"归殿"表示的动作不是在发生,而是已经完成。这与近代汉语中用于背景事件句的"正在"功能不符。我们认为此例应作[正[在商量]]的切分,"在"仍然是表示处在某种状态之"在","正"为"正好、恰好"义,全句为"(太子)恰处于估量(或思量)之状态时,却发现所乘之车已回到了宫殿"。二分句之语义应含有轻微的转折。

马,<u>正在狐疑</u>,恰有哨马报道:"康将军得胜,由东路回来了。"(明·佚名《英烈传》第五十八回)

(36) a. 宝玉<u>正在这里伤心</u>,忽听背后一个人接言道:"你叫谁替你说呢?……"(清·曹雪芹《红楼梦》第一百一十三回)

b. 贾琏、宝钗、袭人看见这个光景,心里就像刀扎一样,那里忍得!<u>正在伤心</u>,鬼头儿又长啸一声,那段黑烟就地一晃,转出人形。(清·陈少海《红楼复梦》第三回)

(37) a. 且说李靖操演回来,发放左右,自卸衣甲,坐于后堂。忧思纣王失政,逼反天下四百诸侯,日见生民涂炭,<u>正在那里烦恼</u>。(明·许仲琳《封神演义》第十二回)

b. (公子)一日<u>正在烦恼</u>,家人来报,老奶奶家中送新奶奶来了。(明·冯梦龙《警世通言》卷二十四)

(38) a. 是日贝氏<u>正在那里思想</u>,老公恁般的狼狈,如何得个好日?(明·冯梦龙《醒世恒言》卷三十)

b. <u>正在胡思乱想</u>,把肠子搅得七横八竖,疑惑不定,只见众人忙摆香案,抬出一口猪,一腔羊,当天排列,连房德共是十八个好汉,一齐跪下,拈香设誓,歃血为盟。(明·冯梦龙《醒世恒言》卷三十)

(39) a. 城外来八个头领,不见宋江、柴进、戴宗,<u>正在那里心慌</u>。原来军师吴用,已知此事,定教大闹东京。(明·施耐庵《水浒传》第七十二回)

b. 王生和那同船一班的人<u>正在慌张</u>,忽然芦苇里一声锣响,划出三四只小船来。(《初刻拍案惊奇》卷八)

(40) a. 我<u>正在那里诧异</u>,又上来了那么个水蛇腰的小旦。(清·文康《儿女英雄传》第三十二回)

b. 他<u>正在诧异</u>,窗外又起了一阵风。(清·文康《儿女英雄传》第三十五回)

(41) a. <u>正在那里纳闷</u>,忽听得一个人提着我的名字叫我。(清·吴趼人《二十年目睹之怪现状》第三回)

b. 蒋爷<u>正在纳闷</u>,只见李平山从跳板过来,扬着脸儿。(清·石玉昆《七侠五义》第九十四回)

以上八例中,"恼""狐疑""伤心""烦恼""思想""胡思乱想""心慌""慌张""诧异""纳闷"皆为心理动词。前文说"在这里/那里"在心理动词前容易语法化,因为在心理动词前,"这里/那里"没有实指的地点。a/b 句所表达的语义是一致的,皆表示动作正在进行,不同的是 a 式为强化格式,b 式为脱落虚指地点状语后的更新格式。如果"在这里/那里"后的动词不是心理动词,而是一般的言说动词或者行为动词,但是因为根据上下文无法看出"这里/那里"的地点所指,那么,这种语境中的"在这里/那里"同样容易脱落"这里/那里"从而触发"正在这里/那里"的重新分析而形成副词"正在"。如:

(42) a. <u>正在那里说话</u>,一个狱卒推着背道:"快进狱去,有话另日再说!"(明·冯梦龙《醒世恒言》卷二十九)

　　b. 他两个<u>正在说话</u>,当直的报说乌带回来。(明·冯梦龙《醒世恒言》卷二十三)

(43) a. <u>正在这里计议</u>,若依韩大哥所言,只落得眼饱肚饥,空成画饼。(明·方汝浩《禅真逸史》第四回)

　　b. 田虎大惊,与众多将佐,<u>正在计议</u>,忽报裹垣守城偏将叶清,赍领国舅书札到来。(明·施耐庵《水浒传》第九十八回)

(44) a. 紫鹃笑着道:"二爷还提东西呢。因宝姑娘送了些东西来,姑娘一看就伤起心来了。我<u>正在这里劝解</u>,恰好二爷来的很巧,替我们劝劝。"(清·曹雪芹《红楼梦》第六十七回)

　　b. 有几个伙友<u>正在劝解</u>,见和尚进来,众人说:"得了,这位师父有仙丹妙药。大师父慈悲罢!"(清·郭小亭《济公全传》第十一回)

(45) a. 我等<u>正在这里进退无路</u>,无计可施。端的是苦!(明·施耐庵《水浒传》第五十八回)

　　b. 李昆<u>正在进退两难</u>,认得是施忠,李昆不由大喜,忍不住大叫:"黄老弟,你从那里来?想杀我李五哥?"(清·佚名《施公案》第三十六回)

(46) a. <u>正在那里凑钱</u>。杨志见了,喝道:"你们又做甚么?"(明·施耐庵《水浒传》第十六回)

b. 徐信正在数钱，猛听得有妇女悲泣之声，事不关心，关心者乱。(明·冯梦龙《警世通言》卷十二)

以上两种结构并存的语言现象能够充分说明 b 式是从 a 式演变而来。我们还可以进一步看两组特别容易说明问题的例子，如：

(47) a. 这少爷正在那里心里为难，听十三妹如此一问，他赶紧站起，连连的摆手说："姑娘，这事断断不可。"(清·文康《儿女英雄传》第九回)

b. 来到之时，启帘进去一看，展爷正在那里为难。丁二爷躺倒在地，受了蒙汗药酒。(清·佚名《小五义》第九十一回)

c. 老爷正在为难，将将船顶码头，不想恰好这位凑趣儿的舅太太接出来了。(清·文康《儿女英雄传》第二十三回)

(48) a. 安公子正在那里心中盘算，想着："十三妹此去，……如何是好？"(清·文康《儿女英雄传》第十一回)

b. 正在那里盘算着，只见华忠依然空着两手回来。(清·文康《儿女英雄传》第十四回)

c. 芬臣应了两个"是"字，退了出去，便给信与苟才。此时正在盘算那三千头，可以稳到手了。(清·吴趼人《二十年目睹之怪现状》第八十八回)

此二组例子 a 句中的"心里/中"，从语义上理解都是心理动词"为难/盘算"发生的地点，那么"在那里"很明显就是虚化了的进行体标记。作为心理动词，"为难/盘算"在哪里发生是不言而喻的，因此"心里/心中"在句中可有可无，也正因为如此，a 式的这种强化格式虽然在语义上容易理解，但是从句子形式的视觉效应上看，"那里"和"心里"似乎是重复的，故而 a 式在文献中的用例很少见，而更多的是 b 式，前文的诸多强化格式皆为 b 式。而 b 式脱落"那里"就成为 c 式。脱落的原因是"那里"已经虚化，不再表义，且形式上好像"那里"还是个地点状语，而心理动词是不需要任何表示地点状语类的词的，即使是形式上的疑似状语"那里"也因为语言的经济原则而脱落。

五 "正在"继续语法化的环境:背景信息与前景信息的转换

此节的第一个问题是,在我们所能看到的近代汉语时间副词"正在"用例中,本书除了例(31)、例(48c)和例(60)是"正在"用于前景句中,其他大量用例都是用在背景句中。而现代汉语恰恰相反,是大量"正在"用于前景句中,而少数用于背景句中①,造成这种现象的原因是什么呢?我们得从图形—背景理论谈起。

"图形—背景分离现象"(figure-ground segregation)由丹麦心理学家鲁宾(Rubin)在1915年提出,即大脑把注意力集中在一个有意义的图案上而忽略了周围其他的图案。当我们注意某个物体时,一般很难同时注意或者很少注意到它的背景。完形心理学家借此来研究知觉组织,认为知觉场始终被分为图形和背景两个组成部分。图形(figure)是有完整结构的能够引起知觉者注意的从其他事物中凸显出来的"前景(foreground)",而退到"背景(background)"中烘托前景的其他事物就是背景(ground)②。虽然"图形—背景"论最初是用来研究人类对二维和三维意象的感知,但它也可用来解释一维时间轴上的事件。根据泰尔米(Talmy)(2000:325—329)的研究,复杂句中的图形背景关系中的五大原则就包含有时间包容原则,即具有时间包容性的大事件一般为背景,放在从句中,被包容的事件放在主句中,作图形。如现代汉语中:

(49)我正在专心读书的时候,突然听到窗外有人大声喊我的名字。

---

① 张谊生先生看本节初稿时指出这一现象,并认为可能与"正在"的语法化程度有关。从现在已有的研究来看,我们同意张先生的看法。

② 杨永龙先生(2001:27—28)"把表示背景时间信息的事件称作背景事件(background event),把表示前景时间信息的事件称作前景事件(foreground event)",并认为背景事件与前景事件的一个区别是:"背景事件在句中常常是黏着的,而前景事件在句中则是自由的。""正在"在近代汉语中表示的正是背景时间:一个动作正发生时,另一个动作也发生了。

从句中,"读书"是一个长时间的动作,肯定比主句中"喊"的时间要长,因此,"我读书"是背景信息,而"有人喊我名字"则被认为是图形,是前景信息。这个句子如果变换成例(49)的话,其接受度就值得怀疑:

(50)？听到窗外有人大声喊我名字的时候,我正在专心读书。

例(50)不被人接受的原因就是违背了"图形—背景"理论对动作时间的要求。

近代汉语中,大部分"正在"用例位于背景句中,如例(51)和例(52),两个"正在"皆位于表示时间的从句中,这种"正在+VP"结构中,"在"继承了"在这里"的语法意义,说明"V"所表示的动作或者事情已经开始,但是还没有结束,也就是表示"动作正在进行";而"正"的语法意义是把"V"所表示的动作或者事情与另外的动作和事情进行比照,以起到时点定位的作用。表示行为动作正在发生的时候,另一种行为动作也发生、进行了。例如:

(51)(焦氏)正在沉吟,恰好月英打水回来。(明·冯梦龙《醒世恒言》卷二十七)

(52)(玉娥)正在踌躇,那胡僧竟自揭帘而入,玉娥倒退几步,闪在一旁。(明·冯梦龙《醒世恒言》卷三十二)

这种情况的句型是"S_1(正在),S_2",表达的句式语义是"S_1正在发生的时候,S_2同时正在发生",因此,S_1是S_2的时间状语句,两个分句之间的关系是偏正关系,"正在"分句为从句,所表达的信息是背景信息。根据Talmy的时间包容原则,背景信息动作所持续的时间应该比前景信息的时间更长,是一种内包容的关系,即背景句时间内包容前景句时间。如例(50)中,"沉吟"的时间应该比"回来"的时间更长。"月英打水回来"是指月英进门的那一刻,这个时间是比较短暂的。而"沉吟"的动作可能在月英"进门"之前就开始,延续到"进门"的开始和完成,"正在沉吟"表示的是"一个较长时间一直思索"的句义,而不仅仅表示

"思索"这个动作。虽然我们说,"正"的本义是不偏不倚,恰好在某一指定点上,虚化为时间副词用于动词前表示动作恰好处在"发生"的时间。然而,处于背景句中,使得句中的时间不能是一个小点,而应该是一个大点,或者说是一个时段,因为近代汉语中"正在"的"在"表动作进行中的功能并没有消失,仍然起作用,因此"沉吟"的动作在月英"进门"之前开始,延续到"进门"的开始和完成,"正在沉吟"表示的是"一个较长时间在一直思索"的句义,而不仅仅表示"思索"这个动作;例(51)中,"踌躇"同样是在"揭帘而入"之前就开始,一直延续到"入"动作的完成,在这个时间段内,是一直在"踌躇"的。

从上面分析来看,背景分句内在要求其中动词所表示的动作时间要比前景分句中的动作时间长,时间副词"正在"符合这一要求,使得"正在沉吟"与"正在犹豫"表达的句义更像是动作的持续进行义。然而整个句式的语义却决定了时间状语从句必须是时点参照的功能,这使得从句的构成必须做出调整以适应整个句式的要求,这种调整手段有两种:

第一,在"正在+VP"结构之后添加"之际/时""的时候"等时点词或词组,从而强化背景句的时点的参照功能。如:

(53)(美娘)<u>正在沉吟之际</u>,丫鬟捧洗脸水进来,又是两碗姜汤。(明·冯梦龙《醒世恒言》第三卷)

(54)(秦重)<u>正在踌躇之际</u>,只听得呀的一声门响,王九妈走将出来。(明·冯梦龙《醒世恒言》第三卷)

虽然近代汉语中的"正在",从上文所论的来源来看,"正在这里/那里"脱落"这里/那里"之后,表示动作进行的"在这里/那里"只剩下"在",那么"在"在表达动作进行义时,其语义势必有所削弱,故而近代汉语中"正在"所表达的意义更侧重在"正",但是"在"的语义并没有完全消失。那么,近代汉语的"正在"侧重表时点的功能也是通过整个句式才能够理解出来,如果只看"正在"分句,它的时点参照功能是不凸显的。因而我们认为"在"是在语义上延长时点的长度,使"正"的时点语义成为时段,以适应其在背景句中的长时需要。而"之际/时"又使得前面的整个时段成为一个时点,即将"正在+VP"看成一个整体,加上"之际/时"以适应背景句在句法上满足其时间状语分句时间参照点功能的需要。这种表达结构是刘丹青（2001：74）所指出的同义框式强化结构。它与"似……似的""假如……的话"一样是同类强化格式。

近代汉语"正在"通过上下文已可表时点，但是加上"之际/时"之类的词后，其时点功能更加突出，从而在语用上更顺畅，表达效果会更好。这是因为"之时"加强了"正"被"在"削弱的时点语义，使其更符合时间状语分句的功能。"正在+VP+之际/时"结构与"正在+VP"结构的关系是，前者是后者添加"之际/时"的结果，而不是相反。因此"正在+VP+之时"宜作［［正在VP］之时］的切分，而不是作［正［在VP之时］］的切分。且文献多有"正VP之时"结构而少有"在VP之时"结构也说明"正在+VP+之时"结构应作前者切分。这种强化手段在现代汉语中还是一直在使用。例如：

（55）眼看天快黑下来，运涛肚子里也饿了，想吃点东西，又无处去吃。正在犹豫，从梢门里走出一个人来。(梁斌《红旗谱》)

（56）陈昆生想跟过去看看，又觉得不大方便。正在犹豫不决时，忽听得院子里又有一阵响动。(谌容《梦中的河》)

（57）我正在犹豫中，爸爸冷冷的开口了："依萍，你还想为那个贱人保密吗？"(琼瑶《烟雨朦朦》)

（58）何秀英站在王合银夫妇的棚屋门口，正在犹豫的时候，胖大的王合银女人已经看见了她，冲出来对她叫骂起来了。(路翎《燃烧的荒地》)

现代汉语中，像例（55）这样用于背景句的"正在"用例是比较少的，较多的情况是像例（56）、例（57）和例（58）这样用于背景句却加上"时/中/的时候"之类表示时点的词，这种背景句的分析同样应该像近代汉语一样作［［正在VP］之时］的切分，因为从"正在"的形成看，"在"不单独直接与"时/中/的时候"等发生语义关系，因为去掉"正"的话，三个例子"（陈昆生）在犹豫不决时""我在犹豫中""（何秀英）在犹豫的时候"的语义皆难以表达分句的时点参照功能，因此，作［正［在VP之时］］这样的切分是没有说服力的。当表示强调的时点的词是"时/时候/之际"等可以和"在"搭配的词的时候，［正［在VP之时］］这样的切分尚可勉强进行，但是，如像例（57）这样的例子，却存在困难，因为"在……中"这样的表达是不符合表达习惯的。特别是像例（59）这样的句子，如果作［正［在VP之时］］切分，则根本不能成立。

（59）魏强心里正在纳闷的工夫，门帘一起，那位老奶奶走了进来。(冯志《敌后武工队》第三章)

［正［在纳闷的工夫］］切分中，"在纳闷的工夫"语义表达是不能成立的。

因此，主语后的"正在"，我们认为已经是时间副词。需要区别这样例子：

（60）正在我踌躇的时候，我看见了，那飞机的翅子好像不是和平常的飞机的翅子一样。(萧红《天空的点缀》)

此句中的"正在我踌躇的时候"应该作［正［在我踌躇的时候］］的切分，因为如果去掉"的时候"的话，原句不能语义自足。此句与例（56）、例（57）、例（58）和例（59）是不一样的，"的时候"的语义是和"在"发生关系，而不和"正"或"正在"发生联系，例（56）、例（57）、例（58）和例（59）中可以去掉"正在"中的"在"而语义通畅，例（60）如果去掉"在"的话，"正我踌躇的时候"是不能成立的。可见主语前的"正在"还不能看成是时间副词，与主语后的时间副词"正在"存在本质差别。

第二，"正在"被迫离开背景分句，转入前景分句中。表达在某一个动作时间参照点下，另一个动作正在发生。

"正在"在背景句中表达的是"一个动作正在发生的时候，另一个动作也在发生了"；而在前景句中所表达的是"一个动作在发生的时候，另一个动作也正在发生"，"正在"所在的整个句子表达的是两个动作同时进行。那么，描述的时候就只能是凸显一个动作，而另一个动作成为背景。前景句就是作为图形凸显的部分，即凸显动作的正在进行之义，那么"正在"从背景句向前景句的转移也正好满足了这种语义的凸显。例如：

(61) 邻家听得秋公园中喧嚷，齐跑进来。看见花枝满地狼籍，众人正在行凶，邻里尽吃一惊，上前劝住。（明·冯梦龙《醒世恒言》卷四）

"众人正在行凶"是前景信息，"邻家齐跑进来"是背景信息，"行凶"是在邻家齐跑进来的时候"看见"的，那么"正在"突出的不是"行凶"的过程，而是"行凶"的动作行为，它是在视域内进行描述的，因而从时间上来说要短。符合图形—背景的时间包容原则。

在近代汉语中，像例（61）这样用于前景信息中的情况较少，而到现代汉语中，"正在"用于前景句中的用例比近代汉语中则多得多。并且多是修饰行为动词。如在《冰心文集》八卷中，时间副词"正在"用例共为316例，前景句中共有183例。如：

(62) 当我在广场上徘徊瞻眺的时候，准备在国庆节游行的小朋友们，正在练习走队。（《冰心文集》第五卷）

(63) 他们在一夜充分地休息之后，正在穿衣、漱洗，精神抖擞地准备每天清晨的长跑。（《冰心文集》第七卷）

而在背景句中而又没有使用强化格式的只有30余例，不到10%。例如：

(64) 我正在凝思，一位年轻的教师，敲门进来了。（《冰心文集》第六卷）

(65) 我正在劝慰她，忽然听见K在外面叫我，我赶紧把门反掩上，出来便往家走，K一声不响的跟着我回来。（《冰心文集》第三卷）

更多时候，"正在"位于背景句中的情况多是采取前文所提到的第一种调整手段，需要添加"之际/时"或者"的时候"之类的时间点词。这种情况在《冰心文集》中有100余例。例如：

（66）我正在凝想的时候，忽然听见一位同学说"……。"（《冰心文集》第一卷）

（67）过一会子，陈太太梳完了头。正在洗脸的时候，听见前面屋里电话的铃响。（《冰心文集》第一卷）

也就是说，从近代汉语到现代汉语中，"正在"的使用趋势是从背景句到前景句的转变，其功能也主要从"表动作时点参照功能"到"表动作正在进行功能"的转变，这种转变是"正在"为符合时间包容原则而做出的调整，更重要的是语用表达的需要，是事件表达者在识解事件时方式变化的需要。在同时发生的两个动作中，表达者需要凸显的自然会放到前景信息中，"正在"也会因为表达者识解事件时的认知域、视角以及显著度等的不同而会置于不同的位置，甚至是相同的两个动作，由于表达上的差异，可以形成以下前景信息和背景信息互换的现象。如：

（68）范英明、唐龙正在吃饭，曹参谋进来报告说："王团长报告，他们背后发现蓝军摩步团。"（柳建伟《突出重围》）

（69）你们进去的时候，我正在吃南乳花生呢！（欧阳山《苦斗》）

例（68）中动作"吃"是背景信息，动作"进来"是前景信息；而例（69）刚好相反，动作"吃"是前景信息，动作"进去"是背景信息。从构式语法的角度来说，不同的句式表达不同的意义，那么，分别处于背景信息和前景信息中的"正在吃某物"所表达的"吃"有什么不一样呢？我们认为例（68）中表达的是"吃饭"整个事件过程（因而动作是长时的），在这个过程的某个点上，另一个动作发生了；而例（69）表达的是"吃"这个动作在某个时间点上正在进行，强调的是动作本身，因而是短时的。因此，二者皆符合图形-背景理论中的时间包容原则，例（68）中"进来"的动作时间内包含于"吃饭"的时间，例（69）中

"吃南乳花生"则内包含于"进去"整个事件过程中。

六 结语

综上所论，我们的结论是：时间副词"正在"形成于元代，发展于明清，它不是"正在+VP+之时"结构脱落了"之时"形成，而是近代汉语表示进行体的"在这里/那里"与"正"构成"正在这里/那里+VP（V为心理动词等）"强化结构，之后脱落了已虚化的"这里/那里"重新分析而形成的。这有利于解释近代汉语中"正在+V"结构中为何心理动词占多数的现象。近代汉语乃至现代汉语中"正在+VP+之时/之际/的时候"结构是"正在+VP"结构的框式强化结构，添加"之时"是为了使表达更明确，加强背景句在句法上充当时间状语分句的时点参照功能，因而更符合语言习惯。这也有利于解释为什么近代汉语中绝大部分的"正在"都位于背景句中，而极少位于前景句中。近代汉语"正在"与现代汉语"正在"的区别在于二者的语用差异，前者更多位于背景句中，表达某个动作发生的时间参照点的功能；而后者更多位于前景句中，突出图形动作本身的正在发生进行。近代汉语中，由于时点参照功能与"正"相似，在背景句中，"正在"中"在"的功能有所削弱（这与"在"的功能是从"在这里/那里"继承来有关），因此，近代汉语中的"正在"两个构词语素不是平等的。故而在"正在"形成初期的近代汉语中，"正在"的语法化还不是很彻底，还可以拆开来理解。现代汉语中，"正在"表达的功能是"正"与"在"功能的融合，因而两个构词语素的表义功能是平等的，完全凝固，不能拆开。"正在"从近代汉语向现代汉语发展的过程，是功能从位于背景句向位于前景句扩张的过程，也是"正在"进一步语法化的过程。

第三节 构式语境的压制与双音虚词的形成[①]

构式语法的一个中心观点是，词库、形态和句法构成一个连续统一

[①] 本节内容曾发表于《古汉语研究》2015年第1期。

体,它们之间没有清晰的分界。即语言的不同层次的语言单位之间的构成形式可以互通。构式作为约定俗成的象征单位,它们在复杂程度和具体程度存在差异。复杂程度指一个语法组合体是否可以分解为更小的象征单位,具体程度指它们在音系和语义上的抽象程度(Langacker,2005a:108)。双音虚词属于复杂词项,它们由两个或多个小的象征单位组成,是抽象程度更高的组合体,有的相当于句法,因为不少双音虚词的构成是继承了整个构式的抽象语义,其中的两个构词语素是其中复杂程度较高的组合体构成,是语法模式的减省。两个构词语素从较为具体表达式中抽象出来,作为新的语义表达式组合新的双音虚词构式。这就是说,汉语中有的双音虚词源构式继承了整个构式的图式,并发生抽象,形成了新的意象图式,是构式压制的结果。因此构式是双音虚词语法化研究的关键因素,其双音虚词意义来源构式的研究是探讨该词形成的重要前提。本节以副词"还好"的形成过程来探讨整个构式语境的压制对双虚词形成的影响。

一 引言

在现代汉语中存在这样三个层面的"还好":

(1)他客气地说,"甭费事了,四爷,我不渴。四奶奶,您身体还好吧?""好!"唐太太气呼呼地说。①

(2)"那一天我难过极了,心里乱得很。还好我先生陪在我身边,他给了我很多帮助",李丽珊一边说,一边向身旁的丈夫投去感激的目光。

(3)我的女友下周结婚,还好,我不打算独身,所以还有收回礼金的机会。

以上各例,例(1)中"还好"作谓语,为短语;例(2)中"还好"已经是一个副词了,修饰后面的小句,在句中作状语;例(3)中

---

① 本节语料没有注明出处的全是选自于北大CCL语料库现代汉语语料(网络版);CCL古代汉语语料和少许网络语料,另有两例来源于期刊《涉世之初》,都标明了出处,方便查证。

"还好"位于句中，单独使用，起到承上启下的连接作用，为话语标记。

我们翻检了现在通行的一些辞书①，只有《现代汉语规范词典》（第二版）（李行健，2010：508）收录了"还好"，义项有二：①形容词，大体可以；勉强过得去（多用于答话）。例如：稿子写得怎么样？还好，可以。②形容词，还算幸运（多用作插入语）。例如：还好，虽然耽误了很久，可总算解决了。李行健认为"还好"不管表示何种意义，都是形容词，我们认为这是有待商榷的。但撇开词性，其中的释义还是有可取之处，第一个义项同例（1），第二个义项同例（2），前者的释义是对的，第二个义项则不够准确，例（2）中的"还好"，我们认为，义同"幸好"，应该属于"幸亏"类副词，表达的语义是"在不利的情况下，由于存在或出现了某种有利的条件或者原因，促使不利向有利方向发展，并为此感到庆幸"（邵敬敏、王宜广，2011）。而例（3）中的"还好"为话语标记，虽然多少还有庆幸的语义，但其主要功能是引出所要表达的主题，起承上启下的作用，不影响命题的真值。邵敬敏先生等（2011）认为，"'还好'是一个多义格式，有时是副词'还'加上形容词'好'的短语，有的则接近表示'庆幸'的副词"。值得进一步研究的是，通过扩大语料调查范围，我们发现，有的"还好"已完全是个副词，并有进一步语法化的倾向。本节首先要考察"还好"这一为人所忽略的语气副词的形成过程，在此基础上，我们进一步的探讨其语用功能。

二 语气副词"还好"形成的构式语境及构式压制

沈家煊先生（2004）认为，"词汇化"可以从共时和历时两个层面进行剖析，共时层面主要指"用词来表达某个概念"，历时层面包含两种意思：一种意思是指词缀变为词，与"实词虚化"或"语法化"相对而言；另一种意思是指词的组连（指两个或多个词连接在一起的序列）变为词

---

① 我们查阅了以下工具书：《现代汉语八百词》（商务印书馆1999年版）、《现代汉语词典》（商务印书馆2012年版）、《现代汉语规范词典》（外语教学与研究出版社出版2010年版）、《现代汉语虚词例释》（商务印书馆1986年版）、《汉语大词典》（汉语大词典出版社1993年版）、《现代汉语常用虚词词典》（浙江教育出版社1992年版）、《现代汉语学习词典》（上海外语教育出版社1995年版）、《现代汉语虚词词典》（商务印书馆2006年版）。

的演变,这种意义上的"词汇化"非常普遍,而且往往和"语法化"重合在一起,因此这样的演变同时也伴随着"语法化"或"主观化"。"还好"正属于沈先生所讲的词汇化历时层面中的第二种模式。因为在现代汉语这个共时平面中,"还好"可以是一个偏正短语,即副词"还"修饰形容词"好";可以是一个副词,具有情态功能。我们先来看副词"还好"的形成过程。

(一) 源构式语境的扩展:NP+还好→VP+还好

"还+好"线性排列的最早用例见于六朝贾思勰的《齐名要术》。如:

(4) 若为妊娠妇人坏酱者,取白圳棘子著瓮中,则还好。乞人酱时,以新汲水一盏,和而与之,令鹅不坏。(六朝·贾思勰《齐民要术·作酱等法第七十》)

(5) 发时数搅,不搅则生白醭,生白醭则不好。以棘子彻底搅之;恐有人发落中,则坏醋。凡醋悉尔,亦去发则还好。(六朝·贾思勰《齐民要术·作酱等法第七十》)

以上二例之"还好"中"还"应读"huán",其义为"恢复好"之义。这种"还好"与副词"还好"的形成没有关系。但是刘坚(2005:39)认为副词"还"(hái)来源于古汉语动词"还"(huán),副词"还"到唐代才形成。如例(6)(转引自刘坚,2005:39):

(6) 双凫乍失伴,两燕还相属。(唐·张成文《游仙窟》,《近代汉语语法资料》)

因此,从唐代开始,"还好"的线性序列组合已经有了"也可以"之义。如:

(7) 风景今还好,如何与世违。(唐·钱起《忆山中寄旧友》)

(8) 枝上蝶纷蜂闹,几树杏花残了。幽鸟亦多情,片片衔归芳草。休扫,休扫,管甚落英还好。(宋·吴潜《如梦令》)

"风景还好"与"落英还好"之"还好"皆可解释为"也可以"或"依旧好"之义。也就是说,从唐代开始,出现了副词"还好"的最早源头——副词"还"和形容词"好"的偏正式短语组合。但用例还不多,也只限于"NP+还好"结构,在这一结构中,NP 为主语,"还好"充当谓语,谓语中,"好"是具有主观评判性的形容词,充当谓语,副词"还"修饰谓语"好"充当状语。

在"NP+还+好"结构中,由于结构构件变量的类推扩展,充当主语的 NP 也可以是 VP,因为谓语"还好"不仅可以对一个名词性成分进行主观评判,而且可以对一个动作或者一个事件进行主观评判。如:

(9) 叹客里凄凉,尚记得当年雅音,<u>低唱还好</u>。(宋·张炎《霜叶飞·毗陵客中闻老妓歌》)

"低唱还好"中"还好"是对 VP"低唱"进行评判,这是对过去动作行为的评判。其中的"还好"依旧是一个状中短语充当句子的谓语,表示某个动作行为使人感到满意。

(二) 构式扩展与构式压制:"还好"庆幸语义的获得

当例(9)中"低唱还好"的这种评判对象扩展到假设对比复句中的过去动作或者某种惯常行为,则"还好"的评判意义获得了"庆幸"语义。如:

(10) <u>咬了瘦的还好</u>,咬了壮的,就是一段肝白杨。(元·刘唐卿《白兔记》第二十出)

(11) <u>他无酒还好</u>,吃了酒,便要杀人。(元·马致远《邯郸道省悟黄粱梦》第四折)

(12) 这汉子酒醒了,<u>回去还好</u>。倘然不醒,冻死了,明日他每起来看见,只道我谋死了他,劫了他的财帛。(元·徐畹《杀狗记》第十二出)

(13) 这些奶子,<u>乡下才来的还好</u>,若是走过几家的过圈猪,那里肯靠这三四两身钱?(明·陆人龙《型世言》第三十六回)

(14) <u>此话不与行者说还好</u>,若说了,那猴子进来,一顿铁棒,

把孤拐都打断你的!(明·施耐庵《西游记》第三十六回)

（15）被小孩子得了还好，若落在荒郊野外无人烟处，我替他寂寞。（清·曹雪芹《红楼梦》第七十回）

（16）遇着那忠厚的县官还好，若是遇着个风力的官府把卷子贴将出来，提那先生究责，不当耍处。（清·西周生《醒世姻缘传》第三十七回）

以上例句可以码化为："A+还好，若不A，B"。在这一结构中，"还好"一般位于假设复句的前一分句，后面紧接一个假设的与前一分句的VP语义相反的假设句，这样，整个构式是两个假设句的正反对举。从形式上来说，由于是对举，所以前后两个分句都可以省略表示假设的关联词，如例（10）和例（11），也可以前一分句的假设关联词省略而后一分句的假设关联词保留，如例（12）—例（16），当然也有前后两个分句都有假设连词的，但是这种情况比较少见。如：

（17）若成得亲事还好，万一不成，舍亲何面目回转！（明·冯梦龙《醒世恒言》第七卷）

（18）若绕出去还好，若绕不出去，可够他绕回子好的。（清·曹雪芹《红楼梦》第四十一回）

例（17）中前有"若"后有"万一"两个假设连词、而例（18）则前后两个分句都有假设连词"若"。在这种用例中，假设连词特别是前一分句的假设连词是羡余的，因为假设语义通过"还好"的肯定评判与后一相反语义分句的对举就已经传达出了，所以，绝大多数情况下，前一分句是不带假设连词的。

从语义上来看，"还好"对构式中的A进行主观肯定，后一分句假设其语义如果与前一分句相反将会造成不良的后果B。这样，相对于后一分句所造成的不好的结果来说，"还好"所肯定的部分则在说话人的心里带有了"庆幸"的语义。如例（10）中，"咬了瘦的还好"对比"咬了壮的（不咬瘦的），就是一段肝白杨"的不好结果，突出"咬了瘦的"是比较幸运的，这体现了说话人对"咬了瘦的"的一种庆幸心理。例（11）中，"他"

如果"吃了酒","便要杀人",因此,吃了酒会产生不良后果,因此,认知主体通过"还好"所主观肯定的"无酒"则是一件值得庆幸的事情。也就是说,只要"还好"所评判的情况存在,就可以出现与后一分句不同的好的结果。其他四例可同样分析。特别是当"还好"所评判的不是未发生的假设的情况,而是现实已经实施的VP,则"还好"所具有的"庆幸"语义更加明显,是构式语义在词汇身上进一步凝固的体现。如:

(19)如今做湿亲家还好,到明日休要做了干亲家才难。(明·兰陵笑笑生《金瓶梅》第四十一回)
(20)如今初死还好,天色热,不久溃烂,就要剔骨检,筋肉尽行割去,你道惨不惨?(明·陆人龙《型世言》第二回)

两例中,"做湿亲家"和"初死"是已经发生的动作,这个动作的发生能够防止后一分句不利的动作或者情况的发生,因此,已经发生的,在说话人看来是利好的事情当然就是值得庆幸的,这是整个构式具有的意义。而"还好"正是对这一值得庆幸的事情的肯定评判,那么"还好"就获得了构式语义,这是构式赋义的结果。Goldberg(1995)、Kay和Fillmore(1999)都强调了构式语义,认为构式能够决定词汇在具体使用中的最终语义。也就是说,构式对词汇语义会产生压制(coercion),即当构式的形态句法框架和填充到其中的词语的语义发生冲突的时候,认知主体将对二者进行协调,通常都是词语语义通过转换来满足句法框架的制约(Michaelis,2004)。这就会使得语言在使用的过程不断地创新,使一些进入构式的词语发生了意义变化,这一变化是为了满足构式语义的协调性和构式构件之间语义的逻辑合理性。那么,在构式"A还好,若不A,B"中,我们如果去掉"还好",看看是否还可以表达庆幸语义?如"昨天买了很多菜,如果没有买的话,今天客人就不知道吃什么了"这样的句子更多的含有客观陈述,但就是在这种客观陈述中,由于前后两个分句正反面语义的对比,所以,整个句式仍然含有"庆幸"语义,是对前一分句所表达的内容的庆幸。因此,"还好"的庆幸语义是来自整个构式的语义,是构式压制和构式赋义的结果。

(三)句法外置与焦点凸显:语气副词"还好"的形成

张定、丁海燕(2009)认为"NP+好+V"中"好"的形成经历了一个"［VNP］好（移位前）→好［VNP］（外置）→NP［好V］（难易移位）"的移位过程。我们认为语气副词"还好"的形成也经历了一个从"VP/S+还好"结构到"还好+VP/S"结构的外置过程。这种外置，从句法结构上来说是因为在"VP/S+还好"结构中，"还好"所主观评判的行为活动在语言形式上有时候是比较复杂的VP结构，甚至是一个较为复杂的句子S，如例（14）的"此话不与行者说还好"、例（16）"遇着那忠厚的县官还好"，前者"还好"所肯定的是一个受事主语句，后者"还好"所评判的是一个"［V着［指代词［形容词［名词］］］］"复杂的动宾结构，为了避免"头重脚轻"，这些成分常被移到句尾，以便遵循"从轻到重"的原则（张定、丁海燕，2009）。

从句子的信息表达来看，"还好"的外置句法操作机制的动因则是焦点凸显的结果。前文我们说在构式"A还好，若不A，B"中，A的语义是突出表达的信息焦点。因此，整个句子结构是一个正反对比构式，句子表达的焦点就是我们所分析的A，而且在所肯定的A条件下的结果一般是隐含的，因为可以通过后面的反面结果可以进行推导。所以，A它是一个对比焦点，这种信息焦点是通过句子的信息内容的表达重要性来体现的，是为了表达的特殊需要，新信息的核心可以落在句子的任何一个成分上，这时新信息核心的位置称为有标记位置，有标记位置的新信息核心常出现于对比与强调的场合（孙汝建，2004）。一般来说，句子的已知信息在前，而新的信息靠后，所以汉语有句尾焦点。因此为了凸显焦点，句法操作常常发生焦点信息后移，陈昌来（2000）认为倒装的部分往往是焦点，而温锁林（2001）则认为，语序位移是为了显现句尾焦点。那么，"还好"所评判的成分是句子表达的信息焦点，自然就倾向于放在"还好"之后。因此，构式"A还好，若不A，B"中"还好"的句法位置从清代开始外置，这样一来，"还好"清代始就演变成了一个具有评注功能的语气副词，同时具有了焦点标记的功能，其"使人感到满意"的评判语义弱化，更多的是凸显其后A所表达的信息值得庆幸之义。如：

（21）狄奶奶息怒，<u>还好合管家说，仗赖管家瞒过还好</u>；要合老爷说了，小的担不起。(清·西周生《醒世姻缘传》第七十八回)

（22）拿出这银子来，上下打点。一定也还使不尽，<u>还好剩下许</u>

些，又把别项的事情都洗刷得干净。(清·西周生《醒世姻缘传》第十七回)

(23) 说采秋系于正月十五早往碧霞宫，也在观音大士前许下长斋，自己脂粉不施，房门不出，这一个月柔肠百转，情泪双垂，把个如花似玉的容颜，就变得十分憔悴了。<u>还好红豆、香雪两个丫环，都是灵心慧舌</u>，无可讲的，也引着采秋讲讲，无可笑的，也引着采秋笑笑，所以比秋痕景况，总觉好过些。(清·魏子安《花月痕》第三十六回)

(24) 今日我原可不来，为着你病，不亲来瞧，心上总觉得不好。我往后也只能十天八天出来一遭。<u>还好这个差事是没甚关防</u>，就给人知道，也没甚要紧。(清·魏子安《花月痕》第四十回)

例(21)比较典型，其中既包含了一个"VP 还好"(仗赖管家瞒过还好)构式，也包含了一个"还好 VP"(还好合管家说)构式。可以看得出来，"还好 A，若不 A，B"构式是语气副词"还好"形成的临界环境(彭睿，2008)，在这种环境中"还好"可以做两可的分析，既保留了肯定评判功能，同时也可分析成表示庆幸义的语气副词。因此在"还好"形成之初，整个构式还是保留了正反对比的假设复句结构。当"还好"提前凸显焦点的用法固定之后，"还好"突破了原有的语用环境，其后的分句不再是从 A 的反面来得出不利结果，而是强调幸好有 A 条件所能带来的积极结果。如例(22)的结构是"还好 A，不 B"，其中"不 B""把别项的事情都洗刷得干净"是条件 A"剩下许些"所带来的结果。按照原来的临界环境，例(22)应该表达成"还好剩下许些，若银子不够使，别项的事情就无法洗涮得干净了"。因此，"还好"已经摆脱了原有的临界句法环境。例(23)和例(24)的"还好"同样处于"还好 A，不 B"构式中，A 是条件或者原因，而"不 B"是在 A 的基础上产生的结果。例(23)中正是因为红豆、香雪两个丫环聪慧，才能让采秋过得好些，例(24)中正是因为这个差事无须防范，所以即使有人知道也不要紧。一直到现代汉语中，语气副词"还好"典型的语用环境皆同例(22)—例(24)。如：

(25) 我不懂水性，<u>还好落水地点离岸大约 10 米</u>，我就捂着鼻子胡乱扑腾了一阵子上了岸。

（26）出院 3 天来我照了几次镜子，<u>还好我还会笑</u>，从我脸上看不出死亡的痕迹。

（27）<u>还好有你陪着我</u>，不时替我张罗这个调理那个，而且说笑解闷什么的。

现代汉语除了对"还好 A，不 B"这种构式的继承外，对"还好 A，若不 A，B"构式也有继承，只不过在形式上一般是变成"还好 A，否则 B"，也就是说，现代汉语中一般是用"否则"来替代了"若不 A"。如：

（28）<u>还好没戴上沉重的凤冠</u>，否则要跑都跑不了。
（29）<u>还好霍子明对有几分姿色的女孩子，无论如何也容易记得一点</u>，否则就算昨天听到她的电话，说是来到纽约了，他也可以茫然不知是谁。

语气副词"还好"在清代产生后，还出现了"还好"与其他同类庆幸义副词连用的强调格式，这是"还好"副词形成的一个表现。如：

（30）丁二爷道："这倒不妨。<u>还好，幸亏</u>将三宝盗回，二位兄长亦可以交差，盖的过脸几去。"（清·石玉昆《七侠五义》第五十六回）
（31）他要翻起脸来，我将何言答对？不定闹出什么事来！<u>幸而还好</u>，他竟会善为我辞焉。（清·石玉昆《七侠五义》第九十五回）
（32）马路上的规矩，同人相打，两造都要同入捕房，岂不失了体面？急急的四边一看，<u>幸而还好</u>，正是十二下钟巡捕换班的时候，落班的已经去了，接班的尚未到来。（清·张春帆《九尾龟·第四十八回》）
（33）<u>幸喜还好</u>，周百灵眼珠一转："我必须得如此这般。"（清·贪梦道人《彭公案》第四回）

因此，句法上的外置和焦点信息的凸显使得"还好"从一个带有主观肯定、具有使人满意语义的偏正式词组演变成了一个带有主观评判性、具有庆幸语义的语气副词。这一演变规律除了得到汉语史上"好""足""可"等形容词向助动词演变语言事实的支持外（张定、丁海燕，2009；丁海燕、张定，2012），副词"还好"的形成也可以得到同类词"也好"形成过程的印证。如：

（34）春晴<u>也好</u>，春阴<u>也好</u>，著些儿、春雨越好。（宋·蒋捷《解佩令·春》）

（35）一只福鸡，休拿了去，<u>大家分一分也好</u>。（元·刘唐卿《白兔记》第四出）

"也好"最初是在句中充当谓语，对前面的 VP 进行主观肯定，表示某个动作行为使人感到满意，这与"VP 还好"中的"还好"用法是一致的。在句法外置和焦点凸显的触动下，"也好"同样也会前移，形成一个带有主观评判性的语气副词。如：

（36）去请亲家女儿同居住，早晚<u>也好看顾</u>。（元·柯丹邱《荆钗记》第十三出）

（37）不知项王败走那里去，俺每领些军马赶上，杀他一阵，<u>也好分他的功</u>，不要独独等这黥面之夫占尽了。（元·尚仲贤《汉高皇濯足气英布》第四折）

对于位于 VP 之前的"也好"应该看成是一个副词，而不宜看成是一个偏正式的短语。试比较例（35）和例（37），无论是说"大家分一分也好""也好分他的功"，还是说"也好大家分一分""分他的功也好"，句子的基本语义大致相同，只是"也好"前移之后，其后的内容信息更加得到凸显。"也好"的凝固性和主观性也更强。由于其演变过程与机制和"还好"的演变过程与机制是一致的，故不再详细探讨"也好"的形成。

三 语气副词"还好"扩展的习用化环境及其功能扩展

按照张谊生(2000)划分副词类别的方法,副词可以分为三大类,即描摹性副词、限制性副词和评注性副词,并且认为,评注性副词具有较强的情态功能,包括强调与婉转、深究与比例、意外与侥幸、逆转与契合和意愿与将就等十个方面。另外,语气也是表达情态的一种语法形式(彭利贞,2007),据此我们认为"还好"是一个评注性语气副词,表达了一定的情态和语气。齐沪扬先生(2003)认为,汉语中任何一个语气副词肯定是要表示一种语气功能或者语气范畴,将语气副词在语气方面所起的作用归结为三个方面:表述性功能、评价性功能和强调性功能。那么,"还好"在扩展的习用化环境中作为评注性语气副词,同样具有主观评判和情态的表达功能。

(一) 侥幸与转折

侥幸情态是表示说话者在不利的情况下,由于存在或出现了某种有利的条件或者原因,使得不利的境地得到缓解,说话者为此感到庆幸。"还好"作为一个表达"侥幸"类的语气副词,与"幸亏"等其他幸亏类副词所表达的语义是一致的(邵敬敏、王宜广,2011)。这种侥幸情态其实是体现了说话人对事件更多的主观评判,是指说话人在说出一段话的同时还表明了自己对这段话的立场、态度和感情,从而在话语中留下自我的印记(Lyons,1977:739)。在"还好A,若不A,B"构式这种"还好"形成的初始语境中,由于表达凸显B,就会将B置于"还好"分句的前面,而"还好"分句位于后面,当说话人认为A所表达的这种侥幸条件是作为对前一分句所表达内容的一种反面补充,这时"还好"的使用,除了侥幸情态的表达,更多是具有一种分句的连接功能,由于前后分句内容不是顺接,因此,这种功能更多的是带有转折意味的连接。如:

(38)大雁塔十字路口时,我跳下车领着末末走便道,一直拿眼睛盯着马路当中的警察,担心他会干涉光身子的张艺谋。<u>还好这位警察并没有说什么</u>,张艺谋居然光着身子在他眼皮底下转过来了。

(39)特别是一旦有了竞争者出现时(可能是别的小孩,但殆半多是兄弟姐妹），他们更是全力以赴，<u>还好我们并不因此而骂他们坏孩子</u>，我们只是说他顽皮。

（40）突然一道闪亮的光芒几乎刺得王锡爵张不开眼睛，正是萨姆二式导弹推进器冒出的火焰，<u>还好它没在四周炸开来</u>。惊魂甫定的王锡爵赶紧设定自动航向仪返航，曙光乍现时，终于在桃园落地，他才松了口气。

（41）"孩子，你不能啊！"江母吓得半死，<u>还好翠儿抢先一把拿到剪刀</u>，死死握在手里。

后一分句所"侥幸"的事情，一般来说与前面内容是相反的，这就在"侥幸"和"转折"之间架起了相通的桥梁，区别在于"还好"侧重于说话人自身对前后两个分句之间语义转折关系的主观认定，而"但是"等则侧重客观叙述。如（38）"这位警察并没有说什么"与前一分句中"会干涉光身子的张艺谋"之间具有转折关系，但是这种转折的语义关系较弱，一般只能用转折语义较弱的"只是"来替换。其他例子与之相同。在这种弱转关系的句子中，有时，"还好"也可与表示转折的关联词共现，如：

（42）于是，他赶紧一刀下去全割了，这一割意味着一场空欢喜，连那个红包518元也赔了进去，<u>但还好</u>，还不至于输得血淋淋地一败涂地。

（43）我作为一个比较老一点的京剧演员，心里既高兴，又有点不安，<u>但是还好</u>，翻了翻入选作品名单，有一个京剧节目，就是安徽省京剧团演出的《程长庚》，觉得又心安了一点。

以上二例中"还好"分别与"但""但是"共现，显化了"还好"前后语段的转折关系，语段之间的弱转隐含义显现无遗，也隐含着说话者的逻辑语义表达。

（二）侥幸与原因

前文我们说，当整个构式摆脱了"还好A，若不A，B"这样的正反对比的假设复句结构，为凸显有利条件产生的结果形成"还好A，不B"

结构，处于前一分句的"还好"所侥幸的事情往往就是后一分句产生的原因。"还好"的使用既凸显了说话人对 A 有利情况出现或存在的肯定，又凸显了说话人对幸好没有相反情况出现而导致负面结果的庆幸，因此整个构式就是肯定强调有利条件的出现改变了事情的结果，条件和结果之间构成了一种因果关系。这种因果关系并不是客观事物之间应有的一种因果关系，而是在说话人所处的语境中，说话人所认为的两个事件之间可能的因果关系。如：

（44）随着一声惨叫，鲜血淋淋的我晕倒在车厢内。<u>还好车速不快</u>，右手并未当即报废，可桡骨、尺骨及腕骨断裂达五处之多。

（45）你去！把大伙都叫来，尤其是阎镇山阎师傅，<u>还好他还没来得及走</u>，请他过来帮一下忙。

（46）<u>还好康复的情况还不错</u>，我已经可以自己拄着拐杖开车，车速几乎和以前一样，头痛也只是一天发作三次而已。

例（44）是说，"还好车速不快，如果车速快，右手当即报废。"但"还好 A，不 B"构式强调的是 A 所产生的结果，而非"不 A"产生的结果，因此表达为"还好车速不快，右手并未当即报废"。例（45）和例（46）同样如此，"他还没来得及走"是"请他过来帮一下忙"的原因，"康复的情况还不错"是"我已经可以自己拄着拐杖开车"的原因，但是这种原因并不是结果产生的充分条件，所以一般可用"由于"来替换，而不用"因为"来替换。

有时候，"还好"表示原因，不仅仅限于上面这样简单的复句中，当"还好"引导的分句嵌入其他类型的复句时，句式显得很复杂。如：

（47）事到如今，他只好收集其他竞标厂商投标价格的资料，于是他毫不犹豫地以低于别人的价格投标。<u>还好得标了，并且取得客户的订单</u>，但在公司内部，却造成了严重的不良后果，因为制造部门强烈抨击他所报的价格。

"还好"引导的分句具有两属的情况，从"还好"表达的庆幸语义上看，"还好得标了，并且取得客户的订单"是对前文"低于别人的价格投标"的一种有利结果的肯定，因此是属上；但是这一分句紧接的是一个"但"引导的转折句，从句法上看，"还好"引导的分句与下一分句构成一个转折复句，"还好"句表示原因，相当于"虽然"，因此"还好"又在语境中是属下的。

（三）侥幸与话语标记

语气副词"好在"在清代形成之后，由于句法外置的作用，在清代末年，"还好"和后面引导的内容之间还可以存在语流上的停顿，使得"还好"更外置于整个结构而独立。如：

（48）但是老头目去了多时，不见回报，等下有一个时辰，胜爷心中未免着急。还好，山口外翠柏苍松，遮蔽天日，要是太阳晒着，还真不好受。(清·张杰鑫《三侠剑》第三回)

此例虽然还保留了"还好A，若不A，B"这样的假设复句结构，但是"还好"独立于句外，这使得"还好"的主观评判功能不仅仅限于A，而是扩展到整个复句，这样，"还好"的篇章连接功能得到了发展。随着这种功能的发展，到现代汉语中，"还好"的篇章连接功能同样摆脱了"还好A，若不A，B"结构，使得"还好"可以直接引出有利情况对前一话语进行补充说明即可。如：

（49）话题就从颜色开始。<u>还好</u>，他喜欢红色。

（50）我过去的保姆王老太太来北京看病，我也得管。<u>还好</u>，我带她去医院，医院还很帮忙，听说是我的保姆，找最好的大夫给她看。

（51）这个动作让她有点抬不起头：在全部33名选手中排第25位！<u>还好</u>，她在半决赛中发挥出了水平，并在晚上的决赛中完全爆发。

例（49）中"他喜欢红色"是对前一话语的补充说明；例（50）"还好"后的语段，是补充说明"我也得管"，说明是如何管的；例

(51) 中"还好"引导的内容补充说明她先前动作没有做好。当这种补充说明的内容变为连类而及的另一个话语的时候,"还好"起到了引出新话语的功能,可以看成是一个话语标记。如:

(52) 连续两届奥运会包揽 4 项冠军的中国乒乓球队,在雅典奥运会上失去男单金牌。还好,中国男篮在最后时刻战胜塞黑队进入八强。

(53) 所以来晚了几天,是因为还要赶到福州去给你提银子,提了银子又要雇镖车。还好,最后几天路挺好走的!

(54) 嗡嗡直叫的苍蝇,让路过的行人不得不一手捂着鼻子,一手将刚刚掏出的一个钢镚或一张纸币扔到他面前的盘子里。还好,人们在厌恶这个孩子的同时,还没忘了一点施舍。这说明人类的同情心,永远都不会泯灭。

这类例子中,"还好"前后的话语内容已经发生变换,已经不是同一个话题。例(52)前一分句说的是中国乒乓球队,而"还好"分句说的是中国男篮;例(53)前一分句说的是因为提银子、雇镖车耽搁了时间,后一分句是说最后几天的路挺好走的;例(54)前一分句是叙述行人在施舍时的厌恶之情,而"还好"分句则是引出对这一现象的议论。几例中,前后话题显然已经发生变化,但是不管前后分句的内容如何变化,"还好"所具有的庆幸义依然若隐若现地保存着。

四 结语

从上面的研究可以看出,"还好"在汉语史上的语气副词身份必须得到确认。副词可以从形容词等其他词类虚化而来,也可以像"还好"一样从短语直接演变而来。副词的形成研究不能仅限于副词的始见年代的发掘,更主要的是揭示副词在什么样的语言环境中获得演变的可能以及演变的动因和机制。副词,甚至所有虚词的形成研究都应该注重其语用环境分析,应将其放置于整个结构系统中去考察,从而去解释它们所获得的形式和功能相对应的语言内部和外部的理据。语气副词"还好"形成于清代,但是其源头可追溯到唐代的偏正式短语。短语"还好"一般在句中充当谓语对名词性成分进行评判，形成"NP 还好"构式，当评判对象从事物扩张到事件时，则形成"VP 还好"构式；当"还好"所评判的对象处于假设正反对比复句中时，"还好"由于构式"（若）A 还好，若不 A，则 B"的压制而获得"庆幸"语义，这一构式通过句法外置和焦点凸显则形成"还好 A，若不 A，B"构式，语气副词"还好"也就在这样的构式中形成。作为语气副词的"还好"一般是置于句首对整个事件进行评判，充当状语。句法外置的扩展使"还好"还可以独立使用，衍生出篇章连接和话语标记功能，但功能的衍生并没有改变"还好"作为语气副词的性质，因为不少语气副词都能够衍生出篇章连接功能和话语标记功能，如"其实"（王江，2005）"毕竟"（祖人植、任雪梅，1997；徐妍，2011）"幸亏"（杨亦鸣、徐以中，2004；高书贵，2006）等。因此，"还好"作为语气副词这一范畴的成员，不仅形成过程符合这一范畴的特征，而且其功能及其演变路径都与这一范畴的其他成员是一致的。

第二章　双音虚词的语法化路径研究

语法化路径（grammaticalization path）所要研究的是双音虚词是从何种途径演变而来，输入端是什么，通过中间的演化过程，其输出端又如何。以往学界对语法化路径的研究也非常重视，既有对个别虚词语法化路径的个案研究，如陈泽平（2006）对福州方言处置介词"共"的语法化路径研究，张国宪、卢建（2011）对助词"了"的语法化的路径研究；也有对一类虚词语法化路径进行总结归纳的研究，如江蓝生（2012）对汉语中介词、连词兼类的这一类词的语法化路径进行了研究，吴福祥（2010）对东南亚语言"居住"义语素的语法化路径的研究。语法化路径的研究有两个方面的意义，一是研究出现有研究发现的演变规律以外的演变路径，从例外中寻找另一种规律；二是研究某一类词在相同语义模式下的平行语法化路径，即概括出某一语义范畴的词类所具有的语法化路径模式，这一类研究往往侧重语言类型学的角度研究。很显然，我们上文所提到的个案研究和类案研究都属于后者，而且这类研究都具有一个共同点是语法化输出端的语法项一般都只有一个源头，我们将这类研究称为一源的语法化路径研究，而且这一个源头在不同的语法化环境中，会导致不同的语法化方向，即产生一源多途的语法化路径演变模式，克瑞格（Craig，1991）把这种存在多重路径演变的语法化现象称为"多元语法化"（polygrammaticalization），这和我们谈到的某个单一形式在不同的结构中发展出不同的语法功能的演变路径模式是一样的。因此，本章内容我们除了有传统类源同向的平行语法化演变路径的研究，更侧重探讨与已有一源多途演变路径研究不同演变模式的研究，即多源归一的语法化路径的演变模式的研究；还有对概念叠加和词性整合的语法化路径进行研究。此外，还有对"汇拢"源义总括副词的演变路径规律及其例外的表现情况进行考察。

第一节　多源归一的语法化路径研究

一　引言

什么是多源归一的语法化路径呢？即语法化过程输出端的某个语法项具有两个或者两个以上的来源，这些来源共同朝着一个方向演变，形成一个形式和意义一样的输出项。其实，关于多源归一的语法化路径的研究，学界之前也有所涉及。如雷冬平（2008：291—319）在研究连词助词"来着"成词时，分别指出了"来着"两种语法化路径的可能；匡鹏飞（2010）也曾指出"从来"的形成可能受到"所从来"和"从……来"两种结构的影响。本节再通过副词"太过"和连词"因为"的语法化路径来进一步看汉语中多源归一的语法化路径。

二　"太过"的多源归一的语法化路径研究[①]

（一）副词"太过"的早期用例

超量级程度副词家族中有"太过"一词不见于字典辞书。该词在20世纪末以来的普通话中，特别是网络语言中使用频率特别高（用百度搜索检索"太过"，出现相关网页1700多万，排除部分不是程度副词的"太过"用例，粗略统计，程度副词"太过"在非正式语体为主的网络语料中的使用都是数以千万计），这种现象给人的感觉是，普通话中"太过"是近年才新兴的词，甚至是网络新词。其实不然，我们通过历时语料的调查就会发现，超量级程度副词"太过"自20世纪初以来的文献中就有不少用例。如：

（1）你也<u>太过</u>发愁了。总理虽然去世了，还丢下许多家产啦。（张恨水《金粉世家》第九十八回）

[①] 此节关于"太过"形成的三条途径的研究内容曾发表于《语言科学》2009年第4期。

（2）如其这话给"学院源"的辩证法唯物论者看了，一定觉得太过机械了。（巴人《非甲即乙》）

（3）冰心《论文学复古》："转以为对于这些无聊的出版物，尽可置之不闻不问，太过注意，反动更大。"（《冰心文集》第二卷）

（4）与别人的礼貌森严比较之下，自觉太过傲慢了。（丰子恺《作客者言》）

（5）在他身上，这一切实在太过调和了。（唐弢《第一次会见鲁迅先生》）

（6）冰心《致宫玺》："看见上海朋友，请告诉他们我很好，并没有太过悲痛。"（《冰心文集》第七卷）

（7）他这人是很难爬上去的，太呆，太腐，太过老实，年纪一把，仍未提拔一官半职，仍得一路辛苦地押解人犯，也太难为他了。（李国文《世态种种》）

（8）把本来很简单的事情弄得太过复杂了，那是一种扭曲。（柏杨《红尘静思》）

（9）我姐姐性情太过刚直，刚直一定招来怨恨，宫廷之中，到处都是仇敌。（柏杨《皇后之死》）

（10）不必太过"世故"，这无论是对于年轻人，还是对老年人，都是很有教益的。（《人民日报》1983年8月9日第八版）

以上十例，"太过"皆应为超量级程度副词，义同超量级程度副词"太""过"或者"过于"。从词义上看，"太过"的形成似乎就是超量级程度副词"太"与"过"二者简单的同义相加。但是"太"与"过"分别于先秦和南北朝起就有超量级程度副词的用法，而"太过"表超量程度用法的出现不会早于明代。也就是说，如果超量级程度副词"太过"只是在汉语双音化过程中同义连言而形成的话，那么，它不至于这么晚出现。那么，是不是如刘晓梅（2007：418）所说，普通话中超量级程度副词"太过"来源于粤语，是最近十年间渗透到普通话中去的呢？然而从我们所举之例来看，也许这并非语言的真相。因为从时代上看，例（1）、例（2）、例（3）和例（4）皆创作于20世纪二三十年代；例（5）创作于20世纪40年代；而例（6）、例（7）、例（8）、例（9）和例

(10)则为 20 世纪七八十年代作品中的用例。也就是说，基本上整个现代汉语中超量级程度副词"太过"均有用例，且以上十例皆非出自广东籍作家之手。因此，无论是单说语言内部的同义词复合法，还是持语言外部的语言接触论，均无法合理解释"太过"的来源与形成。

那么，普通话中超量级程度副词"太过"的来源和形成有必要做进一步的探讨。

（二）"AP 太过"与"太过 AP"

"过"作形容词，有"过分，过甚"义。如：

(11) 子贡问："师与商也孰贤？"子曰："师也过，商也不及。"（《论语·先进》）

"太"作为程度副词常修饰形容词"过"。二者的线性排列早在先秦两汉已见。如：

(12) 故骨围大则太过，小则不及。（《黄帝内经·灵枢译解·骨度》）
(13) 罪状龙太过，故责其实验也。（《列子·仲尼》）
(14) 武成言"血流浮杵"，亦太过焉。死者血流，安能浮杵？（《论衡·儒增》）

"太过"在句中构成偏正结构，充当谓语。这种用法在魏晋南北朝时期同样存在，"太过"前的主语成分可以是偏正结构 NP，也可以是主谓结构、动宾结构的 VP。如：

(15) 宣上疏陈威刑太过，又谏作宫殿穷尽民力，帝皆手诏嘉纳。（《三国志·魏书·徐宣传》）
(16) 吾用意太过，乃相败章。（《三国志·吴书·太史慈传》）
(17) 颇由陛下宠勋太过，驭下太宽，故廉洁者自进无途，贪苛者取入多径。（《南史·郭祖深列传》）

我们可以将这种结构概括为"X 太过",这种结构中,X 是可以充当主语的各种结构成分,且一直沿用至清代。我们单说其中 X 为 AP 的情况,从魏晋南北朝开始,出现了"AP 太过"的结构,如:

(18) 或谓祜慎密太过者,祜曰:"是何言欤!……"(《晋书·羊祜列传》)

(19) 周文奇其才,尝谓诸将曰:"王文达万人敌也,但恐勇决太过耳。"(《北史·王杰列传》)

"AP 太过"结构的出现,是"太过"成为程度副词迈出的第一步。此后一直到清代都有大量的这种结构的用例。如:

(20) 薛能《抒情诗》:"第一莫教娇太过,缘人衣带上人头。"(《全唐诗》卷五百六十一)

(21) 康伯等复奏曰:"皇太子仁圣,天下所共知,似闻谦逊太过,未肯便御正殿。"(《宋史·礼志》卷一一〇)

(22) 探子回报:"袁术奢侈太过,雷薄、陈兰皆投嵩山去了。"(明·罗贯中《三国演义》第二十一回)

(23) 探春道:"这是他的僻性,孤介太过,我们再傲不过他的。"(清·曹雪芹《红楼梦》第七十五回)

虽然在这种"AP 太过"结构中,"太过"还不是程度副词,但这已经显示出"太过"与形容词之间存在一种内在的联系,而且这种联系随着这种结构的使用频率的增多而越来越具有稳定性,表达的语义与超量级程度副词的语义是一致的。用"娇太过"与"太过娇""谦逊太过"与"太过谦逊""奢侈太过"与"太过奢侈""孤介太过"与"太过孤介"来做比较的话,前者是用谓语"太过"来表达了后者程度副词"太过"的"超量"语义。因而,前后结构仅从语义上是没有什么区别的。这说明"太过"成为超量级程度副词只差语法功能上的固化——位于形容词、动词前充当状语。这种位置居前的用例情况似乎早在明清时期就可见到,如:

（24）帝览表，见蕃言太过切直，遂策免之不用。（明·谢诏《东汉秘史》第六十三回）

（25）我还埋怨我舍亲太过信他了，那里有穷到出来当车夫的，平白地会做镇国公起来。（清·吴趼人《二十年目睹之怪现状》第二十七回）

我们且不管此二例"太过"是否完全成为程度副词，但至少它已经形成了"太过 AP"的线性排列结构。也就是说，从表层结构上看，"太过"的句法位置发生了前移，这是程度副词句法功能类推机制作用的结果，这种位置使得"太过"已经具有了进入程度副词这个聚合的语法特征。"太过"居前的用例在清以后也就多起来，如例（1）—例（10）。

当"太过"句法位置前移后，"AP 太过"结构在清代以后很难见到用例，在能见到的语料中，我们只在钱锺书的《围城》一书中发现了一例：

（26）她自嫌眼睛没有神，这是昨夜兴奋太过没睡好的缘故。

因此，"AP 太过"与"太过 AP"两种结构的分水岭在明清时期，之前都用"AP 太过"结构，之后基本都用"太过 AP"结构，两种结构从时间和用法上基本是一种兴替关系，即后者的兴起替代了前者。换句话说，"AP 太过"结构是"太过 AP"即超量程度副词"太过"的一个来源。

（三）"太+过+X"与"太+过+XY"

超量级程度副词"太过"形成过程及其来源似乎在第一节中已经完成研究了，其实不然，超量程度副词"太过"的形成不仅是程度副词聚合类推"AP 太过"结构一种力量作用的结果。因为针对例（24），我们在明代的文献中还见到这样的用例：

（27）有一宗室近属子弟，丧了正配，悲哀过切，百事俱废。（明·凌濛初《二刻拍案惊奇》卷十二）

（28）爵疏诋符瑞，且词过切直。（《明史·杨爵列传》）

例（27）是程度副词"过"修饰单音形容词"切"；例（28）是程度副词"过"修饰双音形容词"切直"。所以，从例（28）来看，例（24）中"太过切直"也许还只是"［太［过切直］］"结构，"太"和"过"还处于不同的语法层面。"过"作程度副词表"过分地""过于""太"等意义。早在南北朝时期就有用例，如：

(29) 迁千乘太守，坐诛斩盗贼<u>过</u>滥，征下狱免。（《后汉书·李章列传》）

(30) 谢奕作剡令，有一老翁犯法，谢以醇酒罚之，乃至<u>过</u>醉而犹未已。（南朝·宋·刘义庆《世说新语·德行》）

且在后世的文献用例中，"过"作为程度副词修饰形容词，绝大部分都是单音节形容词，极少为双音节形容词，像例（28）中"过切直"这样的修饰结构是不符合汉语韵律和谐特点的，那么如何来达到韵律的这种和谐呢？因为被修饰成分"切直"已经是双音节形容词，那么使韵律和谐的办法就是促使程度副词"过"演变成一个双音节的程度副词，这符合汉语词汇发展的规律。因为"在汉语史上，双音化是必然趋势，两个音节更符合汉语的特点。"（王云路、吴欣，2008：23）语言演变中的这种双音节化的主要手段之一便是同义并列，也可称之为词汇语法过程中的同义强化。"同义并列强化，即将几个同义的虚词加在一起构成一个同义的新虚词。……并列强化既符合虚词强化的普遍趋势，又符合汉语词汇双音化及多音化的趋势，两流相汇其势益盛，因而在汉语史上特别多见，尤其突出地表现在副词、连词等词类上。"（刘丹青，2001：74）上文例（24）"蕃言太过切直"中，"太过"的线性序列就是语法化过程中的同义强化，它是在例（28）中"词过切直"的基础上，通过添加"过"的同义副词"太"，从而形成叠套语用的强化格式，它是超量级程度副词"太过"形成过程中的过渡阶段，重新分析使它从"太｜过切直"这样的切分，演变成可以切分为"太过｜切直"。

同样，针对例（25），我们在清代同一文献中还见到了这样的用例：

(31) 这是大哥<u>过</u>信我、体贴我，我感激还说不尽，哪里还有不

好的呢？(清·吴趼人《二十年目睹之怪现状》第四回)

此例中说"过信我"，而例（25）中说"太过信他"，同样是对"过"的一种同义强化，"太｜过信他"的切分可重新分析成"太过｜信他"结构。

因此，例（24）和例（25）对照例（28）和例（31）来看的话，宜将二者视为程度副词"太过"形成的过渡阶段。

我们说例（24）和例（25）重新分析后可将其中的"太过"视为程度副词形成中的过渡阶段，但是这种重新分析发生的条件是"太"置于"过"前，且"过"所修饰的成分为双音节。如果"过"所修饰的成分为单音节，则重新分析将很难发生。我们以三组语义相同的单双音节被修饰词语为例来分析：

（32）当然也许什么事儿都不会发生，不过是自己对他太过虑了。(梁晓声《表弟》)

（32'）没有人较真，那还不值得太过忧虑。(《中国经济周刊》2004年第12期)

（33）也许他们的神经太过敏造成的缘故吧。(《中国残疾人》2005年第11期)

（33'）足球实在太过敏感，一种正常的程序是受到监督，还是受到干扰，不同位置上的人们可以有不同的说法。(《人民日报》2005年12月16日第十二版)

（34）大人太过谦了！你不来，我也要到府衙去拜谒大人的。(《章回小说》1999年第5期)

（34'）太过谦虚的结果只会埋没自己，怨不得别人。(《经营管理者》2005年第2期)

以上三组例子中，"太过"后如为单音节形容词，形成"太+过+X"结构，则"太"和"过"之间很难分析为程度副词，如例（32）、例（33）和例（34），而当其后为双音节形容词，形成"太+过+XY"结构时，则"太过"很容易被分析成一个凝固的程度副词。如例（32'）、例

（33'）和例（34'）。

刘晓梅（2007：418）有一个很有特点的例子，也可以用来证明我们的观点，现转引如下：

（35）日本或太过"敏"，而中国则太过迟钝麻木。（《岭南大学教授谢扶雅先生演讲》，《广州青年》第22卷第47期，1935年。）

同一例句中，前一"太过"后为单音节词"敏"，因此"太过"很难分析成一个词，只能切分为"太｜过'敏'"；而后一"太过"所修饰的成分是双音节词迟钝、麻木，故"太过"可分析成超量级程度副词。刘晓梅（2007：417）指出，"'太过'所修饰的词以双音节为主，少见单音节词"的现象，形成这种格局的根本原因就是上文所说的"太过"成词所需重新分析的双音节语境。

因此，不在同一语法层面的两个程度副词"太"与"过"，因语用的同义强化而构成"太过"线性序列，因重新分析、韵律需要而双音化成超量级程度副词"太过"。此为"太过"形成的第二条途径。

（四）"太过于"与"太过"

"太过于"不是一个词，但是它与超量级程度副词"太过"的形成也存在着密切的关系。因为凡是可用"太过于"的语境中，皆可用"太过"替换，这种语义和功能的一致性说明二者的相同绝非偶然。例如：

（36）不过因为他这个人，太聪明了，他的目的希望，也太过于远大。（《冰心文集·两个家庭》第一卷）

（37）这些人们，就使我要痛哭，但大半也还是因为我那时太过于感情用事……（鲁迅《彷徨·孤独者》）

（38）他让我毕竟还能保留一点美好的记忆，不然我们这代人的经历未免太过于残酷。（张贤亮《青春期》四）

（39）但他也有自知之明，太过于自尊，一旦触犯了这股神经就会立刻上火，老子娘都不认的。（龙志毅《政界》十）

（40）一个蓝军下士可能是为了尽快结束这种太过于逼真的假死的折磨。（柳建伟《突出重围》第九章）

(41) 时而呢，又是敌人太过于强大，不可战胜。(伍近先《山水狂飙》第九回)

以上六例中，"太过于"均是"太"与"过于"的联合并列使用。其实在句中只单说其一已足可表达超量程度的意义，如例（38）说"太残酷"或"过于残酷"即可，为何还在"过于"前添加同义的程度副词"太"呢？其动因仍然是前文所说语法化过程中的同义并列强化。虽然从语义表达上，在这种同义副词并列的词组中，只需其一便可表达句义，但是在语用上，为了强调突出被修饰的成分，二词连用，则其强调语气更盛。

也就是说，超量程度副词"太"不仅可添加在超量程度副词"过"及其修饰语前来表示强调，同时它也添加在超量程度副词"过于"及其修饰语前来表示同义强调，形成"太过于"的线性排列，并且出现的时间也是在清代，与"太过"出现的时期是一致的。如：

(42) 但我场中文字，做得太过于高古，若中必然是元，若非元即不中了，此在自己可以定得。(清·佚名《春柳莺》第六回)

(43) 原不是甚么难治的疮，不过费了这一个月的工夫，屡蒙厚赐，太过于厚。(清·西周生《醒世姻缘传》第六十七回)

(44) 俭叔道："文琴那回事，其实他也不是有心弄的，不过太过于不羁，弄出来的罢了。……"(清·吴趼人《二十年目睹之怪现状》第七十六回)

清代以来的"太过于"的同义连用强化格式也应该是超量程度副词"太过"的一个来源，"太过"是"太过于"脱落了"于"字的结果。"于"字之所以会脱落，是因为超量程度副词"过于"在语法化过程中"于"不断弱化和添加"太"后韵律要求、语法化更新的结果。

"过于"最初是动词"过"和介词"于"的连用，表示事物的性质、状态或数量比某个程度更甚或更大。例如：

(45) 凡敢为大奸者，才必有过于众，而能自媚于上者也。(《后

汉书·王充列传》)

（46）念君过于渴，思君剧于饥。(《宋书·乐志》)

（47）劭更率余众自来攻垒，复大破之，其所杀伤，过于前战。(《宋书·柳元景列传》)

（48）昔要腹过于十围，今之瘦削裁二尺余，旧带犹存，非为妄说。(《梁书·贺琛列传》)

以上四例，"过"均为动词，义为"超过"，"于"是表示比较的介词。需要注意的是例（46）中的"过于"还不是程度副词，"渴"虽为形容词，但在此例中有名词化的倾向，它与后一句中的"剧于"是相同的结构，两句是一个互文的结构，表达的意义是"思念君比饥渴更甚"或说"思念君超过了饥渴"。

当短语"过于"的后面连接形容词的时候，"过于"重新分析成一个表示超量的双音节程度副词，这一过程在唐宋时期已经完成。如：

（49）白居易《诗酒琴人例多薄命予酷好三事雅当此科……成狂咏聊写愧怀》："中散步兵终不贵，孟郊张籍过于贫。"(《全唐诗》卷四百五十五)

（50）故尝谓子房狙击祖龙，意气过于轻锐，故圮上老人抑之。(宋·罗大经《鹤林玉露·甲编》卷六)

介词"于"后面一般与 NP 构成一个介宾结构置于动词"过"之后充当后置状语，当介词"于"后连接性状形容词（特别是双音节）时，"于"不能与之构成介宾结构，被迫与前面单音节的"过"重新分析成一个音步，于是处于不同句法层面的两个成分开始融合，融合的结果是词汇化，最终形成一个双音节超量级程度副词"过于"。

需要提出来的是，在虚词，特别是双音节虚词的语法化过程中，注意较多的是词义不断由实而虚的过程、语音的弱化和融合的过程。其实，在语法化的过程中，有的双音节副词尽管在语言的书面表达形式上看起来好像是由两语素构成，而实际上的语义表达并不是这两个语素的加和，甚至只由其中一个语素承担整个词汇的语义表达，而其中另外一个语素的语义不断弱化，进而连语法化前的句法语义和功能都完全脱落。程度副词"过于"的语法化即是如此，成词之前，"过"为动词，"于"为介词。成词之后，"过"受后面形容词的影响，同时受如例（28）和例（29）中程度副词"过"的类推作用，"过于"中的"过"也从动词虚化成了程度副词；而"于"已经失去介词的性质，完全演变成了一个凑足音节数的词缀性成分，其句法语义完全脱落，这是语法化过程中语义磨损消耗的结果。

因"于"的词缀化，"过于"名为双音程度副词，其语义实则由"过"一词承担。在这种情况下出现了"太过于"这种同义强化格式，如例（36）—例（41），这种格式受前文第二节中程度副词"太"与程度副词"过"同义强化格式的影响，再加上汉语自身双音节韵律的需求，极有可能促使已词缀化的"于"脱落，从而形成一个新的双音节超量级程度副词"太过"，这就是语法化中的更新，它是指"用较自主的单位取代更虚化的单位起同样或类似的语法作用"。（转引自刘丹青，2001：71）

从"太过"与"太过于"的用例统计[①]来看，"太过于"这种强化格式在清代出现后，一直与程度副词"太过"并存，但是到20世纪90年代后，特别是21世纪以来，"太过于"这种强化格式的用例已极少，取而代之的是超量级程度副词"太过"。语言演变中，高频使用的强调格式往往很难长久使用，因为它不符合经济原则，但又必须满足强调的语用表达，高频使用必然使两个成分发生变化，于是"太+过"的强调格式就凝固成词，而"太+过于"的强调格式也就必然要演变成一个符合汉语双音化趋势的词。因此，超量级程度副词"太过"的第三条演变途径就极有可能是此节所说的程度副词"太"对程度副词"过于"强化更新的结果。

[①] 《冰心文集》第一卷（1919—1922年）中有"太过于"两例，有"太过的"2例；第二、七卷各有"太过"一例。在20世纪60年代—80年代柏杨的《异域》《丑陋的中国人》等十五部作品中共使用"太过于"18例，"太过"16例，《王小波全集》程度副词"太过"为14例，"太过于"连用结构0例。《人民日报》（2002—2006年）五年语料中，程度副词"太过"共计115例，而"太过于"格式只有6例。

（五）小结

综上，我们认为，"太过"成为超量级程度副词是在20世纪二三十年代①，明清文献所见少量用例为其过渡期。现代汉语中程度副词"太过"的形成是因语言使用过程中组配成分的变化而重新分析的结果，是语用的同义并列强化、语法化更新的结果，并非来源于粤语②。

双音副词语法化的过程，以往注意更多的是一词一个来源，这可能不是汉语双音副词，甚至整个双音虚词的演变面貌，超量级程度副词"太过"就极有可能是三条语法化途径汇流的结果：一是由"AP太过"结构通过语法功能的类推而产生"太过 AP"结构，从而形成超量级程度副词"太过"。这种演变途径在汉语副词演变中是有的，如程度副词"非常"的形成（张亚军，2002：178—189；杨荣祥，2005：305—307）；二是由不在同一语法层面的超量级程度副词"太"与"过"构成强化格式，当"过"后为双音节形容词时，重新分析促使副词"太过"形成。这种副词演变途径在汉语同义并列双音节副词的形成过程中最为常见，如程度副词"太煞""忒煞"的形成（唐贤清，2004：189—203）；三是强化格式"太过于"脱落了"于"，这是语法化过程中强化更新的结果。这种语法化途径同样存在汉语时间副词形成过程中，如时间副词"大样"的形成（艾红娟，2008：270—272）

这三种语法化途径的交汇点是清代。"太过 AP""程度副词'太'+

---

① 我们在《冰心文集》第一卷（1919—1922年）中发现有2例"太过的"用例。如：

a.《遗书》："但如终日的对着镜子，精神太过的倾向外方，反使人举止言笑，都不自如。"（《冰心文集》第一卷）

b.《译书的我见》："翻译的文字里面，有时太过的参以己意，或引用中国成语——这点多半是小说里居多——使阅者对于书籍，没有了信任。"（《冰心文集》第一卷）"词的虚化过程中，如果要借助于其他的语法手段来标明其语法身份，这本身说明它的虚化程度仍然不够彻底，因此状语位置上的'非常'后的助词'的'的脱落，是'非常'进一步虚化的必然结果。"（张亚军，2002：188）因此我们认为，超量级程度副词"太过"形成的确定也需要在"的"字脱落之后，故而成词时间定为20世纪二三十年代是合适的。

② 刘晓梅（2007：417—418）曾指出："普通话中超量级程度副词'太过'来源于粤语"，"是最近十来年间在粤方言与普通话间的直接、间接接触中渗透到普通话去的。"当然，在超量级程度副词"太过"的形成过程中也许受到了粤语或多或少的影响，但这也只是词汇形成的外部因素，而不是来源。我们知道，一种语言现象如果能够从语言自身内部做出解释，就不宜从语言外部（语言接触）来寻求答案。

程度副词'过'"线性序列、"太过于"这三种格式同时出现说明三种力量共同作用于超量程度副词"太过"形成的可能性，同时也说明某些汉语虚词语法化过程演变的复杂性。

三　连词"因为"多源归一的形成路径研究

连词"因为"有两种形成路径。一种是"连词'因'+动词'为'"构成的偏正式的合成连词；另一种是"连词'因'+连词'为'"构成的同义连言式的合成连词。

（一）连词"因"+动词"为"→连词"因为"

"因为"在这种形成过程中，连词"因"表示原因，一般用在复句的前一分句引出偏分句。"为"是一个泛义动词，在句中的意义较多。如：

（1）毅还至，赵高因为胡亥忠计，欲以灭蒙氏。（《史记·蒙恬列传》卷八八）

（2）拳拳之忠，终不能自列，因为诬上，卒从吏议。（《汉书·司马迁传》卷六二）

（3）材官将军宋巅降贼，因为立计，引玄武湖水灌台城，城外水起数尺，阙前御街并为洪波矣。（《梁书·侯景传》卷五六）

例（1）中的"为"应释为"谋划"；例（2）和例（3）中的"为"则更为泛化，前者表示"做了诬上之事"，后者表示"做了立计这件事"。这种表示原因的"因"与泛义动词"为"的连用一直延续到唐宋时期，如：

（4）孟郊《饥雪吟》："因为饥雪吟，至晓竟不平。"（《全唐诗》卷三百七十四）

（5）李频《送太学吴康仁及第南归》："因为太学选，志业彻春闱。"（《全唐诗》卷五百八十九）

（6）张籍《赠同溪客》："共伐临溪树，因为过水桥。"（《全唐诗》卷三百八十四）

(7) 元稹《寄昙嵩寂三上人》："今因为说无生死，无可对治心更闲。"（《全唐诗》卷四百一十四）

例（4）中"为"是"作"义；后三例的"因为"后面可以理解成谓词性的成分，于是在两个谓词连用的情况下，前一动词往往由于重新分析的结果而虚化。虚化的"为"因为韵律的要求而与前面的单音节"因"组成一个音步。例（5）中"为"可以理解成"运作、操持"等动词义，也可以理解成与"因"组合成连词"因为"；例（6）可以说"因为制造过溪水的桥"，也可以说"因为要通过水桥"，前者为连词加动词，后者为双音连词。例（7）做同样分析。

当"因为"后面为谓词性成分，特别是当"因为"置于整个分句之前，其语法功能上升为语段功能，主要起连接上下文语句作用，此时，"因为"作连词就已经完全形成。如：

(8) 僧因设松柏末，以供食之，谓法义曰："贫道久不欲外人知，檀越出，慎勿言相见，因为说俗人多罪累，死皆恶道，志心忏悔，可以灭之。"（宋·李昉《太平广记·张法义》卷一百一十五）

(9)（赵成公云）因为你于国有功，今日个封官赐赏也。（元·高文秀《保成公径赴渑池会》第四折）

(10) 因为汝不听说法，轻慢我之大教，故贬汝之真灵，转生东土。（明·吴承恩《西游记》第一百回）

(11) 宝玉忙丢开手，陪笑说道："我因为没见过这个，所以试他一试。"（清·曹雪芹《红楼梦》第十五回）

这种语法化路径的关键是"为"是一个泛义动词，其词义由于其后连接的成分由名词扩展为谓词性成分，"为"的词义不断泛化，甚至虚化，虚化的"为"由于韵律的作用，与前一语素"因"发生融合，并且由于语用功能的需要位移至句首，最终形成连词"因为"。

（二）连词"因"+连词"为"→连词"因为"

从上古汉语到整个近代汉语中，"因"都能用作连词，用于因果复句的前一分句，表示原因，意义相当于"由于"。如：

(12) 有子曰："信近于义，言可复也；恭近于礼，远耻辱也；因不失其亲，亦可宗也。"（《论语·学而》卷一）

(13) 因矜其所习，自任私知，姗笑三代，荡灭古法，窃自号为皇帝，而子弟为匹夫，内亡骨肉本根之辅，外亡尺土藩翼之卫。（《汉书·诸侯王表》卷一四）

(14) 登见太祖，因陈布勇而无计，轻于去就，宜早图之。（《三国志·魏书·吕布传》卷七）

(15) 法僧以在魏之日，久处疆场之任，每因寇掠，杀戮甚多，求兵自卫，诏给甲仗百人，出入禁闼。（《梁书·元法僧传》卷三九）

(16) 元稹《出门行》："因知行雨偏，妻子五刑备。"（《全唐诗》卷四一八）

(17) 公孙丑先问浩然之气，次问知言者，因上面说气来，故接续如此问。（《朱子语类》卷五二）

以上用法，宋以后的例子也是很多，不一一列举。

而"为"在上古汉语中同样具有表示因果连词的用法，且这种用法也一直沿用至近代汉语中，义为"因为"。如：

(18) 文公为卫之多患也，先适齐。（《春秋左传·闵公二年》卷十一）

(19) 顾谓良曰："孺子下取履！"良愕然，欲欧之。为其老，乃强忍下取履，因跪进。（《汉书·张良传》卷四十）

(20) 王勃《杜少府之任蜀州》："无为在歧路，儿女共沾巾。"（《全唐诗》卷五十六）

(21) 《大唐三藏取经诗话·入竺》："奉唐帝诏敕，为东土众生未有佛教，特奔是国，求请大乘。"（《近代汉语语法资料汇编·宋代卷》）

而近代汉语中，同义连言构词非常普遍，在双音化的汉语词汇发展的大趋势下，"因"和"为"这两个用法相同的词就有可能并列使用，这种合成连词在唐宋已经初露端倪了。如：

（22）上又遣宫女为市肆，鬻卖众物，令宰臣及公卿为商贾，与之交易，<u>因为</u>忿争，言辞猥亵。（《旧唐书·中宗本纪》卷七）

（23）伏以内置作坊，工巧得入宫闱之内、禁卫之所，或言语内出，或事状外通，小人无知，不识轻重，<u>因为</u>诈伪，有玷徽猷。（《旧唐书·姚珽传》卷八十九）

（24）有佣书人翟颍者，旦尝与之善，<u>因为</u>改姓名马周，以为唐马周复出，上书讦时政，且自荐可为大臣。（《宋史·胡旦传》卷四三十二）

如果说，仅凭以上三例的出现时代相仿就判断连词"因为"是连词"因"与"为"的并列合成过于主观的话，那么，在相同时代，"因"和"为"还可以构成与"因为"功能相同的同素异序连词"为因"则是"因为"是同义连言式连词的客观证明。如：

（25）譬喻所不能及者，校量显胜，灭恶生善，胜劣之间，亦不相似，<u>为因</u>感果不相似也。（《敦煌变文·金刚般若波罗蜜经讲经文》卷五）

（26）张随《敕赐三相马》："<u>为因</u>能致远，今日表求贤。"（《全唐诗》卷七八二）

到了元代，无论是连词"因为"还是连词"为因"，在使用频率上都大大提高。仅《全元戏曲》中，前者有105例，后者有54例。如：

（27）<u>因为</u>俺家穷薄了，无钱娶你，你父亲悔了这门亲事。（关汉卿《钱大尹智勘绯衣梦》第二折）

（28）<u>因为</u>你有盖世功勋，加封平辽公，食邑十万户。（张国宾《薛仁贵荣归故里》第四折）

（29）当日<u>为因</u>解玉环、操蒲琴一事，秦姬辇会同燕卫二国，合兵一处，征伐东齐。（郑光祖《钟离春智勇定齐》第四折）

（30）为因高门不答，低门不就，因此上未曾成其配偶。（王实甫《吕蒙正风雪破窑记》第一折）

在"因为""为因"产生以后，两者就处于一种共存的状态。但是这种现象只维持到明代，清代就很难看到"为因"的用例了。我们对一些作品做了调查，如下表：

明代"因为""为因"频率对比表

作品 对象	三国演义	水浒传	西游记	封神演义	三言	二拍	金瓶梅
因为	2	31	19	7	29	56	28
为因	1	30	0	1	13	7	1

清代"因为""为因"频率对比表

作品 对象	红楼梦	儿女英雄传	儒林外史	二十年目睹之怪现状	官场现形记	济公全传	孽海花	老残游记	聊斋志异	平山冷燕
因为	64	26	4	232	246	89	22	43	0	0
为因	1	0	0	0	0	0	0	0	1	1

从上文两小节可以看出，连词"因为"的两条成词途径都是存在的，即使不存在"为"可以作连词表示原因，不存在"因为""为因"可以构成同素异序词，"因为"还是具有词汇化和语法化的语境以及具有词汇演变的动因。通过以上分析，我们说，一个词的形成可以拥有不止一条演变路径。"因为"成词的两条演变路径在唐宋时期汇合，到了元代，"因为"广泛使用。完全形成的连词"因为"已经很难分清到底来源于哪条演变路径了，我们可以将其看成是两条演变路径合流的结果。

四 结语

通过对"太过""因为"的形成研究，我们展示了"多源性"的汉语词汇形成路径的一种复杂的现象。"太过"的形成可能有三个来源，"因为"的形成可能有两个来源。当然这些来源不是源自一种主观臆断，而是来源于语言事实的调查,二词研究给我们的启示是,语言总是在具体的结构式中发生演变,那么不同的语言结构式在不同的动因和机制下,就有可能演变出同一个对象。因此,在对汉语语言现象进行溯源时,我们需要尽可能地考虑不同的情况,以这样的思路去观察语言,或许会有新的发现。

第二节 类源同向的语法化路径研究

一 引言

类源同向的语法化是指具有相同相近或者相类意义的实词会产生相同的语法化路径,语法化的输出端形成同一范畴的语法项。雷冬平(2013:227—250)对极性程度副词"洞""雄""淫""纯""精""海"以及"铁"等的形成路径研究就属于类源同向的研究,因为这些极性程度副词的源词中都含有"大"义的源义素,这些极性程度副词的源词虽然不是同义或近义词,但是它们是同类的词。许嘉璐先生(1987)曾提出同步引申的词义引申的模式,认为一个词意义延伸的过程常常"带动"与之相关的词发生类似的变化。蒋绍愚先生(1994:5)进一步提出"相因生义"的词义产生的路径,认为相因生义是"A 词原来只和 B 词的一个义位 B_1 相通。由于类推作用,A 词又取得了 B 词的另一个义位的意义 B_2,甚至取得了 B 这个字的假借意义 B'_2"。不管是同步引申还是相因生义的词义引申模式,都建立在两个词或多个词的意义相近上(至少在某个义位上相近),而且在引申的过程中,其中一个词都对另外一个词产生了影响。我们所说的类源同向语法化路径既可以是包含了两位先生所论及的情况,也包含了"洞""雄""淫"类词共同语法化成极性程度副词的这一类演变路径。这些词本来不是近义词或者同义词,而且在语法化的过程中也没有彼此施加影响,但是它们因为都具有相同的源义素,因此就遵循了一个共同的语法化方向。因此,类源同向的语法化模式所包含的演变对象更为广泛。本节以三个双音节介词"出于""鉴于"以及"基于"的语法化路径来对类源同向的语法化演变模式做进一步的揭示和研究。

二 "出于"的语法化路径研究

学界对于"出于"一词还尚无研究,且查阅《现代汉语虚词词典》《现代汉语八百词》《现代汉语词典(第5版)》等资料,也发现只有在《现代汉语八百词》第122页中的"出"字词条中,出现了"出+在(于、自)"词目,但是并没有将"出于"单独列为词条。直到《现代汉语词典(第6版)》出版,才将"出于"一词单独列为词条。但是,《现代汉语词典》(第6版)(2012:192)认为"出于"一词只能用作动词,其义项①为(事物)从某处出现、产生,如"这幅字出于大家手笔";义项②为(言行)从某一角度、方面出发,如"出于好心"("出于"词条在《现代汉语词典》第7版中的页码释义与第6版相同)。但是,我们认为这样的归类存在问题,因为动词能单独做谓语,但是义项②中的有些句子"出于"并不能单独做谓语,也不能独立成句,因此,我们认为将它划为介词这一类更为合理。下面我们就来看看"出于"的语法化路径。

(一) 出+于+地理事物名词

《说文解字》中:"进也。象艹木益滋,上出达也。凡出之属皆从出。"可见,"出"的本义是动词,表示"出来"之义。"出+于"的组合在古代汉语中已经出现,但是与我们现在所说的"出于"的意义和用法都有所差别。最早出现的"出于"并不是处在同一句法层次上,而是动词"出"+介词"于"。如:

(1) 丑父寝于轏中,蛇<u>出于</u>其下。(《春秋左传·成公二年》)
(2) 伐虢之役,师<u>出于</u>虞。(《国语·晋语二》)
(3) 故舜起农亩,<u>出于</u>野鄙,而为天子。(《战国策·齐策四》)
(4) 水<u>出于</u>山而走于海,水非恶山而欲海也,高下使之然也。(《吕氏春秋·审己》)

这种"出于"都是表示动词义的"出"和表示动作发生地介词"于"的组合,这种组合表示事物从某处出来、出现或者产生。如例

(1)"蛇出于其下"表达"蛇从辒车下面出来"之义;例(2)"师出于虞"表示"军队从虞国出发"之义;例(3)"舜起农亩,出于野鄙"表示"舜从乡野兴起,从乡下出仕"之义;而例(4)"水出于山"表示"水从山中出来"。《现代汉语词典》(2016:192)将这种"出于"列为义项①,认为是动词,这值得商榷。对于具体的事物,特别是"出于"前的事物能够发出"出"这个动作的,"出"和"于"的组合痕迹还非常清楚,没有融合成词。《现代汉语词典》在义项①下列举了两个例子:一是"月出于东山之上";二是"这幅字出于大家手笔"。我们认为,这两个例子中的"出于"的凝固度是不一致的,前者明显松散,表示"月亮从东山之上出来";而后者的凝固度则要高得多,"这幅字出于大家手笔"不能说"这幅字从大家手笔出来",虽然蕴含了这样的意思,但却不能将介词"于"和动词分说,只能"出于"联合在一起说。这说明"这幅字出于大家手笔"中的"出于"才凝固成了动词,义相当于"出自";而"月出于东山之上"之"出于"还是一个跨层的组合。《现代汉语词典》(2016:192)还收录了"出自"一词,认为是动词,并释之为"(作品、引文、典故或主张等)来源于",其中一个例子就是"这幅画出自高手"。可以看出,只有运用在释义括注中所表示的语境中的时候,"出自"和"出于"才是一个凝固度较高的动词,而且二者是同义的,"自"即"于",都是表示处所的介词,但是在这种情况下,介词"于""自"和前面的动词凝固较为紧密,已经成词。而"月出于东山之上"之"出于"则和上文例(1)—例(4)一样,还是一个跨层组合。这样的跨层组合中的"出"的意义虽然略有差异,但"出于"具有一个共同的构式语义,即表示"来源",这个意义也是动词"出于"成词的语义基础。

(二) 动词"出于"+抽象名词/谓词性成分

"出于+X"结构由于语言的发展而扩展,X 由表示地点方位名词扩展到抽象的名词,"出于"前的名词也由具体可以发出动作"出"的施事扩展为抽象的主语名词。如:

(5) 若天棐忱,我亦不敢知曰,其终出于不祥。(《尚书·君奭》)

（6）是故道德出于君，制令传于相，事业程于官，百姓之力也，胥令而动者也。（《管子·君臣上第三十》）

（7）是故道术德行，出于贤人。其从义理，兆形於民心，则民反道矣。（《管子·君臣下第三十一》）

（8）故力出于民，而用出于上。（《管子·山国轨第七十》）

（9）诚出于己，则所动者远矣。（《淮南子·缪称训》）

（10）是以米出于粟，而粟不可谓米；玉出于璞，而璞不可谓玉；善出于性，而性不可谓善；其比多在物者为然，在性者以为不然，何不通于类也？（汉·董仲舒《春秋繁露·实性第三十六》）

此类例子中的抽象名词与动词"出于"搭配，"出于"不再理解成"于……出来/出发"等词组意义，而是已经凝固成为一个动词，义同《现代汉语词典》（2016：192）"出自"条之意义"来源于"，有很多"出于"用例的语境就如"出自"条下"这幅画出自高手"这个例证。如：

（11）自此诏命生杀，皆出于忠。（《北史·于栗䃅列传》，按："忠"为人名。）

（12）府中文翰，皆出于承庆，辞藻之美，擅于一时。（《旧唐书·韦思谦列传》）

（13）初，武德中诏诰及军国大事，文皆出于颜师古。（《旧唐书·岑文本列传》）

以上三例，皆可理解成"NP出自某人之手"。即使"出于"后扩展为谓词性成分，如果"出于X"后没有连接其他的谓词性成分，"出于"分句独立表义，则"出于"仍然是表示"来源于"意义的动词。如：

（14）天子不乐，出于永思；永思有益，莫忘其新。（《穆天子传》卷六）

（15）怒出于不怒，为出于不为。（《淮南子·说林训》）

（三）介词"出于"的形成

动词要虚化为介词的语法环境，在汉语已有的虚化模式中，最常见的就是连动式语法环境。当动词"出于+X"的结构后面还连接有一个谓词性成分，而且这个谓词性成分的语义是整个句子的表义重心，那么谓语句子前面的动词"出于"的语义就会受后一谓词性成分的影响而语义虚化。如：

(16) 仁信待物，出于至诚，故见重于世。（《魏书·崔逞列传》）

(17) 主教训诸子，皆禀义方，虽创巨痛深，出于天性，然动依礼度，亦母氏之训焉。（《北齐书·陆卬列传》）

(18) 勋之等始谓城内出于逼附，军至即应奔逃，而并为贼坚守，杀伤官军甚多。（《宋书·萧思话列传》）

例(16)中"出于至诚"一句如果句义属上分析，则"出于"为动词，如果与下一句联系在一起进行分析的话，"出于"可重新分析成介词。"出于至诚，故见重于世"一句中"出于"则可以理解成"由于"。例(17)"出于天性"在句义上是与后面分句的意义联系更为紧密的，所以其中的"出于"更像是一个介词，其义为"由于天性，言语行为依照礼仪制度，也都是母亲的教诲"。例(18)中"出于"已经可以看成是一个介词了，原句意义是"崔勋之等人开始认为城内的人会由于胁迫，进攻大军一到就应该逃跑"。因此，"出于"已经具有了成为一个表示原因介词的语义和句法条件。到唐宋时期，介词"出于"已经完全形成。如：

(19) 出于饷馈失职，资糜绝供，致此投戈，是乘借箸。（《旧唐书·昭宗本纪》）

(20) 念其出于猜贰，互有伤残，而克璋报仇，其意未已。（《旧唐书·僖宗本纪》）

(21) 迪虽犯不考，然出于不意，其过可恕。（宋·范镇《东斋记事》卷一）

(22) 只缘知道自家病合当灼艾，出于情愿，自不以为痛也。

(宋·黎靖德《朱子语类》卷二十二)

（23）邦昌僭逆，理合诛夷，原其初心，<u>出于</u>迫胁，可特与免贷，责授昭化军节度副使，潭州安置。(《宋史·张邦昌列传》)

（24）贵战已困，<u>出于</u>不意，杀伤殆尽，身被数十枪，力不支见执，卒不屈，死之。(《宋史·张贵列传》)

例（19）义为"由于运送军粮失职，粮草无法供应，以至于军队放下武器，这是乘机为人谋划"。"出于"的前后分句构成因果关系；例（20）"出于猜贰，互有伤残"义为"由于疑忌对方有二心，才互相伤残"，同样具有因果关系；例（21）表达"由于没有意料到，故其过错可以饶恕"；例（22）表达"由于自己情愿，自然就认为不痛"；例（23）表达"由于（张邦昌叛逆）是被胁迫，因此可特与赦免"；例（24）表达"由于张贵没有料到，军队几近被杀光，……"从具体的例证来看，"出于"作为介词在唐宋时期已经形成，位于谓词性成分前充当原因状语。此后，元明清各个时期，"出于"作为介词均有一些用例。如：

（25）我欲不去，<u>出于</u>无奈妻子忍不过饥寒，只索再求谒一番。(元·费唐臣《苏子瞻风雪贬黄州》第三折)

（26）老身<u>出于</u>无奈，只得着女儿卖俏求食。(元·李行甫《包待制智赚灰栏记》楔子)

（27）那老和尚<u>出于</u>突然，不曾打点，又道是上天显应，先吓软了。(明·凌濛初《初刻拍案惊奇》卷二十六)

（28）那负南陔的贼<u>出于</u>不意，骤听得背上如此呼叫，吃了一惊，恐怕被人拿住，连忙把南陔撩下背来，脱身便走，在人丛里混过了。(明·凌濛初《二刻拍案惊奇》卷五)

（29）<u>出于</u>无奈，不敢违背圣旨，正是敢怒而不敢言。(明·冯梦龙《警世通言》卷九)

（30）此虽恶谈，不宜自述，因三兄见爱，<u>出于</u>寻常，故不禁狂言琐琐。(清·荻岸山人《平山冷燕》卷十)

（31）忠臣良将，<u>出于</u>不得已他才死。(清·曹雪芹《红楼梦》第三十六回)

从以上的例子可以看出，在近代汉语中，介词"出于"虽然已经形成，但是其用法还不够成熟，其后的介词宾语更多的是集中在表示认知主体心理活动的词，如"不意""无奈""情愿"等，其他类词语表示的原因较少。一直到现代汉语，"出于"的介词功能才发展成熟。表现在两个方面。

第一是"出于"后的连接对象虽然还是以心理活动的词为主，但是比近代汉语中的范围又有了扩展。常见的有"心理、需要、好奇、目的、考虑、预期、同情、期盼、善意及意图"等，这类词通常是由"出于"引出来表示哪一方面的原因。如：

(32) 出于同病相怜的心理，他们自成团伙或与社会上的不法分子同流合污。①

(33) 出于全球扩张的需要，美国保守势力一直把台湾看作它的战略基地。

(34) 许多人出于好奇，纷纷购买，原子笔风靡一时，雷诺趁机大发其财。

(35) 柬埔寨某些工会人士出于政治目的，经常鼓动制衣厂工人罢工，甚至使用暴力破坏生产。

(36) 上周法航也出于安全考虑，取消了从巴黎飞往美国洛杉矶的6个航班。

(37) 出于对全年行情的良好预期，市场低开高走，1500点失而复得。

(38) 人们出于同情，称德昭为"贤王"。

(39) 正是出于对和平的期盼，巴以和平人士经过两年的秘密谈判，终于达成《日内瓦倡议》。

(40) 出于善意，伊朗日前更改了一条以行刺埃及前总统萨达特的凶手名字命名的街道名称。

(41) 出于更深的意图，王兰田又决定暗中保护高秋江。

---

① 本节现代汉语的例证均来自北京大学中国语言学研究中心语料库（CCL语料库）网络版。

"出于"介引的这种例子，在现代汉语中仍然大部分与心理认知有关，这与近代汉语"出于"的用法是一脉相承的。从认知上来看，语义逻辑上也是相同的。认为从哪个角度出发来发出某个动作，主观上当然可以认为这个出发的角度或者方面就是"出于+X"后动作发生的原因。那么，这个主观上认知的原因当然就更多地与心理动作有关的词联系在一起。

第二是在现代汉语中也有很多其他语义范畴的词语作为"出于"介引的对象。如：

（42）但美国有关方面<u>出于</u>国家安全原因，将阿卜迪扣押至今。

（43）她<u>出于</u>对台湾同胞的关心前来慰问，从此我们便坠入爱河。

（44）封建统治者虽然实行以军功赐爵的政策，但是<u>出于</u>严格的社会等级限制，他们不愿意一般下层吏民通过军功获爵。

（45）在世界遗产的保护中，地方政府可能会<u>出于</u>自身利益，对遗产过度开发，造成破坏。

（46）布什在对国会议员、政府部长和移民权利组织成员发表讲话时说，<u>出于</u>公平原则，美国的法律应该允许外国工人自愿进入美国，从事美国人没有做的工作。

例中的"国家安全原因""台湾同胞的关心""严格的社会等级限制""自身利益"和"公平原则"已远远超出与心理有关的词类范畴。这都体现了介词"出于"在现代汉语中已经发展成熟。

三 "基于"的语法化路径研究

"基于"一词，《汉语大词典》和《现代汉语词典》（第7版）都收录了该词。但是前者释之为"由于、根据"义，从所举的毛泽东文献和老舍文献的用例看，如老舍《四世同堂》四五："友情的结合，往往是基于一件偶然的事情与遭遇的。""基于"应该是被看成为动词；而《现代汉语词典》（2016：604）释"基于"为"根据"，并明确指出"基于"

是介词,但是只列了"基于"的介词用法。因此,两部词典的释义都存在释义不全的缺陷。我们认为,"基于"动词用法和介词用法是紧密相关的,后者是从前者发展而来的。而且,"基于"的动词用法早在上古汉语中就存在,介词的用法也在清代初现端倪,到现代汉语中发展成熟。本小节通过对"基于"的语法化路径的研究来揭示其词义系统及其相互关系。

(一)动词"基于"的"始于"义

(1)失赵氏之典刑,而去其师保,基于其身,以克复其所。(《国语》卷十五)

(2)陛下日角龙颜之姿,表于徇齐之日,彤云素气之瑞,基于应物之初。(《梁书》卷五)

《说文》云:"基,墙始也。""基"是建筑的开始,由于词义的发展,此义能扩展到其他事情的开始,《尔雅·释诂》:"基,始也。"对于例(1)中的"基",韦昭注:"基,始也。始更修之于身,以能复其先。"由于这种"基于"经常连用,我们把它看成是一个动词。如:

(3)《中庸》达道,始于君臣而决于父子,《大易》二篇,基于父子而成于君臣。(宋·周密《齐东野语》)

该例中,"基于"和"始于"出于对文的位置上,可见,"基于"为"始于"义。近代汉语中,这种"基于"的用例较多,如:

(4)历观前古邦家丧败之由,多基于子弟召祸。子弟之乱,必始于宫闱不正。(《旧唐书》卷五十一)

(5)其后相李林甫、将安禄山,皆基于不明,身播岷陬,信自取之欤。(《新唐书》卷一百二十三)

(6)若以君子为无才,必欲求有才者用之,意向或差,名实无别,君子、小人消长之势,基于此矣。(《宋史》卷四百六十)

此三例之"基于"皆"始于"之义,而且此类"基于"之例,皆用于解释前一分句所表示事情发生的理由,那么"始于"也可以理解成"由于"之义。因此,以上三例"基于"用"由于"去替换,在句中亦语义通畅。这种可以重新分析的两可用例在近代汉语中很多,再如:

(7)北珠出女真,子美市于契丹,契丹嗜其利,虐女真捕海东青以求珠。两国之祸盖基于此,子美用是致位光显。(《宋史》卷二百八十五)

(8)福基于至诚,祸生于反覆,隗嚣、公孙述故辙可鉴。(《明史》卷一百二十三)

(9)今日驾言诬陷,祸基于此。(《禅真后史》第三十八回)

"基于此"可以理解成"始于此"也可以理解成"由于此"。这种重新分析的可能性是建立在"始于"的语义基础之上的,"始于"表示事件发生的最初时间或者是状态的源起,而事件的源起往往是决定一个事件发展的起因,因此"始于"容易发展成为表示原因的意义。从事件的来源发展为表示事件的原因是汉语词汇演变的一个规则,除了"始于","由于""源于""基于"等都遵循这样的演变路径。

(二)动词"基于"的"由于"义

当"基于"后的成分不能理解成为事件的开始时间或者状态的时候,"基于"只可以理解成"由于"。但是这时候还不是介词,因为它没有构成"基于+宾语+VP"结构,即没有形成介宾短语充当状语的构式,因此只能理解成是动词。如:

(10)基于门下观览,心神惶怖。(北宋·李昉《太平广记》卷十五)

(11)此其事业之不振,盖基于山寨、水寨之不可守也。(南宋·华岳《翠微先生北征录》)

(12)殊不知元之所以亡者,实基于上下因循,狃于宴安之习,纪纲废弛,风俗偷薄,其致乱之阶,非一朝一夕之故,所由来久矣。(《元史》卷六十六)

例（10）之"基于"尚可以理解成"据于"，但一样可以理解成"由于"，"由于在门下观览"是原因，"心神惶怖"是结果。例（11）之"基于"就只能理解成"由于"或者"因为"，"事业不能振兴，大概是由于山寨、水寨不能够坚守"。例（12）同样也只能理解成"元代所以灭亡的原因其是由于主上和臣子懒散，习惯于安乐的风气造成的"。

（三）介词"基于"功能初露端倪

如果一个句子中只有一个动词性成分，那么这个动词性成分的语义是不会虚化的，只有在"基于+宾语+VP"结构中，"基于"才能够虚化。大概在清代，这种结构已经能够见到用例。如：

(13) 幸门一开，争言祈祷，要宠召祸，实<u>基于</u>此，祝文不敢奉诏。（《明史》卷一六八）

(14) 夫此公司也，<u>基于</u>贸易之事，卒以二万里外之大国献之，虽曰人事，岂非天哉！（清·李圭《鸦片事略》）

例（13）中的"实基于此"一句应该属下，即"正因为这个原因，祝文才不敢奉召"。与例（9）中的"基于此"不同，例（9）"祸基于此"放在后一分句，作为整个语段的煞尾，成为语义表达中的信息焦点，因而不容易虚化。一旦这种表示原因的分句位于一个语段的前一分句，那么它所表达的信息容易成为背景信息而被淡化，如例（14），在"基于贸易之事，卒以二万里外之大国献之"这个语段中，"基于贸易之事"位于前一分句表示原因，而"卒以二万里外之大国献之"位于后一分句表示结果，这种因果句中的"基于"就符合"基于+宾语+VP"的结构，因此，我们把这种句式中的"基于"看成是介词。但是这种"基于"在清代用例还不多，这说明"基于"作为介词在清代还只是处于一种萌芽状态。

（四）介词"基于"功能形成和发展

在现代汉语中，构式"基于+宾语+VP"中的宾语语义类型可以概括为两类：一类是主观意识类词语，如"想法、考虑、认识、观念、愿望、了解、努力、共识"等。如：

（15）基于这种想法，美国天文学家打算在冥王星接近近日点以前，发射空间望远镜。

（16）春节将至，基于人道考虑，有关主管部门特殊批准犯罪嫌疑人家属探视。

（17）基于这一认识，2003年里，伊朗为恢复与埃及关系做出了更大努力。

另一类是表达客观因素类词语，如"前提、原则、因素、原理、政策、形势"等。如：

（18）中科院基于独立自主、平等互利、着眼未来、共同发展的原则开展国际合作。

（19）韩国地处东北亚地区，但基于地缘政治的原因也视俄罗斯为东北亚国家。

（20）亚毫米波超外差热视仪正是基于这一原理研制而成的。

也就是说，"基于"作为介词，其后的宾语可以是主观性强的，也可以是主观性弱的。充当宾语的可以是名词，如例（18）—例（19），也可以是动词转指的名词性成分，如例（15）—例（17）。宾语是名词的构式，也可以像例（15）—例（17）一样置于句首，表达原因。如：

（21）基于上述立场，中国对决议案投了赞成票。

（22）基于这一思想，东营市去年彻底翻修了人民反应强烈的两条街道。

（23）基于和平与发展的愿望，中国积极维护国际和平、安全与稳定。

需要指出的是，这时的名词不能是一个光杆名词，必须有修饰成分，修饰成分使得名词所表达的概念具有一定的范围，也就是变成有界名词。有界的概念具有较高的可及度，因此在语用中就更加适合用在表示原因的介词后面。

四 "鉴于"的语法化路径研究

《现代汉语词典》（2016：643）将"鉴于"释为两个义项，其一为介词，表示以某种情况为前提加以考虑；其二为连词，用在表示因果关系的复句中前一分句句首，指出后一分句行为的依据、原因或理由。而《现代汉语虚词词典》（1998：117）则将连词义项置于义项一，将介词义置于义项二，这样的处理与词义的演变顺序是相反的，因此"鉴于"的义项顺序应该如《现代汉语词典》。而《汉语大词典》作为一部大型的历时语文词典，"鉴于"词条下仅有毛泽东文献的一个用例，这显然对"鉴于"一词的历史语义认识不清。对于"鉴于"一词的演变过程，目前学界还未加关注。因此，"鉴于"一词的意义和性质需要从历时的角度对其语法化路径进行研究才能够有系统的认识。

（一）"鉴"的本义和引申义

《说文·金部》："鑑，大盆也。"段玉裁注："盆者，盎也……，字从金，必以金为之。"《汉语大词典》："古器名。形似大盆，有耳。青铜制，盛行于东周。或盛水，大的可作浴盆；或盛冰，用来冷藏食物。有时借为照影之用。"正是"鉴"可以用来做照影之用，因而引申有"镜子"之义，《广雅·释器》："鑑谓之镜。"《广韵·鑑韵》："鑑，镜也。"如：

（1）鉴明则尘垢不止，止则不明也。（《庄子·德充符》）

成玄英疏："鉴，镜也。"由于镜子具有照影的功能，"鉴"又可以引申为"照""映照"义。如：

（2）献车于季武子，美泽可以鉴。（《左传·襄公二十八年》）

杜预注："鉴，光鉴形也。"如果句中指明是用什么方式或者工具来照的话，一般用"于"字引出所用的工具或者方式置于"鉴"字的后面。如：

(3) 人莫鉴于流水，而鉴于止水。（《庄子·内篇·德充符第五》）

(4) 王其盍亦鉴于人，无鉴于水。（《国语·吴语》）

(5) 明主者，鉴于外也，而外事不得不成，故苏代非齐王。人主鉴于上也，而居者不适不显，故潘寿言禹情。（《韩非子·外储说右下第三十五》）

古汉语介词"于"字所引出的动作的工具或者方式，一般是放在动词的后面。例（3）"莫鉴于流水"即"不要用流水来照"之义。当"于"后所引导的事物不是可以用来照影的东西，则"鉴"之"照"义发生引申，引申出"参照、借鉴"义。《广韵·鑑韵》："鑑，诫也。"又《正字通·金部》："考观古今成败为法戒者，皆曰鑑。"如：

(6) 夏、商之衰，不鉴于禹、汤也；周、秦之弊，不鉴于民下也；侧弁垢颜，不鉴于明镜也，故君子惟鉴之务。（东汉·荀悦《申鉴·杂言上第四》）

此例比较典型，"不鉴于明镜"即"不用明镜照"之义；而"不鉴于禹、汤"与"不鉴于民下"之"鉴"则不再解释成"照"，而只能解释成"参照、借鉴"义。这是因为"于"字后的名词所表示的事物不具有映照功能，其前的"鉴"与这种名词搭配会激活动词语义中与"映照"类似的特征。人类利用水和镜子来映照是为了审视自己的容颜和着装，那么水和镜子具有一个参照的功能，那么这种参照功能同样可以移植到"鉴于"后的其他不具有映照功能的名词。在这种用例中，"于"字的介词功能有所弱化。如：

(7) 其功格宇宙，粤有虎臣乱政，时亦惟荒妃湮，兹洪轨仪，鉴于三代之典，王允迪厥德，功业有尚。（东汉·荀悦《申鉴·政体第一》）

(8) 大帝聪明，群神正直，耳目鉴于率土，赏罚参于国朝，辅助一人，覆育兆庶，岂有食人之禄，受人之荣，包藏祸心，而不殄尽

者也?(《全隋文》卷十八)

(9) 祸福无门,逆顺有数,天道微于影响,人事鉴于前图,未有蹈义而福不延,从恶而祸不至也。故智计之士,审败以立功,守正之臣,临难以全节。(《宋书》卷四十四)

此三例,例(7)"鉴于三代之典"即"向三代之礼仪借鉴"义,抽象名词的物性结构迫使"鉴"从"映照"义引申为"参照、借鉴"义;例(8)"参"与"鉴"互文见义;例(9)"于"仍然为介词,但是其介引的对象已经是一个抽象的事物,从前后分句的"微于"和"鉴于"互文来看,"鉴于"之"于"还具有一定的介词功能。

(二)"鉴于"演变的临界环境和介词功能的萌芽

唐代以降,表示"参照、借鉴"义的"鉴于"所在的分句后往往接另一分句,表示"鉴于"动作的结果,这时,"鉴于"就可以理解成"凭借、依据"之义。如:

(10) 昔在唐虞,鉴于天道,举其黎献,授彼明哲,虽复质文殊轨,沿革不同,历代因循,斯风靡替。(《全陈文》卷六)

(11) 往钦哉,尔其勉兹忠孝,鉴于典礼,勤恤民隐,无弃朕命,可不慎欤?(《全唐文》卷一百五十)

(12) 有洁其觞,有楚其豆。庶鉴于诚,临兹飨侑。(《全唐文》卷五百九十三)

(13) 帝图炎炎,贻福锡我。鉴于妥虔,高灵下堕。(《宋史》卷一百三十二)

在这种构式中,"鉴于"表示的是后一分句的手段或者依据,如例(10)至例(12);而当这种凭借和依据在具有因果关系的两个分句中又可以理解成表示原因,这时的"鉴于"似乎可以理解成表示原因的介词了,如例(13)可以理解成"由于虔诚,神灵下降赐福"。因此,例(13)中的这种因果句构式是"鉴于"发生融合的临界语境。这种构式中,"于"字的介词功能减弱,"于"字不断地向"鉴"靠拢,最后融合为一个复合词,可以看成是动词,也可以看成是介词。

(三)"鉴于"介词功能的形成和连词功能的萌芽

在介词的萌芽阶段,已经出现了"鉴于+宾语+VP/S"这样的构式,然而在清代以前,这种结构还是比较少见。到了清代,"鉴于+宾语+VP/S"结构已常见,因此这个时期,特别是到了清末民初,"鉴于"的介词功能应该已经成熟。如:

(14)妓面有痘瘢,侍郎短视,不之觉也。归途娶为妾。<u>鉴于前失</u>,同行而北,道路指目。(清·刘体仁《异辞录》卷二)

(15)清自满洲崛起,君临天下,悉主悉臣,<u>鉴于前代之事</u>,满人不求文学,惟重骑射。(清·刘体仁《异辞录》卷四)

"鉴于"后的宾语也可以用指代词来指代前面已经出现了的情况。如:

(16)戚公深<u>鉴于此</u>,故反复论辨之,盖为当时文臣发也。(清·王之春《椒生随笔》卷一)

(17)是以皇祖有<u>鉴于兹</u>,自理密亲王既废,不复建储。(清·方浚师《蕉轩随录》卷十一)

这种"鉴于"自清末至民初均有大量用例。如:

(18)盖<u>鉴于套抄龚文之故</u>,均有戒心,恐惹处分,伯晋可谓又被梅花误十年也。(清·刘禺生《世载堂杂忆》)

(19)及戊申诏举人才,<u>鉴于前弊</u>,乃简那桐、徐世昌、梁敦彦、俞廉三、严修等五大臣分期考验。(清·胡思敬《国闻备乘》卷四)

(20)未几,次子复送妇归省,亦于舟次怀妊。<u>鉴于冢妇之难</u>,归挽亲知诉于父,相与合谋,妇将弥月,其夫先密函告其家,设辞迎之归,俟妇产后而后还。(清·孙静安《栖霞阁野乘》卷下)

(21)既抵奉,学良优礼之,传芳雄心亦尚未已,后<u>鉴于宇霆之死</u>,恐以锋芒取咎,乃深自韬抑云。(徐一士《一士类稿》)

当"鉴于+宾语+VP/S"结构中的宾语不是一个词或者短语,而是一个分句,其后也是一个分句,甚至还有相关的连词和"鉴于"形成搭配连用,这种结构中的"鉴于",我们认为已经进一步虚化为连词了。如:

(22) 殆以雍正一朝,如年羹尧、马尔赛辈,或功成骄恣,或贻误戎机,朝廷鉴于用人之难,故不得不慎其选欤。(清·朱彭寿《旧典备征》卷一)

(23) 本帅前言非不曲谅女将军,但鉴于女将军冲锋对敌并不畏惧,所以才有一语。(清·唐芸洲《七剑十三侠》第一百五十九回)

例(22)中后一分句中的"故"表示结果,与前一分句中表示原因的"鉴于"形成连用;例(23)中表示原因的"鉴于"与后一分句中表示结果的"所以"形成连用。从此二例我们可以看出,"鉴于"的连词功能在清末已经初现端倪了。

(四)"鉴于"介词和连词功能的发展

"鉴于"发展到现代汉语中,其介词功能有了进一步的发展,体现在前后分句的因果关系更加明确,"鉴于"所在的分句也可以有各种形式。如:

(24) 上海市鉴于"周岱兰事件"出台一项新制度,把从事家政服务的民工纳入保险范围。

(25) 我认为鉴于当时的伤势他已无可救治了。

(26) 鉴于这种情况,中国政府曾号召计划生育,提倡使用避孕药具。

(27) 鉴于日本海军的发展,回国后曾陈请清政府再购新舰,增强北洋海军实力,以防外患,未被采纳。

例(24)中"鉴于+宾语"构成的介宾结构位于主语之后,动词"出台"之前,是典型的介宾结构充当状语;例(25)中"鉴于+宾语"不是直接位于动词之前,而是位于宾语从句中的主语之前,而这个"鉴于"后的结构充当"认为"的宾语；例（26）是"鉴于"直接连接一个名词性短语构成一个原因状语，并用逗号隔开与其后的分句的关系，但"鉴于"作为介词表示原因之义已经非常清楚；例（27）中的"发展"本为动词，但是由于前面"的"字短语的修饰，其转化为名词性的短语，所以"鉴于"仍然是个介词。现代汉语中，"鉴于"做介词引导一个原因，与其后的结果分句往往用逗号分开为常。如：

（28）<u>鉴于</u>阿富汗目前的局势，阿富汗大选可能无法如期在今年6月举行。

（29）<u>鉴于</u>众所周知的历史原因，日本的军事动向对亚洲近邻各国人民来说一直是十分敏感的问题。

（30）<u>鉴于</u>企业对货物通关的迫切要求，新风办依照有关规定，按非优惠贸易协定税率计征保证金，迅速为其办理担保验放手续。

（31）<u>鉴于</u>欧洲一些国家的戒心以及德、法、英之间的矛盾，"新三驾马车"的作用目前还有相当的局限性。

现代汉语中，"鉴于"充当连词也有像清代的用例一样，"鉴于"引导原因从句，其后有一个配对的连词引导结果从句，如：

（32）<u>鉴于</u>计划成效良好，<u>所以</u>推广至其他城市。

（33）<u>鉴于</u>和做法双方互有所求，<u>所以</u>两国都采取了妥协的态度。

（34）<u>鉴于</u>形势对社会党不利，<u>因此</u>围绕这次大选又提出了"共处"的问题。

（35）<u>鉴于</u>英国新年度预算在即，<u>因此</u>，梅杰政府希望尽快通过这一法案。

例（32）和例（33）用"所以"与"鉴于"配对进行使用，而例（34）和例（35）则用"因此"与之进行配对使用。我们认为，出于配对使用中的"鉴于"作连词还不够自由，是没有完全语法化成连词的表现。当然，"鉴于"在现代汉语中也可以单独使用，用来引导原因分句。如：

(36) 鉴于汽车生产质量下降，他请余秋里抓这个问题。

(37) 鉴于欧元汇率目前过于坚挺，欧洲央行应进一步调低汇率，以使欧元区经济免受影响。

(38) 鉴于南、朴、安三人的活动已触犯我国法律，我司法机关于 2004 年 1 月 10 日、11 日分别依法对上述三人实施拘留审查。

(39) 鉴于本案特殊情况已经消除，2004 年 1 月 14 日，商务部公告对被调查产品恢复征收反倾销税。

(40) 鉴于部分减税措施即将到期，布什呼吁国会不要停止此前通过的减税措施，而应当通过立法使这些措施永久化。

(41) 鉴于亚洲近期有 7 个地区暴发禽流感，特区政府各部门及医管局已再次检讨香港的防禽流感措施。

以上诸例，虽然其后分句中没有表示结果的连词，但是从前后分句的语义仍然能够看出两个分句之间的关系是因果关系，这说明"鉴于"可以独立于其他的连词而独立使用，不需要和其他的连词配对使用，从这个角度看，这是"鉴于"连词功能发展成熟的表现。

五 结语

我们所说的"类源同向"是指"出于""基于"和"鉴于"具有相类似的源语义，这使得它们的演变向一个共同的方向进行，都演变成为一个表示原因的介词。相类的源语义并不是说它们的本义相同，"出于"的本义是指"从……出来"，"基于"的本义是指"从……开始"，而"鉴于"的本义是指"用……映照"，因此，三者的本义并不相同，但是它们具有类似的语义结构，都是形成"动词+介词'于'"构式，并且这个构式都具有一个隐含引申义"依据"或者"凭证"。于是在"动词+介词'于'+宾语+VP/S"这样的构式语境中，三词都形成了"短语→动词→介词"这样的演变路径。

第三节 连续语法化路径研究[①]

一 引言

前两节谈的语法化路径是针对某一类词而言的。就单个的功能词而言,语法化路径也会呈现一些值得关注的现象,其中连续语法化路径就是其中之一。所谓连续语法化,就是指功能项在演变的过程中,并没有因为形成了一个新的用法而停止演变,有的功能项会不断地演变,从较虚变得更虚。下一章我们还要从更多的具体案例来看这种现象,这一节我们先从"好道"的连续语法来了解这种连续语法化演变路径。

关于"好道"一词,张振羽(2011)和罗主宾(2013)均指出"好道"是明清时期的一个语气副词,都进行过相关研究。张文对"好道"的形成做出了解释,认为是由反问副词"好"与词尾"道"组合而成,但是这一观点值得商榷,因为它割裂了"好"与"道"二者的语义联系。罗文只是简单提到"好道"可作为揣测类语气副词。但是两位学者的研究都没有概括"好道"的各义项特征及阐释各义项之间的演变关系、动因和机制,特别是没有关注"好道"的语法化演变路径。本节要从连续语法化的角度来发现"好道"的揣测义和反诘义的派生关系,从而揭示"好道"演变的动因和机制。

二 名词性短语"好道$_1$"向肯定语气副词的演化

"好道"最初的线性共现出现在唐五代,这时候的"好道"可以看成是一个偏正式的名词性短语。如:

(1)畜生恶道人偏绕,<u>好道</u>天堂朝暮闲。(《敦煌变文·大目乾

[①] 本节相关内容曾发表在《湘潭大学学报(哲学社会科学版)》2015年第5期。感谢合作者罗美君副教授!

连冥间救母变文》)

(2) 是善知识提携接手引出险道。免诸恶毒至于好道。(唐·实叉难陀《地藏菩萨本愿经·阎罗王众赞叹品第八》)

此两例中"好道$_1$"是指"好的道路"之义，是一种带有说话者主观性的客观描述，这种"好道$_1$"在元代又引申出"好主意"的隐喻义，如例（3）和例（4）：

(3) 周舍，你好道儿！你这里坐着，点得你媳妇来骂我这一场。(元·关汉卿《救风尘》第三折)

(4) (孔目云) 大姐，你休怪，我领孩儿家去也。(同下)(搽旦云) 好道儿，他丢了我就去了。(元·杨显之《郑孔目风雪酷寒亭》第一折)

这两例"好道"都是一种主观评价，但例（3）中"好道"的"道"指代"你坐着，指使媳妇去骂人"事件，这一事件在说话者看来就是一个"主意"，"好"用来评判"主意"。但在句法上，"好道"依然和主语"你"构成一个主谓结构，凸显对主语"你"的主观评价，所在句子相当于"你好啊！"，句义上凸显了"好"的评判义，相当于一个形容词。当"好道"摆脱了谓语的限制，它就容易理解成一个语气副词，如例（4）。"道"虽然还是后指代事件，但是整个结构式在语义上更多地凸显"好"的评判义，相当于"好呀"，用于增加对事件命题的肯定性语气。那么"好道"就独立于事件命题外，而且经常位于句首，它便获得了语气副词的句法特征和位置，我们可以把它看作是一个副词。但"好"和"道"仍然存在着修饰关系，"好道"还没有完全演化成副词。

从我们搜集的语料看，"好道"是一个多义结构式，在不同语言环境中具有了不同的句法语义特征，但这些特征不是杂乱无章的，而是遵循一定理据形成的相互关联的句法语义系统。当"好道"固定于事件命题前，表说话者的主观肯定性判断时，"好道"就只能分析成语气副词。"好道"做语气副词的用法始于元朝，从明朝开始用例增多。其所在源构式"好道 XP（事件）"结构中，"XP（事件）"一般是能表达具体事件的命题，如例（5）和例（6）：

（5）（邹衍做怒科，云）这厮好打！<u>好道</u>管待贤士哩，著他明日来。我没有私宅的？这里也不是他告辞处。（元·高文秀《谇范叔》第一折）

（6）这娘子告诵你话，你怎么伴伴不睬？<u>好道</u>也做个理会是。（明·吴承恩《西游记》第二十三回）

例（5）和例（6）中的"管待贤士"和"做个理会"就是事件命题，也是句子要凸显的焦点信息。在结构式中，例（5）"好道管待贤士哩"的语义可以理解成目前"管待贤士"是"正确的做法"，例（6）"好道做个理会"的语义可以理解成说话者主观认为"做个理会"是"好主意"。但是说话者为了凸显"管待贤士"和"做个理会"焦点信息而把谓语位置上的"好道"进行了句法上的移位，使其占据了状语的句法位置，这是一个句法外置的过程。雷冬平（2014）指出句法外置是从核心句法成分（谓语）向非核心句法成分（补语或状语）的句法移位。"好道"的前移与"管待贤士"和"做个理会"的后置改变了句法成分在句中的固定语法位置，句义也开始侧重凸显"管待贤士"与"做个理会"焦点命题事件，表示说话者对于焦点命题的肯定态度。"好道"的前移使得"道"和命题事件句法位置相邻，它们两个其实是可以互相指称的概念。但是根据数量象似性原则①，焦点命题事件在句法成分上和形式上都比"道"要复杂，焦点命题事件是重要信息，而"道"虽然和命题事件概念一致，但是"道"本身是不重要的信息，不会得到焦点关注，语音也不重读，因此"道"的指代特征减弱，表"主意、做法"的语义也发生虚化，促使"好"和"道"语义结合得更加紧密的同时，"好"的评判意义得到了增强，这种语义的"侧抑制"现象②，使得"好道"的语

---

① 沈家煊（1993）指出量大的信息，说话人觉得重要的信息，对听话人而言难预测的信息，表达他们的句法成分也较大，形式较复杂。

② 储泽祥、曹跃香（2005）指出：在"用来"的固化过程中存在一种语义的"侧抑制"现象，在"来"的意义减弱的同时"用"的意义得到了增强。其实就是词语或结构意义的重新调整，或者叫作"语义补偿"（谢晓明、肖任飞，2008）。

义得到了重新调整，再如例（7）：

（7）不想妖魔本领大，你们手段不济，禁他不过。<u>好道</u>着一个回来，说个信息是，却更不闻音。（明·吴承恩《西游记》第三十回）

"好道着一个回来"就相当于"好着一个回来"或"也好着一个回来"结构式，是说话者主观上认为"着一个回来好"或"着一个回来也好"。"好道"的语义侧重"好"的主观评价义，表达了说话者对命题事件"着一个回来"的"肯定"性态度，是说话者对焦点信息的"肯定"性评价。蒋彰明（1994）指出：谓语前置的语用功能是表达某种感情和起到加强语气的作用。"好道"经常置于句首，"肯定性"评价义得到强化，用于强调其后的焦点信息是"无论如何都要去做"的语义，因此其获得了对焦点信息表强烈肯定的语气副词身份。

三　肯定语气副词"好道$_2$"向测度副词"好道$_3$"的演化

从例（5）、例（6）和例（7）可知：由具有［+肯定性］语义特征的"好道$_2$"所引导的命题都是未然事件，虽然说话者主观上认为这一事件是"好"的，无论如何都要去做的，但客观上，"管待贤士""做个理会"以及"着一个回来"都是悬而未决的事件，那么"好道$_2$"所处的语言环境"好道$_2$XP$_{(事件)}$"也就具有了一种不确定的语气。隐含在语境中的不确定语气，在语用类推扩展的促动下，源构式"好道 XP$_{(事件)}$"结构发生重新分析，此种不确定的语气扩展到相似句法结构"好道$_3$XP$_{(事件)}$"上，强调说话人对"好道$_3$"引出的命题持不确定的态度，结构式就蕴涵了一种测度语气。

（8）行者道："你儿子便是熟嘴！我这些时，只因跟我师父走路辛苦，还懒说话哩。"那老儿道："若是你不辛苦，不懒说话，<u>好道</u>活活的聒杀我！你既有这样手段，西方也还去得，去得。"（明·吴承恩《西游记》第二十回）

在当前语境中，由"好道₃"引出的陈述句"活活的耷杀我"是老者对行者行为的一种揣测，根据行者的行为，老者主观上认为行者可能会"杀了他"。构式"好道₃XP₍事件₎"的测度语义压制了"好道₃"的语义，使得"好道₃"也具有了揣测的语义，相当于"莫非""大概"。

当"好道₃"用于引出测度问句时，测度问句本身具有的揣测义使得"好道₃"的测度义减弱，但是整个构式"好道₃XP₍事件₎"还是表揣测的语气，如例（9）：

（9）那贼道："晦气呀！把一个富贵和尚放了，却拿住这个穷秃驴！你好道会做裁缝？我要针做甚的？"（明·吴承恩《西游记》第五十六回）

"会做裁缝？"是一个表疑问的测度问句，"好道₃"的测度语义被架空，在这样的句式结构中可以省略，成为结构式中的一个可选成分，演化成附加的语气标记来加强测度义。

四 测度副词"好道₃"向反诘副词"好道₄"的演化

吕叔湘（1956）把疑问语气分为询问、测度和反诘三类，从否定程度看，它们构成了一个肯定/否定的序列，测度语气就是半肯定半否定的程度。"好道₃"引出的"XP₍事件₎"是说话者不确定的信息，也就是一种半肯定半否定的信息，其语用目的是说话者欲获得听话者对信息的回答。在具体语境中，如果说话者主观上已经完全肯定或否定句内的命题信息，对句内命题信息没有疑问，但仍用疑问的语气对听话者表示询问，其实质就是一种反问句，目的是要表达特定的内涵意义，而不是要听者给出回答。受话者需要花费更多的认知资源来推导反诘句的蕴涵意义，蕴涵意义因为得到了更多的认知关注，会得到更多的强调。正如郭继懋（1997）的观点：隐性意义是使用反问句的最终目的。

吕叔湘（1956：290）指出："反诘实在是一种否定的方式，反诘句里没有否定词，这句话的用意就在否定；反诘句里有否定词，这句话的用意就在肯定。""好道"引出反诘句否定"XP₍事件₎"，语用目的是强调说话者的态度，凸显说话者的蕴涵义。"好道 XP$_{(事件)}$"构式的语义由强调事件测度义扩展到强调说话者对句内命题的完全肯定或否定的态度，促使构式发生重新分析，"好道"引导的"XP$_{(事件)}$"不再是说话者不确定的信息，而是说话者对句内命题信息的一种反问。"好道"所在构式的测度语义消失，反诘义浮现。"好道 XP$_{(事件)}$"构式的反诘语义是说话者对句内信息无疑而问的结果。

（10）行者看见道："兄弟，你笑怎么？你<u>好道</u>有甚手段，擒得那妖魔，破得那火阵？这桩事，也是大家有益的事。"（明·吴承恩《西游记》第四十一回）

例（10）是一个反诘问句，用来强调行者的主观态度——"沙和尚没有手段"，而且表达了行者不满"沙和尚笑呆了"的蕴涵义。此句如果去掉"好道"，句内的反诘语气不变，也不影响句义的真值，故"好道"起到了加强反诘语气的作用。

测度副词"好道$_3$"向反诘副词"好道$_4$"演化的动因是交互主观化的结果。交互主观性指的是说写者用明确的语言形式表达对听读者"自我"的关注，这种关注可以体现在认识意义上，即听读者对命题内容的态度；但更多的是体现在社会意义上，即关注听读者的"面子"或"形象需要"（吴福祥，2004）。王敏、杨坤（2010）认为交互主观化是这样一个动态的过程，话语的意义越来越聚焦于听话人/读者，即话语越来越体现出对听话人/读者的关注。

（11）行者道："他敢吃我？"老者道："不吃你，<u>好道</u>嫌腥？"（明·吴承恩《西游记》第四十七回）

（12）渔翁道："曹州乃山东地方，这里乃河南归德府宁陵县地界，与曹州路隔黄河，你们<u>好道</u>飞到这里的？"（清·俞万春《荡寇志》第九十八回）

例（11），老者并没有选择"妖怪会吃掉你，你不要太乐观"句来表达自己的看法，而是通过"好道不吃你嫌腥"反诘句，让行者自己去领悟出老者的言外之意，顾及了行者的"面子"。例（12）渔翁顾及宋江他们的"面子"，通过反诘句让"宋江他们知道自己犯了一个愚昧的地理常识错误"。如此，"好道₄"引导的反问句体现了话语的交互主观性。"好道"所处构式从对命题事件的主观揣测到关注听话者面子，话语的这种交互主观化过程也促使"好道"的语用功能从加强说话者对命题事件的推测语气演变成加强反诘语气的副词。

五　结语

在特定语法、语义和语用条件下，"好道"由核心成分（谓语）语法化成了非核心成分（语气副词），是多种演化动因和机制共同作用的结果。词项的语法化总是发生在特定的构式里，从"好道"的演变路径看，构式"好道 XP_(事件)"就是"好道"语法化的典型环境。

"好道"从名词短语演化到肯定语气副词，再演变成测度义语气副词，最后演化成反诘语气副词的语法化过程和其他一些反诘副词的形成过程相似。王兴才（2011）认为在宋元时期成词的"难道"语法化过程是经由偏正短语演化成"说不定"的认知动词再到测度义最后演化成反诘副词。"好道"和"难道"的演变路径都经历了从不确定语气到测度再到反诘这个过程，它们的演变符合一般语言演变规律，正如杨永龙（2000）指出的，从否定词到揣度副词，或者经由测度副词再演变为反诘副词，这似乎不是偶然现象，而是一个规律。

第四节　汉语虚词语法化路径的规律和例外研究

一　引言

语言研究的主要任务就是探索各种语言的内在规律，从而进一步探索人类语言的本质和共性。因此，对不同语言中具有共同性的发展趋势的语言现象的归纳和总结，成为探讨人类语言本质的前期工作。也就是说，要找出语言的共性，也许要先充分了解语言结构的多样性（沈家煊，

2007)。但是语言不是一个均质的系统,在具有共同发展趋势的规律背后,往往有包含着不守规则的例外。那么要寻找这些规律,必须首先对各种各样被认为是例外情况的现象进行研究分类(石毓智,2003)。因为例外可能就蕴含了规律,正如青年语法学派所主张的:"语言里没有一条例外是没有规则的,例外有例外的规则。"(Robert,1964)因此,规律和例外的关系应该是相辅相成的。汉语中,具有"汇拢"义的部分动词向总括副词演变的路径具有相同的词义演变规律,而在整个词义演变过程中,又具有不少例外,但是这些例外同样隐含着语言演变的某些规律。

二 "总"与"拢"类总括副词的表义规律

(一)"总"与"拢"

《说文·系部》:"总,聚束也。"段玉裁注:"谓聚而缚之也,恩有散意,系以束之。"也就是说,"总"具有"汇拢"义。如:

(1)万物之<u>总</u>,皆阅一孔;百事之根,皆出一门。(《淮南子·原道训》)
(2)<u>总</u>集瑞命,备致嘉祥。(《文选·张衡〈东京赋〉》)

而"拢"亦有"汇拢"义,如:

(3)聿经始于洛沬,<u>拢</u>万川乎巴梁。(晋·郭璞《江赋》)
(4)桃蕊飘霞,杨花弄风。翠袖生寒,乌云不<u>拢</u>。(元·白朴《董秀英花月东墙记》第四折)

"汇拢"义正含有将动作涉及的对象总括起来的意思,因此二词都可以演变成总括副词。如:

(5)春风十里扬州路,卷上珠帘<u>总</u>不如。(唐·杜牧《赠别》诗之一)
(6)千门万户曈曈日,<u>总</u>把新桃换旧符。 (宋·王安石

《除日》）

以上两例之"总"都是总括副词，相当于"都""皆"，是对"总"前对象的概括，如例（6）的"总"是总括前面的"千门万户"，表示他们都把新桃换旧符。

（7）造佛道帐之制，自坐龟脚至鸱尾，共高二丈九尺，内外拢深一丈二尺五寸。（宋·李诫《营造法式·小木作制度四·佛道帐》）

"内外拢深"表示"内外都深"之义，"拢"是对"内外"两个方面的总括。《汉语方言大词典》（第3201页）记录了"拢"在闽语中做总括副词的用法，意义为"都"或者"全"，具体是"福建厦门读为 $[loŋ^{53}]$、东山读为 $[loŋ^{42}]$"。在台湾闽语中读如福建厦门的读音，如：

（8）他修理阿目，全像老鹰抓小鸡，阿目连还手的机会拢没有。（司马中原《失去监狱的囚犯》）

"拢"的这种用法在粤语中同样有体现，《汉语方言大词典》（第3201页）记录广东揭阳读"拢"为 $[loŋ^{53}]$，如：

（9）全班个人拢未到。

（二）"拢总"

具有相同功能的"拢"和"总"同样也可以构成并列双音节的总括副词"拢总"。如：

（10）多不过一卷两卷，少只好片言半语。拢总收来，仅有两小包袱。（清·佚名《后西游记》第三十九回）

（11）我说凹而，敏姆，喊无，色姆，克兰司，是说拢总分几班？他说一脱一司，土昔克司，克兰司，俺午特，夫挨害无，克兰

司，土台温，克兰司，土挪害脱，是说就是共总六班。（清·邹弢《海上尘天影》第五十三回）

（12）他心中痛快，身上轻松，仿佛把自从娶了虎妞之后所有的倒霉一股拢总都喷在刘四爷身上。（老舍《骆驼祥子》）

例（10）中"拢总收来"即"全部收来"之义；例（11）中的"拢总"与下文的"共总"同义；例（12）中"拢总都"表示"全部都"之义。《现代汉语词典》（2016：843）收录了"拢总"一词，标注为副词，并释之为"一共；总共"义。如：站上职工拢总五十个人。

"拢总"作为双音节的总括副词在方言中亦有体现，如：

（13）买个东西拢总花了几多钱？

《梅县方言词典》（第238页）释此例"拢总［luŋ↑r tsuŋ↓］"为"总共"。"拢总"不仅在粤语中有使用，在闽语中也大量使用。如：

（14）拢总十个人。

"拢总十个人"表示"一共十个人"之义。《闽南方言大词典》（第747页）释此例中的"拢总"为"全部；一共；总共"。该词在各地的读音也略有差异，厦门漳州读为［loŋ$^{3-1}$ tsɔŋ^3］，泉州读为［lɔŋ$^{3-2}$ tsɔŋ^3］。

虽然"拢"和"总"是同义词，但是在历史文献中并没有发现"总拢"这样的词汇，也就是说，即使是两个同义的单音节语素，它们在构成双音节并列复合词的时候，有时候可能只有一种形式，而另一种逆序的形式并没有产生，或者产生了，在文献中没有保存下来。但是我们在现代汉语方言中发现了有"总拢"这样的词汇，但都是用如动词，而没有副词的用法。《汉语方言大词典》（第4440页）认为"总拢"为动词，并释之为"总揽；一把抓"之义。福建厦门"总拢"读为［tsɔŋ^{53} laŋ^{53}］。《闽南方言大词典》（第475页）也收录了"总拢"一词，并释之为"全面掌握或包揽"，意义和《汉语方言大词典》的释义基本一致，厦门漳州读为［tsɔŋ$^{3-1}$ laŋ^3］，泉州读为［tsɔŋ$^{3-2}$ laŋ^{53}］，用例如：代志伊总拢，你着去问伊。从方言词典的记录来看,虽然在闽南方言中同时存在"拢总"和"总拢"一词,但是"总拢"没有副词用法(当然,如果扩大调查范围,也许可以发现"总拢"的副词用法)。

(三)"总共""共总"与"拢共""共笼"

《说文·共部》:"共,同也。""共"的本义具有"共同具有或者承受"之义。如:

(15) 愿车马,衣轻裘,与朋友<u>共</u>,敝之而无憾。(《论语·公冶长》)

(16) 三年之丧,齐疏之服,飦粥之食,自天子达于庶人,三代<u>共</u>之。(《孟子·滕文公上》)

这种语义的"共"同样隐含着"汇拢"的意义,该义用来修饰动词的时候,也可以演变成表示总括副词,表示"皆、共同、一起"之义,如:

(17) 羽生与乾俱出,因擒之,遂平殷州。又<u>共</u>定策推立中兴,拜乾侍中、司空。(《北齐书·高乾列传》)

(18) 白露下百草,萧兰<u>共</u>雕悴。(唐韩愈《秋怀诗》之二,《全唐诗》第三三六卷)

因此,总括副词"总"和"拢"都分别可以和"共"构成同义的双音节总括副词。"总"可以与"共"构成"总共"和"共总"两个同素逆序的并列双音节总括副词。先看"总共"。如:

(19) 禀爷,那船上死尸,是一个老的,又是一个小孩儿,又是一个女人,又是三个男子汉,<u>总共</u>六个尸首。(元·无名氏《冯玉兰夜月泣江舟》第三折)

(20) 初年叫做开元,不觉又过了九年。<u>总共</u>四十三年。(明·冯梦龙《醒世恒言》卷三十八)

(21) 原来枪头上是个活人心,心是一包血,故此有一枪就有一

个红点儿。总共一数,得七七四十九个点子。(明·罗懋登《三宝太监西洋记通俗演义》第七十三回)

(22) 本朝开科以来,总共九十七个状元,江苏倒是五十五个。(清·曾朴《孽海花》第二回)

"总共"一词一直到现代汉语普通话都有使用,《现代汉语词典》(2016:1744)收录了"总共"一词,并释之为"一共"。如:

(23) 工钱方面总共五万多块,月底发放,还有五六天光景,这算不了怎么一回事。(矛盾《子夜》)

(24) 在全地区60多万25至45岁之间的男子中,总共筛选出了这样的对象37800多人。(张平《十面埋伏》)

"总共"在现代汉语方言中也有用例。如《梅县方言词典》中收录了"总共"一条,并释之为"一共"。如:

(25) 来开会个总共十个人。

再看"共总",从近代汉语到现代汉语中皆有表示总括副词的用法。如:

(26) 我这里连方丈、佛殿、钟鼓楼、两廊,共总也不上三百间。(明·吴承恩《西游记》第三十六回)

(27) 主人开箱,却是五十两一包,共总二十包,整整一千两。(明·凌蒙初《拍案惊奇》卷一)

(28) 你娘儿们,主子奴才共总没十个人,吃的穿的仍旧是官中的。(清·曹雪芹《红楼梦》第四十五回)

(29) 请别忘了,我可是一月才共总进六块钱!吃的苦还不算什么,一顿一顿想主意可真教人难过。(老舍《我这一辈子》)

(30) 脸上共总有十来根比较重一点的胡子茬儿。 (老舍《二马》)

同样，总括副词"拢"也可以和总括副词"共"并列形成双音节的总括副词"拢共"，该词从近代汉语产生后，一直沿用到现代汉语中。如：

（31）造牙脚帐之制：共高一丈五尺，广三丈，内外<u>拢共</u>深八尺。（宋·李诫《营造法式·小木作制度四·牙脚帐》）

（32）造九脊小帐之制：自牙脚坐下龟脚至脊共高一丈二尺，广八尺，内外<u>拢共</u>深四尺。（宋·李诫《营造法式·小木作制度四·九脊小帐》）

（33）这册子上<u>拢共</u>六十二人，都是当世名人，要请各位按着省分去搜罗的。（《孽海花》第十三回）

（34）把你亲家的门栅捐拨到你身上，你只要<u>拢共</u>缴清这五十块。（张天翼《儿女们》）

（35）从建台到大功告成，<u>拢共</u>不到一个月时间。（吴越《破译密码的奇才》）

（36）我们俩身上<u>拢共</u>包圆也不过十来块钱。（王朔《千万别把我当人》）

《现代汉语词典》（2016：843）收录了"拢共"一词，标注为副词，并释之为"一共；总共"。同时，现代汉语方言中也保留了"拢共"表示总括副词的用法。李申（1985：263）就明确指出了徐州方言中"拢共"[luŋ³⁵ kuŋ⁴²]义同"一共，总共"。基本用法是表示数量的总和，后面跟着数量词。例如（以下四例转引自李申，1985）：

（37）买了三十斤苹果，<u>拢共</u>花了九块钱。
（38）家里<u>拢共</u>还剩三十斤米。

"拢共"也可以直接修饰数量词。例如：

（39）几个人的工资加起来，<u>拢共</u>一百八十元。
（40）从家里到妈妈的学校，再到爸爸厂，<u>拢共</u>八里路。

另外,《闽南方言大词典》(第 474 页) 中也收录了"拢共"一词,认为是义同"拢总"(详上文"拢总")。只是各地的读音有些差异,厦门读为 [lɔŋ³⁻¹ kiɔŋ⁶],泉州读为 [liɔŋ [←lɔŋ]³⁻² kiɔŋ⁵]。

虽然"拢共"一词未见同形的同素逆序同义词"共拢",但却在方言中发现"共笼"一词,《汉语方言大词典》(第 1637 页) 指出该词在江淮官话中使用,如江苏涟水就有使用,读为 [koŋ⁼ noŋ]。我们认为"共笼"义同"共拢"。因为"笼"亦有"包括;聚拢"之义。如:

(41) 遣私情以标至公,拟宇宙以笼万殊。(晋·葛洪《抱朴子·君道》)

(42) 丘之小不能一亩,可以笼而有之。(唐·柳宗元《钴鉧潭西小丘记》)

又因为"拢"与"笼"语音相同,因此,在方言中,"共笼"与"共拢"实为一词。

此外,还出现了"拢共拢""共拢总"这样的三音节并列的总括副词。先看前者,如:

(43) 一会,将家中一切东西拢共拢儿搬来,堆在上房院里。(清·陈少海《红楼复梦》第一回)

(44) 这也赔,那也赔,拢共拢儿算我的就完了。(清·陈少海《红楼复梦》第五回)

(45) 二月间老爷赏牡丹做群芳会,同着太太、姨娘、姑娘、丫头、嫂子们拢共拢儿坐在一堆赏花饮酒,我见了心中很乐。(清·陈少海《红楼复梦》第十七回)

"拢共拢"在现代汉语方言中还有大量使用。《汉语方言大词典》(第 3202 页) 就认为"拢共拢"为副词,并释之为"总共"义。在中原官话、山东曲阜都有使用,在江苏徐州也有使用,读为 [luŋ³⁵ kuŋ⁴² luŋ³⁵],《徐州方言志》(第 263 页) 也指出了"拢共拢"的用法同"拢共"的用法。《汉语方言大词典》(第 3202 页) 指出在中原官话和江苏徐州还有

"拢拢儿"的形式，徐州读为［luŋ³⁵ lūrº］。如：

（46）拢拢儿花了八毛钱。

《徐州方言志》（第 263 页）则记录为"拢儿拢儿"，认为用法同"拢共"。《汉语方言大词典》（第 3202 页）还记录了"拢共"加后缀形式的一个词"拢共脑儿"，该词同样可以用如总括副词，表示"总共"之义，在冀鲁官话中皆有使用，如在河北保定读为［⁼luŋ kuŋ⁼⁼ nau·uər］。

再看"共拢总"。它同样是一个三音节并列复合的总括副词。该词不见于历史文献和现代汉语普通话中，见于闽语中。《汉语方言大词典》（第 1637 页）释之为"一共；总共"，福建建瓯读为［kɔŋ⁴⁴ lɔŋ³³ tsɔŋ²¹］，松溪读为［køyŋ⁵⁵ louŋ³³ tsouŋ²¹³］。

（四）"捞拢"与"捞总"

"捞"在古今汉语中常见的义项是"从水或其他液体中取物"。如：

（47）宜少时住，勿使挠搅，待其自解散，然后捞盛，飧便滑美。（北魏·贾思勰《齐民要术》卷九）

但是在现代汉语方言中，"捞"还有另外一个常见的义项就是"聚拢；混合"义。如：

（48）两帮鸭捞做一起喇。

《南宁平话词典》（第 135 页）将该例中"捞"释为"掺合"，不是特别准确，不过"掺合"其实就有"聚拢"和"混合"之义，再如：

（49）两个人嗰钱捞埋用。
（50）大家啲衫裤都捞乱晒。
（51）呢两种药唔好捞埋食。

《东莞方言词典》（第 131 页）将此类"捞"解释为"混合"义。例

(51) 的意思是说"这两种药不好合在一起吃"。

因此,"捞"同样具有"汇拢"义,它也可以和同义的"拢""总"构成同义的复合词"捞拢"和"捞总"。先看"捞拢",安福方言中,"捞拢"可以做动词,表示"汇拢"义:

(52) 把我物个钱捞拢得来看看还有几多唧。

此例的意思是说,把我们的钱合在一起看看还有多少。《汉语方言大词典》(第 4707 页)也记录了在江西赣州蟠龙的客家话也可以说"捞拢",表示"混合到一起"之义,同时也可以表示总括副词的用法,表示"总共"义。除此之外,柳州方言中的"捞拢"也可以表示总括副词的用法,如:

(53) 捞拢才十条排₊个人,够你们去忙的啰。
(54) 有几久捞拢没够半个月。

《柳州方言词典》就将此类"捞拢"[lɑ˨˩ loŋ˥]解释为"一共,总共"。

再看"捞总"一词。该词在江西安福方言中可表示总括副词(其详细用法和特征请见下文),如:

(55) 佢捞总买哩十本书。
(56) 佢身上捞总五十块钱。

(五) 小结

通过以上描写,我们可以得出以下规律:

第一,涉及"总""拢"及"共"等具有"汇拢"语义的动词都具备了向总括副词演变的语义基础,并在动词和数量短语前大部分能够演变出总括副词用法。除了上文所论及的诸词,具有"汇拢"义的"合"同样有这样的演变规律。如:

(57) 于是乎合其州乡朋友婚姻，比尔兄弟亲戚。(《国语·楚语下》)

(58) 永平中，显宗追感前世功臣，乃图画二十八将于南宫云台，其外又有王常、李通、窦融、卓茂，合三十二人。(南朝宋·范晔《后汉二十八将传论》)

例(57)之"合"为动词，而例(58)之"合"为总括副词。

第二，"总"类的单音节总括副词基本都能够双音化成同义连言的双音节总括副词，并且基本上都存在同素逆序两种形式。

三 "捞总"表义例外的规律性解释

在总结以上两条规律的时候，我们都使用了"基本"一词，因为都存在例外情况。如"捞"具有"混合""聚拢"的语义，但是它没有演变出总括副词的用法。我们认为，这是受到常用义压制的结果。"捞"的常用语义不论是在历史文献中，还是在现代汉语方言中，其最常用的意义是"从水或其他液体中取物"，而"聚拢"义的"捞"还是次要意义，使用频率也要远低于前者，因为临界环境的使用频率，即临界频率(彭睿，2011)是词汇项发生语法化的有利推动。这种不能引申的例外不是本节探讨的重点，本节要探讨的是以下三种例外：

(一) 总括副词"捞总"的限定义例外用法的规律解释

1. 总括副词"捞总"的限定义例外用法

上文我们谈到江西安福方言中"捞总"具有总括副词的用法。《汉语方言大词典》(第 4708 页) 指出在江西赣州蟠龙的客家话中"捞总" [lɔ^{24} tsəŋ^{31}] 同样具有总括副词用法，表示"总共"之义。这和前文的总括副词形成规律是一致的。但是在长沙方言中，"捞总"的总括副词用法有表示数量少的意思，这和上文的研究比较起来，又好像是个例外。如：

(59) 她屋里劳总只有两个人。
(60) 劳总八个人，你抽九双筷子做么子。

《长沙方言词典》（第 145 页）将此二例中的"捞总"记为"劳总"[lau˩ tsoŋ˨]，"劳"字应只是记音，其本字应该是"捞"。并指出"劳总"为副词，表示"总共"义，多指数量不太多。从《长沙方言词典》的所举之例来看，表示数量不太多的意义似乎是句中其他成分所传达的，如例（59）中的"只有"；或者是由于前后分句语义的对比而凸显的，如例（60）中，单看前一分句"捞总八个人"是看不出表示数量多还是数量少的，因为客观上，八个人吃饭并不少，但是由于和后一分句中的"九双筷子"进行对比，"劳总"才具有"只有"之义，意思是说"只有八个人，你拿九双筷子干什么呢？"但是，"捞总"的这种表示限定的用法不是孤证。再如萍乡方言中：

(61) <u>捞总</u>十几个人，哪里够得？

《萍乡方言词典》（第 231 页）认为，此例中的"捞总"[lau˩ tsəŋ˥]为"总共；一共"义，但隐含有少的意思。我们觉得，这种隐含的少的意思也应该是从前后分句语义对比凸显中才有的。

再看于都方言中的"捞五"[lɔ˥ ŋ˩]，如：

(62) 那只屠户老板冇点影_{不应该}，佢<u>捞五</u>斫佢四两猪肉，佢少了佢一两零。

(63) 佢<u>捞五</u>读哩两年书。

(64) 佢底屋里蛮多人食饭哇？——冇，<u>捞五</u>三介人食饭。

《于都方言词典》（第 79 页）认为此类"捞五"表示"仅仅、一共、才"之义，表示数量不多。其中"五"应该是个记音字，因为数字"五"的读音在《于都方言词典》（第 219 页）中记为[əŋ˩]。因此，"捞五"中的[ŋ˩]可能是某个字音变的结果，本字待考。但不管怎么样，"捞五"一词与"捞拢"和"捞总"是结构和意义都相同的总括副词。

从上面三部方言词典对"捞总"类词的记录来看，前二者认为该词是总括副词，但是隐含有限定义的用法；而《于都方言词典》则认为该词为限定副词。这种现象与前面所谈到的"捞拢"等总括副词又有所不同，本节所涉及的其他总括副词尚未发现这种限定的功能，这就是规律之外又呈现出例外。

2. 范围副词总括与限定互相转化的规律

"捞总"具有限定的用法这一例外中又隐含着总括与限定互相转化的规律。这是因为，这种现象不仅限于"捞总"一词，而是一种普遍存在的语言现象。王锳先生（1986：280—281）早就发现了范围副词"亦"既具有限定的用法，表示"只，仅"义，又具有总括的用法，表示"总，多"义。如：

(65) 卷帘唯白水，隐几亦青山。（唐·杜甫《闷》）
(66) 邑人多秉笔，州吏亦负笈，村女解收鱼，津童能用楫。（唐·李端《送路司谏侍从叔赴洪州》）

二例前者"唯""亦"互文，表限定；后者"多""亦"互文，表总括。

王锳先生（1986：321）还指出了限定副词"只"在唐宋诗词中具有表全量的总括副词用法。如：

(67) 人生代代无穷已，江月年年只相似。（唐·张若虚《春江花月夜》）
(68) 翠袖香寒，朱弦韵悄，无情流水只东流。（宋·张孝祥《多丽》）

"只相似""只东流"犹言"总相似""总东流"之义。

葛佳才（2005：124—136）也指出副词"亦""适""犹""偏""专""多"以及"只"在历史演变过程中，既具有表指多的总括功能，又具有表指少的限定功能。他（2012）又进一步从容器隐喻认知的角度来解释了这一类副词既表限定又表总括的现象。张谊生（2010：212—237）探讨了"净"与"尽"兼表统括与限制的用法，并认为（2010：218—219）"实际上统括与限制是相通的，是一个问题互相关联的两个方面。人们以往在具体语境中归纳出来的'净'与'尽'不同的表达功能，其实都是说话人或者受话人观察的角度即着眼点的不同而导致的。所谓全部，看似是个整体，但说话人的着眼点如果不是其内部的一致性，而是与其他的相关事物、现象、概念的差异性关联，那么这个整体也可以认为是排他的、限制的。反过来，对于一些个体，如果着眼点不是与其他同类事物的差异，而是强调其内部各个部分一致性，那么该个体也可以认为是个整体、有统括性。而且，整体上面还有更大的上位概念，个体下面有时还可以有更小的下位概念，随着发话人或受话人的着眼点的转移，统括与限制也就可以互相转换。"我们认为这段论述是比较有道理的，总括和限定的转换其实是人们在认知事物的时候所要凸显的对象是不同的，总括凸显的是个体成员特征的一致性，限定则凸显的是对象在同一概念域下排他特征的单一性。(如转引自张谊生，2010：219)：

(69) 新到的杂志都借走了，剩下的净是一些过期的。

此例之"净"既可以理解成总括副词"全""都"，也可以理解成限定副词"只""仅"。之所以可以形成这样两可的理解，是因为由于表达凸显的不同，这表明总括和限定在概念化的过程中所形成的意象图式是不同的。"净"理解成总括副词时，例(69)所形成的意象图式应该是图一，而当"净"理解成限定副词时，例(69)形成的意象图式应该是图二：

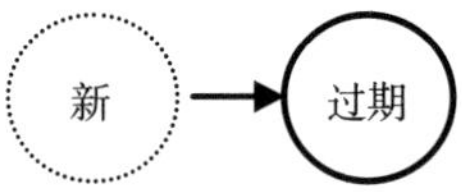

图一　总括副词"净"的意象图式 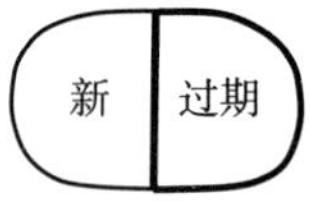　　图二　限定副词"净"的意象图式

但是以前的研究只注意了限定向总括的转变，其实，总括也可以向限定转变。除了"捞总"外，汉语中常见的总括副词"总"就可以表示限定。如：

(70) 以后众人一齐动手，排头杀去。总是一个船中，躲得在那里？(明·凌濛初《初刻拍案惊奇》卷十九)

(71) 这首词说着人世上诸般戏事,皆可遣兴陶情,惟有赌博一途最是为害不浅。盖因世间人总是一个贪心所使。(明·凌蒙初《二刻拍案惊奇》卷八)

(72) 乞丐虽贱,生命则同;总是偷窃,不该死罪。(明·凌蒙初《二刻拍案惊奇》卷二十八)

"总是一个船中"即"只是一个船中"之义;"总是一个贪心所使"即"只是一个贪心所使"之义;"总是偷窃,不该死罪"即"只是偷窃,不该死罪"之义。总括和限定之间的语义转换,就好比数字"一",既可以表示"一个",又可以表示"全、满"之义,都是由于个体和整体的相对性,由于表达的需要所凸显的特征不同而造成。因此,副词"捞总"既有总括又有限定的用法是符合汉语副词的表义规律的。

(二)"捞总"表总括与限定的语音变调例外之规律解释

1. "捞总"表总括与限定的语音变调之例外

从研究来看,无论是汉语史上的"亦"等副词,还是现代汉语中的"净"等副词,都要依赖于具体的语境才能够判断它们是表示总括还是表达限定,也就是说,总括和限定的不同功能的凸显是语用的结果。从上文也可以看出,长沙方言和萍乡方言中的总括副词"捞总"表示限定的用法也需要依赖具体的语境。但是在江西安福方言中,副词"捞总"表示总括和表示限定是通过语音的变化来区别的,这在"总"类副词的总括与限定互相转化规律中是一个例外。在安福方言中,表示总括的"捞总"读如[lau^{55} tsəŋ^{53}],"捞"与"总"二语素读的是本音,义如"总共、一共"。如:

(73) 今年个收入捞总五万块。

(74) 今日捞总卖哩二百斤鱼唧①。

而表示限定义的时候,"捞总"读如[lau^{214} tsəŋ^{35}],"捞"与"总"

---

① "唧"是一个记音字(也有的学者记为"叽"),"唧"音在安福方言中表示小称的词尾,它可以附着在名词、动词、形容词、数量词、指代词以及副词等后面表示小称意义。

的读音发生了变调，"捞"由高平的音值变成了曲折调，"总"则由低降调变成了高升调。如：

（75）佢捞总读哩三年书。
（76）我包里捞总几十块唧钱。
（77）我存哩捞总三万块钱。○我存了才三万块钱

限定义的"捞总"[lau²¹⁴ tsəŋ³⁵]所限定的数量是表示"少"数，但这种少的概念是说话人主观认为的，如例（77）中"三万块"，客观上来说，"三万"所表示的数量已经不少，但是如果用表示限定的"捞总"[lau²¹⁴ tsəŋ³⁵]来修饰的话，表明说话人认为这个数量是少的。同样的，例（73）和例（74）中的"捞总"，如果读成升调的[lau²¹⁴ tsəŋ³⁵]，则表示的是少数，意思是"今年的收入才五万块""今天才卖了二百斤鱼"。当然，如果后面的数量词本身就是表示小的，如例（75）的"三年"，则句中的主观语义更隐晦一些。例（76）中的"唧"表示小称，限定义不是来源于"唧"，因为这种例子去掉"唧"同样表示限定，如例（76）可以说成"我包里捞总[lau²¹⁴ tsəŋ³⁵]几十块钱"，还是表示"我包里只有几十元钱"的意义。不过"唧"的小称和表限定的"捞总"连用是一种少量表达的强调格式，两种表示"小"义的手段叠加，在说话人看来，更突显主观认知的小量。

2. 高调的小称表义规律

小称变调的语音形式较多，其中高声调是一种常见形式，这种语音形式表示小义的小称变调现象在江西方言中比较普遍。颜森（1986：22）就曾指出，江西赣语中，"宜萍片"宜丰、上高、新干、万载四县有变音现象，变音为高升的调，表示小称、爱称、鄙称等感情色彩。邵慧君、万晓梅（2006）也指出了江西乐安县万崇话中，存在高平调和高声调的小称变调现象，虽然其中也涉及了某些程度副词的变调，但是变调的意义已经不是表示小称，而是为了突出或者强调后面所修饰的动词或者形容词具有程度较深的意义。邵宜（2006）指出赣语宜丰话中词汇层面的高声变调，表达一种小称的意义，并探讨了小称意义的引申和泛化。高声调与意义之间的关系不仅体现在赣语中，周祖瑶（1987）所讨论的广西

容县话中名词、动词、形容词、数词以及量词都可以用高声调来区分事物的大小、动作的久暂、程度的深浅、数目的多少以及单位的大小等意义。李冬香（2009）指出广东韶关曲江区白土镇大村土话含有多种小称变调形式，其中就包含有纯高声调型。赵越（2007）发现，在浙北杭嘉湖方言中小称音的类型也包括高声调的形式。罗昕如、李斌（2008）也指出湖南的一些方言中，高调配合重叠等其他手段可以表示小称。可见，高声调表示小称义是汉语方言中的一条较为普遍的规律。朱晓农（2004）进一步将高调与小义的关系提升到更具一般规律性的广度，引入生物学原理——"高频声调表示体型小"来解释汉语方言中的小称变调和其他高调现象，提出"小称调来源于儿语"的观点，系统地解释了如台湾"美眉"、北京女国音、香港女孩名以及某些躯体语言等现象。

具体到江西安福方言中，小称变调也比较普遍，名词和形容词在重叠形式或者添加"唧"尾的形式下，双音节的后一音节一般都变为高调表示小称（详见下文），且在诸多方言中都有体现。这里先细说比较特殊的副词小称变调。安福方言中，除了"捞总"变调表示有限定义外，还有程度副词"□[ku^{53}]"（有音无字）具有高调表小义的功能。"□[ku^{53}]"一般用来修饰形容词表示其性质的程度深，相当于"很，这么"之义，且这类形容词一般是表示语义在性质状态上含有"大""多""长"等义素的词，如：

□[ku^{53}] 太　　□[ku^{53}] 清楚　　□[ku^{53}] 厉害
□[ku^{53}] 热　　□[ku^{53}] 好看　　□[ku^{53}] 干净

而如果将"□[ku^{53}]"的降调变成升调的"□[ku^{35}]"，则"□[ku^{35}]"修饰形容词带上"唧"尾的结构虽不改变形容词的意义，但说话者在主观上认为形容词所表示的性质特征在程度上不够深或者不够大。如：

□[ku^{35}] 长唧　　□[ku^{35}] 深唧　　□[ku^{35}] 聪明唧
□[ku^{35}] 冷唧　　□[ku^{35}] 重唧　　□[ku^{35}] 斩齐_{整齐}唧

"□ [ku³⁵] 长唧"即"就这一点长"之义;"□ [ku³⁵] 深唧"则为"就这一点深度"义。以此类推。再如:

(78) 你买一只□ [ku³⁵] 太唧个箱唧回来,哪里装得落□ [ku⁵³] 多书?

(你买一只这么一点大的箱子回来,怎么装得下那么多的书?)

江西安福方言中还存在一类有音无字的副词,这类副词只修饰特定的形容词,本音表示形容词性状的程度深,但是变为升调后,表示形容词的性状程度不那么深。如:

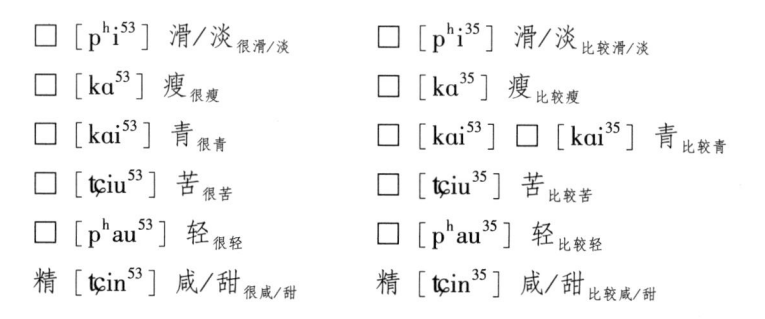

□ [pʰi⁵³] 滑/淡 很滑/淡　　　□ [pʰi³⁵] 滑/淡 比较滑/淡
□ [kɑ⁵³] 瘦 很瘦　　　　　　□ [kɑ³⁵] 瘦 比较瘦
□ [kɑi⁵³] 青 很青　　　　　　□ [kɑi⁵³] □ [kɑi³⁵] 青 比较青
□ [tɕiu⁵³] 苦 很苦　　　　　　□ [tɕiu³⁵] 苦 比较苦
□ [pʰau⁵³] 轻 很轻　　　　　　□ [pʰau³⁵] 轻 比较轻
精 [tɕin⁵³] 咸/甜 很咸/甜　　　精 [tɕin³⁵] 咸/甜 比较咸/甜

这类程度副词还比较多,不一一列举。即使不是程度副词,但是用于形容词前,含有程度意义的词也可以有这类变调,如"雪 [ɕye⁵³] 白"表示"很白"之义,而"雪 [ɕye³⁵] 白"则表示"比较白"之义。因此,无论是范围副词,还是程度副词,在江西安福方言中,通过降调变为升调来表示范围小或者程度小是一条普遍规律。这与上文提到的汉语方言高声调表示小称义是一致的。

(三)"总"类总括副词的时间义例外与规律解释

1. "总"与"拢共"的时间义之例外用法与规律解释

在我们第一节讨论到的"总""拢"类总括副词中,只有"总""拢共"和"捞总"可以表示时间,其他总括副词只能表示空间上的总括,同类副词没有呈现集体共同的词义演变,而只是其中几个具有相同的演变路径,从聚合的角度看,这显然也是一种例外。但是,词义从空间域向时间域的演变是一条普遍规则,因此,"总""拢共"和"捞总"三词在时间上的总括义的发展是符合语言演变规律的。

先看"总"从空间向时间的演变。

从唐代开始，具有"汇拢"义的动词"总"引申出总括副词的用法，义同"皆、都"。如：

（79）动容皆是舞，出语<u>总</u>成诗。（唐·张说《醉中作》）。

"总"与"皆"互文见义。用作总括副词时，"总"的语义指向其前的名词性成分，是对事物数量的总括，事物总是占据一定的空间，因此对事物的总括体现的是空间义。当"总"的语义既可以和其前的名词性成分发生关系，又可以和其后的谓词性成分发生关系时，"总"发生重新分析，如：

（80）人生在世<u>总</u>无常，若个留名史册香。大鹏飞上梧桐树，自有旁人说短长。（元·无名氏《金水桥陈琳抱妆盒》第三折）

"人生在世总无常"既可以理解成"人生在世都无常"，"总"的语义指向"人生"的各个阶段，是总括数量；也可以理解成"人生在世一直无常"，或者说"人生在世老是无常"，"总"的语义指向"无常"，表达"无常"这种状态一直持续或者频繁重复出现，这时，"总"所凸显的是动词的时间。当"总"前的名词是单数，其后的动作或者状态是可持续或反复出现的，"总"的语义不再和前面的名词性成分发生关系，这时，"总"相当于一个频度副词，义同"一直，老是"，该义在元代就已经完全形成，其后一直沿用到现代汉语中。如：

（81）虽然是俏苏氏真心儿陪伴，赤紧的村冯魁大注儿扛换，<u>总</u>寻思必索停时暂。（元·赵彦晖《散曲·套数·嘲僧》）

（82）不上几时，就勾销了。<u>总</u>是不把这几项人看得在心上。（明·凌濛初《初刻拍案惊奇》卷二十九）

（83）于是又想起夫人虽然很爱他，但闭口不提婚姻的事，并且让他与娉娉认作兄妹，<u>总</u>觉得有可疑之处，但又无从问起。（明·李

昌祺《剪灯余话》卷五)

(84) 如今随我怎么说，你总也不信。(明·孟称舜《娇红记》第三十一出)

(85) 文书行到河北贝州，州衙前悬挂榜文，那个去处总是热闹。(明·罗贯中《三遂平妖传》第十三回)

(86) 谁知你总不理我，叫我摸不着头脑，少魂失魄，不知怎么样才好。(清·曹雪芹《红楼梦》第二十八回)

(87) 我也不懂，叠衣裳总爱叼在嘴里叠，怎么会不弄一袖子胭脂呢？(清·文康《儿女英雄传》第三十八回)

(88) 无论约他开会，还是吃饭，他总迟到一个多钟头，他的表并不慢。(老舍《马宗融先生的时间观念》)

(89) 天气不早了，不能总这样哭下去呀。(杨沫《青春之歌》第一部第三章)

《汉语大词典》收录了"总""一直、老是"这个义项，但是例证都是现代汉语的例子，表明对"总"这一义项的形成认识不足。

再看"拢共"表时间的用法。该词在历史文献中未发现这种用法。但李申（1986：263）在《徐州方言志》中揭示了"拢共"表示时间的用法，"'拢共'还有一种用法，不是表示数量的总和，而是表示全部情况如何，多出现在否定句中"。如：

(90) 拢共也没有谁来过。
(91) 拢共也没有听过这样的怪事。

"'拢共'相当于'一直''从来'。这种用法，是普通话的'一共''总共'所没有的"。李申先生的观察是非常正确的。《汉语方言大词典》（第3202页）也认为"拢共"可为时间副词，在中原官话中表"从来"义，并指出了"拢共""从来"义的读音是 [luŋ^{35} kuŋ^{42}]。可见，"拢共"表示"从来"义的读音和李申（1986：263）所揭示的"拢共"表示"总共"义的读音是一致的，并且前者是从后者演变而来的，符合空间义向时间义的语义演变规律。虽然总括副词"总"和"拢共"都能够从"总共"义向时间域映射，但是二者的演变还是有差异，前者侧重动作的和状态的重复高频出现，而后者凸显的是动作或状态的一直持续。如例（88），"总迟到"是说他几乎每次都迟到，强调的是迟到次数多，这使得"总"更像一个频度副词；而例（90）表达的是在说话人的知识体系认知中，"谁来过"这种情况是从来没有发生过的，这种状态是从过去一直持续到现在。"拢共"表示的时间是以说话人为参照点，回溯过去的一段时间，即从过去的某个时间点一直到说话人说话时候的一段过去的时间。而动作一般都是有界的，有一个起始和终止的时间点，因此要表示某一动作的一种持续，在没有其他语法标记的形式下，动作状态就会以一种否定的方式来表示持续，这就是为何副词"从来""拢共""捞总"多用于否定。

此外，"拢"的重叠加儿化的形式"拢拢儿"的"总共"义可以进一步引申出时间义。《汉语方言大词典》（第 3202 页）指出："拢拢儿，中原官话，江苏徐州［luŋ³⁵ lūr⁰］。①<副>总共：~花了八毛钱。②<副>从来，历来：~也没有这样的事儿。"

2."捞总"时间义的小称词尾例外与规律解释

"捞总"表时间义见于江西安福话中，义同徐州话中的"拢共""拢拢儿"，表示"从来"义，多用于否定句中。与"拢共""拢拢儿"不同的是，"捞总"从数量总括义引申出时间总括义具有形式标记。这个形式标记就是在表示总括副词"捞总［lau⁵⁵ tsəŋ⁵³］"的后面添加小称标记"唧"，构成"捞总唧"。如：

（92）你捞总唧冇来过，来哩就多息几工。（你从来没有来过，既然来了就多玩几天。）

（93）佢捞总唧未去过县里。（他从来没有去过县城里。）

"捞总唧"构词形式不是孤立现象。在安福话中，从总括副词加上小称词尾"唧"来表示时间的副词还有"一下"。"一下"表示"全部"之义。如：

（94）你把我个书一下买□［kæ⁴⁴］去个话，可以便宜一些

[fa⁴⁴] 唧。(你把我的书全部买去的话，可以便宜一些。)

（95）今日吃晚头，你物唧人一下去。(今天吃完饭，你们全部都去。)

"一下"[øi⁵³ xɑ⁵³]快读可合音为[iɑ⁵³]，其义不变。如：

（96）你买个东西我[iɑ⁵³]㗲[tɕʰiɑ⁵³]□[kæ⁴⁴]哩。(你买的东西我全部吃完了。)

这种表示数量的总括副词也可以添加小称"唧"尾表示时间的短暂，义同"一会儿、顷刻"。如：

（97）你买个东西我一下唧就㗲[tɕʰiɑ⁵³]□[kæ⁴⁴]哩。(你买的东西我一会儿吃完了。)

（98）老师布置个作业我一下唧就做圆哩。(老师布置的作业我一会儿就做完了。)

"一下"的合音形式[iɑ⁵³]是不能加小称"唧"尾的。如例（97）可以加"唧"，而例（96）是不能加"唧"的。这是因为在安福方言中，具有程度意义的单音节词一般不加小称"唧"尾，如果需要添加"唧"尾，则需要将单音节重叠或者变成双音节后方可。如"慢"，一般不说"慢唧"，只能说"慢慢唧"或"慢些唧"。再如时间副词"得"，它可以用在动词或者形容词的前面，表示动作或者某种状态将要持续较长的时间。如：

（99）不等佢哩，佢得吃。(不等他了，他还要吃很久。)

（100）我今日个作业太多哩，得写。(今天的作业太多了，要写很久。)

（101）□[kei³¹]种花得红。(这种花会红很久。)

这种单音节的副词"得"后面不能加"唧"尾。但是"得"的重叠形式则可以，"得"重叠形成"得得 V"的格式，表达动词 V 的完成需要很长时间，是"得 V"格式的一种语义强调式。如：

（102）不等佢哩，佢得得吃得。（不等他了，他还要吃很久。）

这时候，可以在"得得"后面加上表示小称的"唧"，形成"得得唧V"，这种结构在突出动作持续的时间久的基础上，由于添加了小称"唧"，因此它又比"得得 V"格式更凸显动作的幅度小而且慢，显得悠然自得的样子。如：

（103）就是有天大个事，佢吃饭都是得得唧吃。（即使有天大的事情，他吃饭都是小口慢慢地吃。）

因此，在"唧"尾这种分布规律下，单音节的 [ia^{53}] 后不能添加"唧"，而双音节的"一下"后面则可以，"捞总"也是双音节副词，因而同样符合这一规律。但是"一下"加"唧"尾后，意义变为表示短时的时间副词，这个短时侧重极短，这与"捞总唧"表示"从来"之义又有所差异。但是总的来说都是从总括副词向表示时间副词演变，而且"唧"的意义都具有小称意义。

前文我们说，"唧"是一个记音字，"唧"音在安福方言中是一个表示小称的词尾，它除了前文所说的可以添加在副词后面表示小称，还可以附着在名词、动词、形容词、数量词、指代词以及副词等后面表示小称意义。如：

名词+唧：尺唧_{小尺子}、桌子唧_{小桌子}、镢头唧_{小镢头}、圆圈唧_{小圆圈}、外甥唧_{外甥}、老打唧_{老头}（后二者表示亲昵）。

形容词+唧：三米高唧、四尺深唧、五丈宽唧、两寸厚唧、巴掌太唧、扁担长唧、矮矮唧、高高唧、胖胖唧、瘦瘦唧、轻轻唧、重重唧。

动词+唧：打架唧_{打架闹着玩，不是真打}、斗嘴唧_{一种带有嬉戏的争论，不是吵嘴}、吃吃唧_{慢慢吃或吃一吃}。

数量词+唧：两千块唧钱_{才两千块钱}、四个唧人_{才四个人}、两瓶唧酒_{才两瓶酒}、十张唧纸_{才十张纸}。

指代词+唧：你物唧_{你们}、我物唧_{我们}、□［kei²¹⁴］唧人_{这些人}、□［kei⁵¹］唧人_{那些人}、［keng²¹⁴］唧_{这样}、□［keng⁵¹］唧_{那样}。

"唧"（或记为"叽"）的这种加在名词、动词、形容词、数量词、指代词后面表示小称义的功能，除了在江西安福方言中具有外，还在江西吉安话（昌梅香，2007）中亦有体现。此外，这种"唧"在湖南涟源方言（刘仁江、蒋重母，2000）、湖南湘乡方言（姚兰、胡彭华，2007）、湖南炎陵县西向话（霍生玉，2000）、湖南株洲方言（言岚，2002）、湖南冷水江方言（谢元春，2002）、湖南浏阳方言（盛新华、罗晶，2008）、湖南新邵县寸石方言（周敏莉，2006）中皆有体现，只不过这些方言中，均未提到"唧"可以加于副词之后。当然，副词后面加"唧"尾，除了安福方言中存在外，在湖南涟源杨家滩镇方言中也有体现（彭春芳，2003），如"恰好唧_{正好、恰好}""当界唧_{刚才、刚刚}""正好唧_{正好}""有滴唧_{有点儿}""碰到唧_{表可能}"等。因此，我们所论及的"捞总唧"这种副词加"唧"尾的语言现象是有规律可循的。

"唧"在各方言中表示的是小称义，而在安福方言中，为何添加在总括副词"捞总［lau⁵⁵ tsəŋ⁵³］"后面可以表示时间副词呢？首先，当然是因为总括副词演变成时间副词是汉语的一条普遍规律。但是，我们还要解释的是"捞总"添加小称"唧"尾与"从来"义之间有何相通之处呢？匡鹏飞（2010）和陈昌来、张长永（2011）都认为，"从来"的一个来源是"从……来"结构，这一结论是比较可信的。其实，从"从……来"到"从来"的演变过程也是一个从具体到概括的过程，"从……来"表达的是一个更为具体的时间段，带有客观性，如"从我受伤来就没有好好休息过"表达"从受伤以来"的具体客观时间；而"从来"是"从……来"短语压缩的结果，即构词语素间距小化的结果，从语言象似性的角度来看，语言单位空间的压缩和靠近，与其语义的表达应该是一致的，也就是说，压缩后的"从来"的语义比"从……来"的语义更为融合，表达的是一个笼统的概念，它泛指过去的一段时间，这种时间段的长短，从说话人的角度看有时候可以指代过去的任何一个时间点开始，因而带有一定的主观性，从时间长度来看，也就要小于具体的"从……来"的时间表达长度，如"我受伤后从来就没有好好休息过"表达"受伤后"主观认为的任何时间都没有休息好，由于它可任指过去的一段，因而认知主体感知其所指时间更短。且这种"从来"不仅仅表示时间,已经带有些说话人主观强调语气了,强调否定的状态确实就是这样。因此,我们认为,从"从……来"到"从来"的演变,存在一个客观语义"小"化的过程。这种"小"义与"唧"的语法意义是有相通之处的。

四 结语

"汇拢"义的动词基本都能够演变成总括副词,这些词语有"总""拢""拢总""总共""共总""拢共""共笼""拢共拢""拢拢儿""捞拢"以及"捞总"等。这些词语的演变模式在汉语中有的在历史文献中已经存在,有的则保留在汉语方言中。因为从认知的角度来看,"汇拢"义和"总括"义是相通的。"汇拢"的意义是聚集之义,即将散落的分散的事物聚合到一起;而"总括"同样是把各方面的事物或者情况汇合在一起。因此,"汇拢"义动词具有向总括副词演变的天然的语义基础,这是我们关于"汇拢"义动词演变所概括的一条总的规律。但是在"汇拢"义动词这个范畴中,并不是所有的成员的语义表现都是一致的,它们还存在不一致的演变,这就在规律之外有了例外。"总"和"捞总"除了能够表示总括副词的功能外,还能够表示限定义副词,然而这个例外符合汉语总括与限定互相转化词义演变规律。但是二者不同的是,"总"的总括与限定的相互转化需要依靠上下文语境的帮助才能够实现,而"捞总"的限定义表达在安福方言中却是通过高声调的语音形式来表现的,因为高声调可以表示小称义在各大方言中是一条普遍的原则,而高声调的小称义与限定义是具有相通之处的,故安福话"捞总"表限定义的语义变化形式又是符合普遍规律的。另外,在这些"汇拢"义的动词中,只有"总""拢共""拢拢儿"和"捞总"除了表示空间的总括外,还能够表示时间的总括,义为"一直""从来"。"总"既可以用于肯定,也可以用于否定句中。而"拢共""拢拢儿"和"捞总"表示"从来"义一般用于否定句中,其中,"总""拢共""拢拢儿"表示时间意义没有形态上的变化,需要依靠具体语境的重新分析;而安福方言中,"捞总"表示"从来"义是通过添加词尾"唧"来实现的,词尾"唧"的语法意义是表示小称义,这与"从来"隐含的"小"义相通,因而在"捞总"

后添加"唧"构成"捞总唧"的语义与"从来"相通。虽然"捞总"添加"唧"尾表示"从来"意义有别于"总"与"拢共"等词,但这种添加"唧"尾表示"小"义的手段显然符合湘赣诸地方言"唧"尾的添加规律,同时又符合语义演变的逻辑推理。

因此,同一演变规律中的例外研究是观察语言变化和规律的一个重要的切入点,"汇拢"义动词的演变路径、规律及其例外向我们展示了例外也许正隐含着语言演变或表达的另一条规律,例外的寻找以及规律的印证正是语言研究所要追求的目标和完成的任务。就像马克思主义所认为的那样:"最一般的抽象总只是产生在最丰富的具体的发展的地方,在那里,一种东西为许多所共有,为一切所共有。这样一来,它就不再只是在特殊形式上才能加以考虑了。"(《马克思恩格斯全集》第 12 卷,1998:755)这就充分说明了共性包含于一切个性之中,只有充分地研究语言的个性,才能更好地总结语言的规律。

第三章 双音虚词语法化链与功能演化研究

我们说的语法化链（grammaticalization chain）是指在语法化过程中，一个语言单位所经历的不同演变阶段的形态所构成的历时序列系统，这个序列系统会像链条一样一环扣着一环，体现语法化的整个过程。这也体现出语法化的渐变性原则，因为在语法化的输出端和输入端之间总会有一个连接的链环节，这就会呈现出语法化的斜坡（grammaticalization clines）：实义词>语法词>附着形式>屈折形式霍珀、特劳戈特（Hopper & Traugott, 1993）。从语法化链可以看出，一个语言形式可以具有多个功能，语言单位（构式）具有多义性，而且这些意义之间往往都具有衍生的关系，研究它们之间的关系，就可以从语言演变的内部结构来解释和描写语言的表现形式。语法化链可以同时被解释为关系模式、过程、历时或共时现象，甚至是一个动态、泛时的实体，或者直接被视为一个新的语言学范畴（吴福祥，2004）。所以，语法化链可以为演变的历史演变研究和共时的分析提供重要的参照，如指示代词的语法化路径：指代词>定冠词>非通指性冠词>名词的分类或标性标记格林伯格（Greenberg）（1978）；哈力斯、坎贝尔（Harris & Campbell）（1995），这种语法化链对于研究指代词的语法化过程无疑具有依据和参照的作用。本章侧重动词或者动词词组向介词演变、介词又接着向连词演变、连词又向篇章标记演变的研究，从而展示这一类词的语法化链。

第一节 名词短语→形容词→语气副词的演变[①]

一 引言

"真心"是现代汉语中的一个常用词，既可作名词，也可以作形容

[①] 此节内容曾在《保定学院学报》2014年第4期上发表。

词。随着网络语言的发展，我们发现，"真心"一词在意义和语法功能上都有了新的扩展，即它可以修饰形容词，"真心漂亮""真心不错""真心多""真心伤不起"这样的用语随处可见。语义与名词和形容词的"真心"有很大的差别。"真心漂亮"并非指"真实的心意漂亮"，"真心"作状语修饰形容词"漂亮"，是对"漂亮"这个性质的一种肯定。目前，对于"真心"的副词用法，学术界还未进行系统的研究。因此，我们有必要对"真心"作副词的句法、语义及其语用价值做一详细描述，对"真心"一词的虚化轨迹做一系统的梳理。

二 副词"真心"的句法分布特征

我们从实际的语料出发①，找出"真心"作副词的句法分布特征，结合句法位置和语义功能方面来鉴定"真心"的副词属性。从语料分析中，"真心"的句法分布位置主要有以下几种情形：

（一）真心+动词短语

(1) 双色拼接毛呢大衣，甜甜的水粉色与梦幻的紫色相融合，真心给人很美的感觉呢。（《呢子大衣优雅搭配 感受冬季时尚魅力》，第一女人网 2012 年 11 月 21 日）

(2) 张翰演罗成，怎么还是带着慕容云海的感觉。很多网友评价严宽真心甩张翰几条街！（《2013 年"观剧指南"有没有一部戏你特别期待》，人民网——甘肃频道 2013 年 2 月 16 日）

(3) 某抗战剧中一位战士竟把日本兵活生生撕裂。对此网友质疑："你以为是撕鱿鱼片吗？人体构造生命科学呢？这抗日科幻剧真心要逆天啊。"（《横店 40 个剧组都在打鬼子 网友：抗战科幻剧真不少》，《燕赵晚报》2013 年 2 月 7 日）

(4) 但是一打开智能电视，各种五花八门的影视剧内容就让他眼花缭乱，真心找不到想看的内容，而且每次开机都要重新感受一次被虐的过程。（《智能电视新品推荐：亮出海信四大神器》，赛迪网

---

① "真心"的副词化历程还非常短，我们所引用例句皆出自网络及各类报刊新闻报道。

2013年3月1日)

(二) 真心+否定结构

(5) "配料表、生产日期、QS许可证号一个都没有,三无产品,真心不敢吃。"(《北京市食品安全条例实施在即 网购食品小心三无产品》,《京华时报》2013年3月5日)

(6) 郭德纲相声段子老、笑点少,"那个青蛙、蛇、鹰为什么会飞的段子也太老了吧,老郭真心不适合上央视舞台啊,春晚表现平平,元宵还是没惊喜啊"。(《央视元宵晚会亮点匮乏 郭德纲又说老段子》,《现代快报》2013年2月25日)

(7) 007的"标配"样样齐全,不过……一说可能就涉嫌剧透,这片子真心不能剧透,别怪我没提前跟你说哦!(《文艺范儿007,你会怎么看?》,人民网,2013年1月17日)

(8) 《劝和小组》更让一些网友大呼"不适应",直言"于大哥转型太突然了,小弟们真心没准备好"。(《于荣光新剧戴眼镜变文艺 网友不适应》,《大连日报》2013年3月1日)

(三) 真心+是+后续成分

(9) 作为一名长期游走在各种动作游戏的玩家,这款游戏的打击感真心是本人玩到过最好的一款页游,并且绝对不输给任何一款端游。(《〈盗魂传〉开测爆棚 玩家评测报告大曝光》,07073游戏网,2012年10月12日)

(10) 两首《我爱你中国》可真心是两首不同的歌啊。平安唱的是"百灵鸟"那首,汪峰唱的是"心爱的母亲"那首。(《傅琰东魔术无缘央视春晚 郭德纲相声神秘到底》,《西安晚报》2013年2月7日)

(11) 真心是与旅行有缘,大学时代的杨澜以黄山之旅开启了自己的独立旅行。(《杨澜自揭灵魂私生活:去行走,为自己改版》,人民网,2013年3月10日)

(12) 贾乃亮真心是我心中好多小说改电视剧最适合来演的人，尤其是那种白衬衫学长的角色。(《80后畅销小说〈匆匆那年〉筹拍引网友热议》，《京华时报》2013年3月7日)

（四） 真心+有+后续成分

(13) 话说《三国杀》女武将中"祝融"COS 真心有难度，祝融的肤色是狂野性感的小麦色，那就要把Coser浑身涂满颜色，亲临拍摄现场的女玩家们饱了手福喽！(《魔导士操刀 一将成名祝融真人COS照拍摄花絮》，中华网，2012年03月20日)

(14) 有网友在微博中评论："小哥改造前很霸气，'功夫'也相当了得，改造后真心活了，真心有女人味，不过戚哥还是'戚管严'。"(《〈做次有钱人〉再曝情感花絮 喻恩泰戚薇玩"偷情"》，人民网娱乐频道，2012年8月23日)

(15) 坐烟台交运的大巴真心有坐飞机的感觉呀。(《烟台交运大巴，真心有坐飞机的感觉》，《齐鲁晚报》2012年10月10日)

（五） 真心+述补结构

(16) 优点：价格较半年前真心下降不少，这也让该机性价比大升、语音功能出众 (《复兴or消亡 智能电视能否挽救"开机率"》，万维家电网 2013年2月19日)

(17) 每周坚持去一次角质，不出两个月就会发现皮肤真心通透了很多。(《美妆口碑榜达人美伢支招如何正确去角质》，新浪女性，2013年2月21日)

(18) 我男人和小宋各种恩爱，我这鸡皮疙瘩一身身啊。真心看不下去了。(《陈思成与小宋佳剧里玩甜蜜 佟丽娅酸了》，《武汉晨报》2013年1月25日)

（六）真心+兼语结构

（19）笔者试用的 iPhone5 并未出现该问题，从网上公布的图片，个人感觉水波纹还算可以接受，但气泡真心让人受不了。（《国行版上市在即 iPhone5 购前须知》，人民网 2012 年 12 月 4 日）

（20）虽然，这是综艺节目惯用手法，但这些超乎逻辑、超乎寻常的"喜怒哀乐"，真心让人感到恶心。（《〈我是歌手〉：高水准真唱鄙视假唱》，华龙网 2013 年 2 月 17 日）

（七）真心+形容词

（21）我相信真心好的软件用户是肯为其付费的。（王鑫，《款款都是精品 值得付费的 iOS 软件推荐》，人民网 2013 年 3 月 6 日）

（22）网友"巍哥不好混"则调侃道："哈哈，没有错，能坐火车的能不辛苦吗？买到票真心幸福得不行了！"（朱超，《南昌火车站显示屏"幸福"变"辛福"遭网友调侃》，大江网 2013 年 3 月 4 日）

（23）母仪天下这部剧里的飞燕合德真心美艳的不像话。（《华妃安陵容雪姨 那些可恨又可怜的"蛇蝎美人"》，金鹰网综合 2013 年 3 月 1 日）

（八）真心+程度副词+形容词

（24）一部手机能将拍照功能做到如此，真心非常棒了。（《重新定义联想手机 乐 Phone K860 评测》，泡泡网，2012 年 10 月 28 日）

（25）这一盒彩妆盘码齐了 8 款妙曼色泽的花漾眼影及迷人的桃红花漾腮红，并且身形纤细轻巧，成为"随身携带率最高"的彩妆品真心太容易。（《粉嫩霓虹 初春里的花漾彩盘》，腾讯女性 2013 年 2 月 19 日）

（26）网友"阿狸就是我的爱"说，天啦，一直觉得饮水机很干净，上班三年从来没洗过，特地打开看了下，真心很脏。（《饮水机

长期未洗出现浮游物 网友微博热议》，华龙网 2013 年 2 月 22 日）

（27）对于一款大光圈的消费旗舰来说，这样的价格<u>真心挺厚道</u>。（陈亮《佳能 650D 领衔 近期值得出手降价机型盘点》，中关村在线 2013 年 2 月 21 日）

我们把以上所示的"真心"作副词的句法位置和句法功能表现情况列表如下：

"真心"句法位置和句法功能表

"真心"句法位置	句法功能
动词短语前（例1—4）	状语
否定结构前（例5—8）	状语
"是"前（例9—12）	状语
"有"前（例13—15）	状语
述补结构（例16—18）	状语
兼语结构（例19—20）	状语
性质形容词（例21—23）	状语
程度副词+形容词（例24—27）	状语

从上述语料及表格中，我们可以看出在句法位置上，副词"真心"的句法位置比较单一，都是位于谓词性成分的前面，因此句法功能也单一，都是在句中充当状语，具有唯状性。从其可作状语修饰形容词来看，不能否认，当代网络用语中的"真心"的确出现了副词的语法功能，因为形容词基本上不具备作状语修饰形容词的语法功能。"真心"修饰形容词时音节不受限制，单音节、双音节的形容词都可以受其修饰，单音节如"真心多""真心冷""真心贵"；双音节如"真心漂亮""真心可怜""真心坑爹"等。在语义上，副词"真心"或者表示对事物性质的肯定评价，或者表示对动作、行为及事理真实性的肯定态度，与语气副词所表达的语义域相吻合，因为语气副词主要表示的就是主观上的判断、推理和评价（齐春红，2008：33）。所以，"真心"是表示肯定评判语义的语气副词。

以上所归纳出的"真心"出现的句法环境，都可以用"实在"或者"确实"类语气副词所替换。词类是一种原型（Prototype）范畴，是人们根据词与词之间在语法性质上的种种相似性而概括出来的（袁毓林，1995）。在划分词类时，通常先确定其典型成员，再根据相似程度把其他成员划分到某个类别中去。"真心"不仅在语义上接近典型语气副词"实在、确实"，句法功能上也同典型语气副词"的确""实在"之类具有高度相似性①。我们依据"真心"同典型语气副词"确实、的确"等句法功能和语义内涵特征的一致性，结合其历时"语法化"轨迹，将"真心"归入现代汉语语气副词这个词类次范畴中。齐春红（2008：32）曾指出：从语气副词来源和语义演化过程上看，现代汉语语气副词可以视作语言的历时演化进程在现代汉语共时平面上一种"中间状态"的表现，这种词汇"语法化"的进程既不是始于现代，也不会止于现代汉语，语气副词内部仍旧是一个由典型和边缘成员组成的连续统。语气副词本就是一个没有严格范围限定的范畴，"真心"在当代网络语言中才得以虚化为副词，从而进入语气副词这个范畴当中。

此外，将"真心"归入语气副词这个词类次范畴中的合理性也可以从其句法位置上得到验证。例如，副词连用时，在全句表关联和语气的副词一般排在最前面（赖先刚，1994）。按照赖先刚对副词所作的位序级次排列，语气副词是一位副词，而程度副词和否定副词是四位副词。从"真心"与否定副词和程度副词的连用顺序来看，语料中这两类不同位的副词完全符合副词的连用顺序规则，没有出现"越位"现象。史金生（2003）对语气副词的范围界定提出了三条鉴别标准，其中之一就是语气副词与判断词"是"共现时的位置。他认为："语气副词通常只用于'是'的前面，而不用于'是'的后面。"我们在语料中也只看到副词"真心"位于判断词"是"前的用法，"真心"修饰"是+后续成分"表示对后续成分的一种肯定态度。

三 "真心"的虚化轨迹及动因

（一）"真心"的虚化轨迹

"真"有"精诚，诚心实意"之义。如：

---

① 张谊生（2000）将"的确""确实""实在"等归入评注性副词，他所说的评注性副词即我们所说的语气副词。

（28）真者，精诚之至也。（《庄子·渔父》）

"真心"即"真诚的心"。如：

（29）欲设闲离之说，乱惑真心。（《后汉书·窦融列传》）

因此，汉代开始，"真心"是一个名词，该用法在后代均有用例。如：

（30）真心独感人，惆怅令人老。（张说《代书答姜七崔九》，《全唐诗》第八十六卷）

（31）真心凌晚桂，劲节掩寒松。（骆宾王《浮槎》，《全唐诗》第七十九卷）

（32）他以十五座连城换此玉璧，他岂有真心？（元·高文秀《保成公径赴渑池会》楔子）

（33）寄言谢霜雪，真心自不移。（明·罗懋登《三宝太监西洋记》第九十八回）

"真心"皆"真诚之心"义。名词义的"真心"又可以凸显其所具有的性质，表示"真诚"之义，成为形容词。如：

（34）莫嫌醒眼相看过，却是真心爱淡黄。（齐己《对菊》，《全唐诗》第八百四十七卷）

（35）欲识真心报天子，满旗全是发生风。（薛逢《送封尚书节制兴元》，《全唐诗》卷五百四十八）

（36）我真心待等，你享荣华，奴遭薄幸。（元·刘唐卿《白兔记》第三十二出）

（37）今日个嫌俺辱没你家门，当初你将俺真心厮认。（元·关汉卿《邓夫人苦痛哭存孝》第二折）

（38）以我观，胡升乃是真心纳降也。（明·陈仲琳《封神演义》第七十三回）

（39）匡胤见二人真心相留，并不疑惑。（清·吴璿《飞龙全传》第五回）

以上诸例"真心"充当状语，作为形容词的"真心"还能充当定语和谓语。如：

（40）此是真心话，更见文定踏实处。若他人，必有许多支吾言语，且愠且怒矣。（明·朱国祯《涌幢小品》卷五）
（41）"句句真心！"乐梅霍然起身。（琼瑶《鬼丈夫》第十九章）

另外，作为形容词的"真心"还能够受否定副词和程度副词的修饰。如：

（42）我们愈是不真心爱她们，她们愈可以为了利益和其他好处委身于我们。（蒙田《蒙田随笔全集》）
（43）所以他很真心地对宫萍说："如果你能帮我找出杀死柳乘风的凶手，我永远都会感激你。"（古龙《陆小凤传奇》）

名词到形容词的演变，从词义的角度说就是引申，词义由具体变得抽象。名词本指称实体，将其从实体中抽象出来并独立运用，于是便由名词变成了可表性状的形容词。"真心"中"真"是表性状，修饰"心"，当逐渐脱离于其所指称的实体"心"，语义重心只留在前一个语素"真"上，于是"真心"在词义表现上从实体指称转变为对事物性质的描述和评价，从而被赋予形容词的属性。名词演变为形容词后，在功能上有所变化，取得形容词的基本属性，在句中不但作定语，还可作谓语，并可受副词的修饰等。

当形容词"真心"固定于谓词性成分前做状语，肯定强调动作的状态或者形容词所表示的性质。这时候，"真心"相当于语气副词"确实，的确"之义。如前文例（1）至例（27），再如：

（44）出国夏令营，真心不划算。(《解放日报》2013年07月10日)

（45）刘恺威发微博表示终于抽空看了《小时代》，并大夸杨幂，"那姓杨的小妞演得真心好！"(《广州日报》2013-07-02)

综上可见，"真心"从名词演变为形容词，再从形容词演变为副词，经历了一个由实而虚的语法化历程。"真心"虚化为副词后，其名词和形容词功能并未就此消失，这并不意味着"真心"的虚化历程会受到阻碍。沈家煊（1994）指出：语形的变化总是滞后于语义变化。其结果是语言中普遍存在的一词多义，即同一个词（形）既表实义又表虚义。我们不难发现，一些动词或者形容词在网络语言中才向副词演变，如："严重"本是形容词，也在向副词演化："严重可爱的手机铃声""严重同意楼上说法"（曾思瑜，2009）。"属实"本是动词，在网络语言中，产生了副词用法："属实无聊""属实太吓人了"（裴瑞玲，2011）。对于一个词语的演变来说，语义基础、句法环境和使用频率这三者是一个不可分割的整体，是衡量某个成分语法化程度最主要的标准。

（二）语气副词"真心"的虚化动因

"真心"的演变轨迹是从名词到形容词再到副词的这样一个由实而虚的语法化过程。关于语法化的动因，解惠全（1987）指出："实词的虚化，要以意义为依据，以句法地位为途径。也就是说，一个词由实词转化为虚词，一般是由于它经常出现在一些适于表现某种语法关系的位置上，从而引起词义的逐渐虚化，进而实现语法地位的固定。"这与语言学家霍珀、特劳戈特（Hopper & Traugott）（2001）所提出的"语义相宜性和句法环境是诱发一个词语法化的两个必要条件"的思想是一致的。我们从语义、句法两个方面来解释"真心"一词虚化的动因。

1. 语义基础

从古汉语发展至今，并非所有的实词都能够虚化为虚词，实词虚化必须具备一定的语义基础，语义机制是实词虚化的重要条件之一。"真心"从名词"真诚、真实的心意"引申出形容词义"真诚的、真实的"是基于基本概念义和性状义之间的语义关联性，语义重心偏离原本指称实体的中心语素，转移至中心语素的修饰成分，从而演变为形容词。例

(30)至例(33)中,"真心"作名词,词的内部结构为偏正结构,指"真诚之心、真实的心意"等。而例(34)至例(39)中,"真心"演变为形容词,语义重心转移至修饰成分"真"。"真心"的形容词义"真心实意、真诚"中隐含着这样一层含义:即人们对某一事件或者事物所产生的看法或者感受是发自内心,含有"情感很真诚、真实"的意味,语义特征里就含有对事件或是事物的主观情感态度,而汉语中的语气副词就是用来表达主观评注、意见的副词,两者在表达内容上相契合,这就为"真心"演变为语气副词奠定了语义基础。

此外,"真心"的虚化也与其中的构词语素"真"的语义相关。单音节"真"为形容词时与"假、伪"相对,如《老子》:"窈兮冥兮,其中有精,其精甚真,其中有信。"《史记·仲尼弟子列传论》:"誉者或过其实,毁者或损其真。""真"从形容词虚化为副词,《荀子·非十二子》:"此真先君子之言也。"唐代韩愈《杂说》之四:"呜呼!其真无马邪?其真不知马也!""真"在战国时期就已经可作语气副词,表示肯定,也相当于"实在、的确"。"真"可作语气副词使得以其为核心构词成分的"真心"一词虚化为语气副词也就顺理成章。

2. 句法条件

张谊生(2000a)认为:"结构形式的变化是实词虚化的基础,由于结构关系和句法位置的改变,实词由表核心功能转变为表辅助性功能,词义也随之变得抽象空灵,从而导致副词的产生。"通过语料我们可以看到"真心"的句法结构及位置特点,形容词"真心"可以充当定语、谓语,更为主要的是它可以修饰动词作状语,形容词作状语和副词作状语的功能基本一致,这就为形容词虚化为副词提供了最为有利的句法环境。张谊生(2000b)明确指出:"就名、动、形三类实词虚化成副词的句法位置而言,充当状语——或者说进入状位,无疑是一条极为重要的途径。"前面我们提到过,"真心"为名词时可以前加介词构成介词短语充当状语,作形容词时则直接充当状语,作状语时,它既可以修饰一般的具体动作动词,如例(48)中"真心献书投降",也可以修饰心理动词,如例(49)中的"真心喜欢"。形容词"真心"修饰动作动词或者心理动词,在句法位置上就获得了作状语的功能,当"真心"的后续成分不断扩大,从简单的动作动词、心理动词到动词短语,到形容词甚至是更为复杂的句法结构,"真心"作状语的功能不断得到稳定,专职充当状语,位置逐渐固定和黏着,加之语义也随之抽象、虚化,从而使得"真心"从形容词演变为副词了。我们从"真心"作状语修饰的后续成分的变化来看"真心"的虚化过程,如:

(46) 延谓岱曰:"公<u>真心助我</u>,事成之后,决不相负。"(明·罗贯中《三国演义》第一百五回)

"真心助我"即"真诚地帮助我、诚心帮助我",而不可以理解为"确实助我、的确助我"。

(47) 他只道众人<u>真心喜欢</u>,且十分帮衬,便放开心地,大胆呼卢,把那黄白之物,无算的暗消了去。(明·凌濛初《初刻拍案惊奇》卷十三)

"真心喜欢"指"真心实意地喜欢","真心"的词义还是比较具体的。

(48) 小的本不敢说,我们老爷只是太好了,一味的<u>真心待人</u>,反倒招出事来。(清·曹雪芹《红楼梦》第九十三回)

"真心待人"之"真心"同样也是形容词,表示"真心实意待人"或者"真诚待人"之义。也就是说,只要动作还与心理有关,那么"真心"还可以理解成"真心实意"或者"真诚"之义。如:

(49) 祝福李小璐和贾乃亮的小天使馨儿满月快乐。看你妈咪哭的,引得我们也稀里哗啦的。一路看过来<u>真心觉得</u>不容易,祝你们全家永远健康幸福。(《贾乃亮李小璐一家三口合照曝光 霍思燕送祝福》,《北京晚报》2012年11月26日)

此例中,既可以解释为"真心实意觉得不容易",也可以解释为"确实觉得不容易"。之所以可以发生这种重新分析,是因为"真心"后的动词"觉得"仍然是与心理有关的动词,那么"真心"就依然可以理解成形容词。但是同时"真心"又可以凸显一种评判的语义,因此这种"真心"正处于从形容词演变为副词的临界环境中。如这种"真心"后的修饰对象进一步扩展到普通的动词或者形容词的时候,"真心"就彻底演变成了一个凸显主观肯定语义的副词了。如:

(50) 寿司的诱惑,艾玛,<u>真心扛不住</u>啊扛不住,我要吃!(看看新闻网>美食频道>图文,2013年7月8日)

(51) 无锡家乐福要发会员卡的广告在6大卖场一打出,就引起了消费者的热烈讨论,"手里现在有大润发的,乐购的,还真的一直没有家乐福的……"很多市民都表现出了期待的心情。"<u>真心便宜</u>倒是可以办张试试。"论坛上,不少网友表示。(《无锡家乐福卡月中首发》,人民网2013年3月3日)

例(50)"真心扛不住"中,"扛"只是一般的动作动词,与心理活动没有联系,"真心实意"与动词"扛"的语义搭配已经不和谐了,"真心"凸显的是对"扛不住"的一种主观认识,只是一种语气上的强调,因此,"真心"是语气副词;例(51)中"真心"作状语修饰形容词时,语义已经虚化,不能理解为"真心实意便宜",而是表示对"便宜"这个性质的一种肯定,指"确实便宜","真心"同样是一个语气副词。

正如张谊生(2000a)所言:"意义和形式是同一个问题相辅相成的两个方面,在实词的虚化过程中是互相依存、互相促进的。""真心"为形容词时可以出现在状语位置,其后一般是心理动词,或者与心理有关的一些动作,这时语义上还是具体的,"真心"作状语的后续成分不断扩展,可以是动词短语、形容词以及一些复杂的句法结构,"真心"语义上又不断抽象化,表示一种肯定的语气了,这样,"真心"也就演变成了一个表肯定的语气副词。所以,句法和语义是促成"真心"一词虚化的重要条件。

四 语气副词"真心"的语用功能

语法学界普遍认为,语气副词是在句子里帮助表达语气的一类词。也正因为如此,语气副词与语气词的界限问题很不分明,有的学者甚至认为语气副词应归入语气词这个范畴。我们倾向于将语气副词归入副词中的次类,因为至少从语用层面来说,语气副词在表达语气时的范围域比语气词要宽泛得多,语气副词往往带有某种口气和感情色彩,表现形式灵活多样,例如"大概、也许"表达的是可能、推测的语气,"千万、一定"等带有祈使、劝告的意味,而"究竟、到底"则表达的是疑问语气,"确实、的确、实在"等则是肯定、强调的语气。"真心"由主要用于客观描述的形容词语法化为主要表达主观评价及态度的语气副词,是一个由客观意义到主观意义的过程,因此,语气副词"真心"的产生,既是一个语法化过程,也是一个主观化过程。齐沪扬(2003)指出语气副词具有表述性功能、评价性功能和强调性功能。我们认为,与其他副词相比,"真心"的语用功能主要体现为评价性功能和强调性功能。

(一) 评价性功能

说话人在说出一段话的同时表明自己对这段话的立场、态度、感情,从而在话语中留下自我的印记,这是语言具有主观性的表现。(沈家煊,2001)说话是为了传递某种信息,要达到交流信息的目的,说话人总要借助一些表达主观认识或客观描述的词语,从而把说话的目的和动机传递给受话人。"真心"作为语气副词在命题陈述中带有明显的主观评价色彩,言说者表达自己的主观评价和态度,并希望受话人能够接受自己所做的评价和看法。齐沪扬(2003)在论述语气副词的评价功能时,将评价又分"传信评价"和"传疑评价"两种,"传信"是指说话人传达的内容是确实的消息,而"传疑"指说话人传达的内容是不确实的、还存在疑问的消息。"真心"同"的确、确实、实在、真"等语气副词一样在传信评价中起重要作用。如:

(52) A. 北京官方微博"北京发布"依旧没有忘记,继续发言谴责，并大声呼唤公共道德。这种较真与不依不饶，<u>真心值得鼓掌</u>。（张旭《多点管闲事，故宫就不识梁齐齐》，《北京晨报》2013年2月27日）

　　B. 北京官方微博"北京发布"依旧没有忘记，继续发言谴责，并大声呼唤公共道德。这种较真与不依不饶，<u>值得鼓掌</u>。

例（52）B句省去语气副词"真心"，在句法上并不会造成句子的不合格，语义上也不会理解不了，但是在语用效果上与A句却有所差异。A句用上语气副词"真心"，体现出说话者对这种"较真与不依不饶的精神"的主观评价，评价的结果是对这种精神真心的认可和赞美，是一种"传信评价"。而B句似乎就有种轻描淡写的意味，A句比B句更富有感染力。

（二）强调性功能[①]

语气副词本就是能够表达言说者对自己所述命题的主观态度、评价和情感功能的一类词。张斌、张谊生（2000：46）在论述语气副词的情态意义时，指出语气副词"表示说话人对相关命题的高度重视和坚定态度"。这种高度重视和坚定态度使得表示主观评价和态度的语气副词具有强烈的情感凸显功能。听话人接收到含有语气副词"真心"的语码时，第一感觉就是说话人在话语中包含着强烈的情感，或褒或贬，或喜或厌，且说话人的主观情感体验表达得十分明显。一些程度副词和语气副词都可以修饰性质形容词，在修饰性质形容词时，程度副词表达的是对性质程度深浅的描述，侧重于客观，而语气副词修饰性质形容词时，主观性强，情感上也会有所差异。我们将语气副词"真心"与程度副词"非常"作对比：

　　（53）A. 昨天成都<u>真心</u>冷啊！最高温只有9℃，一整天都是冷兮兮的。（《昨日天气预报不准 春游泡汤 人被"冷瓜了"》，《华西都

[①] 齐沪扬从语气和口气的异同谈语气副词的强调功能，将语气副词所强调的方向分正向和负向，"简直、就、明明、确实、实在、的确"等体现为正向强调，而"未免、不妨、未尝、无非"等则是一种负向强调。这里我们所说的强调功能主要指语气副词"真心"在语用上所体现的凸显情感的功能。

市报》2013年2月24日)

B. 昨天成都非常冷啊！最高温只有9℃，一整天都是冷兮兮的。

例（53）A句用语气副词"真心"，B句用程度副词"非常"，副词使用的差异使得两者在情感上的凸显有所不同。用语气副词"真心"修饰"冷"，体现出说话者对"冷"的程度的一种亲身的真实的体验，情感丰富强烈。而程度副词"非常"修饰"冷"，则更多地是一种客观描述，感情比较平淡。

五 结语

综上所述，我们分析了"真心"从名词演变为形容词，再从形容词虚化为副词的语法化途径。通过对其句法位置和语法功能的分析，认为"真心"是完全具备副词属性的。在语义上，"真心"表示对事物性质或者动作行为、事理的主观性评价。无论在句法位置、功能还是语义特征上，副词"真心"同典型的语气副词"确实、实在"等具有高度相似性。因此，我们认为"真心"当属于副词中的语气副词这样的一个次范畴。"真心"从形容词虚化为副词的动因，有赖于其形容词义和副词义语义上的关联性及其作状语这一句法功能的一致性。

随着社会的进步，人类思维日趋缜密，语言也处于不断变化之中。语言使用者的创新意识不断加强，尤其是年轻一代，追求语言表达的个性化生动化形象化的意识更为强烈，更倾向于使用新颖的语言和词汇。作为新兴语气副词的"真心"在现代汉语语气副词系统中有着凸显个性情感的功能，这与当今网络一族和年轻一族对新潮与时尚的追求以及对情感的夸张性宣泄的心理正相吻合。"真心"这个语气副词是从网络语言中形成的，使用历史还比较短，但是使用者越来越多，人们也能够接受其新用法，反过来，其使用频率越高，其新用法就越能得到巩固。它的出现符合汉语词汇发展的规律，会不会被语言系统所吸收，成为语气副词中的一个固定成员，还有待语言使用的进一步检验。

第二节 名词→程度副词的演变①

一 引言

名词到程度副词的语法化链在学术界已有探讨，如对"淫""洞""雄"等名词向程度副词演变的研究（雷冬平，2011、2012）。但是"极端"与"极度"的形成却极少为人关注。以"极"为构词语素的双音节"极X"类词"极为、极其、极度、极端、极顶"等都是现代汉语中常用的极性程度副词，它们在语义上具有高度相似性，都是表示程度极高，可构成一个"相关义群"（correlative sememe group）。目前而言，"极其""极为"是受到关注较多的两个词，张谊生（2007；2013）对"极其""极顶"的形成做了详细分析，巴丹（2011）考察了"极其""极为"两个词的形成机制。"极X"词族中，"极度、极端"却鲜有论及，除在一些词典中有释义和释例外，其他论及二词的皆一笔带过。那么，"极度、极端"这两个程度副词在句法上有何特点，其语法化程度如何，形成过程又是怎样的呢？本节试对这些问题做出解答。

二 程度副词"极度、极端"的句法表现

在现代汉语中，程度副词"极度、极端"在句法功能上具有唯状性，主要修饰形容词、动词及短语等成分，在句中充当状语。且与这些成分结合所形成的"极度/极端+X"的状中短语在句子中可充当谓语、状语、定语、补语、宾语等各种句法成分。如：

（一）充当谓语

（1）这些人有时并非厌恶劳动，却无一例外地<u>极度害怕贫困</u>。（张炜《融入野地》）

---

① 此节内容曾发表于《黄河科技大学学报》2014年第1期。

(2) 李达同志对待工作严肃认真，<u>极端</u><u>负责</u>，非常实在。(《人民日报》1993年10月31日)

（二）充当状语

(3) 班主任突然出现在我跟前，<u>极度失望</u>地问："你在教室里干什么来？决心书写好了没有？"（梁晓声《一个红卫兵的自白》）

(4) 一旦她认识到某一条道路是正确的，她就毫不妥协地并且<u>极端顽强</u>地坚持走下去。（《读者》）

（三）充当定语

(5) 慢慢坐下去，还是刚才那个姿态，那副神情，那种<u>极度忧郁</u>的眼光，迷惘地仰望着云天！（赵清阁《白鹭洲钓鱼》）

(6) 这本书正如出于一个<u>极端谨慎</u>的作者，中间从无一个不端重的句子，从无一段使他人读来受刺激的描写，而且从无离奇的变故与纠纷。（沈从文《水云》）

（四）充当补语

(7) 就这样，两人又在饥寒交迫的痛苦中熬过了一日，贝蒂已变得<u>极度虚弱</u>。（《读者》）

(8) 全依赖于、受制于执政党的主观人为努力上和各种无法预料的偶然事变上，这一来，就必然使基本政治秩序本身变得<u>极端脆弱</u>。（《读书》）

（五）充当宾语

(9) 从来没有讲过说过任何包庇、袒护王国炎的话，甚至还常常显示出一种对王国炎的<u>极度厌恶</u>和轻蔑。（张平《十面埋伏》）

(10) 如果他们说"不",那我要骂他们是极端自私的人!(茅盾《腐蚀》)

程度副词"极度、极端"在句法功能上具有唯状性,作状语与其被修饰成分之间还可以插入状语标记"地(的)",如:

(11) 坦白了,沪江纱厂再也不是徐义德的了,要变成政府的了,徐义德落得两手空空的啦。他感到极度的空虚。(《上海的早晨》第二部)

(12) 他极端地自私,毫无怜悯之心地追求自己的性满足,使我的神经受尽了折磨。(白帆《女大学生综合症》)

三 "极度、极端"语法化的过程

汉语中虚词的"语法化"(Grammaticalization)过程,大都只是涉及词义的虚化和功能的变化,一般不涉及语音的变化(除"了""着"等少数几个虚词)。所以汉语中所谓的"语法化"通常指语言中意义实在的词转化为无实在意义、表语法功能的成分这样一种过程或现象(沈家煊,1994)。副词"极度、极端"的形成经历了一个由实而虚的语法化历程。

(一)"极度"的语法化过程

就目前我们检索到的文献来看,"极度"一词连用在魏晋时候开始出现。如:

(13) 洪加《太初》元十二纪,减十斗下分,元起己丑,又为月行迟疾交会及黄道去极度、五星术,理实粹密,信可长行。(《晋书》卷十七)

据《宋史》卷四十八记载:"极度:极星之在紫垣,为七曜、三垣、二十八宿众星所拱,是谓北极,为天之正中。"可见"极度"原是指"北极"之义。由于"北极"在古代被认为是天之正中,是天之最高处。故

由此可引申出"极点、极限"义,该义多出现在佛经典籍中。如:

(14) 内念著意识,是德无极度。(三国吴·支谦译《佛说义足经》卷下)

(15) 终不可复还,是为极度。(后汉·支娄迦谶译《道行般若经》卷六)

"极度"在例中做名词,充当动词"无""为"的宾语。这种名词用法一直沿用至后代,如:

(16) 然是时风俗奢靡,已达极度,故于践祚之初,虽谕民间婚嫁丧葬等事,悉照《会典》规条,而闻者皆视若具文。盖满清之盛极而衰,兆于此矣。(民国·汉史氏《满清兴亡史》第三章)

全面考察北大语料库及《国学宝典》中的语料,我们发现,直至民国时期,"极度"一词才开始虚化为程度副词,《古今情海》中共有6例"极度"修饰形容词用法:

(17) 张郎中幸免于难,但两个儿子却葬身鱼腹。张郎中处于极度悲伤之中。

(18) 翠娥秀二十五岁时,薛彻都死了,她极度悲哀;便不再剪指甲,来表示没有再嫁的意思。

(19) 衍光病危不能吃饭,杜氏极度哀愁,也不吃不喝。

(20) 谭氏见婆婆患病,极度忧伤,不知如何办好。

(21) 为此我极度悲痛,不得不在陛下您的面前哀诉衷情。

(22) 兰卿极度伤心,吞服了鸦片为子美殉难。

张亚军(2002:127)指出:程度副词的主要功能是对形容词及部分动词所具有的程度义特征进行定位。以上例句中,"极度"修饰"悲痛"等形容词,语义上体现形容词所示性质的程度之深,"极度A"在句中充当谓语。可见,"极度"的程度副词属性是毋庸置疑的。我们可以在同一文献中看到典型的程度副词"非常"修饰"悲痛、悲哀"类的形容词的情形，这可以看作是认定"极度"已虚化为程度副词的一个佐证：

(23) 申纯非常悲痛，不能相和，只是拱手作别。（《古今情海》）

(24) 金三非常悲哀，痛哭失声，并因之而忧郁成疾，日渐瘦弱，生命垂危。(《古今情海》)

副词"极度"形成之后，"极度 A"在句中可以充当定语的功能。如：

(25) 于是，韩信乘敌极度混乱之机，挥军迅猛攻击，一举全歼已渡之楚军，并击斩楚将龙且，未及渡河的另一半楚军不战自溃，齐王田广也吓得逃跑了。(《诸子百家》)

"极度 A"也可以充当句子的宾语：

(26) 成岗按捺不住内心的极度愤怒，想猛然截断那唠叨的声音，痛斥这班美蒋野兽。(《红岩》第十九章)

"极度"作为副词充当状语时，可以后附标记词"地（的）"。如：

(27) 和夏一起坐在咖啡室里的时候，我看来是那么地快乐，但我的心中充满隐忧，我其实是极度地不快乐的。(西西《像我这样的一个女子》)

(28) 想起三年前在家时自己手植的桃树，现在长得楼一样高，开着美丽的花，自己仍是流浪在外，感到极度的哀伤。(《中国文学发展史》第十四章)

(二)"极端"的语法化过程

"极端"最初在语序上共现时并不位于同一句法层面，"极"为程度副词，修饰"端正、端严、端丽"等形容词，因此在线性排列上出现了"极端"的相邻连接。如：

(29) 诸相极端严，其心生染著。(唐·般若《大方广佛华严经》卷七十五)

(30) 崇访窗下，止见一瓷妓女，极端正，绿瓷为饰。(唐·张鷟《野朝佥载》卷六)

(31) 妻内思之，此女虽极端丽，然可年三十余。(北宋·李昉《太平广记》卷三百一十五)

(32) 陆乃龟山婿。为士人时，极端重，颇似有德器者。(宋·黎靖德《朱子语类》卷一百三十三)

(33) 今国家诰敕及宫殿匾额皆用笔法极端楷者书之，谓之中书格，但取其庄严典重耳，其实俗恶不可耐也。(明·谢肇淛《五杂俎》卷七)

(34) 只是这女儿，房下见来，极端庄丰艳，做人又温克。(明·陆人龙《型世言》第三十一回)

(35) 携至延安，访之，果有展孝廉，生一女，貌极端好，但病痴，又常以舌出唇外，类犬喘日。(清·蒲松龄《聊斋志异》卷七)

(36) 俄坠马伤右臂，遂用左手作小楷，极端凝蕴藉之致。(清·况周颐《续眉庐丛话》)

从"极"与"端"线性排列开始一直到清代，都有这种跨层结构的"极端"，然而它却不是一个词。而且这种结构不可能会发生词汇化，因为"极"所修饰的成分都是双音节的形容词，一般来说，后面的双音节形容词不会分裂，让其中的前一语素与"极"融合成一个词。如例(35)似乎可以分析成"貌｜极端｜好"，但是韵律制约实际上是不让这样分析，而只能做"貌极｜端好"。所以，"极+双音形容词"不是"极端"成词的语境。

"极端"成词是比较晚近的事情，一直到清代末年，才能见到"极端"作为名词的用法。如：

（37）这会发源于法兰西人圣西门，乃是平等主义的极端。（清·曾朴《孽海花》第十回）

（38）他们兄弟俩，各依着天赋的特性，各自向极端方面去发展，然却有一点是完全一致，就为他们是海边人，在惊涛骇浪里生长的，都是胆大而不怕死。（清·曾朴《孽海花》第二十八回）

（39）信到极端的程度，都是应份的，哪里能够说他一个迷字？就算真个迷信其事，只要这事的确有使人迷信的价值，即令迷得十分厉害，又有什么坏处？（清·无垢道人《八仙得道》第六十九回）

（40）这等意志行事，说它残酷，也残酷到了极处，说它悲壮却也悲壮到了极端。（清·无垢道人《八仙得道》第七十三回）

"端"指"事物的顶端、发端"，而"极"从"屋顶的脊梁"泛化为指一切事物的"顶点、最高位置"，两者同义复合后"极端"语义还是指"事物的极点、顶点"。作为名词的"极端"，在句中可以充当宾语，如例（37）和例（40），也可以充当定语，如例（38）和例（39）。雷冬平（2008：370）指出："凡是含有超过一定常规量，达到某种较高状态的词或者短语都有演变成程度副词的语义基础。"名词"极端"就已经具有了向程度副词演变的语义基础，当它获得在动词和形容词前充当状语的句法功能的时候，程度副词"极端"就形成了。开始，程度副词"极端"多是位于动词前充当状语。如：

（41）就是彩云，也该离开北京，免得再闹笑话！如也极端赞成。（清·曾朴《孽海花》第二十六回）

（42）鄂督庄寿香极端反对割地，洋洋洒洒上了一篇理有三不可、势有六不能的鸿文，还要请将威毅伯拿交刑部治罪哩！（清·曾朴《孽海花》第三十二回）

（43）若把他助无告御外侮的一片苦心一笔抹杀，倒责他违旨失信，这变了日本人的论调了，我是极端反对的！（清·曾朴《孽海花》第三十二回）

（44）伯浩极端反对，且谓启泰不明时局。（清·刘禺生《世载堂杂忆》）

(45) 吴汝纶以古文老师而信仰西医最深，于中医则极端诋斥不遗余力。(徐一士《一士类稿》)

(46) 正是极端怀疑反言以激之之辞，非真忠厚，使不崩于白帝，则诸葛是否能专征握政，蜀汉能否支持四十余年，皆疑问也。(黄濬《花随人圣庵摭忆》)

副词"极端"形成之初还只是修饰与心理有关的动词，如"赞成""反对""诋斥""怀疑"等。其后才能见到程度副词"极端"修饰形容词的用例。如：

(47) 而部例有应请旨更正者，竟批云无庸更正，可谓枢臣极端专制矣。(何德刚《春明梦录》卷下)

(48) 安女士管束各女官之规则，就表面观之，极端严肃。(天忏生《洪宪宫闱艳史演义》)

(49) 先是厘订课程及考察勤惰之规则，极端严厉。(天忏生《洪宪宫闱艳史演义》)

(50) 盖以夏秋之交，此物滋生，为恒有之事。此际已近严冬，且北方天气极端寒冽，安得有蝗虫出现也。(天忏生《洪宪宫闱艳史演义》)

(51) 相传在战国时候，宋国国王名叫偃，他是一个极端暴虐的昏君。(常杰淼《雍正剑侠图》)

随着"极端"副词功能的趋于完备和典型化，副词"极端"又可以修饰动词性短语和否定式结构。如：

(52) 王生又笑道："尔的来意尚诚，且平日极端敬我，不得不为汝想一解难之策。"(徐哲身《汉代宫廷艳史》)

(53) 贺瑞麟先接口道："四公子之言不错。现在此事不愁没人去办；所愁的是、此间官民，都是极端不主张去攻金积堡的。办得好呢，不过尔尔；倘若办得不好，舆论一坏，朝廷一定不谅。"(徐哲身《大清三杰》)

(54) 这两件事是极端不同的,淫是最容易犯的,孝是最不容易做到的,所以它说一个是"万恶为首",一个是"百行当先"。(陈邦贤《自勉斋随笔》)

程度副词"极端"与被修饰语之间还可以插入状语标记"地""之"或者"的",这也表明"极端"作为程度副词越来越成熟,越来越符合程度副词范畴的典型特征。如:

(55) 李煜不知是太祖故意遣来,极端地信重他,由是,更加不把治国守边为意了。(李逸侯《宋代十八朝宫廷艳史》)

(56) 在梦霞心中,虽抱极端之反对,亦不能不勉为承顺,藉慰知己者之心。(徐忱亚《玉梨魂》第二十一章)

(57) 斯时一粟之灯晕,两面为泪花所障,光明渐减,室中之景象呈极端之愁惨,几有别有天地,非复人间之概。(徐忱亚《玉梨魂》第十八章)

(58) 倘若中国历史上要找一个时期以其极端的残暴混乱著称,则非蔡京当政时期莫属。(林语堂《苏东坡传》第二十四章)

(59) 汪听见了极端的高兴,以为事情总没有问题了吧?(陶希圣《汪记舞台内幕》)

四 "极度、极端"语法化的动因

"极度、极端"无论是作名词还是作副词,词义相似,而且,两者从名词虚化为副词的过程也大体一致,是一种"平行虚化"(洪波,2000)现象。程度副词"极度、极端"的形成是一个典型的实词虚化的语法化过程。在语言的使用过程中,"极度、极端"从意义较为实在的名词演变为意义较为泛化的程度副词,语法功能也随之发生改变。张亚军(2002:178)认为,现代汉语中的程度副词大多来源于古汉语中形容词、动词或名词的虚化,随着词汇意义的虚化以及所出现的句法位置的定位化,它们逐渐演化为现代汉语中表示程度的副词。"极度、极端"得以虚化为程度副词也可从语义基础和句法位置两方面来加以阐析。

（一）语义动因

从语义上来说，一个实词之所以能演变发展为程度副词，必须具备一定的语义条件。孙朝奋（1994）指出："虚化的先决条件是一个实词的词义本身。""极度、极端"这两个程度副词的形成首先是从词义虚化开始的。武振玉（2012）认为汉语"尤最"副词有三个来源，其中之一便是具有"过度""超常"义的词或者词组，"汉语选择含有'超常'义的词或词组来表示程度高，则是汉民族传统观念中'中庸'思想的具体体现，从另一个方面体现了汉民族的文化心理"。名词"极度、极端"都含有"极点、顶点"义，达到极点就意味着超越了一般，汉民族的传统观念里最重要的是"中庸"思想，凡事都希望"中正、不过分、不超常"，如果不同或超过了"度"，达到了极限，就显得尤为突出，从而能够很好地用来表示对程度的强调。

（二）句法动因

其次，在句法位置上，名词"极度、极端"向副词语法化的另一个重要条件是位于形容词、动词之前，具备充当状语的句法功能。张谊生（2000）明确指出："就名、动、形三类实词虚化成副词的句法位置而言，充当状语——或者说进入状位，无疑是一条极为重要的途径。"从前文"极度、极端"副词化的历程中，我们可以看出，名词"极度、极端"产生之初以充当宾语为主，如例（14）、例（15）、例（16）与例（37）—（40）。随着句法功能的扩展，可以充当状语，如例（42）—例（44），名词"极端"直接充当状语修饰动词"反对"。当"极度""极端"居于形容词前，如例（17）—例（28）与例（47）—例（51），形容词所具备的程度性是最容易被人类所感知的，"极端、极端"位于这些具备程度语义的形容词之前，这种线性排列使得"极度、极端"在句法上获得副词的性质，加之其本身所具备的语义基础，演变为表示甚度义的程度副词也就顺理成章了。

（三）高频动因

在极性程度副词"极X"词族中，"极其""极为"都是典型、用法相当成熟的程度副词，词族的类推为"极度""极端"也向程度副词演变提供了外部动力。但是在"极X"这个极性程度副词家族中，"极度、极端"的语法化程度依然不及"极其、极为"成熟，语用频度上也存在极大的差距。这可以从以下两方面阐释。

第一，来源不同导致语法化难易程度不同。据张谊生（2007）考察，"极其"最初连用时虽然位置相邻，但并不在同一句法层面，"极"为动词，表示"穷尽"义，以后面整个"其X"作为宾语。随着"其"指称的虚无化，加之节奏双音化等因素的影响，跨层连用的"极其"转化为程度副词。"极为"的虚化也是如此，据巴丹（2011）考察，"极为"也是从跨层结构虚化而来。"极"为程度副词，"为"是动词，副词"极"放在状语位置上直接修饰动词"为"，但其程度义却指向"为"后的形容词，"为"便自然虚化为一个词缀了。因此，"极其、极为"的源结构后面就有谓词性结构，故只要语义适合，就能够重新分析成程度副词，且"极其、极为"演变为副词之后，词性单一，专职作为程度副词。而"极度、极端"却是从名词虚化而来的，名词要置于动词、形容词前充当状语不是名词的典型功能，因此，"极度、极端"在获得状位句法位置的时候要比"极其、极为"更加困难；而且在"极度、极端"形成了程度副词用法之后，名词属性并未就此消失，现代汉语中"极度、极端"的名词用法依然高频率使用。如：

（60）贾平凹重启悟性散文中的单调即是丰富，拙极即是雅极，<u>丑到极度</u>也就是<u>美到极度</u>的一类话头，就有着老庄的古典思辨味道（《读书》）

（61）最可怪的是无论阿猫阿狗都可挂牌医病，医死了人，也没有人怨恨，也没有人干涉。人命的不值钱，真可算得<u>到了极端</u>了。（胡适《归国杂感》）

"极度、极端"的名词用法抑制了其程度副词用法的进一步扩展。所以，"极其、极为"虚化得更为彻底，语法化程度比"极度、极端"高，则其副词功能的语用频度自然也就更高。

第二，范畴成员的地位不同导致使用频度不同。从形成时间上来看，根据张谊生（2007）和巴丹（2011）的考察，程度副词"极其"和"极为"都是在宋代就已经具备相当成熟的程度副词用法，且经元明清几个时期的使用，语法功能更加丰富。直至现代汉语中，二词还是使用极为频繁的极性程度副词。而"极度、极端"出现时间晚，据前文的考察，两个词基本都是在清代末年、民国时期才开始出现程度副词用法，而且它们的形成，除了自身语义功能的发展，同时也受到了程度副词"极其、极为"的类推影响。所以，在"极 X"类程度副词的家族中，"极其、极为"始终处于优势地位，"极度、极端"始终无法与之竞争。也就是说，在"极 X"这个程度副词范畴中，"极其、极为"是典型成员、核心成员，而"极度、极端"是非典型成员。再由于"极度、极端"这两个词始终都是副名兼类词①，程度副词功能还不是它们唯一的句法功能，这也导致了它们在"极 X"这个程度副词范畴中处于非核心成员的地位，非核心成员的使用频率当然就没有典型成员的使用频率高。因而"极度、极端"始终没能对"极其、极为"在双音极性程度副词的主导地位产生实质性的影响。

五　结语

本节我们考察了"极度、极端"这两个极性程度副词的句法功能和搭配情况，并对这两个副词的形成过程和形成动因进行了简单探讨。"极度、极端"都是从名词虚化而来，因名词义表示"极点、顶端"，含有超越寻常的意义，这为演变为程度副词奠定了语义基础，当其在句法位置上居于动词或者形容词之前，修饰限制形容词或者动词时，表示形容词性质或者动作行为的程度深，而演变成为表示极度义的程度副词了。语料显示，"极度、极端"是在民国时期才产生程度副词用法的，与在双音极性程度副词中占据主导地位的"极其"和"极为"相比，使用频率不够高，是现代汉语中的副名兼类词。尽管如此，副词"极度、极端"在现代汉语中，其句法功能上具有充当状语的功能，主要修饰性质形容词、心理动词以及部分短语，形成"极度/极端 X"的句法格式；而且"极度/极端 X"也充当多种句法成分，此外，"极度、极端"与中心词 X 之间还可插

---

① 诸如《现代汉语词典》《现代汉语规范词典》《现代汉语学习词典》《当代汉语词典》等几部常用的词典都将"极度""极端"标注为名副兼类词。

入状语标记"地(的、之)",这些都说明作为程度副词,"极度、极端"在现代汉语中已经发展成熟。

第三节 短语→连词→话语标记的演变①

一 引言

有人认为虚词的形成总经历了一个实词的阶段。可这却未必是事实,虚词也可以直接从短语演变而来,连词"再有"的形成即是如此。在现代汉语中,"再有"可以出现在以下的语境中:

(1)再有一样儿,你吃饭,碗不许呱啦呱啦响,剩米饭粒儿不成,你要吃饭这吃一世馒头渣子不成,这是普通的生活。(《1982年北京话调查资料》)

(2)广西壮族自治区党校副教授陆阳认为,导致中越边境小额贸易走下坡路的原因除了非典、禽流感等外部原因外,还存在着以下因素:首先是小额贸易商品主要通过互市点,一、二级口岸进出口,商品集中度不高,专业性不强,不易上规模。其次,结算方面存在的欠贷、欠钱问题比较突出。再有,信息渠道不通畅,因违约引发的诚信危机时有发生,交通状况影响运输对接等问题也在很大程度上制约了小额贸易的进一步扩大。(《新华社》2004年新闻稿)

(3)多年来,在法国各个城镇,爱吃中国菜的人日益增多,一个法国人如果能熟练地使用筷子,他会因此而自豪不已。再有,读翻译成法文的中国小说,看中国电影,也成为法国文化人时髦的追求。(《新华社》2004年新闻稿)

上述三个例子中,例(1)的"再有"是一个"再副词+有动词"结构,为短语。例(2)中的"再有"与语段中的"首先、其次"搭配使用,

---

① 此节内容曾发表于《保定学院学报》2013年第6期。

是一个并列连词。例（3）的"再有"位于句首，用于引导话题成分，是一个话语标记。三种功能在现代汉语中的共时并存，其实是历时层次叠置的结果。我们通过查阅一些权威辞书①，发现在语言学界常用的汉语辞书中都没有收录"再有"一词，但是，一些学者在相关的研究中却把"再有"当作一个词来研究。如廖秋忠（1992）将"再有"看作递进连接成分，"再有"前面连接的内容分量轻，后面连接的内容分量重。邢福义、吴振国（2002）也将"再有"看作表示递进关系的连词。张婷婷（2010）在讨论"还有"的词汇化语法化时也谈到了"再有"的语法化问题，她认为"再有"的语法化及其功能的演变都和"还有"相似，且认为"再有"可以作话语标记。但是，在张文中，虽然提到了"再有"的话语标记功能，但只是从历时方面做了简单的勾勒。我们通过对语料的调查发现"再有"不仅是一个连词，而且又进一步语法化的趋势，可充当话语标记。因此连词"再有"的演变过程、机制及其话语标记功能的考察是本节研究的重点。

二 连词"再有"的语法化过程

董秀芳（2010）指出"词汇化"指的是非词汇性的（non-lexical）成分变为词汇性的（lexical）成分或者词汇性较低成分变为词汇性较高的成分，并从两个方面分析了从句法演变引发的词汇化，一方面认为"一个实词的句法功能发生改变时，这个实词与某些词的组合就会失去能产性，最终发生词汇化"。另一方面认为"功能词句法功能的丧失或功能词在句法结构中的失落也会引发词汇化"。此外，沈家煊（2004）也谈到了"词汇化"的问题，他指出，在历时层面上，词汇化包含两个方面，一方面是指词缀变为词，与"实词虚化"或"语法化"相对而言；另一方面是指词的组连（指两个或多个词连接在一起的序列）变为词的演变，这种意义上的"词汇化"非常普遍，而且往往和"语法化"重合在一起，因此这样的演变同时也伴随着"语法化"或"主观化"。在共时

---

① 主要有《现代汉语词典》（商务印书馆 2012 年版）、《同义词词典》（四川人民出版社 2002 年版）、《现代汉语虚词辞典》（中国国际广播出版社 1995 年版）、《汉语大词典》（大词典出版社 1993 年版）、《现代汉语八百词》（商务印书馆 1986 年版）。

层面上,"词汇化"主要指"用词来表达某个概念"。我们所讨论的"再有"就是属于词汇化现象,在历时的演变过程中,"有"的动词义不断弱化,其与"再"的结合也就越紧密,最终固化成词。在词汇化的同时,又蕴含了语法化的过程,"再有"直接从一个短语结构语法化成一个连词。

(一) 再+有+NP/VP

通过CCL语料库(北京大学中国语言学研究中心语料库)的调查,我们发现"再+有"最早出现在先秦时期,位于句首或句中,这个时期的例子似乎很少见,可见到的只有两例。如:

(4) 八日之间,<u>再有</u>大变,阴阳错行,故谨而日之也。(《春秋谷梁传·隐公九年》)

(5) 王子曰:"太师何汝戏我乎?自太昊以下,至于尧舜禹,未有一姓而<u>再有</u>天下者,夫大当时而不伐,天何可得?吾闻汝知人年之长短,告吾。"(《逸周书·太子晋解第六十四》)

蒲喜明(1993)指出:"再"是表示频率的副词,从静态的、抽象的角度看,有重复或继续之意,表示在原有动作、行为、状态的基础上有所增加或加深之意。另外,谷衍奎(2008)中也指出了"再"有"第二次出现,表示动作的重复或延续,用于动作尚未实现"之义。因此,这个时期的"再有"是一个"副词+动词"跨层结构的偏正短语。上述两个例子的"有"虽然都是动词,但意义略有差别,例(4)"有"表示"发生或出现",例(5)的"有"表示"所领有的某种事物(常为抽象)"。[①]

中古时期,"再有"的线性排列用例也很少,似乎只能见到《魏书》中的一例。如:

(6) 间岁,高太后殂,司徒国珍薨,中宫<u>再有</u>丧事。(《魏书·天象志第四》)

[①] 《现代汉语词典》(第6版),商务印书馆2012年版,第1578页。

"再有丧事"之义从前文"高太后殂"与"司徒国珍薨"二人死亡的丧事可见"再有"之"再"为"二次"义,"再有"还是短语结构。

到了唐代"再+有"的语料也不多。这个时期的"再+有"中,"再"仍是副词义,但"有"的动词义减弱。如:

(7) 其犯枉法赃人,虽免罪,即不得再有任用。(《全唐文·幸邺都赦文》)

(8) 皇太子为雍王之日,陛下以其总兵薄伐,平定关东,饮至策勋,再有斯授。(《旧唐书·郭子仪传》)

例(7)"不得再有任用"理解为"不得再任用"也无妨;例(8)中"再有斯授"即"又授此职"之义①。这是因为"再有"后的成分从 NP 结构变成了 VP 结构,动词"有"不再是句中主要表义成分,其语义必然会由于重新分析而弱化,进而与其前的成分"再"发生进一步的固化。董秀芳(2002)指出汉语双音词衍生的两个重要条件,一个是原有的两个分立成分在线性顺序上贴近;另一个是语义上要有一定改造,如部分语义弱化或脱落等形式。"再有"出现词汇化也满足这两个条件。在句法上,"再"和"有"是贴近共现的,语义上,"有"的动词义弱化,有并入"再"的倾向。因此,我们认为这个时期的"再有"虽然出现了词汇化的印记,但还是一个偏正结构的短语。因此,不能把"再有"当成为"再",因为"再有"中的"有"还没有完全虚化。这种例子在宋元时期都有不少用例。如:

(9) 照会本官,历任已曾住官观,不合再有陈乞。(《老学庵笔记》卷五)

(10) 乞一切芟除,务令净尽,禁约居民,不得再有围裹。(《宋史·河渠志七》)

(11) 杜绝辅臣方来之章,勿令再有奏请,力全圣孝,以示百官,以刑四海。(《宋史·礼志二十五》)

---

① 《二十五史精选 文白对照与导读》(下册),中国书籍出版社 1995 年版。

（12）破房之后，<u>再有</u>赐赏加官。(元·无名氏《阀阅舞射柳蕤丸记》第一折)

尽管这种例子中的"再有"之后都是连接 VP，但是"有"也其实还保留了动词的性质，"再有"即"还有"之义，而且在"有/无+VP"结构中，"有/无"两个动词具有强制后面谓词性成分名物化的功能（雷冬平，2013），这使得"VP"相当于一个名词性的成分。因此，"再有"不存在一个作为副词的阶段。即使是用在句首对主语进行列举累计，"再有"也还不是一个词语。如：

（13）那里有刺了臂的王仲宣，黥下额的司马迁，那里有警迹人贾生子建，那里有老而不死为谣的颜渊。<u>再有</u>那几个古人做贼的来？(元·乔吉《李太白匹配金钱记》第二折)

（14）（正末唱）这的是相斗争商和状，（府尹云）这宗可是甚么文书？（正末唱）大人，立的是打杀人也未检尸。（府尹云）张鼎，<u>再有</u>甚么文书金押？（正末云）别无了，张千收过了者。(元·孙仲章《河南府张鼎勘头巾》第二折)

因为这种例子，从前后文的语义来看的话，"再有"是对前文的累加。这种累加更多的是看成对主语进行的，如例（13）的结构应该分析为"还有那几个古人｜做贼的来"，而例（14）同样应该分析为"还有甚么文书｜金押"。当然，这种例子如果不受上下文语义限制的时候，也可以重新分析为"还有｜那几个古人做贼的来"和"还有｜甚么文书金押"。这是因为"再有"位于句首，在累加主语的同时，当然也累加主语所涉及的事件。正是当前后分句的语义形成事件累加关系的时候，"再有"就可以看成是一个连词，详见下文"再有+S"一节。

（二）再有+S

"再有"连接分句，表示事件累加语义的用例在明清时期始见。如：

（15）晁盖再与吴用道："俺们弟兄七人的性命，皆出于宋押司、朱都头两个。古人道：'知恩不报，非为人也！'今日富贵安乐，从何而来？早晚将些金银，可使人亲到郓城县走一遭，此是第一件要紧的事务。再有白胜陷在济州大牢里，我们必须要去救他出来。"（明·施耐庵《水浒传》第二十回）

（16）三军齐喊一声，向前捉住。再有扑天雕李应引领大小军兵，抢奔关胜寨内来。（明·施耐庵《水浒传》第六十四回）

（17）再说宋江、卢俊义在京师，都分派了诸将赏赐，各各令其赴任去讫。殁于王事者，正将家眷人口，关给与恩赏钱帛金银，仍各送回故乡，听从其便。再有现在朝京偏将一十五员除兄弟宋清还乡为农外，杜兴已自跟随李应还乡去了。（明·施耐庵《水浒传》第一百二十回）

（18）陆好善道"这事情管有人挑唆？"惠希仁道："哥就神猜！可不是个紧邻刘芳名唆的怎么！诈了四十两银还不足哩！"陆好善道："再有这人没良心！你只被他欺负下来了，他待有个收煞哩！"说完，拱手散去。（清·西周生《醒世姻缘传》第八十二回）

上述四个例子，例（15）—例（18）的"再有"后面连接的是小句。这几个"再有"中"有"的动词义更加弱化，但是没有完全脱落。刘丹青（2003）指出，连词属于句法中的联系项（relator）。"再有"在上述例子中处于前后语篇的中间，例（15）不能分析成"再有白胜｜陷在济州大牢里"，因为这样就是上文所提到的主语列举累加，这样的话，其前的分句就必须满足具有"还有别人陷在大牢里"的语义条件。而例（15）中晁盖说的是两件要紧的事，一件是使人送钱给宋押司、朱都头，另一件是到牢里救白胜，这两件事用"再有"连接起来。因此，"再有"已经是一个连词了。例（16）也是描写了两个场面，一个是秦明、宣赞、孙立打斗的场面，另一个是李应引兵入寨的场面，这两个场面用"再有"连接起来，使故事情节继续发展。例（17）中"再有"连接了两类不同的人被送回故乡的事，一类是"殁于王事者"，另一类是"朝京偏将一十五员"，"再有"前后两个方面的内容都是宋江、卢俊义对诸将的安排。例（18）虽然"再有"前边没有出现话语成分，但是陆好善所说的内容是在惠希仁所说内容上的一个补充，意思是刘芳名不仅挑唆他人，而且没良心。从上面的分析可知，"再有"已经语法化为一个连词，理由是"再有"位于前后两个话语成分的中间且在句中不是用于支配其后续成分，而是用于连接前后的话语成分，使语篇发展符合话语主体的要求。此外，用其他连词来代替"再有"也不改变句子的基本意义，如例（15）—（18）中"再有"可以替换成"另外"。①

可见，"再有"在明清时期已经语法化为一个连词，只是明代的用例还不多。到了清代以及民国时期，这种用法仍在继续，并且使用频率增高。如：

（19）没有什么事。就是那三百银子的利银，旺儿媳妇送进来，我收了。<u>再有</u>瑞大爷使人来打听奶奶在家没有，他要来请安说话。（清·曹雪芹《红楼梦》第十一回）

（20）只因树荫浓密，声音被树木隔住，况且离着又远，<u>再有</u>高坟挡住，因此听不见了。（清·佚名《施公案》第一百五十四回）

（21）城中武营全未预备，<u>再有</u>赵、胡二贼开城纳寇，麻图阿鲁苏帅领众将早已抢了府城。（清·通元子《玉蟾记》第四十二回）

（22）现在我已经回来，你要晓事，现在就把印交回来。<u>再有</u>你还扣着我一个人，如果愿洗事罢休，就把我们的人放出来。（清·贪梦道人《彭公案》第一百八十八回）

（23）部下淮军，真是个个生龙，人人活虎，<u>再有</u>程学启做个先行，戈登、华尔率领常胜军，施放外国火器，任是天兵任是天兵天将，也不能抵敌。（李伯通《西太后艳史演义》第二十回）

"再有"在清末至民国时期还出现了一种特殊的形式，即"再有"后面出现了语气停顿，这使"再有"的语法化程度加深，其篇章衔接功能更加明显。如：

（24）白起戈不知礼法，纵使女儿如此搅闹。你等又私贩牛马，不报税务。<u>再有</u>，我们奉旨严拿的要犯，逃至外界，你们竟敢私自收留，隐匿不献。现在，你们又私藏周百灵，执意不肯献出来。（清·

---

① 《现代汉语词典》（第6版）"另外"的释义为："连词，此外。"（商务印书馆2012年版，第829页）

贪梦道人《彭公案》第二百一十回)

（25）若是兽类，心灵气血远不及人，凭他如何强壮，都非鬼物所畏。<u>再有</u>，我派去的鬼卒，他在我这庙中服役多年，也似凡人供职衙门一般，他那知识手段也比平常人要狠得几分儿。（清·无垢道人《八仙得道》第三十三回)

（26）本爵是外行，不过到正日子前一天，我们都要沐浴虔诚才是。<u>再有</u>，大家都穿整齐一些，所有两号去的伙计，每人都给几个喜钱，也算皆大欢喜。（常杰淼《雍正剑侠图》第十三回)

（27）一个个大箱子，哎哟！足有四五个，顶天立地摞着。<u>再有</u>，梳妆台、穿衣镜，没有一样不是讲究的。（民国·常杰淼《雍正剑侠图》第六十八回)

我们说连词的功能主要是把词、语、句子各个语言单位连接起来以表示并列顺承等各种语法关系。在上文的所有例句，"再有"后的内容是话语主体对未说完话语的补充，与"再有"前接的话语成分有承接关系。因此，我们认为这个时期的"再有"最终完成了词汇化和语法化的过程，成为一个具有语篇连接功能的连词。

三 连词"再有"的话语标记功能

对于连词，邢福义（1996）认为连词的语法特征概括为两个方面，一方面是连词具有连接作用，不能成为句中实质性结构成分；另一方面是连词起码具有双向性，即起连接作用的连词，在句法结构中总要关涉两个或几个语法单位。刘丹青（2003）指出联系项句中原则对连词的语序有强有力的制约作用，短语内的并列让连词位于并列项的中间是至今所见的一切语言包括汉语所遵守的规则。"再有"作为一个连词，也具备了连词的一般功能，既可以连接短语，也可以连接句子，这是"再有"的句法功能方面。

此外，"再有"还具有情态功能。帕尔默（Palmer）（1986）提到：情态是说话人的主观态度与观点在语法上的表现。[①] 韩礼德

[①] 转引自彭利贞《现代汉语情态研究》，中国社会科学出版社2007年版。

(Halliday)（1994）提到：情态是人际意义的一个重要组成部分，系统功能语法认为情态是人际元功能的主要实现手段，它表达的是说话者对自己所讲的命题的成功性和有效性所作出的判断或评价。① 连词"再有"的最主要的情态功能即说话者对未完成的话语的追加或某一观点补充说明，如前边的例（24）—例（27）的"再有"连接话语主体追加的内容。这种"再有"已经具备了话语标记的性质。董秀芳（2007）从词汇化的角度探讨了话语标记的来源，并指出话语标记是就语言形式而言的，与语类并不具备对应关系，副词、连词、感叹词和一些插入语性质的短语等都可以具有话语标记的功能。话语标记并不对命题的真值意义发生影响，基本不具有概念语义，它作为话语单位之间的连接成分，指示前后话语之间的关系，也就是说，它标志说话人对于话语单位之间的序列关系的观点，或者阐明话语单位与交际情境之间的连贯关系。话语标记也可以表明说话人对所说的话的立场和态度，或者对听话人在话语情景中的角色的立场或态度。"再有"用作话语标记，引导后续话语成分，指示前后话题成分之间的语义关系。"再有"作为话语标记，至少有以下两种功能。

（一）并列连接功能

"再有"引出的后续话题成分，与前置成分处于并列关系，是对语篇中的某个观点或看法或客观事件、现象的原因等方面的举例说明。如：

（28）通常认为雍正帝被刺于圆明园行宫，据说刺客是吕留良的孙女吕四娘。杨著则认为吕留良的后代不可能有漏网出奔的，因浙江总督李卫是侦缉老手，他是不会让吕家之人逃脱的；其次吕氏的孙辈全部发配到宁古塔，给披甲人为奴，故吕四娘混入官内也不可能；<u>再有</u>，圆明园也与紫禁城一样戒备森严，自雍正二年起，就设有护军营，昼夜巡逻，刺客潜入寝宫，砍去皇帝脑袋，绝非轻而易举之事。（《读书》）

（29）胡著在作家作品的分析方面，不仅注意到著名的作家作品，还注意到过去不为人所知，而又各具特色的作家作品。如西晋的

---

① 转引自黄国文、常晨光、丁建新主编《功能语言学的理论与应用：第八届全国功能语言学研讨会论文集》，高等教育出版社 2005 年版。

赋家束皙，举出他的《劝农赋》、《贫家赋》、《饼赋》，无论就讽刺意义上说，还是从艺术特色上看，都是上乘佳作。<u>再有</u>陆机，过去文学史上虽然提到他，但也只肯定其《文赋》的价值，胡著把陆机看作是由魏晋到南北朝，文学发展史上的一个关键人物来看待，具体地分析他的作品，使读者看清了他在文学史上承上启下的地位。（《读书》）

（30）不过，就从国内出版的《桑青与桃红》的本子看，桑青作为艺术形象，欠完整。例如：桑青何以离开大陆的内在因素，作家似乎故意回避了的，因而似乎也故意地将桑青写得在思想上是浑浑噩噩的样子。因为生活骤变直接影响一个人的去留问题，一般地难以没有反应的。<u>再有</u>由于国内版本删节了小说的第四部分，桑青何以从人变为鬼，即桃红，只能由读者的想象去补充了——然而，作为艺术形象来说，却是个损害。（《读书》）

上述例子中，例（28）"再有"引出的话题成分是"杨著则认为吕留良的后代不可能有漏网出奔的"的理由，与前两个理由并列。例（29）的"再有"引导的话题与"如"后的话题成分并列，都是对胡著"不仅注意到著名的作家作品，还注意到过去不为人所知，而又各具特色的作家作品"的举例说明。例（30）的"再有"引导的话语成分则是对话语主体提出的"桑青作为艺术形象，欠完整"观点的举例说明，与前一个例证也属于并列关系。

此外，话语标记"再有"后面还可以添加同样具有话语标记功能的语气词"呢"，形成"再有呢"形式引出话语成分，用于追加补充原因或理由，与前后分句构成并列关系的。如：

（31）比如说最近播出的一个电视剧《导弹旅长》，其实它的很大的篇幅是围绕着江昊、石志雄等几个主要人物、他们的情感纠葛展开的。它从侧面来写这些现代军人的风采，但是它吸收了大众文化的言情、娱乐特色，让它的教化效果变得更有魅力。<u>再有呢</u>，就是高雅文化，它也要主导化，也要大众化。（王一川《走向文化的多元化生》）

（32）至今考古工作者还弄不清它范围到底比如东西是多少？弄不清楚主要是我们工作原因；再一个因为秦始皇得罪人得罪得太多了，对它的破坏太厉害了。当时农民起义军对他的宫殿、对他的各种设施破坏太厉害了。<u>再有呢</u>，秦始皇所建宫殿的所在地，又是中国历代周秦汉唐，尤其汉唐时代的政治中心。它重叠性的建筑，什么叫重叠性？原来我在这儿进行生活，后来人继续生活，这样的话把前代的建筑物就破坏了。(刘庆柱《解读中国古代都城（上）》)

这两个例子是"再有"+"呢"，变成"再有呢"形式，功能与"再有"一样，都是引导话语的标记。但添加"呢"之后，整个话语标记增加了更多的主观性色彩，因为"呢"的话语功能就是具有主观确认性的意义，所以二者的结合属于框式话语标记。例（31）的"再有呢"引导的话题内容"就是高雅文化"，后边的"它也要主导化，也要大众化"是述题，与前边语篇提到的电视剧《导弹旅长》吸收大众文化属于并列举例。例（32）"再有呢"后面引导的话语成分是考古工作者弄不清"它"范围多少的"建筑重叠性"的原因，与"再有呢"前接的"农民起义军"破坏原因相并列。

（二）递进连接功能

"再有"引导的话题成分是为了强调语篇中的某个观点或现象做的进一步说明，有强调作用。这个观点可能是说话者个人的主观观点，也可能是说话者对某个客观存在现象的阐述。如：

（33）温达在电话里答："这首先是由各人的性格决定的。此外被我说服的人永远不是我，他们的坎坷经历、心理偏差等也都不是我的，我没有他们那种身临其境的体验，我以一个旁观者的身份为他们排忧解愁，但我永远是个说服别人的人。当我们自己遇上什么大事时，也很难自我摆脱，也得求助于他人。<u>再有</u>，我们咨询员、主持人既不是完人也不是万能的，也是普通百姓，我们也可能出现心理、行为偏差，也可能自杀，我想听众和记者不必过于震惊。"(《1994年报刊精选》)

（34）中国有80万个村级组织，2万个村，只占1/40。100本书也太少,远远不足以满足农民对知识的渴求。再有,如果组织不好,这些书送到农村,还可能有一部分会躺在那里睡觉。因此,需要做的事还多,还需要有更多的人做更多的努力。(《1994年报刊精选》)

(35) 但不知梁先生想没想过:中国人学西方那一套东西真能学得进去吗?再有,套用总设计师的话就是,学了能管用吗?(《读书》)

(36) 赵航宇温和地扫视大家,被他看到的人都低下头。"不是我向诸位哭穷。"赵航宇说,"列位想呵,组织这么大的活动,又要接待外国人,咱礼数不能亏了。再有培训本国选手,主任团这些人会了要吃要喝,哪处不得花钱?头两次募集的四万多块钱早花光了,踹儿起我们已经揭不开锅了。"(王朔《千万别把我当人》)

这四个例子中,例(33)的"再有"引导的话语成分在其前接话语基础上进一步强调说话者不能说服他人的自身的客观原因。例(34)的"再有"引导的话语成分"如果组织不好,这些书送到农村,还可能有一部分会躺在那里睡觉"是在"100本书也太少,远远不足以满足农民对知识的渴求"这个内容基础上的进一步说明,以强调"需要做的事还多,还需要有更多的人做更多的努力"这个观点。例(35)"再有"的后续话语成分也是在前一个话语内容"中国人学西方那一套东西真能学得进去吗"的基础上来进一步说明,用来强调说话者个人对"中国学习西方"这一现象可行性的怀疑。例(36)"再有"引导的话题成分则是赵宇航对自己"不是我向诸位哭穷"的进一步强调。

四 结语

在现代汉语中,"再有"既可以是一个词组,也可以是一个连词,多层次共存是语言历时发展叠置的结果。作为连词的"再有"具有多层连接功能,既可以连接词和短语,也可以连接小句和句子,还可以连接句子和句组。而连词的功能是从短语通过词汇化和语法化过程而来,这一过程在明清时期完成。此外,连词的连接功能又可以进一步引申出话语标记的功能,"再有"作为话语标记,表示"再有"的后续成分与前接成分之间的并列或者递进等语义关系，这种功能是对"再有"具有的语篇连接功能的重新分析而获得的。因此，重新分析不仅仅是实词虚化过程中的重要机制，语法化、词汇化和其他一些语法历史演变都常经历重新分析这样的语言演变机制。

第四节 跨层结构→连词→话语标记的演变①

一 引言

前一节我们讨论了虚词可以从短语直接演变而来，不仅如此，虚词还可以从跨层结构直接演变而来。连词"再则"的形成即是如此。现代汉语的"再则"已经作为词条被各词典收录。如《汉语大词典》："再则，犹言其次，另外。"《现代汉语词典》（2016：1629）"再则，连词，表示更近一层或另外列举原因、理由。"《现代汉语虚词词典》（1998：272）认为"再则""有'而且''其次'的意思，表示上面所说的以外，还有下面要说到的"，为连词。《同义词词典》（2002：512）虽然没有单独给"再则"列项，但在与"再者""再说"作比较时指出"再则"的意思是"连词，侧重在追加次要的理由或原因"。可见，以上列举的词典有的直接把"再则"标注为连词，如《现代汉语词典》《现代汉语虚词辞典》《同义词词典》，有的虽然没有直接标注，但是在举例时仍把"再则"当作连词，如《汉语大词典》。此外，以上词典在收录"再则"时，都趋于把"再则"和"再者"看作同义词，甚至是等义词。《现代汉语词典》（2016：1629）"再者"条就将其释为"再则"，但是这种处理还是值得商榷的。而在学术界关于"再则"还没有专门的研究，只是一些学者们在研究连词时会顺便提及。如廖秋忠（1992）、郑贵友（2001）、张福堃（2002）、周静（2007）、李心释、姜永琢（2008）、姚双云（2008）、席嘉（2010）、邢福义、吴振国（2010）等。这些学者更多的是注意到"再则"的连词性质，而没有关注连词"再则"到底是如何形成的。"再则"

---

① 此节内容曾发表于《殷都学刊》2013年第4期。

的连词功能其实还可以进一步语法化成话语标记,这是我们所要关注的问题。

二 连词"再则"的语法化过程

(一) 跨层结构的"再+则"

"再则"在成词之前,"再"和"则"是处在不同句法层面上的两个成分,"再+则"的这种线性排列结构最早出现在先秦时期的文献中,如:

(1) 教不善则政不治,一再则宥,三则不赦。(《国语·齐语》卷六)

例(1)的"再"用的是本义表"第二次",与"一、三"一起表示次序。"再"表示的是条件,其后省略了VP"再教而不善",意思是说,第一次、第二次教化不改过自新的可以宽恕,第三次教化却不改过自新的就不赦免了,"则"表示的是在这种条件下产生某种结果,是连词。也就是说"再"与"则"是不在一个语法层面的。

这种用法在汉代继续见到用例。如:

(2) 古者,诸侯贡士,壹适谓之好德,再适谓之贤贤,三适谓之有功,乃加九锡;不贡士,壹则黜爵,再则黜地,三而黜爵地毕矣。(《汉书·武帝纪》卷六)

例(2)的句式与例(1)是一致的。"壹""再"与"三"形成一个情况列举,在这些情况下,将产生一定的结果,这个结果用连词"则"引出。而且这种条件,因为在前一分句已经交代过,为了行文简洁,这些列举情况下的序数词后的VP往往省略,这样就会形成表示序数的"再"与连词"则"形成线性的紧邻排列,如例(2)中"壹""再"与"三"的后面应该是省略了前一分句中出现的"不贡士"。因为这种省略而形成的跨层组合"再则"在后代亦有不少用例。如:

(3) 酒食之赐，一则为薄，再则为厚。(《论衡》卷十九)

例 (3) 的 "再则为厚" 义为 "给两次就称为厚" 之义。此处的"再"还是本义"两次"，"则"在此处还是连词，相当于"就"。

通过上面的分析，我们发现例 (1)、例 (2) 和例 (3) 的 "再" 所处的句法格式应是 "再+（VP1）+则+VP2"，VP1 是 VP2 产生的条件，且句法构式中的 VP1 一般是承前省略，因此就形成了 "再+则+VP2" 结构。这一结构在唐宋元这一时期用例较少，如：

(4) 清之取利远，远故大，岂若小市人哉？一不得直，则怫然怒，再则骂而仇耳。(《全唐文》卷五百九十二)

但是到了明代，"再+则+VP2" 的线性结构用例多起来。如：

(5) 凡为异说者，一则骇，再则习，始则疑，终则行矣。(明·陈全之《蓬窗日录》卷五)

(6) 洪武元年四月甲子，上幸汴梁，七月丁未回京。八月壬午再幸，十月丁丑回京。初则河南已下，再则元都已平。(明·朱国祯《涌幢小品》卷五)

明代的这种 "再则" 与先秦中古汉语中的 "再则" 一致，都是跨层结构的线性排列。"再" 之后皆省略了 VP1，例 (5) 之 "再" 与 "一" 配合使用，例 (6) 之 "再" 与 "初" 配合使用。因此，"再则" 还没有凝固成词。

（二）连词 "再则" 的形成

当省略的 VP 在前文没有交代，找不到所隐含的 VP 语迹，"再" 与 "则" 之间所具有的条件因果语义关系就消失，"则" 的连词功能就会弱化，凸显 "再" 之 "第二" 的语义特征，即使前面没有表示 "第一" 语义这样的序数词相呼应，"再" 的语义由于所表达的内容是在前一分句内容上的累加，则其 "另外" 的连接语义就凸显出来，"则" 由于语义的虚化而与 "再" 进一步融合成一个双音节的连词。这是重新分析的结果，

Langacker（1977：58）把重新分析定义为："一个或一类表达的结构变化，这种变化不包括它任何直接或固有的表层显现的修饰关系。"也就是说，从形式上看，跨层结构的"再则"和成为连词的"再则"是没有什么区别的；徐通锵先生（2008）也曾指出：理据载体不是一成不变的，它可以随着语言的发展而发生变化，也可以因人们认识的深化而改变对基本结构单位构造规则的认识，这就需要对一些语言事实进行新的分析，语言学将此称为重新分析（reanalysis）。可见，在句子表层结构不变的情况下，句子内部隐含的深层关系要通过重新分析来认识。"再则"的形成即是此类。这一重新分析过程在明末清初完成，如：

（7）奉圣夫人客氏保护效有劳绩，着户部速行择给地二十顷，以为护坟香火之用。再则谓魏进忠侍卫有功，着工部于陵工告成，叙录在内。（明·朱长祚《玉镜新谭》卷四）

（8）真君说："从不晓得甚么仙术，只是募化斋饭充饥。再则不按甚么真方，但只卖些假药，度日济贫而已。"（清·西周生《醒世姻缘传》第二十九回）

例（7）中"再则"连接两件立功奖励事件，"再则"后连接的分句所表示的事件显然是对前一事件的补充；例（8）"再则"所连接的"不按真方卖假药"事件是对"不晓得仙术"的进一步解释说明。从语境上看，真君从两个方面回答了狄员外的问题，这两个方面从句法上是并列的。此例的"再+则"在句法功能上相当于副词"也"，给整个句子构建了"既不晓得甚么仙术……也不按甚么真方，……"的结构。此例中"再则"可独立地表示"在原有事件的基础上列举同类事件"的意义，同样是一个连词。"再则"在明末清初形成为连词后，清代中叶用例多起来，到清末就非常常见了。如：

（9）场前的工夫，第一要慎起居，节饮食，再则清早起来，把摹本流览一番，敛一敛神；晚上再静坐一刻，养一养气。（清·文康《儿女英雄传》第三十四回）

（10）这种东西，多也无用。再则与者受者，都要心安。（清·

文康《儿女英雄传》第十三回)

(11) 自从嫁了筱亭，常常不称心，一则嫌筱亭相貌不俊雅，再则筱亭不曾入学中举，不管你学富五车，文倒三峡，总逃不了臭监生的徽号，因此就有轻视丈夫之意。(清·曾朴《孽海花》第十四回)

(12) 此一节你想妥当不妥当呢？再则采秋年来心事，你也看得出是要择人而事，好好一个韩师爷，明年就是殿撰，人巴结不上的，你许了，却赖起来。(清·魏子安《花月痕》第三十四回)

(13) 一来等小侄附骥，叫人家瞧着小侄得与诸大善士在一块儿办事，也是莫大的荣幸。再则小侄也可以借此历练历练。(清·李宝嘉《官场现形记》第三十四回)

(14) 有两个唱旦的，一叫祥麟官，一叫威凤官，声音是凤语鸾音，模样儿是天姿国色。去年在省城唱三四台，远近传名，你也不可不一看。再则郑三虽是个行院家，新正春月，他在那地方住着，也要请请本处有眉面的人，好庇护他。(清·李百川《绿野仙踪》第五十二回)

(15) 嫦娥听了，不觉红着脸，啐了几口，念他毕竟是个孩子，说的总是玩话，有什么一定的道理。再则也瞧他也实在可爱得很，有心和他斗趣儿玩。(清·无垢道人《八仙得道》第五十一回)

(16) 陈孝赶紧拦住说："贤弟不可，一则看他也是个浑人，再则你我弟兄不便跟他一般见识，大人不见小人过，宰相肚里有海涵，何必如此？你我走罢。"(清·无名氏《济公全传》第一百六十七回)

从例 (9) 可以看得出来，连词"再则"使用的语境总是在列举叙述中，那么所叙述的内容如果有几个方面的话，为了表述内容的语义逻辑更加严密和清楚，言说者往往会在每层语义前加上表示顺序的标记词，如"第一"之类，"再则"承接"第一"分句的逻辑语义，显然，"则"的语义由于"再"的"第二"的语义凸显而虚化。当然，表示"第一"顺序语义的词语还有"一则"（如例11与例16）"一来"（如例13），这些词语的使用，都具有一个预设语义，即下文还要叙述至少一个与前文相关的内容，和这些词语构成框式结构，可以看得出来"再则"作为连词的功能已经成熟。另外，也有更多的"再则"的使用语境不需要前面有表示"第一"语义的标记词语,这与形成之初的用法(如例 7 与例 8)是一致的,如例(10)、例(12)、例(14)及例(15)。

三 "再则"的话语标记功能

话语标记的产生往往会经历词汇化、语法化形态的语义演变,比如语义的虚化和主观化等。我们前文说连词"再则"形成后,其语义已经虚化,在这个语法化的过程中,我们认为还伴随着主观化的过程。主观化在"再则"的语法化过程中也起到了重要作用,到清末,连词"再则"发展成熟,它的句法环境发生了改变,其连词功能扩大,不仅用于标记话语的序列,还加强了说话者对于话语内容的主观性。如:

(17)大人之剑,刚刚掷在他的头额,岂非替他造成修炼未成的双目吗?再则以剑刺物,往往洞穿身体,一边进去,却从那一面出来,一出一进,岂非两个窟窿?此皆数有前定,故能机缘巧合。想是此物命不该绝,坐享后福,所以得此巧遇。(清·无垢道人《八仙得道》第二回)

(18)可惜这等礼制不但杨仁不懂,连作书的自命是个俗不可耐的俗家,也还不甚明白;再则今古时代不同,今日社会上所用的丧礼,未必即古时所采的规矩,与其假充内行惹人笑谈,还不如藏拙一点为妙。(清·无垢道人《八仙得道》第二十五回)

(19)我想那罩我们的四个塔,就是这四座丹炉。我们通身火着,就是他该倒的时候。再则那收服师尊的三仙,和我们交战的魔王,我想不是木头,就是石头点化的。(清·李百川《绿野仙踪》第九十八回)

以上三例中"再则"的后续部分的内容加强了说话者对所说话语信息的主观性,对说话者的主观态度具有强调作用,因此,"再则"完全可以看成是引导话语的标记。作为话语标记的"再则"从所连接的前后分句的语义逻辑来看,具有以下功能。

(一)并列连接功能

"再则"连接的两个并列分句,一般是对某一个焦点信息的分点列举原因、理由或现象等,"再则"一般处于"A,一则 X,再则 Y"或"A 一个是 X,其次 Y,再则 Z"等语篇环境中,A 是话题 X、Y、Z 共同说明的对象,有时处于前面,有时作为结论放在后面。如:

(20) 他不觉心中疑惑道:"难道此刻还没人来?敢是阴小姐骗我不成?我想绝不会的。或者她的家中事牵住,也未可知,<u>再则</u>有其他缘故,也说不定。"(民国·徐哲身《汉代宫廷艳史》第六十三回)

(21) 胡润分析说,造成人气与财气"名不副实"的原因有三:一是互联网的使用者主要是年轻人,他们大多对"可以复制成功"的年青企业家比较感兴趣,所以 IT、电子等新兴产业的企业家人气较旺。其次,企业家的行业也会影响他们的人气,财富跻身前十的许荣茂、叶立培、陈丽华等房地产巨头普遍没有引起公众关注。<u>再则</u>仍有相当多的企业家行事风格低调,排名人气榜最后三位的"内地百富"2003 年全年的搜索次数甚至不足百次。(《新华社》2004 年新闻稿)

(22) 实实在在地只是点到为止,不再多言!一则不能言,<u>再则</u>也无须多言!他相信这些历经几十年战火考验的老兵,会在今后的风风雨雨中明白他所指的一切!(铁竹伟《陈毅的最后一次家宴》)

上述三例的"再则"都是列举原因,例(20)中"再则"引出的话语成分是"他"猜测导致阴小姐还没有来的其他原因,前面所列举的原因形成并列关系;例(21)列举的是"造成人气与财气'名不副实'的原因";例(22)列举的是"不再多言"的原因。但是我们需要特别指出的是,例(21)中的"再则"所列举的原因排列第三,这是其短语意义"第二"语义的进一步扩展,也就是说,"再则"不再仅限于排列第二的列举,只要是在其他列举上再有其他并列的事实,都可以用"再则",这时"再则"的语义更加抽象为一种对前文的累加之义。

(二) 递进连接功能

表递进关系时"再则"引出的后一分句是在前一分句的基础上的进一步强调。如:

(23) 有许多朋友劝他早点找个对象成个家,好从家务中解脱出来。可他担心找了对象能否对可怜的小婷婷好,便一再拒绝了说情人。还有的同事劝他雇个小保姆帮帮手,可他觉得工资有限不说,<u>再则</u>,自己一个男人家,雇来一个小姑娘当保姆,难免招来闲言碎语。(徐祠满《少校军医对小保姆的赤诚》)

(24) 陈公博反对汪精卫单独与日方言和:"战固然要一致,和也要一致,在国民党内,不可有两种主张,否则易为共产党所乘。<u>再则</u>,匆匆离开重庆,日方一旦变卦,我等将陷于进退失据的困境,如签订《塘沽协定》历史重演,汪先生将遭万众诘责。"(陆茂清《汪精卫叛逃的前前后后》)

(25) 基本需求如果指的是温饱的话,那么正如梭罗所证明的,并不难满足,故而不足以构成对经济的长期刺激。<u>再则</u>,基本需求也不是一成不变的。水涨船高,当年的奢华早已成为今日的必需,从满足自身需要的自然消费又很快过渡到满足虚荣的炫耀式消费。(《读书》)

以上三例中,"再则"后用了个语气停顿后再衔接话题,例(23)"再则"后的话题"自己一个男人家,雇来一个小姑娘当保姆"和述题"难免找来闲言碎语"是在前一话语分句"觉得工资有限"基础上对"他"否定请保姆的可行性态度的进一步强调。例(24)"再则"后的话题"匆匆离开重庆"及其后面的述题是对陈公博反对汪精卫单独与日方言和态度的进一步强调。例(25)"再则"前的分句是说,生活仅是解决温饱的话,则容易满足,然"再则"所引出的话题又进一步指出,即使是基本需求也是变化的。

(三) 因果连接功能

因果连接功能是指"再则"的后一分句是前一分句产生的原因。在一些语篇中,有时在开始叙述了一个结果性质的事实,再用"再则"引出原因。如:

(26) 随着国际形势及古巴自身的变化,欧盟和加拿大等许多国家都对美国的顽固态度提出批评,呼吁早日取消对古巴的封锁。<u>再则</u>,美国的做法不仅违反国际法,而且也与世界贸易组织的原则相

悖。(《人民日报》1995年9月8日)

(27) 我们的子孙后代也许认为值得注意的地方是：我们是否应继续单独作战这一极其重要的问题竟从未列入过战时内阁的议事日程。这是因为当时政府中各党派人士都认为这是无可置辩和理所当然的，同时，我们也确实太忙，不能在这样一个不实际的空谈或无味的问题上浪费时间。<u>再则</u>，我们都一致满怀信心地对待这新的形势。(《第二次世界大战回忆录（第二卷）》)

这两个例子的"再则"引出的话题成分都是作为前边话题的原因。但是有一点需要注意，例（27）中"再则"的前一分句包括了"这是因为P，同时Q"这样的句式，这说明"再则"前已经列举了两条原因，则"再则"引出的话语是第三个原因，其表达的内容不仅是"我们是否应继续单独作战这一极其重要的问题竟从未列入过战时内阁的议事日程"的原因之三，而且还与前一分句中的两个原因处在并列的关系上。

（四）顺承连接功能

"再则"前后两个分句之间的语义是顺承关系，这种顺承关系可以是时间上的先后，也可以是空间上的相邻。如：

(28) 于是，不少厂家把"总经销""总代理"的桂冠戴在他头上，每年将数以千计的白酒运往郑州。先是"川军"挺进河南，继之是"黔军"来争霸主；<u>再则</u>是"陕军""晋军""鲁军"争占山头。(《人民日报》1995年10月31日)

(29) 终于到了陵园的平台，那碑形的设计是一面如旗帜的一角般的青色大理石，旗角的左上方刻有耀邦的栩栩如生的头像，从右而左循序排列的是少先队星星火炬，圆形围绕的五角星的共青团徽，<u>再则</u>是斧头镰刀的党旗，以象征他在这三个方面都曾是领导人。(《1994年报刊精选》)

例（28）中"再则"引出的分句与其前的分句之间是时间上的顺承，因为前面有"先是……继之……"这样的表示时间的标志词。当然，在动作行为进行时也包含着一定的时间因素，在时间的顺承关系内也包含着一定量的动作行为,我们是从突出在句法表面的显性现象来说明的。例(29)"再则"引出的分句内容与其前的分句是空间上的顺承,按照旗帜上的空间顺序介绍上面所刻的图画。

四 结语

连词"再则"是由短语的"再+则"由于所处的构式环境发生了变化,导致了"再则"的构词语素之间的语义关系发生了变化,"则"的连词功能弱化,进一步向"再"靠拢,"再"之"第二"的语义特征得到凸显,则"再则"语义和功能相当于"再","再则"就成为一个连词。通过"再则"的研究我们认识到,双音虚词的形成研究不能仅局限于词语本身来源考察,而且应该着重词语源构式语境的探讨,因为任何语言单位的变化都是在一定的语言环境中完成的。另外,连词在句中虽然不充当句法成分,但是通过其所连接的上下文语义,我们仍然能够探讨其句法语义功能。从功能主义的角度来说,语言的语用功能导致了语言的发展变化,昨天的语用就是今天的句法,所以作为定型的虚词的形成和功能都应该侧重其所处语境的探讨。

第四章　构式框架与双音虚词的语法化研究

构式语法主张构式包括语素、词、短语、分句等，它们形成一个构式连续体系统。双音虚词这个层级的构式又蕴含于更大的短语或习语构式之中，汉语中有的双音虚词只有在一定的构式框架中才能形成。我们这里所指的构式框架与邵敬敏先生（2008）所指的框式结构大体一致，即"指前后有两个不连贯的词语相互照应，相互依存，形成一个框架式结构，具有特殊的语法意义和特定的语用功能，如果去除其中一个（主要是后面一个），该结构便会散架；使用起来，只要往空缺处填装合适的词语就可以了，这比起临时组合的短语结构具有某些特殊的优势"。汉语中存在许多这样的框式结构，例如古代汉语的"为A所B"、现代汉语的"连A带B""宁可A也不B""与其A不如B""又A又B""一A不B""说A就A""A是A，B是B"等。这些结构有一个共同的特点就是有固定的形式，还有固定的构式语义；另外，这些框式结构还都具有空位，这些空位使得这些结构具有能产性，形成构式家族，而且具有家族相似性（family resemblance），这些相似性使得它们形成一个具有共同特点的构式范畴，统一范畴的特征使得这些构式家族能够从表层形式上做出统一的概括，并与一定的语义相联系，这比生成语法抛弃这些固定框式结构要更具有解释力，哥德堡（Goldberg）（2006：33）就认为，特定表层形式蕴含的概括性要比派生或者转换获得更广阔。兰盖克（Langacker）（1987：46）、泰勒（Taylor）（1989：239）和克罗夫特（Croft）（2001）也都指出，表层语法形式并不隐藏更深层的语法结构组织，根本不存在什么深层结构。构式语法的表层概括假说认同概括是基于若干具体表达的抽象过程，是形式和意义两个方面同时作出概括性归纳。那么以上这些框式结构就与我们所讲的框架构式是一样的，都是形式和意义的结合体。尽管如此，我们和哥德堡（Goldberg）（1995）对构式的认识还略有不同的是，这些框架构式并非从来就如此，不是自在存在，而是自为存在。也就是说，这些框架构式都可以通过寻找他们的源构式来寻找它们的形成路径。本章准备从构式省缩、构式配对、构式压制三个方面来看构式的形成，以及在这个演变过程中，框架中的固定成分演变为双音节虚词的语法化过程。

第一节　构式省缩与双音虚词的形成[①]

构式省缩是指语言结构在发展演变过程中，由于语言经济的原因或者语用凸显的需要，构式中的一些构件会发生脱落，那么原有的结构就会因为成分的减省而发生紧缩。构式省缩会造成新的构件发生组合，新构件的组合在韵律的作用下往往会发生词汇化。汉语中有些双音虚词的形成正是因为构式的省缩而形成。刘红妮（2013）就集中探讨了结构省缩导致的词汇化现象，其中就有不少是双音节虚词，如连词"之后"的形成。本节我们要从构式省缩的角度来看看位于"最/再+X+不过"构式末尾的表示程度义的"不过"的形成。

一　引言

现代汉语中程度的表达一般是用程度副词，但在现代汉语中也经常看到有这样表达程度的构式：

(1) 他总把自己当作最普通不过的人！
(2) 肖飞的耳朵是最灵不过。
(3) 鞍山的事例，再好不过地说明了这一点。
(4) 朱大姐点得再明白不过。

以上例中，"最普通不过"为"极其普通"之义，"最灵不过"为"极其灵敏"之义；同样，"再好不过"和"再明白不过"分别为"极其

[①] 本节内容曾发表于《湘潭大学学报（哲学社会科学版）》2011年第1期。

好"和"极其明白"之义。从分析可看出,四个例子中含有一个意义相同的构式,即"最/再+X+不过",其语义相当于最高级别的极性程度副词"极其"等,表达"X所具有的性状程度高到不可超越"的意义。因此,"最/再+X+不过"是形式和意义的配对(form-meaning pairings),符合哥德堡(Goldberg)(1995)对构式的界定。本节感兴趣的是,哥德堡(Goldberg)(1995)认为构式的形式和意义的某些方面不能从构式的构成成分或其他先前已有的构式中得到完全预测,那么,构式语法中的构式是一种语言中天生固有的,还是历史演变或者语用变异形成的?如果是前者,构式语义如何获得?如果是后者,那么构式是否也会有一个语法化过程或者语法化路径?本节将在对"最/再+X+不过"构式的构成和功能进行分析的基础上,进一步探讨其语法化和构式语义的获得,通过对该个案的研究来试图回答以上问题。

二 "最/再+X+不过"构式中"X"的构成

构式"最/再+X+不过"中有一个变量"X",那么充当X的对象是不是像上节所举例子一样都是形容词呢?李秉震(2006)曾指出"最/再+X+不过"构式中的X主要是正向形容词和少数心理动词,但根据北京大学CCL语料库的调查结果,其关于充当X的对象的观点在很大程度上需要做出修正和补充。

第一,从X的音节上来看,不仅仅限于双音节词,还可以是单音节的。如:

(5)好比一滴<u>再小</u>不过的水滴汇入洪流,化为水的浩荡的集体。
(6)李贼向来对投降朝廷的人<u>最恨</u>不过。

而且可以是两个双音节的形容词连用,形成四音节的词组。如:

(7)对于披发虫来说,躲在白蚁的肠内,也实在是<u>最安全保险</u>不过了。
(8)黄叶结束枝头生活,回归到土地上,是<u>再自然、随顺</u>不过的事。

X 还可以是一个四音节的成语，如：

（9）她想这是最恰如其分不过了。
（10）本来这应该是再直截了当不过的事了。

第二，从 X 的性质看，X 不仅可以是形容词和部分心理动词，还可以是一般的动词。如：

（11）这正是我最挂心不过的事！
（12）作为他的结发妻子，我对他是最了解不过的。
（13）日本人的强夺无疑是再侵权不过。
（14）凭直觉我感到这是一部再大众化不过的题材。

第三，X 不仅可以是词，也可以是词组。如：

（15）其实我认为说这些的一定都是对父母最情深不过的人。（按："情深"为主谓短语。）
（16）银行界的朋友最难交不过了。（按："难交"为难于交往之义，为状中短语。）
（17）其实卫公做的鼓风机再好使不过。（按："好使"为状中短语。）
（18）想来想去，妈妈是最喜欢他不过了。（按："喜欢他"为动宾短语。）
（19）不过我觉得这是再有意义不过的一件事了。（按"有意义"为动宾短语）

这种词组，不仅可以是谓词性的，还可以是名词性的，如：

（20）住进小洋楼的农民拔花种葱这件事，说明农民根深蒂固的小生产习惯，再<u>典型形象</u>不过了。（按："典型形象"是一个定中短语。）

甚至，充当 X 的可以是一个结构。如：

（21）最<u>令人气愤</u>不过的是"买一赠一"这个说法。
（22）这消息最<u>令我开心</u>不过了。

此二例中，X 为含使令动词的兼语结构。
第四，从感情色彩看，X 可以是褒义形容词，也存在大量贬义形容词位于 X 位置的用例。① 如：

（23）而且它又是一种最<u>糟</u>不过的假设，定义不清，以致无法设计一种检验方法。
（24）最<u>蠢</u>不过的是骑着马到海边旅行。
（25）电子计算机却是个再<u>笨</u>不过的学生，只能接受填鸭式的教育。
（26）特务们还给他起了另一个外号叫肖嘎子，说他最<u>嘎</u>不过，神仙也斗不过他。
（27）据说用的办法再<u>土</u>不过，不是那种受到训练的正规小偷。
（28）你来带头洗手是最<u>滑稽</u>不过的。
（29）官场最<u>势利</u>不过。
（30）世上最<u>懒惰</u>不过的人们是那般黎明即起，老早把事做好，坐着呆呆地打呵欠的人们。
（31）用这种方法来作战，真是再<u>愚蠢</u>不过了。

虽然从分析看，构式"最/再+X+不过"中的 X 可以是名词、动词、形容词以及词组甚至是句式，但是，各种 X 从整体的使用频率上看，X

---

① 李秉震（2006：54）所举"X"为负向形容词（即贬义形容词）只"难吃"一例，然而"难吃"非词而是短语。

为形容词的用例还是占大多数。

三 "最/再+X+不过"构式的句法和语用功能

哥德堡（Goldberg）（1995）认为构式是语言中的基本单位，这与Croft的观点是一致的。克罗夫特（Croft）（2009：46）曾说："Construction, not categories and relations, are the basic, primitive units of syntactic representation. The categories and relations found in constructions are derivative—just as the distrubutional method implies."（构式才是句法表达的基本的初始单位，而非语类及关系。构式中所见之语类和关系乃派生的结果，就如分布分析法所必然蕴含的那样。）构式被当成一个整体，当成一个基本单位（就如同"词本位"将词当成语言的基本单位是一样的），这是我们所认同的。因此，我们可以将"最/再+X+不过"构式当成一个语言单位来进行句法功能的描写。

（一）句法功能

1. 构式"最/再+X+不过"可充当主语。如：

（32）最危险不过的是明目张胆的冒牌货。
（33）最具体不过就是春山的反应了。看见你人猿似的，还不得吓个半死！你想过春山的意见没有？

构式"最/再+X+不过"中，"X"虽然是个可变量，但是它总是谓词性质的，而"最/再……不过"构式是修饰谓词性X，表达X动作或者形状的程度很深。因此，整个构式"最/再+X+不过"是谓词性的，在现代汉语中，谓词性成分充当主语并不鲜见，位于主语位置上的谓词性成分都能够转指成与核心谓词意义相关的名物，如例（33）"最具体不过"就是谓词性结构转指与核心谓词"具体"相关联的名词"表现"，"最具体不过"表达的是"最具体不过的表现"之义；当然也有对谓词性成分事先就加上转指标记转指成相关名词，如例（32）构式"最/再+X+不过"加上"的"字发生转指，其义相当于一个名词性的成分，"最危险不过的"所转指的是"最危险不过的情况/事情"，因此，该构式充当主语是没有问题的。

2. 构式"最/再+X+不过"可充当谓语。如：

(34) 在吃的方面，银行界的朋友<u>最精不过</u>了。
(35) 用今天的眼光看，这番道理<u>再正确、浅显不过</u>了。

因为构式"最/再+X+不过"是谓词性的，所以它充当谓语也是理所当然的，用例也较多。

3. 构式"最/再+X+不过"可充当宾语。如：

(36) 粗茶淡饭是<u>最好不过</u>的了
(37) 这本来是<u>再简单明了不过</u>的。

构式"最/再+X+不过"一般不能直接做宾语，它需要加上一个转指标记"的"，将自身变为名词性质的成分才能够充当宾语。

4. 构式"最/再+X+不过"可充当定语。如：

(38) 尤其是像这种夏天，在阳台上纳凉闲谈，是<u>最舒服不过</u>的一件事。
(39) 作为<u>再简单不过</u>的运载工具，三轮车在北京的改革开放中也默默无闻地起到了巨大的作用。

构式"最/再+X+不过"充当定语和形容词"X"充当定语基本一致，因此，充当定语的情况也较为多见。

5. 构式"最/再+X+不过"可充当状语。如：

(40) <u>最真实不过</u>地透露了这一消息。
(41) 事情就是这样<u>再明白不过</u>地摆着。

"最真实不过"与"再明白不过"分别修饰动词"透漏""摆着"充当状语。

6. 构式"最/再+X+不过"可充当补语。如：

（42）从童先生一段话中反映得最清楚不过。
（43）这个战斗布置得再好不过了。

从分析看来，构式"最/再+X+不过"的句法功能相当于一个形容词，这与构式构成中形容词占优势的情况是一致的。这种功能的一致性可以从一个侧面反映，构式最初的形成源构式应该是 X 为形容词的结构，而后 X 的范围由于功能相近类推至心理动词，甚至一般动词以及词组等。这样，成型后的构式"最/再+X+不过"才保留了形容词的功能。

（二）语用功能

接着，我们再来看看构式"最/再+X+不过"的语用功能。从语用的角度看，"最/再+X+不过"构式还存在几种强调式。如：

1. "最/再+X"的重复强调式。

（44）哪怕是最蛮横最强硬不过的人，也渴望着得到关注、了解和爱。
（45）养育了尤江这样好儿郎的英雄母亲，是再普通再朴实不过的农家妇女。

这种强调式中，虽然是整个构式前半部分的重复强调，但是 X 一般是不重复的，而是意义相近的近义词，且这种结构一般位于名词性成分前作定语，这样，近义形容词的并列连用可以达到对后面的名词进行多角度的限定和描写的语用目的，同时也达到对名词所具有的某一性质进行强调的语用目的。除了如上二例两项连用的情况外，还可以三项连用进行强调。如：

（46）天下最高贵，最尊严，最享福不过，莫如男子做着皇帝，女子做着皇后。

当然也有 X 相同的情况，而这种重复使得突出某一性质的语用目的则更为明确，如：

（47）她们是最普通最普通不过的人，像你我一样。

2. "最/再+X+不过"的重复强调式。如：

（48）你且吃了，再舒服不过再乐意不过。
（49）原来这位旗大爷，再贪财不过，再好色不过。

第2类的重复是整个构式的重复进行强调，较之第1类之部分句式的重复强调，其语义程度的表达似又要深些。

3. "最"加词缀"是"或者"最"重复的强调式。如：

（50）我师父最是慈祥不过。
（51）这真是最最简单不过了。
（52）蟋蟀在大自然所滋养的千百万种生灵中，实在是最最普通不过的昆虫。

这种强调式的形成最大的动因是语义的强调和韵律的和谐。在这种结构中，X一般是双音节的形容词，而其前的单音节程度副词叠用，表示程度更深，"最最简单"比"最简单"的语义在程度上显然要强调得多。而"最是"比"最"在语音上延长了一个无意义的"是"的音节，其实增加了"最"的语义程度，再加上其后的形容词都是双音节，因此强调式的双音节副词更符合语音和谐。

试比较例（47）中的"最普通最普通"与例（52）中的"最最普通"两种不同强调式，二者的语义很难说哪个的程度更深，其实只是语义在不同的句法层面做出的相同语义表达的不同操作。虽然二者都是在构式内部进行，但是前者更多的是涉及句法，而后者更多的是涉及词法。我们认为不但构式具有层次性（Goldberg，2006），而且构式内部的成分也不是在一个层面上，同样具有层次性，其作用也不是一样的，具有主次之分。

4. 在"再+X+不过"构式中，X 的前或后可以添加语气词"也"，通过延长语音来达到强调的目的。如：

（53）这是一种权威，也是一种琐屑的责任、义务，<u>再也正常不过</u>。

（54）她以为自己的话<u>再对也不过</u>了。

例（53）中，添加语气词"也"与副词"再"连用，填补了单音副词"再"语用时的延音位置，达到强调的目的。而例（54）中的"也"与其说是添加，还不如说是遗留。这种"也"源自构式"最/再+X+不过"的源构式"N_1再/最 A（也）A 不过 N_2"，"也"是构式在形成过程中的保留（详见下文的推导过程），其语义还是保留了"也"在源构式中的强调语气。

四 "最/再+X+不过"构式的语法化过程和语义获得

（一）构式的语法化

汉语学界的语法化研究成果较多，但是更多的是涉及虚词的语法化研究。这主要是受霍珀与特劳戈特（Hopper & Traugott）（2003：18）关于语法化定义的影响，他们将语法化定义为："实词性词项（lexical items）和构式（constructions）在特定语境里获得语法功能，而且一旦语法化，又会继续产生新的语法功能。"因为汉语史的研究历来就比较注重实词虚化的研究，因而在进行语法化研究时，更多地选择 Hopper & Traugott 定义中的词汇项——虚词的语法化（更多的是侧重对语义虚化的描写）进行。尽管如此，汉语学界还是有不少关于构式形成的研究，只是没有用构式语法化这个术语而已，如张伯江（1999）、洪波（2003）、袁毓林（2004）、江蓝生（2005）、刘丹青（2005）、张谊生（2005）等都曾对相关的句式和构式的形成做过研究。因此，我们同意布林顿与特劳戈特（Brinton & Traugott）（2005：99）的看法，语法化的研究对象可以"包括词串、构式、词汇性词项和语法性词项"等储存于词库的任何东西。我们认为只要语言现象演变过程的输出端（output）具有形式的固定性和语法功能的稳定性，那么，对于具有这样特征输出端的语法单位的形成过程都可以看成是语法化过程。也就是说，语法化的输出端不一定要是一个虚词，甚至可以不是一个词汇项，它可以是一个构式等。已有涉及"构式语法化"这一术语的研究成果较为侧重的还是一定结构式中虚词的语法化（如彭睿，2007；刘红妮，2009），我们需要更多的是对结构式本身的语法化过程进行探讨。已有研究中，构式历时语法化有杨永龙先生（2009）对"连X+都VP"构式的研究，构式共时语法化有李文浩先生（2009）对"爱V不V"构式的研究以及雷冬平、胡丽珍（2009）对"V+个+詈语名词"构式的研究。吴福祥先生（2005）就曾指出汉语语法化研究的当前课题的第一项就是结构式语法化的研究，理由是近年来，国外语法化学界特别关注"结构式"（constructions）的语法化研究，且大量的研究表明，语法化过程涉及的并非单个词汇或语素而是包含特定词汇或语素的整个结构式。

（二）构式的省缩、焦点的凸显与"最/再+X+不过"构式的形成

因此，对于构式"最/再+X+不过"，我们不仅要知道它的构成、句法和语用功能，更重要的是要了解这个构式是怎样形成的，要做到不但知其然而且知其所以然。我们先来看下面的一组例子：

（55）他再巧也巧不过八路军。
（56）我们境况再难也难不过他们，这书一定要坚持送！
（57）玉琴同志，最亲亲不过夫妇，他有什么毛病总瞒不过你去。
（58）再远远不过西藏，再苦苦不过阿里，想想孔繁森同志，我们没有理由不把艰苦地区的群众放在心上。

以上的格式我们抽象为"N_1最/再+A+（也）+A+不过N_2"，"再"在这种句式中，含有"更"和"最"的语义，并且后面可与语气词"也"连接，表达形状程度的最高量级，形成一个含有最高量级假设意义的紧缩复句，整个结构表示"N_1的性状（A）无论怎样程度高也超不过N_2的A"之义。在这一否定比较句中，N_1为比较物，N_2为被比较物，比较的目的是为

了突出 N_2 的性状程度高。如例（55）的意思就是"他无论怎样巧也超不过八路军（巧）"。因此，在这种句式中的"不过"还是一个词组，意思为"不超过"。当 N_1 是 N_2 的上位概念时，N_1 可以省略，如例（57），其意义应该是"人与人的关系最亲也超不过夫妇的关系亲"。种概念（上位概念）的省略是非常重要的，因为在最高级别的比较句中，某事物具有最高的某种属性总是就一定范围来说的，这个范围就是种概念的范围，从认知上来说，这是一个不言而喻的范围，因此可以省略而不影响语义的表达，如说"他最坏"，是说"他比其他人坏"，他"坏"的属性是在"人"这个种概念的范围来说的。于是我们可以看到以下这样的用例：

(59) <u>再亲不过舅舅亲</u>，打断骨头连着筋。

例（59）的原型句式应该同例（55）—例（58），为"（你与别人）再亲（也）亲不过舅舅"，例（59）将后一"亲"置于 N_2 后，其目的是使得句子更利于理解。我们在理解例（55）—例（58）时也是将第二个 A 置于 N_2 之后，这种后置的目的是为了更好地识解句子。霍金斯（Hawkins）（2006：57）曾提出，"直接成分尽早识别原则"（Early Immediate Constituents，EIC），认为这一原则能够使"在语言运用中，句法的词组和他们的直接成分（ICs）能够尽可能快和有效地得到识别（和产生），成分的不同序列造成或快或慢的直接成分识别。"如：

(60) a. I gave the valuable book that was extremely difficult to find to Mary.

  b. I gave to Mary the valuable book that was extremely difficult to find.

Hawkins 认为（60b）比（60a）对 VP 的三个直接成分（V，NP，PP）提供了更快的判断。因为（60a）和（60b）的 VP 有着不同的成分识别域（constituent recognition domains），（60a）比（60b）的 VP 有着更复杂的结构域。如果识别域是一种结构域，那么越简单的结构越容易被识别。也就是说，语义的表达内在需要外化成一种与语义一致的简单结构，这其实符合语言的经济原则。表达相同的语义,当然句法结构越简单越好,节点(node)的结构越简单、越能够即时识别越好。"不过舅舅亲"就比"亲不过舅舅"的意义更容易识别,因为前者"亲"所管辖的"舅舅"与之在一起构成一个节点,而后者把本该在一起的"舅舅"与"亲"进行了分开,造成了更复杂的结构,因而在识别上更困难。因此,从例(58)到例(59)的变化是语言表达为了更好理解和识别的需要。由于经济的需要,在"N_1最/再 A 不过N_2A"句式中,N_2的 A 可以承前省略,就形成例(61)这样的句式:

(61)最毒不过妇人心。

这里的 N_1 也因为是"妇人心"的上位概念"人心"或者"事物"而省略了,其完整的源构式发展到现在阶段的过程是:"事物最毒(也)毒不过妇人心"→"事物最毒(也)不过妇人心毒"→"事物最毒(也)不过妇人心"→"最毒不过妇人心"。前文我们说过,这种比较句式的语义表达目的是强调突出 N_2 的 A 的性状程度高,即"N_2最 A"之义,那么,根据 Hawkins 的"直接成分尽早识别原则",作为宾语的 N_2 有提前的需要,使 VP(最 A)与 N_2 构成一个句法节点,并使意义表达和句法形式尽量保持一致,形成"妇人心最毒不过"的表达形式①。这正如沈家煊先生(2004:35)所说,这个宾语提前的演变过程涉及"宾语的话题化"和"话题的主语化"②,因此,我们能够见到这样的文献用例:

(62)雪岩,你最聪明不过。
(63)坐在餐桌边,边吃喝边赏景,最惬意不过了。

这是宾语话题化的结果,话题一旦主语化,就变成以下句式。如:

---

① "最毒不过妇人心"这个表达式没有变成"妇人心最毒不过",是因为前者已经成为一个俗语性质的表达式了,因此它有足够强大的约定俗成的习惯力来抵制这种演变。
② 沈家煊先生(2004:35)对"最/再……不过"格式形成过程的推导虽然是基于内省的,但关于宾语话题化和话题主语化的过程是符合语言事实的。可能由于文章主题和篇幅的原因而未对格式的形成动因加以说明。

(64) 我做人最随和不过。

(65) 搬家最简单不过，无非两只脚抬一个身体，两个肩膀扛一个头。

结构演变到这个阶段就完全形成了现代汉语中常见的"最/再+A+不过"这一构式，现代汉语中有大量的用例（例详见文章前三节）。对构式"最/再+A+不过"的语法化过程的描写，我们主要是借助现代汉语共时平面的语料寻找结构形式演变的连续统，进而拉伸展现了看似折叠了的语法化递进过程，这是共时语法化研究的基本手段之一。构式在 X 为形容词（A）的源构式中形成后，又进一步扩展，使得可位于 X 位置的成分不断增多，由形容词扩展到心理动词、一般动词、词组以及句式等，最终构成更大范围的构式"最/再+X+不过"（详见第二节）。

这样说来，构式"最/再+X+不过"是不是到现代汉语中才形成的呢？答案是否定的，因为我们在清代就可以看到这种构式的用例。如：

(66) 我金荣胆量是再小不过，经不住被吓。（清·坑余生《续济公传》）

清代的这种构式，也是在清代的这个共时平面上通过语用推理而形成的。因为在清代也同样能够看到像上文例（55）—例（65）这样的语用推理过程中使用的例句。① 如：

(67) 凤丫头凭他怎么巧，再巧不过老太太去。（清·曹雪芹《红楼梦》第三十五回）

(68) 滑再滑不过你了，也不知真话哟，也不知赚人呢。（清·

---

① 沈家煊先生（2004：35）推导"最/再……不过"格式形成的例句是"范家老奶奶……是个和气不过的老人家（《儒林外史》）"，此例所包涵的格式是"X 不过"而不是"最/再 X 不过"，这容易让人误解构式"最/再……不过"的形成是在"A 不过"的基础上形成的，因为推导过程中涉及"最/再"的添加、省略然后再添加，这似乎不是十分妥当，因为整个推导过程如果一直保留"最/再"的话则不够顺畅。而语言的事实是，"最/再"在构式形成的源构式中就一直存在。

文康《儿女英雄传》第三十二回)

(69) 老娘啊,<u>最狠不过妇人心</u>。(清·张杰鑫《三侠剑》第五回)

因此,清代的文献用例同样可以在语用逻辑推理下形成构式"最/再+X+不过",而不需要经过一个历时的过程而到现代汉语中形成。① 我们以例(67)为对象看同一例句的逻辑推导过程(前文现代汉语中的推导过程是根据语料库调查用了不同的例句),这样更直观些。如:

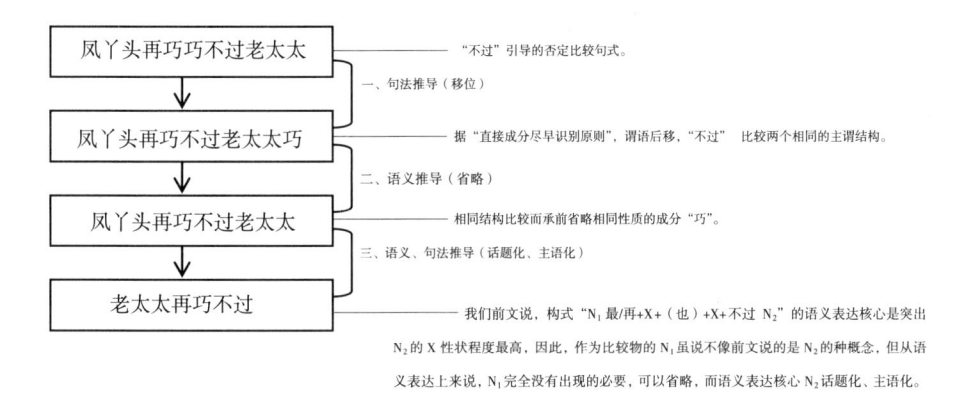

| 凤丫头再巧巧不过老太太 | ——"不过"引导的否定比较句式。 |
| 一、句法推导(移位) |
| 凤丫头再巧不过老太太巧 | ——据"直接成分尽早识别原则",谓语后移,"不过"比较两个相同的主谓结构。 |
| 二、语义推导(省略) |
| 凤丫头再巧不过老太太 | ——相同结构比较而承前省略相同性质的成分"巧"。 |
| 三、语义、句法推导(话题化、主语化) |
| 老太太再巧不过 | ——我们前文说,构式"N_1最/再+X+(也)+X+不过 N_2"的语义表达核心是突出 N_2 的 X 性状程度最高,因此,作为比较物的 N_1 虽说不像前文说的是 N_2 的种概念,但从语义表达上来说,N_1 完全没有出现的必要,可以省略,而语义表达核心 N_2 话题化、主语化。 |

因此,N_1 与 N_2 即使不是种属概念的关系,由于"不过"比较句式的语义逻辑是突出 N_2 的性状最高,因而语义焦点突出的需要也会使得 N_2 占据 N_1 的位置。所以,构式"N_2 再 X 不过"获得的是源构式"N_1 再 A (也) A 不过 N_2"的语义,这种语义是通过逻辑推理获得的,表达的是极性程度副词的语义,相当于"极其"等。这个语义获得的过程其实包含了一个三段论式的推理过程:

N_1 具有 X,N_2 也具有 X。

N_1 的 X 无论如何程度高也超不过 N_2 的 X。

---

① 赵新(2000:76)曾指出:"普通话中,'A 不过'已变化为'再(最)A 不过'。"这种论断是不符合语言事实的。据我们的调查,赵文所指的"再(最)A 不过"在清代就已有不少用例,且"A 不过"与"再(最)A 不过"两个构式不存在衍生关系,因为无法解释"最/再"的出现,二者的形成其实有着不同的来源。"A 不过"的形成可参看沈家煊先生(2004)的相关论述。

N_2 的 X 程度高到不可超过。(即程度最高)

因此，我们所探讨的构式"最/再+X+不过"的语义是"X 到无可超越（比拟）"。这个语义是比较具体的，从这个具体的语义再抽象就是极性程度副词"极其"之义。如"雪岩再聪明不过了"就是"雪岩极其聪明"之义。那么二者是不是完全一致呢？当然不是，两者还是存在一些细微的差异，如果深究的话，"再聪明不过"仍然保留了源构式中的比较意义。因此，"极其聪明"是较为笼统的、静态的极性概括，而"再聪明不过"则是较为具体的、动态的极性概括。二者的这种差异在理性意义理解的时候体现得不是很明显，而在句式的语用选择时则会体现出来。

五　结语

本节在描写构式"最/再+X+不过"的构成和功能的基础上，通过大量语料的调查和分析，得出构式共时语法化的逻辑推理过程。从这个过程中，我们可以看到，最初应该是在构式"N_1 最/再+A+（也）+A+不过 N_2"的基础上形成"最/再+A+不过"，然后通过扩展而形成多种形式的构式"最/再+X+不过"，充当 X 的成分由最初的形容词扩展到心理动词再到一般动词、名词，甚至扩展到短语和句式。如我们上文所说，在构式"最/再+A+不过"中如果还保留有源构式的比较的、动态的意义的话，那么到了 X 为短语的构式如"妈妈是最喜欢他不过了"、X 为兼语结构的构式如"这消息最令我开心不过了"中，构式"最/再+X+不过"已经很难看出"不过"所表示的这种比较意义，它们已经是一个浑然一体的构式，它们的形成是 X 为形容词构式结构扩展的结果。

构式"最/再+X+不过"形成并扩展后，"不过"的功能似乎和"A 不过"中的"不过"一致了，难怪沈家煊先生（2004：35）将两种构式认同为是性质一致的成分，将它们称为"附着词"。如果构式"最/再+X+不过"中的"不过"真是表示程度的成分，那么这个构式就是一种通过强调程度副词来突出"X"的构式，那么其形成过程就是"最/再+X"和"X 不过"两个构式糅合（沈家煊，2006a、2006b）的结果，然而这样的推断与语言事实相去甚远。因此，我们认为，不宜对一个凝固成型的构式中的构成要素做句法分析，它是一个整体，因为无论是作 [[最/再+

X]+不过]的切分,还是作[最/再+[X+不过]]的切分,都不符合源构式的深层结构,尽管构式具有改变其构成要素的性质并为之赋义的功能。但同时我们更应该重视构式的构成要素亦有从源构式遗传获得语义的功能,如"不过"宜当成词组而不应当为词,更不能当成附着词,与"A不过"的"不过"有相同的句法位置纯属巧合,否则,构式中所蕴含的比较意义则成了无源之水,语言的外在形式的现状特征必然反映了它之所以这样的某种原因,如果"不过"是表示程度的附着词,其语义只不过是对"最/再"的重复,那么这种羡余成分就没有存在的必要,但是,"不过"在长期的语用过程中并没有脱落,是因为"不过"继承了源构式中"不过"的比较意义,正是有这一遗传因子,才使我们发现构式"最/再+X+不过"与源构式"N_1最/再+A+(也)+A+不过N_2"的衍生关系。另外,把这种构式中的"不过"当成"A不过"中的"不过",还无法解释相同性质构式"最/再+X+没有"中"没有"的性质,[①] 人们一般不将"没有"认为是"附着词",那是因为"没有"不存在"A没有"这样的构式,就不容易造成误解。因此,"最/再+X+不过"构式中的"不过"也同样不能误解为是表程度的附着词。构式成分的语义遗传功能还表现在"最/再"的上面,二者不能为其他的单音节极性程度副词(如"很""特""极""顶"等)替换,那是因为"最/再"不仅仅是表示程度,仔细辨析的话,它还有遗传自源构式的"假设"语义(吕叔湘,1980:569)。

通过研究发现,所谓的构式语义,它不是一种自在存在,而是一种自为存在的意义,它的存在有其形成过程。虽然构式整体难以切分,但其意义来源并非不可探求,构式的意义是通过源构式的句法组合序列得到的,这种意义可以通过探讨构式的形成过程而得知其来源。构式语法化的研究则有助于弄清构式"最/再+X+不过"的一些子构式之间的类推和扩展的关系,同时也有助于我们弄清楚它的"极其"程度语义的获得。因此,构式在教学和习得中,知其然与知其所以然二者都是应该加以充分重视的。

[①] 对于构式"最/再+X+没有"的语法化过程及"没有"的性质,我们将另文探讨。

第二节　构式配对与双音虚词的形成

一　引言

前一节我们谈到诸如"最/再+X+不过"这样的框式结构，这种框式结构的特点是两个恒项成分之间的前后配合固定使用，其语序是一定的，而且中间间隔有一些变项，这些变项使得构式具有较高的能产性。我们提到的这种框式结构还只包括前后两个恒项不相同的情况，如"非……不可""连……也/都"等。其实框式结构中有一种比较特殊的格式，即前后两个配合使用的恒项是一样的，形成一种配对的形式，这种格式在汉语中还比较常见。如"一边……一边……""一面……一面……""一壁厢……一壁厢……""或……或……""抑……抑……""越……越……""……也好，……也好"以及"……也罢，……也罢"等。在这类配对型的构式中，构件的虚化和构式的形成是同步的，构件只有在这种格式中，才能获得它们的虚词功能。在本节中，我们主要探讨"……也好，……也好"以及"……也罢，……也罢"这两种配对型构式的形成以及"也好""也罢"虚词功能的获得。对这两种格式的研究已有一些成果：雷冬平（2006，2009），雷冬平、胡丽珍（2008）以及卢烈红（2012，2013）对这种配对型构式中的"也好"和"也罢"的形成和功能都做出了一些有益的探讨。

二　语气助词"也罢"的功能①

（一）对"也罢"的误识

《汉语大词典》（第一卷第767页）【也罢】条中义项（1）释为"助词。罢了，算了"。例证为：元·王实甫《西厢记》第一本第一折："小生便不往京师去应举也罢。"雷文治主编的《近代汉语虚词词典》（第

---

① 本小节"也罢"的演变及功能内容曾发表于《北方论丛》2008年第4期。

52页）义项1释为"表示限止的陈述语气助词，意为'算了'。"同样也是以王实甫《西厢记》中的句子为例。此外还有一例，即明·施耐庵、罗贯中《水浒全传》第二十四回："武松见武大眼中垂泪，又说道：'哥哥便不做得买卖也罢，只在家里坐地，盘缠兄弟自送将来。'"

二词典都将所举例子中的"也罢"释为语气助词，值得商榷的。

首先，《近代汉语虚词词典》认为它是"表示限止的陈述语气"，从编者所举的例子来看，"限止"应该是"限制、阻止"之义。其实不然，在元代戏曲中也常见到以下的例子：

(1) 俺一家儿便死了<u>也罢</u>，这小舍人休想是活的。（纪君祥《赵氏孤儿大报仇》第一折）

(2)（正旦云）嗨！姑姑，这终身之事，我也曾想来：若有似俺男儿知重我的，便嫁他去<u>也罢</u>。（关汉卿《望江亭中秋切鲙》第一折）

雷氏的"限止"功能是从否定的例句中得出的，因此，释义值得商榷。

其次，二词典中所举例证中的"也罢"还没有凝固成语气助词，而是属于不同句法层面的语法成分。不然，以下句式相同的两例难以解释。

(3)（芊建云）将军，你早知有这今日，当初临潼关上便不立的功劳<u>也罢了</u>。（元·李寿卿《说鱄诸伍员吹箫》第一折）

(4)（阮肇云）兄长，这等看来，我和你便不归家<u>也罢了</u>。（元·王子一《刘晨阮肇误入桃源》第三折）

当然，冯春田（2003：255）是将"也罢了"看成是语气助词，但是我们认为，这两例是"便……也"句式与"罢了"连用。孙锡信（1999：186—187）认为"罢了"是"罢"和"了"的组合。"罢"和"了"本都是动词，意思是"完结""结束"，组合在一道，"罢了"仍是"结束""完了""算了"的意思，常用来充当谓语。"罢了"作谓语时，由于用在句末，因此也有表语气的作用，通常是表示容忍、让步，带有"只好如此""就这样算了"的意味。因此,孙锡信把这类"罢了"看成是实义动词构成的兼有表达语气功能的语气短语。我们且不论"语气短语"的称呼是否妥当,但是,此时的"罢了"毕竟还没有凝固成词。也就是说,在与"便是……也"句式相连用的时候,"了"由于句子节律和句尾稳定性等的因素而常常省略,构成二词典例中以及例(1)和例(2)中的情况。这在下文还要详述。

(二)"也罢"的功能

作语气助词,"也罢"一般连用,表示不以某种情况为条件,也就是事情的结果不会因为出现的情况改变。相当于"无论……也"或者"不管……都"句式所表达的句法语义,这种"也罢"完全形成于明清时期。如:

(5) 你伏侍别人,还相在我手里那等撒娇撒痴,好<u>也罢</u>,歹<u>也罢</u>,谁人容的你!(明·兰陵笑笑生《金瓶梅》第六十二回)

(6) 真病<u>也罢</u>,假病<u>也罢</u>,我半夜三更,不往前去!(清·西周生《醒世姻缘传》卷二)

(7) 赚钱<u>也罢</u>,不赚钱<u>也罢</u>,且躲躲羞去。(清·曹雪芹《红楼梦》第四十八回)

(8) 如今晚儿是少爷咧、少奶奶咧,都藏到自己屋里享福了,老两口子管他咽住了<u>也罢</u>,呛出来了<u>也罢</u>,谁还管谁的死活!(清·吴趼人《二十年目睹之怪现状》第八十七回)

《近代汉语虚词词典》忽略了"也罢"的此功能。

三 语气助词"也罢"的语法化过程

(一)代词+也罢(了)

(9)(未照前与外说介)(外)这<u>也罢</u>,只要志诚便了。(元·无名氏《刘知远白兔记》第四出)

(10)(卜儿云)这个<u>也罢</u>。自你去后,我终日思念你。(元·尚

仲贤《洞庭湖柳毅传书》第四折）

"罢"为动词，义为"算了"。"也"在句中为语气副词，表示委婉语气，修饰"罢"。这种结构中，"也"也常用来修饰"罢了"，如：

（11）自应举去后，命运未通，功名不遂，这也罢了。岂知到的家来，事事不如意，连我祖遗家财埋在墙下的都被人盗去。（元·郑廷玉《看钱奴买冤家债主》第二折）

（12）瞒不过你，我做了三十年总管，功劳簿上，怕有我一个字儿！这个也罢了，他又要搣折了摩利支的腰脊骨。（无名氏《摩利支飞刀对箭》第二折）

从"也罢"相当于"也罢了"的功能来看，"也"与"罢"或"罢了"是不同层面的句法成分。以上例中，"罢"或"罢了"在句中充当谓语，表示对已经发生的事情的一种容忍。

（二）VP+也罢（了）

（13）不来也罢，且教孩儿你家住者。（王仲文《救孝子贤母不认尸》第二折）

（14）不借我呵也罢，当着你热我凉。（吴昌龄《西游记》第十九出）

与 VP 联合使用的"也罢"的性质和与代词联合使用的"也罢"是相同的，其中"也"也可以修饰"罢了"形成"也罢了"的结构，如：

（15）（须贾云）丞相，这都是旧话，不提他也罢了。（高文秀《须贾大夫谇范叔》第四折）

（16）（梁尹云）不吃茶也罢了，我与新状元回私宅中饮酒去。（石子章《秦修然竹坞听琴》第三折）

这种结构中的"也罢"和"也罢了"同样是表示动作 V 的一种建议、

限止和接受等语气。此时的 VP 结构强调的不是动作，而是整个事件，VP 结构相当于话题，而"也罢"或者"也罢了"是对话题的一种陈述，表达一种容忍接受的态度。

(三) 便……+也罢（了）

这种句式的结构划分应该是"便……也+罢（了）"，"便"相当于"如果、即使"，引导的是一个假设分句，整个结构是一个紧缩的复句，这种结构中的"也"和"罢"或者"罢了"就像前文所说的，它们不是同一句法层面的成分。如：

(17)（搽旦云）便与我断了酒，断一年<u>也罢</u>。（元·高文秀《好酒赵元遇上皇》第一折）

(18)（正末云）兄弟，<u>便</u>迟些儿来<u>也罢</u>。（元·郑廷玉《布袋和尚忍字记》第二折）

在这类结构中，如果没有"也罢（了）"，句意是不完整的，句子不稳，加上"也罢（了）"，这个结构的句法意义是："如果（即使）……也算了。"另外，这种表示假设的句子一般在整个句段中起意义铺垫作用，后面一般还接有反问句来表示意思的递进。如：

(19) 那郑小姐这等薄情，他<u>便</u>不来看我<u>也罢了</u>，难道小姑也差遣不得？（元·石子章《秦修然竹坞听琴》第四折）

(20)（叫疼科云）范雎，你好苦也！大夫，你好狠也！你便打死我<u>也罢了</u>，怎么丢在厕坑里？（元·高文秀《须贾大夫谇范叔》第二折）

这种结构中，"便"也往往可以省略。如：

(21) 你不肯<u>也罢</u>，如何将行者污我牡丹？（元·吴昌龄《花间四友东坡梦》第二折）

(22)（正末云）哥哥打了您兄弟<u>也罢</u>，可怎生不用就赶下山去？（元·李文蔚《同乐院燕青博鱼》楔子）

例（21）也可以说"你便不肯也罢"；例（22）则可说"便打了您兄弟也罢"。此二例的结构和表达方式与例（19）和例（20）是相同的，都是"主语+（便）+VP$_1$+也罢（了），反问语气词+VP$_2$?"形式，表达"主语的VP$_1$是可以容忍或者接受的，而VP$_2$是意想不到或者不愿意忍受的"这种句法意义。

甚至，这种结构可以为了强调VP$_1$中的某个人或者事情，结构的前半部分可以省略成"名词+也罢"。如：

(23)（郭云）且住者。我吃了他的残茶，我是他道伴；俺浑家吃了他的残茶，倒和他为仙友。道伴<u>也罢</u>，这仙友可难为。看起来俺老婆养着你哩！（元·马致远《吕洞宾三醉岳阳楼》第二折）

"道伴也罢"应该是"便为道伴也罢"的省略，全句的意思是：假若作为他的道伴也还容易，但作为他的仙友则很困难。"也罢"铺垫"道伴"，突出"仙友"的难为。

（四）（假）若……，（则/就）……+也罢

(24) <u>假若</u>秀才藏过，<u>则</u>说无<u>也罢</u>，可怎生舒心还此带？（元·关汉卿《山神庙裴度还带》第三折）

(25) 行者暗笑道："……<u>假若</u>被他摩弄动了啊，留他在这里<u>也罢</u>。"（明·吴承恩《西游记》第八十二回）

(26) 八戒道："菩萨呀，<u>若</u>肯还我师父，<u>就</u>磕他一个头<u>也罢</u>。"（明·吴承恩《西游记》第四十一回）

这种结构所表达的意义与例（17）和例（18）相同，都是"如果（即使）……也算了"。不同的是前者的结构包含了两个VP，形成"（假）若VP$_1$，（则/就）VP$_2$也罢"，是后者结构的扩展。冯春田（2003：255）将这种结构中的"也罢（了）"分析成语气助词，值得商榷。因为整个句式中，也罢是与关联词联合使用的，是不可以缺少的。但是，这种结构后半部分也可以省略作"名词/数量词+也罢"。如：

（27）小二哥，打二百钱脑儿酒来，若没好酒，浑酒也罢。（元·官大用《死生交范张鸡黍》第一折）

（28）若无桑椹子，马莲子也罢，吃下去倒消食。（元·刘唐卿《降桑椹蔡顺奉母》第二折）

以上两例中，"也罢"名词前都省略了动词"有"。甚至连"若"引导的分句也可以一起省略，形成：

（29）（正末云）你听波，一间也罢。张郎，将二百两钞来与引孙。（元·武汉臣《散家财天赐老生儿》楔子）

"一间也罢"是"若不住两间，住一间（草房）也罢"的省略。因为通过上下文可以知道，这句话是刘从善要侄儿引孙住到庄头两间草房时说的，但引孙要用其中的一间来圈驴，所以刘从善说"住一间屋子也罢"。

（五）……也罢，……也罢

上文（三）中的"名词+也罢"结构、（四）中的"名词/数量词+也罢"结构与（一）中的"代词+也罢"已经完全不同。"代词+也罢"中，"也罢"是动词短语充当谓语；"道友也罢"中，"也罢"承当了假设句中前半部分的让步语气；特别是到了"一间也罢"中，"也罢"承担了整个假设句的功能，是句式省略简化的结果。其实，例（27）同样也可以说成：小二哥，浑酒也罢，打二百钱来。句式演变到这一步，语气词"也罢"已经形成，这时，一般"也罢"不能接"了"，形成"也罢了"。

因为假设其实也是一种条件，而且"也罢"联合使用的结构所列举的条件往往是对立的双方［例子详见第一小节中（二）中的例5—例8］，当事物的两个方面都不影响结论时，也就是说，命题的真假不受任何条件的影响，"也罢"连用的语气助词功能也就形成。如：

（30）西门庆道："你二位后日还来走走，再替我叫两个，不拘郑爱香儿也罢，韩金钏儿也罢，我请亲朋吃酒。"（明·兰陵笑笑生《金瓶梅》第三十二回）

(31) 你有饭吃也罢,没有饭吃也罢;衣裳你冷也罢,热也罢,与我绝不相干。(清·西周生《醒世姻缘传》第九十五回)

(32) 袁堡屏《说"奖"》:"但这种种奖,你说它是赝品也罢,你说它恶劣也罢,你说它无聊也罢,它到底还是奖!"(《人民日报》1995年1月16日)

(33) 中国人,无论你是什么样的人物,是国家领导也罢,是"大腕"明星也罢,是"走红"作家也罢,是春风得意的新兴资本家也罢,在他们面前,你其实都没有什么值得自视甚高的资格。(梁晓声《狡猾是一种冒险》)

例(30)中,这个句式是"不拘……也+罢"的结构。"不拘"即为"不论、不管"义,为条件连词。此例其实是有后续句的,只是后续句承接前句省略了。该例可理解成"不拘郑爱香儿也罢,韩金钏儿也罢,再替我叫两个"《汉语大词典》(第一卷第418页)。有解,金·董解元《西厢记诸宫调》卷五:"想夫人处必有佳馔,烦汝敬谒,不拘多寡,以疗宿饥,可乎?"从此,我们更可以看出:"也罢"连用的语气助词功能其实就是无条件假设句省略了前面的关联词而形成的,表示不以某种情况为条件。

因此,判断"也罢"成为语气助词的标志应该是:第一,形式标准,"也罢"形成连用,"也罢"一般不再与关联词连用,"也罢"后面一般没有"了";第二,句法意义标准,"也罢"不再句中充当句子谓语,没有了述谓功能,它的句法语义是整个句式省略前的融缩。

从上可知,"也罢"的语气助词功能形成于明清时期。它的形成是因为句中不同层面的句法成分长期形成线性序列,加上句中连词的省略,因而促成其语法化。但是它在句中不是简单地继承了二者词义的累加,而是包含了省略连词后的整个句式的语法意义。"也罢"并列连用,对举出矛盾的双方,以达到不以任何事物为条件的目的。这样,与其连用的成分基本是前后一致的,这些成分可以是NP、VP、AP等,甚至可以是一个句子,形成"NP(VP/AP/S)+也罢,NP(VP/AP/S)+也罢"结构。这种功能到现代汉语中有了进一步发展,由于语用的需要,这种连用结构可以扩展到三个甚至是四个部分一起并列连用。

四 语气词"也好"的语法化过程[①]

"也好"的语法化路径和"也罢"具有极其相似之处,搭配的成分都是从 NP 扩展到 VP,所处的句法环境都是从单句扩展到假设复句,然后又省略压缩成一个配对型构式。

(一) NP+也好

这种结构中,"也好"还只是一种线性的连续体,是两个不同成分的连用。"也"是表示委婉的语气副词,"好"是一个形容词。"也好"表示对事物的性状、人物的言行举止等的一种委婉评判,相当于"也可以、也行",它在句中充当谓语。如:

(34) 曰:"伊川求之太深,尝说:'三百八十四爻,不可只作三百八十四爻解。'其说也好。而今似他解时,依旧只作得三百八十四般用。"(宋·黎靖德《朱子语类》卷六十六)

(35) 此意思也好,也有病。(宋·黎靖德《朱子语类》卷九十五)

(36) 如范氏说,也说得去,然不消如此。谢氏说得意思也好。(宋·黎靖德《朱子语类》卷二十四)

(37) 因言:"通书数句论乐处也好。……"(宋·黎靖德《朱子语类》卷三十一)

"也好"是不同层次上的线性组合可以从例(2)中更清楚地看到,在相反的意义表达中,相同的结构体现"也"修饰"好",同时它也修饰"有病"。

(二) VP+也好

这种结构是"NP+也好"结构功能扩展的结果,因为在汉语中,不仅是 NP 能够充当主语,VP 同样可以充当主语。"也好"的性质在两种结构中是相同的。如:

[①] 本小节"也好"的演变及功能内容曾发表于《牡丹江师范学院学报(哲学社会科学版)》2009 年第 6 期。

（38）"会"字，张葆光用"齐"字说，说得几句也好。（宋·黎靖德《朱子语类》卷六十八）

（39）又问："泳欲谓戒惧是其常，慎独是慎其所发。"曰："如此说也好。"（宋·黎靖德《朱子语类》卷六十二）

（40）又云："能久从师去也好。"（宋·黎靖德《朱子语类》卷二十二）

（三）若（如）……也好

这种结构中，语气副词"也"与前面的连词"若"是相关联的，"也"字不可缺少，它不但修饰"罢"，而且在句中与"若"形成一个表假设的紧缩条件复句。如：

（41）曰："若编得也好。只恐言仁处或说著义，言性处或说著命，难入类耳。"（宋·黎靖德《朱子语类》卷九十七）

而且，"若……也好"结构可以连用，连用时，后一结构中的"若"常省略，形成"若（如）……也好，……也好"的结构。如：

（42）若理会得也好，理会不得也好，便悠悠了！（宋·黎靖德《朱子语类》卷一百一十七）

（43）如云佛氏也好，老氏也好，某定道他元不曾理会得。（宋·黎靖德《朱子语类》卷一百二十）

如例（42）"也好"还是表示对前面成分的一种委婉肯定，句义是说，如果理会得也认为好，理会不得也认为好，那就是懒散不尽心了。例（43）中的"也好"也是同样的用法，整句表达"如果认为佛家也好，道家也好，那我肯定认为本来就不曾理解"之义。这种例子还不少，有"NP+也好"如：

（44）盖公本是个好底人，子也好，孙也好，族人也好。（宋·黎靖德《朱子语类》卷八十）

也有"VP+也好"结构,如:

(45) 陈著《青玉案》:"时光渐渐春如许。何用怜春怕红雨。到处空飞无实据。花开<u>也好</u>,花飞<u>也好</u>,此意须双悟。"(《全宋词》卷四)

(46) 林子武说诗。曰:"不消得恁地求之太深。他当初只是平说,横看<u>也好</u>,竖看<u>也好</u>。今若要讨个路头去里面,寻却怕迫窄了。"(宋·黎靖德《朱子语类》卷八十)

这两种结构的连用并不是条件的例句,而是从事物的两个方面去加以肯定。如例(44)为了强调"公本是个好底人",所以用了排比的句式来夸张肯定;例(45)肯定强调"花开、花飞"都有它的意境,值得去领悟;例(46)是一个因果句,"(因为)他当初只是平说,(所以)横看也好,竖看也好。"还是从不同的侧面对当初"说诗"的肯定。

(四)"……也好,……也好"

因此,以上所说结构的排比与语气助词"也好"连用功能是不相同的。只有当"若(如)"引导两个相对立的条件得出相同的结果,也就是说,"……也好,……也好"配对句式的后面有一个结果分句,这个结果分句是不因为前面的原因发生而改变的,这时,作为语气词的"也好"才完全形成。因为命题涵盖矛盾的两个方面,所以命题的真值性不会受到条件的影响。世界的范畴莫不是包含了两个对立的矛盾,人们在认知世界的时候也就把矛盾的双方当成了事物的全部。即在"也好"的对举配对的语境中使用时,语气助词"也好"才得以形成。如:

(47) 良知明白,随你去静处体悟<u>也好</u>,随你去事上磨练<u>也好</u>,良知本体原是无动无静的。(明·王阳明《王阳明全集·知行录三》)

(48) 谁管你做贼也好,养汉也好,横竖我这里不留做贼养汉的人。(清·陈少海《红楼复梦》第六十回)

(49) 任凭他们恼我也好,不恼我也好,尽了我的心就是了。(清·归锄子《红楼梦补》第二十一回)

(50) 人家说我汉奸也好，说我排满也好，由他们去吧！(清·曾朴《孽海花》第四回)

　　(51) 你多报效也好，少报效也好，不过借此为名，总管好替你说话。(清·李宝嘉《官场现形记》第二十五回)

　　其中，例(47)表达的是"无论去静处体悟还是去事上磨练，良知都是无动无静的"之义；例(48)表达的是"无论你做贼养汉，我都不收留"之义，例(49)表达的是"无论他们恼不恼我，我尽我的心就是了"之义；例(50)表达的是"无论说我汉奸还是说我排满，我都不在意，由他们说去吧"之义；例(51)表达的是"无论多还是少，你总得报效一点，这样才好有理由为你说话"之义。总之，它们所表达的都是"不以某种情况为条件"。也就是说这种结构的连用，所表达的句法语义是：情况的结果或者推理的结论不会因为某种条件而转移。"也好"这种功能的形成和"也罢"功能的形成一样，都是人们认知世界矛盾对立体的结果。

　　这种不以某种情况为条件的句尾语气助词的功能和"也罢"是一致的，形成时期也大致相当，都是在明末清初时期。当假设连词完全脱落时，"也好"的连用完全承当了整个句式的功能，语气词功能也就完全形成。它的成词判断标准也和"也罢"是基本一致的。

　　因此，判断"也好"成为语气助词的标志也应该是：第一，形式标准，"也好"形成连用，"也好"一般不再与关联词"若(如)"等连用；第二，句法意义标准，"也好"不在句中充当句子谓语，没有了述谓功能，它的句法语义是整个假设句式省略前的融缩。

五　语气助词"也好"的语义语用分析

(一)"也好"的语义分析

关于"也好"的语义，吕叔湘先生(1980：525—526)在"也好"条云："同'也罢'，但语气较轻。"在"也罢"条下，解释为：

〔助〕1. 表示容忍或只得如此。

a. 多用于否定句的末尾。

他既然没有时间，我们暂时不去见他~。｜他大概不来了，不来~。｜他不同意~，不必勉强

b. 即使……也罢。可用于肯定句。

即使你没有作完~，以后再补吧｜即使你答应了他~，没关系。

c. 但用于句首。

~，你一定要走，我也不留你了

2. 连用两个（或更多），表示在任何情况下都如此。常与上文中的"不管""无论"等和下文中的"都、也"等呼应。

领导干部~，普通工作人员~，都是人民的勤务员。

从对"也好"条的释义看，"也好"完全等同于"也罢"。也就是说"也罢"所具有的语义，"也好"都具有。而实际情况并非如此，"也好"作为语气助词并不完全具有语气助词"也罢"的第 1 条语义。如 a 中的第一个例句，如果换成"也好"，是表示对"我们暂时不去见他"这件事情的一种肯定评判，而"也罢"则表示的是"算了、只能如此"之义，其他二例同此；b、c 功能中，"也好"似乎不能在"也罢"的语境中使用。

(52) 吴昊《韩玉亭之"心"·童心》："别人说我年轻漂亮，实事求是也好，奉承也好，我都喜欢听。"(《人民日报》1995 年 11 月 16 日)

(二) "也好"的连用格式

"也好"表示语气助词，还可以三个连用，例如：

(53)《论农业产业化》（社论）："在潍坊，无论是像寿光那样建立市场也好，像诸城那样发展龙头企业也好，像寒亭那样搞'一户一品''一村一品'也好，都首先是为了这两者的衔接。"(《人民日报》1995 年 12 月 11 日)

《现代汉语八百词》和《现代汉语词典》都指出"也好"表示的语气比"也罢"的较轻。其实，这不是词义本身所传达的，而是二者的语

音轻重所造成的。这一点我们可以从"也罢"与"也好"的交互连用看得出来。二者连用，可以构成"……也好，……也罢"或者"……也罢，……也好"的结构形式。这种形式从清代起就始见端倪，如：

（54）再不，把当铺里赚的利钱动十两给我也可；一半银子一半钱也罢，就光是钱也好。你圆成出来，我重谢你。(清·西周生《醒世姻缘传》第八十回)

句中的连用还不是严格意义上的语气助词"也罢""也好"连用，因为后一小句中的关联词"就"还没有脱落，因此，"也好"按照我们的标准还不是语气助词，但是这种句式的连用格式却是后代两者交互连用的开端。这种连用在20世纪二三十年代的作品中很少见到用例，50年代后，这种连用才多了起来。如：

（55）《从破旧的信说起——在东京大学讲台上》："看见的花也好，鸟也罢，都反映了诗人自己的心情。"(《冰心文集》卷五)

（56）雨水也好，泉水也罢，只要上了山，就再也收不住脚步，想止无术，欲罢不能。(陈宇《草地龙虎》第二十回)

（57）张贤亮《绿化树》："初雪把广阔无垠的大地一律拉平，花园也好，荒村也罢，全都失去了各自的特色，到处美丽得耀眼炫目，使人不能想象这个世界上竟会有几分钟之前发生的那种荒诞的丑剧，不能想象人会有那种种龌龊得对自己也没有什么好处的心地。"(《张贤亮选集》卷三)

（58）两朝帝师也好、四朝元老也罢，一切的累积，只是使后继者得以前进。(李敖《北京法源寺》)

我们通过调查冰心、鲁迅、老舍、巴金、郭沫若、胡适、丰子恺、庐隐、茅盾、苏曼殊、叶圣陶、艾青、张恨水、钱锺书、艾芜、孙犁、丁玲、赵树理、周立波、魏巍、高晓声、张承志、张贤亮、梁晓声、莫言、霍达、王朔、铁凝、李国文、路遥、王小波、贾平凹、李敖等几十位作家的作品，发现"也好""也罢"交互连用虽然已经形成，但是只在冰心、王小波、张贤亮、李敖等少数几位作家的作品中有一些用例，并且都是"……也好，……也罢"结构，据我们统计，共有 24 例。但不见"……也罢，……也好"结构的用例。我们只在调查《人民日报》（1995年）和《作家文摘》（1993—1997 年）的时候，各发现一例"……也罢，……也好"的结构。如：

(59) 赵玉琴、卞玉清的《名牌来自人才群》："事实已经充分表明，在现代企业中，市场上的一切竞争都可归结为人才的竞争，产品之争也罢，创牌之争也好，无不如此。"（《人民日报》1995 年 10 月 20 日）

(60) 杨旭《荣氏兄弟》："吴稚晖说：'只怕各位不肯赏光。馄饨也罢，面也好，用不着我吴稚晖掏腰包的。'"（《作家文摘》1994 年第 2 期）

从统计来看，在现代汉语中"也好"与"也罢"交互连用中，"……也好，……也罢"结构比"……也罢，……也好"结构的使用频率要高得多。造成这种语用频率差异的原因，我们认为是受汉语节律的影响，与句子的普通重音有关。冯胜利（1997：54—55）认为普通重音指的是一个句子在没有特殊语境情况下所表现出来的重音形式，而这种形式的特点是"后重"，也就是"重则靠后"原则。而"好"与"罢"的韵母开口度虽然差不多，但是前者的声母为晓母，因而"好"是一个清声母字，声母发音不需要震动声带；而"罢"在中古是并母字，属于全浊声母，在现代汉语中的发音虽不需要震动声带，但去声的"罢"自然在读音上要比上声的"好"重得多。所以，"也罢"一般位于"也好"与"也罢"交互使用结构中的后一部分。

六　结语

因此，"也罢""也好"作语气助词一般连用，表示不以某种情况为条件，也就是事情的结果不会因为出现的情况而改变，相当于"无论……也"或者"不管……都"句式所表达的句法语义，如在"你去也好，不去也好，我都会去"与"你去也罢，不去也罢，我都会去"这两个句子中，各在句中传达的语气和语义是相同的，无所谓轻重。而《现代汉语八百词》以及《现代汉语词典》所认为的"也好"比"也罢"表示的语气轻不是词汇本身所传达的，而是在交互连用时，由于语音上的轻重差异而造成了词义在语用上的语气轻重差异。另外，二词在形成过程上具有高度的一致性，都是假设复句省缩的结果。从二词的形成可见对举结构在汉语中是一种特有的语言现象，对举可带来语法的合法性，形成独特结构，且在结构中促使了双音节虚词的形成。

第三节 构式构件融合与双音虚词的形成[①]

一 引言

以 Langacher（1993）、Goldberg（1995，2006）等为代表的认知构式语法观是一种动态的语法观，主张以使用为基础（usage-based），把构式看作是从重复出现的客观事件中概括出来的某种意象图式的结构，而具体的不同的语句构式则是在这些构式框架中填入不同的构件而已。因此，Michaelis（2004）认为，构式实际上反映了象征规则（symbolic rules），即每一个构式都有一套自己的形态句法特征，而这套形式特征和一定的构式意义相对应。如果构式语义和构件语义发生冲突的时候，这些形义配对的象征规则可以强制构式中的词汇语义发生相应的改变，从而达到语义和谐（semantic concord）的目的。这种冲突中的强制，Michaelis（2004）借用生成词库理论（Pustejovsky，1991、1995）词语语义搭配中的物性结构中的压制（coercion）来表达，即压制是当构式的形态句法框架和填充到其中的词条语义发生冲突时，认知主体对二者进行协调所采用的方法通常是通过改变词条语义来满足句法框架的制约。

我们认为，构式压制会导致一个构式中不变量构件的语义发生变化，这种构式压制会导致构式构件在演变过程中发生融合。本节主要以"一+

[①] 本节内容曾发表于《湛江师范学院学报》2013 年第 4 期。

N+VC"构式的形成以及"一N"类副词的形成来研究构式构件融合和双音副词的形成。诸如"一屁股坐在地上、一脚踩在水里、一头撞在墙上、一刀砍在脖子上"一类结构,在汉语中运用较为广泛,但还未见相关研究。"一+N+VC"这类结构符合 Goldberg(1995:4)对构式的定义,是形式与意义的配对,是一个典型的构式。那么"一+N+VC"构式的构成与形成来源如何?这种构式又具有什么样的构式义?且"一N"会发生怎样的变化,我们在广泛收集相关语料,并对语料进行细致的统计与分析的基础上,尝试回答这些问题。

二 构式"一+N+VC"的构成及构件的性质

Goldberg(1995:4)指出:"C 是一个构式当且仅当 C 是一个形式与意义配对<F_i, S_i>,且 C 的形式(F_i)或者意义(S_i)的某些方面不能从 C 的构成成分或其他先前已有的构式中得到完全的预测。"我们认为"一+N+VC"符合 Goldberg 对构式的定义,是形式与意义的配对。构式语法还认为,构式的构式义不是组成成分的简单相加,而是由构成成分与句式相互整合得来。所以构式各个成分的性质非常重要,只有清楚知道了构式成分的性质才能整体把握构式的性质与构式语义。

(一)名词 N 的性质

通过语料分析,我们认为能够进入"一+N+VC"构式的只有两种名词,一种是身体部件名词,另外一种是工具类名词。

1. 身体类名词

请看下面的例子:

(1)有时大白天奔走中遇到前方篱笆挡道,竟毫不回避,犹如瞎子似地一<u>头</u>撞进去。

(2)脚底板给冰雪一滑,一<u>屁股</u>坐在地上,仰脸对李金鏊还满是欢笑。

(3)他不得不停下来,因为刚才已经一<u>脚</u>踩在湿泥里,整个人都险些被吸了下去。

(4)被他父亲一<u>掌</u>打在脸上,至今想起来还觉得干辣辣的发烧。

(5) 说着便一拳打在对方身上。

以上例中,"头、屁股、脚、掌(拳)"都是身体部件。又如:

(6) 当许营长又一腿向我腰部扫来之际,我牙关一咬,身子猛地一扫,装着避闪不及,用肩背之际硬接了他一记飞腿。
(7) 三世诸佛皆一口吞尽,何况区区世界!
(8) 当我醒来,一眼看见吴琼,我以为自己还在酒吧里,还在喝酒,或者还在梦中。
(9) 躺在水泥地上,莫名其妙地想起这些事。突然,北面传来一个长长的机枪连射。我心里一惊,猛地跳起来——我一耳朵就听出来了,这是埋伏在废水塔上的那挺机枪!
(10) 他还没接稳呢,就被嘎羧一鼻子打翻在地,还赌气地用象蹄踩踏。

"腿、眼、口、耳朵、鼻子"同样是身体部件,但从语料统计来看,可以进入"一+N+VC"构式的情况较少,且从例(1)到例(10)呈现出递减趋势,"耳朵""鼻子"在所有语料中只找到上面一例,且此处的"鼻子"还是大象的鼻子。由于表示身体外部件的名词基本上可以穷尽性地列出,所以如果用">"符号左边表示情况常见,"/"表示相近,"="表示基本上相等的话,这些词在该构式中的运用频率可以表示为:头>屁股>脚>手/(巴)掌/拳>腿>口>眼>耳(朵)=鼻子。

但不是所有的身体外部件名词都可以进入"一+N+VC"构式,如"脸"就不可以进入该结构,如:

(11) 曾在中国天津乒乓球队效力的苗苗赛后则一脸遗憾地表示,福原爱今天比赛中状态一般。

这跟词语本身具有的理据义和后面接动词的情况有关系。我们说要进入这一构式的身体部件名词要满足其能与动作动词搭配的语义条件,即能够成为动作发生的工具、手段或者凭借,可以形成"(用)N+V"这样的句法形式，如上面的"一头撞、一屁股坐、一脚踩"可以说成"（用）头撞、（用）屁股坐、（用）脚踩"，而"一脸遗憾"就不可以说成"脸遗憾"，或者"用脸遗憾"。这与"脸"的语义是相关的，因为"脸"基本是一个静态的身体部件，基本不能与短暂动词搭配，只能与表示状态的形容词等搭配，因此它不能进入这一构式中。

2. 工具类名词

经分析语料得知，工具类名词也可以进入"一+N+VC"构式。请看下面的例子：

(12) 耶稣的一个门徒一<u>刀</u>砍掉了差役的耳朵。
(13) 他一<u>锄头</u>挖下去时，忽然看到地下露出块鲜红的衣角。
(14) 合该有事，黑暗里进来，惠生走在金发前头，做了替死鬼，被谢氏一<u>剪刀</u>刺死。
(15) 可兵力不足，不能一拥而上，一<u>锤子</u>砸下去，也只有使用添油战术。
(16) 有一回，一个十分精壮的黑人小伙子就教一<u>鞭子</u>抽得再也爬不起来。
(17) 战不到数合，早被马超一<u>枪</u>刺于马下。

从语义上来说，只要能进入"（用）N+V"形式的名词都可以进入"一+N+VC"构式，工具类的名词更具有这种品质，事实也是这样的，工具类的名词都是可以进入"一+N+VC"构式的。我们同样也统计了常见工具名词进入构式的梯度，如下：

刀>锤子>枪>鞭子>剪刀>锄头

这些名词进入这一构式的频度的依据是，如果这个名词所表示的工具的功能主要是用来发生瞬时动作动词V，则该名词容易进入这一构式，否则亦然。如工具名词"筷子"和"碗"，前者的功能主要是用来"夹菜"，所以它可以进入"他一筷子夹起三条鱼"这样的句子；后者的功能主要是用来"盛食物"，所以它可以进入"他一碗盛了一斤米饭"这样的句子。因此，名词能不能进入这一格式，主要是看这个名词作为一种凭借是与什么动词一起搭配使用的，如"桌子"似乎不能进入这一构式，但是如果找到"桌子"的功能是用来摆放东西,这它也可以用于"他一桌子摆了二十几道菜"这样的构式。虽然在语料库中可能难以找到像"一碗VC""一筷子VC"和"一桌子VC"这样的句子,但是从语感上来看,我们所拟的句子在具体的语境中是完全具有合格度的。

(二) 动词V的性质

据语料显示,不同的名词后接的动词不一样,主要是看语义是否能够搭配;再者"一+N"随着N的不同,所接的动词有的多,有的少。但从总体上看,这些V都有明显的位置移动,即V多数是瞬间动词,在极短的时间里就可以完成的。"一头"后面出现频率依次减小的动词为"扎、栽、撞、钻、扑、倒",有时还会用到"跌、冲"等,但"一头扎"是用得最多的,占了语料的近五成。

(18) 她在老马诱导下,大声喊道:"你好!"随即<u>一头扎</u>进老马怀里咯咯笑个不停。

(19) <u>一头扎</u>到正定县五个乡镇十个村庄的一百户农民家里去调查走访。

(20) 由于整个身体失控,<u>一头跌</u>进旁边的庄稼地里,跌了个嘴啃泥。

"一屁股"后面多用"坐",极少数用到了"跌、瘫、撞、摔、蹾"等。如:

(21) 憨二偏偏那天酒喝多了,摇摇晃晃地在店堂里打转,最后<u>一屁股瘫</u>在地上眼看着就要被熏死。

(22) 有人忘乎所以,跳得<u>一屁股儿摔</u>在地上,起来再跳。

"一脚"后多用"踢、踏、踩"。如:

(23) 只见那名歹徒<u>一脚踢</u>翻倒中年妇女,然后夺路西逃。

工具类名词如"一刀"之后一般用"杀、砍"等,如:

(24) 霍去病眼明手快，<u>一刀杀</u>了一个匈奴贵族。他手下的壮士又活捉了一个。

这种动词的性质，我们通过 CCL 调查几个典型的"一+N+VC"结构就能够看得非常清楚，统计常出现在构式"一头、一脚、一屁股、一刀"后的动词情况如下：

	动词	坐	跌	蹲	摔	撞	塌	碴	砸	歪	落	陷	倒	骑	出	溜
一屁股	频次 现	378	8	5	4	2	2	1	1	1	1	1	1	1	1	
	古	57	1													
	动词	扎	栽	撞	钻	扑	倒	冲	走	闯	沉	碰	埋	躺	跳	睡	跪
	频次 现	439	206	168	124	81	59	32	24	23	18	10	9	8	6	6	5
一头	古				89	14		13				18		1			
	动词	伏	离	开	卷	坠	跌	挺	拱								
	频次 现	4		3		2	2	1	1								
	古																
	动词	踢	踏	踩	射	蹽	跨	破	蹬	迈	走	跌					
一脚	N 现	268	143	105	95	43	34	14	14	8	3	1					
	古	147	56	2		20	17		11			6					
	动词	砍	刺	杀	劈	割	切	斩	捅	扎	断	戳	剁	伤	栽	开	划	剪	破
一刀	频次(现)	73	44	36	32	19	16	14	10	9	6	6	5	4	3	3	3	2	1

（注：N 表示动词出现的次数）

由上表可以看出，"一+N+VC"构式中 V 是根据 N 所具有的语义特征来确定的，而且都能够进入"（用）N+V"结构。且从动词的词义来说，动词进入该构式用的都是基本义，如"撞、坐、踩"，这些在构式中用的是本身具有的意义，或者说词典义，且出现频率较高；一般很少用动词的临时义或者是比喻义。另外，需要注意的是，动词前可能会出现一些副词修饰成分：

(25) 她早已面色苍白、目光呆滞，两个膝盖骨直发软，一屁股<u>重重地跌坐</u>在椅子上。

(26) 他在路上走，前面来了个大官僚徐勉。祖晖根本没有发觉，一头就撞在徐勉身上。

例（25）重叠短语"重重地"修饰"跌坐"，在句中作状语；例（26）副词"就"同样修饰动词"撞"，在句中作状语。这些修饰成分的作用是为了突出动作的快。但更多情况下，动词前以没有任何修饰成分的情况较为多见。

（三）补语 C 的类型

C 在"一+N+VC"构式中主要由三种成分充当：一是处所补语，二是趋向补语，三是结果补语。

1. 处所补语

"一+N+VC"构式中的 C 大多数是由处所短语充当的补语，表示动作发生所涉及的空间范围，如：

（27）刘某瞪大双眼，暗握拳头，一屁股坐在地上，什么话也说不出来。

（28）目击者称，事故发生时，宰鲁阿利驾驶的汽车突然失去了控制，汽车一头撞在了树上。

也有直接去掉起介引作用的介词，使处所词直接位于动词后，在语法上形成动宾结构。没有介词在语用上更体现动作的直接快速。如：

（29）一屁股坐地上，没有说一句话。

例（29）"坐地上"中"地上"在语义上是处所格，直接位于"坐"的宾语位置上，比例（27）中的"坐在地上"的补语位置在语义上更紧密。或者 C 为表示处所的名词，在句中同样作补语，如：

（30）我一头钻进图书馆，翻阅了大量古今中外关于孔子的资料。

又如：

（31）陈毅一屁股坐进"宝座"上。

（32）由于整个身体失控，一头跌进旁边的庄稼地里，跌了个嘴啃泥。

如上各例中，X 的成分可以是名词加方位名词组成方位词组、偏正短语加方位名词的方位词组，也可以是修饰语很长的处所短语，但这几类都是表示地点或处所的体词性成分，在句中作补语，表示动作发生所涉及的空间范围。

2. 趋向补语

"一+N+VC"构式中的 C 也可以是由趋向动词充当补语，表示动作发生所涉及的方向。如：

（33）刚端起碗的当口，霍老二就像报丧那样一头撞进来说："糟啦，老村长！……"

（34）交马只一合，被云一枪刺落马下，就枭其首级。

趋向动词"进来"与"落"分别表示动作"撞""刺"位移的方向，突出动作位移的幅度相对于动作的大小来说是较大的。

3. 结果补语

"一+N+VC"构式中的 C 也可由主谓短语或动词等充当结果补语，表动作发生所涉及的结果。如：

（35）猛一拳打得洛殿倒退几步，碰倒了桌子凳子，摔了壶碗，砸了人脚，稀里哗啦。

（36）朱赞措手不及，被云一枪刺死。

例（35）中"一拳打得洛殿倒退几步"的"洛殿倒退几步"这个主谓结构是"打"的结果，而且是"一拳"所造成的结果；同样，例（36）中的动词"死"充当的是动词"刺"的结果补语，这个"死"的结果是"一枪"所造成的，这种结果补语的语义一般是凸显较为严重的状态。

当然，还有一种情况，补语 C 已经与前面的动词发生了融合，构成一个动补式词语，如：

(37) 一口<u>拒绝</u>。

(四)"一"的性质

"一"的含义或者性质，已有学者对其进行了较为丰富的研究。但大多数都是讨论的"一"加动词的情形，如"动词前成分'一'的探讨"（殷志平，1999）；在《现代汉语词典》（2016：1531－1532）（第7版）中也一样，论述的都是"一"在动词前面的用法；在吕叔湘先生（1980：526）曾提及用在名词前面的情况："一"作为数词，是最小的正整数，可以用在名词前，一种是用在抽象名词前面，另外一种是用在一些名词前表动量，如"一脚"。我们赞同吕叔湘先生的看法，认为构式"一+N+VC"中"一"就是数词"一"，作为最小的正整数，"一"表示量少，就表示了动作所用的时间少，突出动作快，如：

(38) 猝然间，大货车<u>一头</u>撞向槽车尾部，巨大的力量使两车翻入了路边稻田。

(39) <u>头</u>撞在墙上了，起了好大一个包。

二例比较，例（38）明显能够感受到，在极短的时间里，"大货车""极快地"撞在"槽车的尾部"，强调了动作正在进行和快速；而例（39）更多的是描写一个事实，"头撞在墙上了，起了一个大包"，没有强调动作的发生，更没有动作的"快"义了。所以，"一"和后面的名词 N 在一起构成一个数量短语，名词 N 是活用为量词的。故"一+名词"相当于"一+量词"的语义，在这种构式中，"一+N"都可以用"一下（子）"去替换而语义不变。

三 构式"一+N+VC"的形成及其意义

构式语法认为，句法结构本身也具有一种意义——构式义。一方面，构式义不是组成句子各部分的词汇意义的简单相加,而是有构式的各构成部分整合而来,即整体大于部分之和;另一方面,构式义可以通过探索构式的形成与来源来获得(雷冬平,2011)。那么,我们将对"一+N+V+X"构式的形成来源进行探讨,进而讨论这个构式的构式义。

（一）构式"一+N+VC"的形成

若一个构式的结构是从同一种语言中其他构式承继而来,则该构式的存在具有理据性(Lakoff,1987:25)。Goldberg(1995:69-70)提出,一种构式具有理据性,同样具有不可预测性,因为理据性并不等同于可预测性,它介于预测性和任意性之间。当B承继A的特征,构式A是构式B存在的理据,A与B语义上和句法上有不对称的承继关系。据此,我们认为"一+N+VC"构式与"一+N+就+VC"构式有承继关系,前者是后者的缩略句式。先看例子:

(40) 他不得不停下来,因为他刚才已<u>一脚踩</u>在湿泥里,整个人都险些被吸了下去。

(41) 他不得不停下来,因为他刚才已<u>一脚就踩</u>在了湿泥里,整个人都险些被吸了下去。

(42) 我<u>一刀就砍</u>了他的头。

(43) 小心我<u>一刀砍</u>断你的腿!

例(40)和例(41)在语义方面并没有多大出入,基本上是同一个意思;在句法上,例(41)是在例(40)的基础之上,加了一个表强调的标记"就"字和表时态的"了"字而形成,表达功能还是一样的;只是在语用上,例(40)表达得更为简洁,更能表达出说话的意图。例(42)N后面的"就"字去掉也是能够成立的,语义也没有多大不同,在所收集到的语料中,其他的例子也是如此;例(43)中添加一"就"字,"小心我一刀就砍断你的腿"也是成立的,语义也没有发生多大的变化。

"就"字能够省略是因为它所表达的语义与"一+N"重叠,都是强调在较小的条件下发生某一动作。只不过有"就"的语气更加强烈,态度更加肯定。但是,有"就"无"就"在句法上可以发生不同的分析,无"就"的构式可以看成是一个单句,如例(43)"我一刀砍断你的腿"

中"一刀"可以看成是"状语";有"就"的构式则可以看成是一个紧缩复句,如例(42)"我一刀就砍了他的头"中,"就"可以分析成一个表示条件的连词,"一刀"可以分析成条件复句中的前一分句,其主要动词可以分析成蒙后省略,补充后即"我砍一刀就砍断你的腿",这是一个典型的条件紧缩复句,这种复句的特点是动词发生了拷贝,在语法学界也称之为重动句。无论拷贝也好,重动也罢,总而言之,其中的动词前后分句发生了重复出现的情况,如无特别的语用表达需要,语言的经济原则对这种不经济的拷贝结构必然要强制其精简。我们通过下面一组例子也许能看得更加清楚:

(44)我想你看一眼就看出来了。
(45)你的水平怎么样人家一眼就看出来了。
(46)每当发生"错位",凌子风总能一眼看出来并迅速指正。

例(44)中"你看一眼就看出来了"是紧缩的条件复句,其中前后两个分句中的谓语动词是相同的,语言根据经济原则,会减省成例(45)中的"人家一眼就看出来了",其中,"一眼"是从动量的角度来表达动作的快,"就"是从语气的角度来表达动作的快,语义相同的两个部分同样可以减省其中一个,较虚的"就"当然就可在句中不出现而形成例(46)中的"一眼看出"结构。这样,"一眼"从紧缩复句的偏句变成了主句的成分,从做动词的补语变成了做动词的状语。这除了语言的经济原则作用外,我们认为与 Hawkins 提出的"直接成分尽早识别原则"(Early Immediate Constituents,EIC)是密切相关的,这一原则能使"在语言运用中,句法的词组和他们的直接成分(ICs)能尽可能快和有效地得到识别(和产生),成分的不同序列造成或快或慢的直接成分识别。"(Hawkins,2006:57)如:

(47) I gave the valuable book that was extremely difficult to find to Mary.

(48) I gave to Mary the valuable book that was extremely difficult to find.

Hawkins认为例（48）比例（47）对VP的三个直接成分（V，NP，PP）提供了更快的判断。因为例（47）和例（48）的VP有着不同的成分识别域（constituent recognition domains），例（47）比例（48）的VP有着更复杂的结构域。如果识别域是一种结构域，那么越简单的结构越容易被识别。也就是说，语义的表达内在需要外化成一种与语义一致的简单结构，这其实符合语言的经济原则。表达相同的语义，当然句法结构越简单越好，节点（node）的结构越简单、越能够即时识别越好（转引自雷冬平，2011）。那么，"一眼看出"结构就比"一眼就看出"和"看一眼就看出"更容易识别，因为"一眼看出"结构的直接成分，即动词与修饰语之间的节点结构更简单。

所以，我们说"一+N+VC"构式是在语用过程中通过对"一+N+就VC"构式的承继而产生的，而后者则是在语言的使用过程中通过对"V+一+N+就+VC"构式的承继而产生的，其承继简图从上而下可以表达如下：

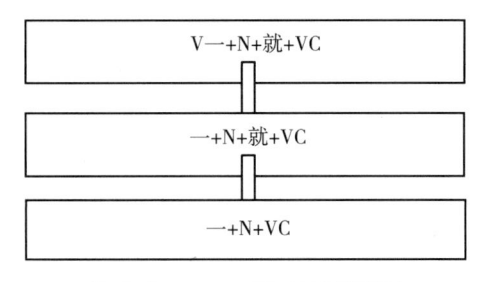

```
┌─────────────────────────────┐
│       V一+N+就+VC            │
└─────────────────────────────┘
              │
┌─────────────────────────────┐
│        一+N+就+VC            │
└─────────────────────────────┘
              │
┌─────────────────────────────┐
│          一+N+VC             │
└─────────────────────────────┘
```

构式"一+N+VC"的承继简图

（二）"一+N+VC"的构式语义

Goldberg（1995：31）认为，构式有独立于组成成分的形式与意义。这个形式就是构式本身，意义就是构式义。那"一+N+VC"构式到底表示的是什么构式义呢？来自何处？一方面，根据Goldberg的构式语法理论，"一+N+VC"构式的构式义具有不可推导性，即这一构式不能从其组成成分各自独立推导得知，也不是组成句子各部分的词汇意义的简单相加，而是要自上而下，从构式整体以及前后出现的话语背景去抽象和概括，即整体大于部分之和；另一方面，上文也已经论述了"一+N+VC"构式的来源，我们认为构式语义也可以根据构式来源的探讨而得知。

上文已经论述了构式中各个部分的性质，"一"在该构式中起着重要作用，作为最小的正整数，含有"最小"的意思，即"量少"，"量少"即"动作快"；N 是身体类名词和工具类名词，V 是瞬间动词，且大多数是位移动词，如果不是，位移句子也会赋予其位移义，且"一+N+VC"符合"（用）N+V"结构；补语 C 有三种类型，一种是处所补语，另一种是趋向补语，第三种是结果补语，这些补语 C 表示了动作发生所涉及的空间范围和结果。

另外从构式的承继来看，"一+N+VC"构式的语义是承继了构式"一+N+就+VC"和构式"V+一+N+就+VC"的句法语义特征的。而源构式"V+一+N+就+VC"其实是"就"连接两个动补结构，突出强调前一动补结构中补语的量小（一 N），而后一动补结构中补语的量大。所以，这三个构式具有相同的构式语义，即"施事的小量动作获得了动作在主观大量上的意外结果"。"我一眼看穿了他的鬼把戏"中，小量"一眼"获得了主观大量"看穿了鬼把戏"结果；"他不小心一脚踩进了水里"中，小量是"一脚"，大量是"踩进了水里"。我们所说的小量大量，不仅是数量之量，也指程度之量。无论是"看穿了鬼把戏"，还是"踩进了水里"，这种大量在基于小量的基础上，往往都是超出预期的，"一脚"说明施事移动的距离短，从主观预期来说，施事应该不会出问题，但是出人意料的是，施事在这种小量的动作下，还是"踩进了水里"。

因此，我们所讨论的构式的语义，是构成成分的语义搭配和紧缩复句前后分句语义对比凸显的相互整合而得到的。

四 构式"一+N+VC"的语用功能及构件的词汇化

（一）构式"一+N+VC"的语用功能

构式语法认为不同的构式有自身的语用功能，一般来说是没有两个语用功能一样的构式。"一+N+VC"同样具有自身独特的语用功能。

1. 结构的预设功能

"一+N+VC"构式具有预设功能。这一构式所能预设的信息是"VO"，也就是说，不管这一构式处于怎样的语境，"VO"总是发生了的或者即将要发生的，即构式表达的总是肯定语义，没有否定形式。如：

(49) 海州州官张大嘴，嘴馋心贪，被渔民赵大脚<u>一脚踢翻</u>。
(50) 歹徒挥舞匕首朝他脸上猛刺，<u>一刀刺进</u>了他的左眼。
(51) 到了冬季，它<u>一头钻进</u>泥底，就是用肠道呼吸来维持生命的。
(52) 如果这个螺丝再和我作对，我就<u>一锤子敲掉</u>它。

虽然前二例在已然语境中，后二例在未然语境中，但是"一+N+VC"构式只能用于肯定式中，不能说"一刀没有刺进他的左眼"，也不能说"一锤子不敲掉它"。所以说，"一+N+VC"构式只能是表达肯定的信息。即使有的例子好像是处于否定句中，然而实际上仍是表达肯定语义。如：

(53) 看我<u>不一棍子</u>打断你的两条狗腿。

此例表达的语义是，我要一棍子打断你的两条狗腿。

2. 双重焦点对比凸显的功能

在语言表达中，已知信息一般位于前面，而新信息一般位于后面。也就是说，信息焦点一般遵循靠后原则。从上文的结构成分和"一+N+VC"构式形成可以看出，这一构式中"一+N"和"C"都是源构式中的信息焦点，在"我看一眼就看穿了他的鬼把戏"这样的源构式中，信息焦点的凸显是通过前后两个相同动词的补语互相配合进行表达的，是信息焦点表达的框式结构，这一结构在"一+N+VC"构式中得到了承继。如：

(54) 库尔巴脚下一滑，<u>一屁股坐</u>到了地下。
(55) 喊声还没断，周正已<u>一拳打</u>得她摔出了几步远。

"一屁股"和"一拳"需要和后面的动补结构结合起来才能凸显构式的语义，我们前文说该构式的语义是"施事的小量动作获得了动作在主观大量上的意外结果"，这种语义的凸显需要通过结构的构件"一+N"和"VC"进行对比凸显才能整合出构式的语义。

（二）构件"一+N"的词汇化

构式在高频使用的过程中，凸显构式信息焦点的构件往往具有词汇化的趋势,如"好+(一)个NP"构式中的"好个"(雷冬平,2012a),"喝他个痛快"中的"他个"(雷冬平,2012b)。那么在"一+N+VC"构式中,构件"一+N"同样具有词汇化的趋势。典型词汇化了的"一+N"就是"一头","一头"为《现代汉语词典》(2012:1528)(第6版)所收录,其中义项5和义项6两个副词功能就是来源于"一+N+VC"构式,义项5解释为:"表示头部急速往前、往里或往下的动作:打开车门,他~钻了进去│~扎进水里│~倒在床上。"义项6释之为"突然,一下子:刚进门,~碰见了他。"这两个义项,前一义项中,"一头"所修饰的动词与脑袋的关系密切。如:

(56)只见坐下的马一头儿撞在一棵大柳树上。(明·罗懋登《三宝太监西洋记》第三十七回)

(57)行者一头撞破格子眼,飞在唐僧光头上丁着。(明·吴承恩《西游记》第八十二回)

后一义项比前一义项的语义更虚化,所修饰的动词与头部已经没有多大的关系,这时的"一头"已经完全语法化成一个副词。如:

(58)几日前头,你们姐儿两个正说话,赵姨娘一头走进来。(清·曹雪芹《红楼梦》第五七回)

(59)被他爸爸回来一头碰见,气了个半死,把他闺女着实打了一顿。(清·刘鹗《老残游记》第六回)

此二例之"一头"已经可以表示时间的突发副词,相当于"突然"义。

其实,"一+N+VC"构式中,除了"一头"发生了词汇化外,我们认为还有"一屁股",它不是数量短语,也不可以扩展。像"一头"一样已经成词。如:

(60)我就一屁股坐在郑申胸脯之上。(清·石玉昆《七侠五义》第九十七回)

(61) 连声也不言语，一屁股就坐在萧银龙背后的一条凳子上。（清·张杰鑫《三侠剑》第五回）

(62) （贾琏）趔趄着脚步走进屋门，一屁股歪在椅子上。（清·归锄子《红楼梦补》第六回）

《汉语大词典》（第1卷，第40页）收录了"一屁股"一词，释之为："形容快而稳当地坐下"，从文献用例来看，这个解释不够准确，因为"一屁股"只表示"快速地（坐下）"之义，并不限于稳当，如例（62）中的"一屁股歪在椅子上"就不是稳当地坐下。再如：

(63) 车开走了，我却一屁股坐在路边，我满腹委屈，欲哭无泪。

(64) 脚底板给冰雪一滑，一屁股坐在地上。

例（63）中，在欲哭无泪的情况下，不可能是稳当地坐下；例（64）中，脚下一滑，肯定是跌坐在地上，更不可能是稳当地坐下。因此，《汉语大词典》的释义需要去掉"稳当地"这样的限定语。另外，"一屁股"后面所搭配的动词也不仅仅是"坐"，它可以是与屁股无关的具有"向下"语义的动词，如：

(65) 说着，一屁股蹲地上，"娘呀娘呀"地哭起来。

(66) 最后一屁股瘫在地上眼看着就要被熏死。

(67) 四叶子一屁股塌在新房门槛上，头发蓬乱得赛鸡窝，满身的泥。

(68) 张维全只觉得浑身无力，站立不稳，一屁股跌落在椅子上。

(69) 他手里还拎着一瓶酒，摇摇晃晃地一屁股就靠在张抗抗身边。

以上动词"蹲""瘫""塌""跌落"以及"靠"已经没有"坐下"的动作，虽然动作还隐含有"屁股或身体其他部位接触倚靠物"这样的语义，然而与"坐下"动作已经有了很大的区别，因此，"一屁股"的释义中"坐下"这样的释语也是不太恰当的。甚至，当动词已经完全摆脱动作含有"屁股或身体其他部位接触倚靠物"这样的隐含语义时，那"一屁股"就像"一头"一样向更虚的层次发展，指表示动作的迅速，相当于"一下子；很快"之义。如：

(70) 我一屁股出溜在墙角下，不一会就在难耐的疲惫中沉入昏睡。

(71) 越窜脸蛋子越白，最终一屁股饿晕在地里，让人给架回来。

"一屁股出溜"即"一下子出溜"之义；"一屁股饿昏"即"一下子饿昏"之义。所以"一屁股"也应该像《现代汉语词典》解释"一头"一样，分列两个义项：一是"屁股或其他身体部位快速地接触其他物体"；二是"一下子；很快"。

因为"一+N"构件处于状语的位置，所以它们在发生词汇化的时候，都有一个相同的方向，即向副词发生演变。因为唯状性是副词的区别特征。我们认为"一头""一屁股"向副词的演变其实是构式压制（construction coercion）的结果。"一头"和"一屁股"本来是一个数词和一个名词的组合结构，但是这个结构是继承了源构式"一+N+就+VC"这个紧缩复句的句式语义的，在复句中，"一 N"凸显的不是 N 这个事物本身，而是凸显事物的动作性质。正是每个词语拥有丰富的物性结构，才使得语义压制得以发生。普斯特若夫斯基（Pustejovsky）（1991）提出词义描写的论元结构（argument structure）、物性结构（qualia structure）、事件结构（event structure）和词汇承继结构（lexical inheritance structure）四个层面的分析框架，并在其同名著作（1995：61-83）中进一步详细阐述了词义的这四个层面。其中物性结构是一种包括"构成（CONSTITUTIVE）、形式（FORMAL）、功能（TELIC）和施成（AGENTIVE）"四种角色的释义模型。构成角色是说明物体与其构成成分或组成部分之间的关系，包括事物的材料、重量、部分及构件等；形式角色是把物体从更大的范围内区别开来，包括物体的方向、大小、形状、维度、颜色、位置等；功能角色说明物的目的和作用，包括行为人某种行为的目的和某种特定行为的固有功能和目的；施成角色说明事物的产生或者来源，包括事物的创造者、人造之物、自然之物以及因果链等（Pustejovsky，1995：85-86）。因此，生成词库通过物性结构，把日常经验知识与词汇语义连接在一起。如：

(72) a. 老王昨天买了把好伞。
　　 b. 老王昨天买了辆好车。
　　 c. 老王是一个好老师。
　　 d. 老王有个好儿子。
　　 e. 老王今天早上去菜场买了块好肉。
　　 f. 老王昨天看了部好电影。
　　 g. 老王躺在沙滩上享受着海边秋日的好阳光。

"好"一般来说定义的是一个概念域，这个概念域包含了名词所表示的各种使人满意的性状特征的总和，这是"好"词义模糊性的体现。例(72)各句中的"好"如果要具体解释的话，就需要用不同的形容词去替换，但这并不是说"好"就具有了那么多的义项。因为这些例中的"好"具有可渗透性（permeability），其词义可以渗透至其后的名词中。Pustejovsky（1991：409—441）指出，宾语携带的物性信息可以作用于支配该宾语的动词。我们认为，名词中心语的物性信息也可以作用于修饰该名词成分的形容词"好"，"好"的语义能够从其后名词语义中抽吸表义所需的物性结构中所包含的信息。"好伞""好车"之"好"凸显名词功能角色，"好老师""好儿子"之"好"凸显名词的构成角色，等等。Pustejovsky（1995：79）指出，"物性结构能使名词（当然也包含 NP 结构中的名词）把与之相关的特殊特征及信息进行编码，这反过来给管控 NP 的动词提供语境化意义所需要的信息。"如：

(73) a. Mary began a novel.
　　 b. John finished the cigarette.
　　 c. John began his second beer.

以上句式的形成主要是得益于名词物性结构中的功能角色,因为小说的功能主要是用来看的、雪茄的功能主要是用来抽的、啤酒的功能主要是用来喝的,所以,物性结构中的功能角色所需要的动作(to read,to smoke,to drink)在词库中同样也是暗含的,不需要明言的,因为功能角色已经为前面动词(began)提供了足够的信息。如果物性结构中所隐含的动作显现的话,即可以看出事物不同的特征可以和不同的动词联系在一起。因此,可以说物性结构提供的不仅是一个静态的词汇语义或者说知识系统,它更是一个和句法、语用紧密相连的动态系统[以上关于物性结构凸显、句式压制导致语义变化的论述详参雷冬平(2013)]。那么,"一+N+VC"构式中"一头"和"一屁股"的词汇化和虚化就是因为语用中紧缩复句构式压制的结果。

五 结语

从构式语法(Construction Grammar)的视角看,"一+N+VC"是一个双重焦点对比凸显的构式,其构式语义是"施事的小量动作获得了动作在主观大量上的意外结果",这是对比凸显的结果,整个构式突出强调的是"一+N",这一构件是对源构式中动词动作量的一个补充说明,凸显动作的程度小,所花费的时间短,因而整个构式都隐含了迅速的语义,这一构式语义会压制到"一 N"身上,使得"一 N"成词,同样具有迅速义。从构式"一+N+VC"的研究我们可以看出,构式是语言的单位,同一构式在不同的语言层次具有同一性,从复句构式"V+一+N+就+VC"到短语构式的"一+N+VC",构式的构件之间的关系更加密切,融合度更高,再到词语构式"一+N",其构式构件已经成了词语的内部成分,其构式语义也得到了承继。构式的构成及其演变的研究告诉我们,构式是研究句子、短语和词汇等几个语言层面接口最好的视角,它可以使得不同层面的语言现象得到统一的解释。

第五章 汉语双音虚词语法化的动因和机制研究

历史语言学家对语言演变研究主要侧重语言演变的路径、动因和机制的研究。双音虚词语法化的研究无疑也是属于历史演变研究的范畴，虽然我们也强调语言演变的环境研究（如第二章），但是语法化的路径、动因和机制无疑是双音虚词研究中的重中之重。关于路径的研究，我们在第三章中已有一些研究，不再探讨，这一章我们主要探讨语法化的动因和机制。关于演变的动因，经常提到的有两个：一是语言的习得，二是交谈双方的互动策略。语言习得既包括儿童的语言习得，又包括成人的语言习得（新词语新用法的习得）；互动策略指交谈双方为交谈的成功和效率而互相关注、互相影响、互相协商，具体指交谈双方所遵循的一些语用原则，如合作原则、省力原则、礼貌原则等。而语言演变研究中的机制，主要是重新分析（reanalysis）和类推（analogy）。"重新分析"是从一个概念过渡到另一相关的概念，是概念的"转喻"（metonymy）；"类推"则是从一个概念投射到另一相似的概念，是概念的"隐喻"（metaphor）（沈家煊，2004）。本章第一节侧重对语法化语用推理进行研究，第二节侧重对隐喻类推机制的研究，而第三节、第四节则侧重对韵律制约和重新分析语法化动因和机制进行研究。

第一节 语用推理与双音虚词的形成

一 引言

20 世纪以来，语用学家们研究出了不少的语用推理原则，如有格赖斯的四原则（1975，1978）、列文森（1983）的三原则、斯珀伯与威尔逊（Sperber & Wilson）（1986）的关联原则等，还有不少学者针对他们的研究提出过不少修正的方案。语用学家们的这种研究，都试图破除逻辑实证主义所定位的语言研究的"真值"标准，因为他们认为语言的表达有时候并不只是用"真值"标准来衡量。认知科学认为，人们可以在不确定的前提下得到所需的合理的认识，而这一认识有可能在前提进一步确定后做出修正。这就符合语用逻辑推理的特征，因为语用推理的结果是不确定的、可以取消的。这种认识下的语用推理研究，实际上已经向认知科学接近，斯珀伯与威尔逊（Sperber & wilson）（1986）在关联原则中第一次明确提出自己的语用推理研究是属于认知的研究范式，他们认为，人作为智能的有机体，其大脑是接收、存储和处理信息的信息处理系统；信息处理受大脑神经中枢的"关联"机制调节，话语的理解是大脑神经中枢的"关联"机制对信息处理加工的认知过程。可见，语用的分析其实与人的认知紧密相连。从后现代主义哲学体验人本观的角度来说，语用分析正是人的主观体验的表现，强调人的体验建构能力。而双音虚词的形成正是语言使用演变的结果，对双音虚词形成的研究，更宽泛地说应该属于历史语用学的研究范畴。本节我们主要通过副词"看看"与"眼看"的形成来研究语用推理在双音虚词的形成中的促动作用。

二 语用推理与"看看"的功能演变

"看看"在《大词典》（第七卷，第1182页）中已有注解，释为"估量的时间之词，有渐渐、眼看着、转瞬间等意思"，这个解释基本上是正确的，但是"估量时间之词"的说法似乎有所疏漏，不能概括"看看"的所有用法。我们认为"看看"兼属三个词类：一是重叠动词，二是副词，三是语助词。以下分述之。

（一）重叠动词

1. 表主观量

"看看"作为动词"看"的重叠形式在陈代的诗歌中开始出现，如：

（1）陆琼《长相思》："容貌朝朝改，书字<u>看看</u>灭。"（《先秦汉

魏晋南北朝诗·陈诗》五)

(2) 江总《奉和东宫经故妃旧殿》:"故殿<u>看看</u>冷,空阶步步悲。"(《先秦汉魏晋南北朝诗·陈诗》八)

对于这两个例子,张永言、汪维辉先生(1995:406)认为句中的"看看"是动词"看"的重叠形式,而王云路先生(1997:123)认为句中"看看"是由动词发展而来,表示眼看着、转瞬间等意思,如同"渐渐",是个副词。张文对"看看"没有做出解释,王云路先生的解释似乎更符合句意。但是据笔者调查,上面两例似乎是"看看"一词所能见到的最早用例,根据词义发展由实而虚的规律,我们更倾向于"看看"是动词"看"的重叠形式。因为这里的"看看"不是现代汉语中表示"看一看"的"看看",而是表示"多次(长时间)看或看了又看"的意思。那么例(1)中的意思就是"书信经常看(被看的时间久了),字迹因为磨损而消失了";而例(2)中"看看"的意思我们需要结合诗题和下文来进行解释,从诗题和全文内容看,我们知道此诗是通过写诗人经过死去妃子曾经住过的宫殿所看到的景象来抒发感情的,故妃住过的旧殿肯定是锁着的,所以紧接的下文说"犹忆窥窗处,还如解佩时",这说明诗人经过故妃殿时是站在窗子旁来看殿内景象的,并且在那里看了很久,发现殿内凄冷的景象,然后带着悲伤的心情踏着空阶一步一步回来。

对于这种"看看",王锳师(1996:233)在分析唐诗动词重叠时认为它表示的是时量长,意思是"长久的注视"。他举孟浩然《耶溪泛舟》"白首垂钓翁,新妆浣纱女,看看似相识,脉脉不得语"为例,并且认为唐诗中这种表示时量长、动量大的动词重叠的用法是对汉魏用法的继承(第234页),文中列举了"行行""去去""飞飞"等重叠动词来说明问题,我们认为,陈诗中的"看看"二例也是王锳师所说的动词重叠的用法,在意思上,除了他所说的"长久的注视"外,还有"多次看"之义,所以这种"看看"既表示时量长,又表示动量大。这种用法在唐宋一直沿用,如:

(3) 崔国辅《古意二首》之二:"比至狂夫还,<u>看看</u>几花发。"

(《全唐诗》卷一百一十九)

(4) 元稹《雉媒》："<u>看看</u>架上鹰，拟食无罪肉。"(《全唐诗》卷三百九十六)

(5) 师遂举临济上堂曰："赤肉团上，有一无位真人，常在汝等诸人面门出入，未证据者<u>看看</u>。"(《五灯会元·定上座》卷十一)

(6) 汪莘《满庭芳·寿金黄州》："有新翻杨柳，细抹丝簧。竹外一枝更好，应回首、清浅池塘。<u>看看</u>也，天边凤诏，归侍赭袍光。"(《全宋词》卷三)

从语用推理的角度来看，动作动量大，则持续的时间长，因此，王云路先生将其解释为"渐渐"从语用推理上就是成立的，因为持续的时间长就有了一个隐含的意义，即动作进行的进度很慢，这种语用隐含义高频使用固定下来就成了词汇意义。

宋代开始，"看"的重叠式出现了"看一看"的表达形式，这时所表达的是"看"的动量小的意思，如：

(7) 理会道理，到众说纷然处，却好定著精神<u>看一看</u>。(宋·黎靖德《朱子语类》卷九)

(8) 试定精神<u>看一看</u>，许多暗昧魍魉各自冰散瓦解。(宋·黎靖德《朱子语类》卷十二)

宋代以后，上述例中"看看"表示"长时间看、仔细看"的用法消失，从元代开始，太田辰夫（1958，1987：176）认为，"看一看"形式中的"一"开始省略，产生了与唐代表示时量长的"看看"的相同形式，但是所表达的意思还是"看一看"，表示的是动作的动量小或时量短，朱景松（1998：378）认为"说话人把动词重叠起来使用，说明他对重叠式的语法作用有一种语感。这种语感正是重叠式语法意义的反映"，而唐韵（2001a：32—33）认为《元曲选》动词重叠共319次，单音节重叠是其主要格式，共出现291次，占总次数的91.2%，并且从《元曲选》中多数用例给人的语感角度来说，就是说话人表动作行为的时短量小。我们认为在元代确实如此，"看看"重叠形式即为此类。太田辰夫认为现代汉语中表示短时态的 AA 型动词重叠就是由 "V一V" 这种形式省略了中间的 "一" 变来的，从对 "看看" 的研究中，我们可以看出这个论断是正确的，现代汉语中的 "看看" 肯定与陈、唐、宋时期表示时量长、动量大的 "看看" 不是同一个词。

2. 表主观估计

表示主观估计的动词 "看看" 在明代开始出现，如：

(9) 看看战到天将晓，那妖精两膊觉酸麻。(明·吴承恩《西游记》第十九回)

(10) 寻了半日，并无有人曾见。看看待晚，岳庙里张牌疑忌，一直奔回家来，又和李牌寻了一黄昏。(明·施耐庵《水浒传》第二回)

(11) 看看渐近滩头，只听得水面上呜呜咽咽吹将起来。(明·施耐庵《水浒传》第二十回)

(12) 看看前后将及两月，有这当案叶孔目一力主张，知府处早晚说开就理。(明·施耐庵《水浒传》第三十回)

表示主观估量的重叠动词，主要是表示估量的单音节的动词 "看" 的重叠而成。单音节动词 "看" 从唐代开始就具有估量的主观意义。如：

(13) 古人有言：善为政者，看人设教。(《晋书·刑法志》)

(14) 太宗曰："朕看古来帝王，以仁义为治者，国祚延长。"(唐·吴兢《贞观政要·论仁义》)

"看看" 表主观估计的用法是从表示动量小、时量短的动词重叠形式 "看看" 虚化而来的，因为短时量的 "看看" 隐含有 "目测" 的隐含义，"目测" 其实就是一种主观估计，这个意思进一步抽象成一切感观的测试，所以这种语用推理也是极容易发生的。

这种用法一直沿用到现代汉语中，如：

(15) 我在这儿过了七年了，看看就要翻过八个年头罗！(巴金

《家》第四回)

(16) 渐渐,人越来越多,看看总有三四百人了,只是她还是孤零零地站在人群的后面。(杨沫《青春之歌》第一部·第一五回)

(二) 副词

"看看"作副词有三个义项:一是表示"渐渐";二是表示"将要";三是表示"转眼间"。下面我们分别详述之。

1. 表"渐渐"义

"看看"表示"渐渐"的意思开始于唐代,它是从表示时量长、动量大的动词重叠形式"看看"虚化而来的,因为这种"看看"表示的是"看"的动作的持续,它跨越了一定的时间距离,因此在语义上具备了虚化的基础。如:

(17) 罗隐《寄韦赡》:"风催晓雁看看别,雨胁秋蝇渐渐痴。"(《全唐诗》卷六百六十二)

(18) 杜荀鹤《春日登楼遇雨》:"看看水没来时路,渐渐云藏望处山。"(《全唐诗》卷六百九十二)

在"看看"虚化的语境中,动词一般是持续性的,或者是动词造成的结果可以一直持续,或者是由形容词充当句子的谓语;并且在这种语境中,原来发出"看"这个动作的施事者不出现。例(17)和例(18)中的"别"和"没"所形成"分别"与"淹没"的状态是可以持续的,而且不出现施事者。如果说"看看"经常位于"吃""打"这样的短时动词前面,与自身的原型意义不相一致,那么它是难以虚化的。再如形容词作谓语的例子:

(19) 崔涂《秋晚书怀》:"看看秋色晚,又是出门时。"(《全唐诗》卷六百七十九)

(20) 杜荀鹤《钱塘别罗隐》:"故国看看远,前程计在谁。"(《全唐诗》卷六百九十一)

在句法位置上，特别像例（17）和例（20）中，"看看"直接放在谓语的前面，而主语"晓雁"和"故国"不是原型动词重叠形式的施事者，它是不能发出"看"动作的，这种句法位置也使得它不断虚化为副词。

表示"渐渐"义的"看看"在宋元明三代继续沿用，如：

（21）米友仁《醉春风》："满引唱新词，春意<u>看看</u>，又到梅梢上。"（《全宋词》卷二）

（22）约莫走过了数个山头，三二里多路，<u>看看</u>脚酸腿软，正走不动，口里不说，肚里踌躇。(明·施耐庵《水浒传》第一回)

（23）只存老怪与猴王，呼呼卷地狂风刮。<u>看看</u>杀出洞门来，又撞悟能呆性发。(明·吴承恩《西游记》卷七十九回)

我们前面说，动词"看看"表是动量大的隐含义，通过语用推理而形成的"渐渐"义副词"看看"，语用推理只是获得语义上的可能，句法位置的固定才是最终决定了副词"看看"的形成，也就是说，要在特定的句法位置上，语用推理的隐含义才会固定下来，当"看看"固定用于状语的时候，隐含义也就完全变成这个新词固定意义。

2. 表"将要"义

表示"将要"义的副词"看看"从唐代开始出现用例，如：

（24）施肩吾《望夫词二首》之一："<u>看看</u>北雁又南飞，薄幸征夫久不归。"（《全唐诗》卷四百九十四）

（25）皮日休《夜会问答十》之六："<u>看看</u>又及桂花时，空寄子规啼处血。"（《全唐诗》卷六百一十六）

"看看"的此义宋元明沿用，如：

（26）师曰："<u>看看</u>冬到来。"（《五灯会元·首山省念禅师》卷十一）

（27）高明《蔡伯喈琵琶记》第十九出【罗鼓令】："<u>看看</u>做鬼，沟渠里埋。"（《全元戏曲》卷十）

(28) 今已五日五夜，<u>看看</u>命尽，不久身亡！（明·吴承恩《西游记》第八十回）

(29) 且说关胜回到寨中，下马卸甲，心中暗忖道："我力斗二将不过，<u>看看</u>输与他。宋江倒收了军马，不知主何意？"（明·施耐庵《水浒传》第六十四回）

清代基本不见此种"看看"之用例。我们认为"看看"是单音副词重叠构成的并列合成词。因为单音节"看"具有"将要"义。关于"看"可表"将要"义，前贤早有解释（《诗词曲语辞汇释》第331页），又《唐五代语言词典》（第203页）："看，行将、眼看，副词。刘禹锡《酬令狐相公杏园下饮有怀见寄》诗：'三春看又尽，两地欲何如'"，此义《大词典》未收录。"看"作副词表示"即将"在唐代笔记中没有用例，但在唐诗中的用例很多，如：

(30) 杜甫《绝句二首》之二："今年<u>看</u>又过，何日是归年？"（《全唐诗》卷二百二十八）

(31) 齐己《残春》："三月<u>看</u>无也，芳时此可嗟。"（《全唐诗》卷八百三十八）

"看"有"眼看"的意思，因此它虚化的语义基础、句法结构和语境都与"眼看"一词相同，这点可以参看下一节的相关内容。

据笔者调查，在唐宋诗歌中，单音副词重叠构成合成副词的现象特别常见，如有"故故、忽忽、仅仅、明明、莫莫、默默、恰恰、稍稍、时时、休休、旋旋、一一、早早、频频、永永、看看、垂垂、微微、渐渐"等多个此类词语，"看看"一词在唐代产生之初较多的是用在诗文中，因为在敦煌变文中的16例此类"看看"，有10例就是用在诗文中，在唐代的笔记中只发现了1例，而绝大多数用例是用在唐代的诗词中，我们认为这与诗歌的节律是有密切关系的，因为在五言和七言诗歌中，常见的几种节律有：

五言：2-2-1，2-1-2
七言：2-2-2-1，2-2-1-2

我们可以看出，诗歌中要求运用两个音节的地方远多于要求用单音节词的地方，即使在用单音节词可以表达相同意思时，由于诗歌为了追求韵律、节奏和平仄，常常叠用单音副词，形成一个双音节的音步，冯胜利（2000a）认为汉代开始，上古汉语的复杂音节结构已经得到了显著的简化，音节的韵律强度也变轻了，所以汉语双音节音步就自然产生了。我们认为这种双音节的音步在唐诗的重叠副词中得到充分的体现。

3. 表"转眼间"义

"看看"此义在唐代开始出现，如：

(32) 施肩吾《观吴偃画松》："君有绝艺终身宝，方寸巧心通万造。忽然写出涧底松，笔下<u>看看</u>一枝老。"（《全唐诗》卷四百九十四）

(33) 汪遵《破陈》："猎猎朱旗映彩霞，纷纷白刃入陈家。<u>看看</u>打破东平苑，犹舞庭前玉树花。"（《全唐诗》卷四百九十四回，卷六百○二）

例（32）中的"看看"是说吴偃画画速度快，瞬间即成，与前面的"忽然"在语义上相照应；例（33）中的"看看"形容陈代的迅速灭亡。

"看看"的此种用例不多，宋元基本未见，明代又见一些用例，如：

(34) 四更前后，把李逵背剪绑了解将来。后面李都头坐在兜轿儿上。<u>看看</u>早来到面前。朱富便向前拦住，叫道："师父且喜！小弟将来接力。"（明·施耐庵《水浒传》第四十三回）

(35) 任原<u>看看</u>逼将入来，虚将左脚卖个破绽。燕青叫一声："不要来！"（明·施耐庵《水浒传》第四十三回，第七十四回）

这一义项应该是从"将要"义通过语用推理而来的，这是一种回溯推理：罪犯会在作案现场留下足迹；事实：现场有张三的足迹；推理：张三（很可能）是罪犯（沈家煊，2004）。从"将要"义到短时的"转眼间"意义的引申也是一样的，连接二义的中间事理是"将要发生的事情就是短时间内要发生的事情"，因此这种语义关系从语用推理中容易得出。

(三) 语助词

语助词"看看"一般是放在句尾，表示一种尝试，这种"看看"在唐代开始出现，如：

（36）及令众人共诵真言，或令众人以脚踏地，鬼魅所著闷绝躄地，置于四衢，以白氎覆来者令唱<u>看看</u>。（《苏婆呼童子请问经》卷二）

（37）依实向我说<u>看看</u>，好恶不须生拒讳。（《敦煌变文·降魔变文》卷四）

（38）伏望明宣，诏令广集，颁下群僚，大决<u>看看</u>，然后可定其胜负。（《敦煌变文·降魔变文》卷四）

（39）更试一回<u>看看</u>，后功将补前过。（《敦煌变文·降魔变文》卷四）

（40）佛把诸人修底行，校量多少唱<u>看看</u>。（《敦煌变文·妙法莲华经讲经文》卷五）

（41）都讲阇梨著气力，如擎重担唱<u>看看</u>。（《敦煌变文·父母恩重经讲经文》卷五）

后五例，吴福祥（1996：354）曾经指出，语助词"看看"是由语助词"看"重叠而成的，我们同意这个意见。接着他将变文和汉语普通话进行比较，得出变文中语助词"看"的特点，并对语助词"看"的起源和发展进行详尽的描写，结论比较可靠，我们暂引如下：

a. 尝试态助词"看"产生于魏晋六朝，发展于唐宋，而成熟于明清。

b. "VP 看"并非在北方话中逐渐发展起来的。

c. "V一V 看"始见于宋代，"VV 看"则始见于明代。

d. 变文的"V（O）看看"在后世文献中罕见，但保存在西南与江淮官话的部分方言里。这种形式的出现最初可能与强调、显豁尝试态语义及增强句子的节奏感有关。

e. "VP 看"在现代汉语方言里分布、表现不太一致。

但还有一个问题需要解决，那就是语助词"看"的重叠式"看看"在唐代出现后，在宋元明清文献中为何不见用例。

我们认为，这与语言的经济性和句法结构的相互制约、相互影响是有关系的。从语言经济的角度看，我们从上文的分析知道"看看"这个词的形式表示了三类词性，所表达的意思和功能也非常丰富，特别是"看看"作为语助词放在句尾与动词的重叠形式放在句尾作谓语的句式在线性结构上是一致的，这就会给阅读和理解带来一定的麻烦。所以，语言的发展会用一种别的形式来减轻"看看"的表达负担；我们知道，元代以来，动词重叠得到了长足的发展。李广锋、刘淑霞（2004：36）就认为"元代以来，动词重叠有了迅猛发展，不仅使用得越来越多，而且格式也已纷繁，直到清代初期，动词重叠式基本上完成了向现代汉语的过渡"。动词重叠这种格式的迅猛发展也抑制了语助词"看看"的生存空间。另外，语助词"看看"表示的尝试态其实也是一种短时态，表示前面动词的时量短或者动量小，这与元代及其以后的动词重叠的语法意义是一致的，所以"唱看看""说看看"的句式容易被"唱唱看""说说看"所替代，吴福祥（1996：360）调查认为，"元明以后，更常见的格式是'VV看''V一V看'"。因为这两种格式的前后两个部分表示都是时量短或动量小，两者结合在一起使用，不仅加强了短时态的语法意义，而且表达了一种祈使语气。

此外，"VV看"这种两个短时态重叠使用格式的兴起还受到另一种句法格式的影响，即"VV儿"。据唐韵（2001b：48—49）调查，在《元曲选》《朴通事》《老乞大》《西游记》和《水浒全传》中出现了大量的动词重叠形式后加"儿"尾的用例。他的观察是正确的，但是他认为"《元曲选》中动词重叠所加的'儿'尾，应看为构形的'儿'尾，因为它既没有构成另一个新词，也没有改变动词的词性，它是附加于动词重叠之后形成，从而使这种格式具有一种表时短量小的轻松化的作用"，这个意见有待商榷，这并不是"表时短量小的轻松化的作用"，因为"儿"尾最基本的语法语义是表示一种"小称"，用在动词后面就是表示动作的"动量小"。正如王力在《中国现代语法》（第158页）中所说，动词重叠起来，表时间极短者叫短时貌。并认为"若要加倍表示时间之短，可加'儿'字用于动词之后"。从王力的观点中，我们可以知道"VV儿"是短时貌的一种强调的表达式，而不是"轻松化"表达式。我们同意王力的观点，并认为"VV看"这种尝试态同时也是一种短时态的强调表达式。

三　语用推理与"眼看"的形成

在研究近代汉语的著作和辞书中，明确指出"眼看"一词作时间副词的不是很多，而对于"眼看"的成词过程则更鲜有提及，本小节对副词"眼看"的成词过程和它的虚化动因及机制进行分析。

"眼看"一词最初是一个主谓结构的短语，意即"眼睛看"，这个短语在中古的中土文献和佛经语料中均已见到用例。如：

(42) 高祖骂之曰："<u>眼看</u>人瞋，乃复牵经引《礼》！"叱令出去。(《北齐书·杜弼传》卷二十四)

(43) 神武骂曰："<u>眼看</u>人瞋，乃复牵经引《礼》！"叱令出去。(《北史·杜弼传》卷五十五)

(44) 须臾有贼入家偷盗，取其财物，一切所有，尽毕贼手。夫妇二人以先要故，<u>眼看</u>不语。贼见不语，即其夫前侵略其妇，其夫眼见，亦复不语。(《百喻经·夫妇食饼共为要喻》卷四)

以上"眼看"还只能理解成主谓结构"眼看……"。真正表示动作在将来短时间内发生的副词"眼看"一直到唐代才见到用例，如：

(45) 人虽命在，军见无粮，<u>眼看</u>食尽，道理须降。(《敦煌变文·李陵变文》卷一)

(46) 问善庆曰："吾与你讲经，有何事理频啼泣？汝且为复怨恨阿谁？解事速说情由，不说<u>眼看</u>吃杖。"(《敦煌变文·庐山远公话》卷二)

此两例，吴福祥（1996：111）就曾经指出。下面我们对《全唐诗》中 78 例"眼看"加以分析：

《全唐诗》各种"眼+看"形态统计表

主谓结构（眼+看+宾）	跨层结构				词组和副词皆可	副词
	形+眼+看	形+眼+看+宾	动+眼+看	动+眼+看+宾		
13	10	10	4	8	9	24

对表格中的各种情况，我们依次各举一例：

(47) 李白《江夏行》:"眼看帆去远,心逐江水流。"(《全唐诗》卷一百六十七)

(48) 元稹《酬乐天见寄》:"常甘人向衰容薄,独讶君将旧眼看。"(《全唐诗》卷四百一十六)

(49) 杜甫《遣怀》:"愁眼看霜露,寒城菊自花。"(《全唐诗》卷二百二十五)

(50) 章孝标《及第后寄广陵故人》:"马头渐入扬州郭,为报时人洗眼看。"(《全唐诗》卷五百〇六)

(51) 白居易《浔阳三题·湓浦竹》:"谁肯湓浦头,回眼看修竹。"(《全唐诗》卷四百二十四)

(52) 李白《杂曲歌辞·夜坐吟》:"踏踏马蹄谁见过,眼看北斗直天河。"(《全唐诗》卷二十六)

(53) 岑参《春兴戏题赠李侯》:"长安二月眼看尽,寄报春风早为催。"(《全唐诗》卷二百〇一)

虽然例(47)中的"眼看"还是一个主谓结构的短语,但是例(53)中的"眼看"应该是含有"即将"义的将发副词,这类副词在《全唐诗》中有24例,约占全部"眼看"用例的31%,这说明副词"眼看"在唐代形成后开始大量使用。

下面我们分析"眼看"一词在宋代的使用情况,我们以《全宋词》为例进行分析:

《全宋词》各种"眼+看"形态统计表

主谓结构 (眼+看+宾)	跨层结构				词组和 副词皆可	副词
	形+眼+看	形+眼+看+宾	动+眼+看	动+眼+看+宾		
6	4	15	4	8	4	6

根据表格我们依次各举一例:

(54) 张先《少年游·渝州席上和韵》:"听歌持酒且休行。云树几程程。眼看檐牙,手搓花蕊,未必两无情。"(《全宋词》卷一)

（55）黄庭坚《鹧鸪天·坐中有眉山隐客史应之和前韵，即席答之》："黄花白发相牵挽，付与时人冷眼看。"（《全宋词》卷一）

（56）郭应祥《满江红·次子云弟韵》："五十头颅，早已觉、飞腾景暮。愁眼看、蜂黄蝶粉，草烟花露。"（《全宋词》卷四）

（57）杨无咎《鹧鸪天》："水云况得平生趣，富贵何曾著眼看。"（《全宋词》卷二）

（58）辛弃疾《满江红·稼轩居士花下与郑使群恂别醉赋，侍者飞卿奉命书》："还记取、青梅如弹，共伊同摘。少日对花昏醉梦，而今醒眼看风月。"（《全宋词》卷三）

（59）葛立方《多丽·七夕游莲荡作》："出水奇姿，凌波艳态，眼看□叶弄新秋。"（《全宋词》卷二）

（60）廖行之《鹧鸪天·寿外姑》："细数元正隔两朝。眼看杨柳又新条。岁寒独有江梅耐，曾伴瑶池下绛霄。"（《全宋词》卷三）

以上是"眼看"各种形态的用法在宋代继续沿用的情况，下面看它在元代的使用情况，以《全元戏曲》为例分析：

《全元戏曲》各种"眼+看"形态统计表

主谓结构（眼+看+宾）	跨层结构				词组和副词皆可	副词
	形+眼+看	形+眼+看+宾	动+眼+看+补	动+眼+看+宾		
3	4	1	2	1	1	4

我们按表格中的形式依次各举一例：

（61）关汉卿《包待制智斩鲁斋郎》第三折【尾煞】："眼看那幼子娇妻，我可也做不的主！"（《全元戏曲》卷一）

（62）吴昌龄《花间四友东坡梦》第二折【月儿高】："一枝斜在书窗下，惹得诗人冷眼看。"（《全元戏曲》卷三）

（63）杨显之《临江驿潇湘秋夜雨》第四折【笑和尚】："正是常将冷眼看螃蟹，看你横行得几时。"（《全元戏曲》卷二）

（64）无名氏《包图龙智赚合同义字》第三折："我则怕安住来

认，若是他来呵，这家私都是他的，我那女婿只好睁着眼看的一看，因此上我心下则愁着这一件。"(《全元戏曲》卷六)

（65）郑廷玉《宋上皇御断金凤钗》第四折【梅花酒】："睁开眼看多时，写着我罪名儿，压着五言诗。"(《全元戏曲》卷四)

（66）无名氏《硃砂担滴水浮沤记》楔子【仙吕·端正好】："方信道人生唯有别离苦，眼看着向那海角天涯去。"(《全元戏曲》卷六)

（67）无名氏《谢金吾诈拆清风府》第四折【侧砖儿】："你道我平白地把得人、把得人来加凌辱，这公事眼看虚实定何如？"(《全元戏曲》卷六)

"眼看"在明代作副词的用例很少，我们调查了白话小说，如《三国演义》《拍案惊奇》《二刻拍案惊奇》《三遂平妖传》《西游记》《封神演义》等，笔记如《七修类稿》《松窗梦语》等，史书如《明史》《北征录》《平蛮录》等120部书中共255例"眼看"的使用情况，没有一例是表示副词的用法。我们仅在《金瓶梅》中发现了二例"眼看着"的副词用法，下面我们以《金瓶梅》为例进行分析：

《金瓶梅》各种"眼+看"形态统计表

主谓结构 （眼+看+宾）	跨层结构					副词
	形（数）+ 眼+看+ （补）	形+眼+ 看+宾	动+眼+ 看看	动+眼+ 看+宾	"把"+眼+ 看+宾	
2	6	4	1	5	5	2

我们按表格中的形式依次各举一例：

（68）合家大小吃了缸内水，眼看媳妇偷盗，只相没看见一般。(明·兰陵笑笑生《金瓶梅》第十二回)

（69）休想我正眼看他一眼儿。(明·兰陵笑笑生《金瓶梅》第二十回)

（70）老者冷眼看见他，不叫他。(明·兰陵笑笑生《金瓶梅》

第九十三回)

(71) 来旺儿猛可惊醒，睁开眼看看，不见老婆在房里，只认是雪娥看见甚动静，来递信与他。(明·兰陵笑笑生《金瓶梅》第二十六回)

(72) 那妇人偷眼看西门庆，见他人物风流，心下已十分中意。(明·兰陵笑笑生《金瓶梅》第七回)

(73) 这敬济见小妇人会说话儿，只顾上上下下把眼看他。那妇人一双星眼斜盼敬济，两情四目，不能定情。(明·兰陵笑笑生《金瓶梅》第九十八回)

(74) 今日他伸着脚子，空有家私，眼看着就无人陪侍。(明·兰陵笑笑生《金瓶梅》第八十回)

例（74）是副词的用法，表示后面的动作将要发生或者状态将要出现，这里与前面不同的是出现了表示"持续"意义的"着"，并且后面有表示"将要"义的"就"，形成了"眼看（着）就……"这样的表达式。

我们接着看"眼看"一词在清代的使用情况，我们以《醒世姻缘传》为例进行分析：

《醒世姻缘传》各种"眼+看"形态统计表

主谓结构（眼+看+宾）	跨层结构				副词
	数量词+眼+看+宾	形+眼+看+（宾）	动+眼+看看	动+眼+看+（宾）	
4	3	8	3	6	8

我们按表格中的形式依次各举一例：

(75) 高相公用心得久，眼看得专，趁乌大王取脯之时，将那匕首照着乌大王的手尽力一刺，正中右手。(清·西周生《醒世姻缘传》卷六十二)

(76) 狄希陈假做睡着，渐渐的打起鼾睡来，其实眯缝了一双眼看他。(清·西周生《醒世姻缘传》卷四十五)

(77) 这可是谁吃了这半碗？满眼看着，这是件挡饿的东西，这可怎么处？（清·西周生《醒世姻缘传》卷四十八）

(78) 狄希陈说："你睁开眼看看！谁是没根基没后跟的老婆生的？我见那姓龙的撒拉着半片鞋，歪拉着两只蹄膀……"（清·西周生《醒世姻缘传》卷四十八）

(79) 狄希陈得了这薛三槐娘子的话，拿眼看着素姐的脸色，慢慢的往外溜了出去，擦眼抹泪的进到他娘屋里。（清·西周生《醒世姻缘传》卷五十九）

(80) 今一冬无雪，三春无雨，麦苗枯死，秧禾未种，米价日腾一日，眼看又是荒年。仰仗娘娘法力，早降甘霖，救济百姓。（清·西周生《醒世姻缘传》卷九十三）

"眼看"表示将发副词在清代继续使用，除了继续用以前的表达方式"眼看就……"外，还形成了"眼看又……"（例80）和"眼看要……"的表达方式，如例（81）：

(81) 童七做熟了这行生意，没的改行，坐食咂本，眼看得要把死水舀干，又兼之前后赔过了陈公的银七百余两，也就极头么花上来。（清·西周生《醒世姻缘传》卷七十一）

我们分析了从唐代到清代的"眼看"用例，发现副词"眼看"形成的动因就是语用推理。因为从出现"眼看"的各种结构分析中，我们可以发现，在我们表格中的"跨层结构"中，从唐代至清代基本没有什么变化，加上"眼"这个汉语常用词可以大量出现在前一个结构层次的体词和谓词位置上，"看"可以大量出现在后一结构层次的谓词位置上，作为"眼"所发出的动作，因此，这种结构中的"眼"和"看"很难在重新分析时位于同一结构层次，"看"的实词意义一直存在，所以我们表格中的"跨层结构"不是副词"眼看"形成的原型结构。

副词"眼看"形成的原型结构应该是主谓结构的"眼看"，这种"眼看"所表示的动作是坐观而无所作为，多用于不如意的事情，如唐李白《江夏行》诗："眼看帆去远，心逐江水流。"那么，"船"在认知主体的注视下慢慢地远去，它不是一下子就消失，因此消失的状态是在将来不久的时间发生，自然就容易推导出将来的语义。所以，形成"眼看"主谓结构形式可以有"两可"理解的情况，也就是说，当"眼看"处在"（主语）+眼看+（兼语）+谓词性短语"语境中，它既可以理解成主谓结构短语，又可以理解成副词，如上文的例（52）和例（66），"眼看北斗直天河"一句，可以理解成"北斗直天河"是眼睛看到的景象，又可以理解成"北斗将要（眼看）直天河"；"方信道人生唯有别离苦，眼看着向那海角天涯去"两句中，因为缺乏明确的主语，后句可理解成"我眼看着你向那海角天涯去"，这样，"眼看"就是一个主谓结构的实词短语，然而又可理解成"我眼看着向那海角天涯去"也就是"我将要向那海角天涯去"。这就是语用推理导致了语法化中的歧解原则所起的作用。"眼看"就是事情的发生可以看得见了，也就是动作很快就要发生，因而也就有了"即将"之义。所以，"眼看"主谓结构在具体的语境中能够激活其中的隐含义"将要"。

我们接下来看"眼看"重新分析所应该具备的语境和句法结构，具备以下之一者，"眼看"都从主谓结构的短语虚化成了表示"将要"义的副词：

第一种，当句子有主语（无生命）时，而主语却不能领属"眼"，同时它也不能发出"看"这个动作。结构是"NP（主）+眼看+VP"，其中NP不和"眼"发生关系而和VP发生关系。如：

（82）岑参《春兴戏题赠李侯》："长安二月眼看尽，寄报春风早为催。"（《全唐诗》卷二百〇一）

（83）钱起《七盘岭阻寇闻李端公先到南楚》："秦楚眼看成绝国，相思一寄白头吟。"（《全唐诗》卷二百三十九）

（84）无名氏《谢金吾诈拆清风府》第四折【侧砖儿】："你道我平白地把得人、把得人来加凌辱，这公事眼看虚实定何如？"（《全元戏曲》卷六）

第二种，当句子有主语时，而主语从生理上也能领属"眼"，但不是"看"动作的发出者，同时它又是"眼看"后面动作的施事。结构是"NP（主）+眼看+VP"，如：

(85) 白居易《咏怀》："岁去年来尘土中，<u>眼看</u>变作白头翁。"（《全唐诗》卷四百三十七）

此句中，"NP"承前句省略了，此处应该是指诗人自己。

(86) 崔日用《又赐宴自歌》："墨制帘下出来，微臣<u>眼看</u>喜死。"（《全唐诗》卷八六九）

(87) 你那娘母子<u>眼看</u>往八十里数的人了，也还不省事？（清·西周生《醒世姻缘传》卷六十）

(88) 狄周道："这不大哥<u>眼看</u>就到了，我敢扯谎不成！"（清·西周生《醒世姻缘传》卷八十五）

第三种，句子没有主语，构成"眼看+NP+VP"的结构，其中"NP+VP"构成一个主谓结构，从原型结构上来分析，"NP+VP"结构应该是"眼看"的宾语，但是，这种结构中的"VP"不是用眼睛可以看到的抽象动作时，或者动作具有持续性，抑或是动作还没有发生，不是在"看"的动作时间内所能够完成时，"眼看"在这种结构中已经虚化。如：

(89) 岑参《送绵州李司马秩满归京》："<u>眼看</u>春光老，羞见梨花飞。"（《全唐诗》卷二百）

(90) 白居易《寓意诗五首》之四："<u>眼看</u>秋社至，两处俱难恋。"（《全唐诗》卷四百二十五）

(91) 白居易《且游》："弄水回船尾，寻花信马头。<u>眼看</u>筋力减，游得且须游。"（《全唐诗》卷四百五十四）

(92) 周朴《客州赁居寄萧郎中》："<u>眼看</u>白笔为霖雨，肯使红鳞便曝腮。"（《全唐诗》卷六百七十三）

(93) 郑廷玉《楚昭公疏者下船》第三折【上小楼】："<u>眼看</u>儿夫难共守，生抛幼子若无亲。"（《全元戏曲》卷四）

第四种，与其他表示将来的时间副词连用，受后面副词的影响而虚化。这类副词有"欲""又""就""要""就要""又要"等，如：

(94) 白居易《杏园中枣树》:"眼看欲合抱,得尽生生理。"(《全唐诗》卷四百二十四)

(95) 今一冬无雪,三春无雨,麦苗枯死,秧禾未种,米价日腾一日,眼看又是荒年。(清·西周生《醒世姻缘传》卷九十三)

(96) 这日子近了,这不眼看就待领凭呀?(清·西周生《醒世姻缘传》卷八十五)

(97) 侯、张两个道:"咱家里算计,来回不过八九个月的期程,咱这一来,眼看就磨磨了七个月,回去就快着走,也得四五个月,就把一年的日子磨磨了,正愁没有盘缠哩。"(清·西周生《醒世姻缘传》卷九十六)

(98) 二则如今我哥哥眼看要娶嫂子,多少针线活计并家里一切动用的器皿,尚有未齐备的,我也须得帮着妈去料理料理。(清·曹雪芹《红楼梦》第七十八回)

(99) 李纨道:"他眼看就要恭喜,就是满心要来,太太也不许的。我们把题目送了去,做不做由他罢。"(清·郭则沄《红楼真梦》第九回)

(100) 刚才我们走过苻叶渚,见那荷叶都大了,眼看就要开荷花,想讹你一个小小东道,大家赏荷做诗。(清·郭则沄《红楼真梦》第十一回)

(101) 心想:这不是雨村么?眼看又要起用了。再翻下去,总不见中城奏本,只可搁下。(清·郭则沄《红楼真梦》第二十五回)

"眼看"与上面这些副词连用,除了和"欲"的连用是在唐代产生外,其他的连用都是在清代产生。

第五种,"眼看"+体态助词"着","着"表示动作的持续。

"眼看"作主谓短语时所表示的动作"看"是一个非持续性的动作,"眼看"加上"着"后,"眼看"这个整体性的动作就具有持续性了,如:

(102) 眼看着那唐僧与猪八戒,连船儿淬在水里,无影无形,不知摄了那方去也。(明·吴承恩《西游记》第四十三回)

此例中,"眼看着"这个动作是持续的,就是说对于后面动作的发生只能是眼睁睁地看着而无能为力,吕叔湘在《现代汉语八百词》(第518页)对"眼看"的第二条解释是:"坐观(不如意的事情发生或发展)而无所作为,必带'着'。必带小句作宾语,或与另一动词连用。"所举之例是,天再早,〔我们〕也不能~着庄稼干死|这么重要的事情,我怎么能~着不管。

吕书所说的"坐观而无所作为"讲的其实就是"眼看"动作的持续,这是体态助词"着"所起的作用。这种"眼看着"动词可以虚化成副词,我们认为虚化沿着两条路径进行:

A. 表示动作的正在进行或者事物性状的正在变化,这种用法从清代开始,一直沿用至现代汉语中,如:

(103)宝钗听得明白,也不敢则声,只是心里叫苦:"我们家里姑娘们就算他是个尖儿,如今又要远嫁,<u>眼看着</u>这里的人一天少似一天了。"(清·曹雪芹《红楼梦》第一百回)

(104)宝钗道:"妹妹,你不知道,我疚心了多少天啦。<u>眼看着</u>行期一天一天的近了,上头还只管催,简直是要我的命。索性这条命不要了,到了这里倒舒服,又没有那福气。"(清·郭则沄《红楼真梦》第五十五回)

(105)这日子<u>眼看着</u>越过越紧,倘若到了年下,怕他不卖吗?(清·刘鹗《老残游记》第十四回)

(106)党支部一直在培养汤阿英,并且要张小玲专门帮助汤阿英,<u>眼看着</u>汤阿英一天一天成长起来。(周而复《上海的早晨》第三部第五十一卷)

这里的"眼看着"已经不是动词了,因为例子中的"眼看着"既可以位于句子之前,如以上例句,又可以位于句子的主语之后,如例(111),其实,其他例句同样可以说成"这里的人眼看着一天少似一天了""行期眼看着一天一天的近了""汤阿英眼看着一天一天成长起来"的形式等,这说明"眼看着"不论是从语义上还是句法上都具备了一个时间副词的特征。

B. 表示动作的将要进行或者事物性状的将要变化，这种用法的"眼看着"经常和"就""要""将来""就要"等副词一起连用，晚清产生，一直沿用到现代汉语中。

（107）刁迈彭道："人是眼看着就没有用了，怎么等到明天！还不早些请他进去看看，用两味药，把病人扳了过来。你们不会说话，等我去同他商量。"（清·李宝嘉《官场现形记》第四十九回）

（108）书中单表随凤占随太爷只因端节就在目前，一时不能回任，眼看着一分节礼要被人家夺去，更是茶饭无心，坐立不安。（清·李宝嘉《官场现形记》第四十四回）

（109）抚台道："只要矿好，眼看着这公司将来一定发财的。……"（清·李宝嘉《官场现形记》第五十二回）

（110）独有那姓蒋的，三分不象人，七分不象鬼，瘦的那个样儿，眼看着成了干儿了，不是筋连着，也就散了！（清·石玉昆《七侠五义》第四九回）

（111）自由眼看着就要回到戴惯镣铐的身上，尽管枪声愈来愈密，不断地追击着。（罗广斌、杨益言《红岩》卷三十）

（112）再不抓紧，眼看着就误了娃娃一辈子的大事。（路遥《平凡的世界》第一部卷二十四）

以上我们分析了"眼看"在五种语境和句法结构中虚化成副词，虚化的动因是语用推理，其机制就是重新分析，这五种形式的用法一直沿用到现代汉语中，我们以《红岩》中的9例和《平凡的世界》中38例"眼看"为例来分析以上五种形式的语用比重：

《红岩》《平凡的世界》"眼+看"形态统计表

频率 形式 作品	第一种	第二种	第三种	第四种	第五种	
					A类	B类
《红岩》	1	3	3	4	0	1
《平凡的世界》	1	1	13	17	0	6

从两部现当代作品的分析中，我们可以看出第三种和第四种形式的"眼看"句式在现当代汉语中运用更为频繁，第四种也就是与其他时间副词连用的句法形式运用更多，说明"眼看"在语法化的过程中，由侧重语义上的理解发展到侧重句子形式上的区别，是符合语法化过程中的一般规则的。

四　结语

从"看看"和"眼看"的形成来看，导致二者演变的最大动因是语用推理。而引起可推理的是句法环境的变化。也就是说，当词语在合适的语境中，可以触发其源义和目标义建立起一种联系。这种语义上的关联，是推理的基础。无论是"看看"，还是"眼看"，都包含了认知主体的"看"，主体看到的事物或场景有当下，也有据当下推测将要发生的。这两种情况就可推理出"看看"的"主观估计""渐渐""将要""转眼间"等用法，同样，在具体的语境中可推理出"眼看"的"将要"等用法。因此，汉语虚词的形成要特别关注词语的语用考察，特别是语用推理不可忽视。

第二节　概念隐喻与双音虚词的形成

一　引言

隐喻长时间被认为是一种修辞方式，自从莱考夫（Lakoff）(1980)的隐喻认知观引入国内以来得到了广泛的接受。隐喻认知观认为，把一事物比拟成和它相似关系的另一事物，用具体来说明抽象，个别说明一般，或者把深奥的道理用一个浅显的事例来说明，这在生活当中无处不在，人类认知的概念、推理、范畴等的形成都离不开隐喻。它的运作机制主要是跨域映射（cross-domain mapping），莱考夫、特纳（Lakoff & Turner）(1989) 认为，隐喻是从源域（source domain）向目标域（target domain）的跨域映射。而映射遵循的是一种不变原则：隐喻映射保留源域的认知布局（cognitive topology），又在某种程度上与目标域的内在结构保持一致。这种概念隐喻的漂移，是词义发生演变的一种重要的手段。隐喻在很大程度上看作是人类认知世界的一种方式，这种方式被我们所感知主要是基于词义的演变上。因此，隐喻的研究如果离开概念的变化和词义的发展演变来进行，则会玄之又玄。认知语言学认为，人的概念来源于和现实世界的互动，语言是人类认知世界的结果，是人主观能动性的一种体现，在尊重客观事实的基础上，人的认识是语言形成的原因。因此，语言表达形式（或者概念），一般来说肯定在现实世界中能够找到对应体，这就是认知语言学所说的象似性。隐喻作为一种认知方式，包含着一个概念从具体到抽象的认知过程。在这个过程中，隐喻既告诉你语义为何会发生变化，同时也告诉你语义是如何抽象化的。因此，我们认为，隐喻既是语义演变的动因，同时也是语义演变的机制。是虚词语法化研究中需要特别注重的。本节以两个双音节虚词"流水""透过"的形成来揭示隐喻在虚词语法化过程中的具体运作。

二 概念隐喻与副词"流水"的形成①

（一）"流水"隐喻的认知动因与机制

上文所说的 Lakoff 的隐喻认知是建立在体验哲学的基础之上，我们来看近代汉语文献中体现出来的古人对"流水"的体验。

第一，从听觉上来感知流水。潺潺流水的声音，就像美妙的音乐。所以，流水在古人耳里常用来感知音乐。如：

（1）骆宾王《夏日游德州赠高四》："成风郢匠斫，流水伯牙弦。"（《全唐诗》卷七十七）

（2）上官昭容《游长宁公主流杯池二十五首》之十七："风篁类长笛，流水当鸣琴。"（《全唐诗》卷五）

后来用"高山流水"或"流水高山"来形容音乐的高妙。如：

---

① 本节内容曾发表于《集美大学学报（哲学社会科学版）》2010 年第 1 期。

（3）王之道《八声甘州·和张漕进彦》："流水高山还会，意不烦挥按，如见虞琴。"（《全宋词》卷二）

（4）王之道《石州慢·和赵见独书事，见独善鼓琴》："子期何处，漫高山流水，又逐新声彻。"（《全宋词》卷二）

（5）蒲琴巧匠制工成，智量机关如用兵。弹出高山流水调，东齐尊大显奇能。（元·郑光祖《钟离春智勇定齐》楔子）

建立这样一种隐喻认知是基于流水流动时所发出的声音与琴弦拨动所发出声音的相似之上。这种相似是一种物理的相似和心理相似的交错，因为物理相似是在形状或外表及功能上的一种相似，心理相似性是指由于文化、传说或其他心理因素使得说话者或听话者认为某些事物之间存在某些方面的相似（束定芳，2002：103）。物理方面是指流水的声音，但是这种声音和音乐之声的联系则是建立在文化的积淀之上。早在《列子·汤问》中就有这样的典故："伯牙善鼓琴，钟子期善听。伯牙鼓琴，志在登高山。钟子期曰：'善哉！峨峨兮若泰山！'志在流水。钟子期曰：'善哉！洋洋兮若江河！'"后来以"高山流水"为知音相赏或知音难遇之典，或比喻乐典高妙的用例都是与这个典故相关的。

在听觉方面，"流水"还可以用来表达言语表达的滔滔不绝和思辩的敏捷。如：

（6）卢纶《送张郎中还蜀歌》："功成走马朝天子，伏槛论边若流水。"（《全唐诗》卷二百七十七）

（7）辩似悬河，智如流水，莫能知之。（南宋·赜藏《古尊宿语录》卷四十六）

第二，从视觉上来感知流水。流水是人们说话中常见的事物，"流水"具有清澈的特点，于是有：

（8）崔惠童《宴城东庄》："眼看春色如流水，今日残花昨日开。"（《全唐诗》卷二百五十八）

"流水"总是呈现连绵不断的样子，因而显得众多，如：

（9）苏颋《夜宴安乐公主新宅》："车如流水马如龙，仙史高台十二重。"（《全唐诗》卷七十四）

（10）姚合《酬卢汀谏议》："粟如流水帛如山，依念仓边语笑间。"（《全唐诗》卷五百〇一）

（11）王季友《酬李十六岐》："千宾揖对若流水，五经发难如叩钟。"（《全唐诗》卷二百五十九）

"流水"向东，一去不回。如：

（12）顾况《瑶草春》："露桃秾李自成蹊，流水终天不向西。"（《全唐诗》卷二百六十五）

（13）郑谷《长门怨二首》之二："流水君恩共不回，杏花争忍扫成堆。"（《全唐诗》卷六百七十七）

"流水"匆匆，时不我待。如：

（14）白居易《感逝寄远》："相思俱老大，浮世如流水。"（《全唐诗》卷四百三十二）

（15）岑参《客舍悲秋有怀两省旧游呈幕中诸公》："人间岁月如流水，客舍秋风今又起。"（《全唐诗》卷一百九十九）

（16）杜安世《凤栖梧》："苒苒光阴似流水。春残莺老人千里。"（《全宋词》卷一）

"人不可能踏入同一条河流"说的是事物在时刻的变化，就是因为流水不断，这种不断的流逝，让人感觉到岁月匆匆、韶光易逝。早在先秦时期，孔子就发出了这样的感叹："逝者如斯夫，不舍昼夜。"（《论语·子罕》）

第三，从情感体验上来感知"流水"。因为"流水"的连绵不绝，于是古人常用来表示绵绵"愁思"。如：

(17) 蔡伸《西楼子》："楼前流水悠悠。驻行舟。满目寒云衰草、使人愁。"(《全宋词》卷二)

也因为"流水"总是朝着东方流逝，并且一去不回头，于是常用来表示"无情"或者"执着"。如：

(18) 杜牧《金谷园》："繁华事散逐香尘，流水无情草自春。"(《全唐诗》卷五百二十五)

(19) 周邦彦《长相思·高调》："但连环不解，流水长东，难负深盟。"(《全宋词》二卷)

(20) 苏轼《劝金船·和元素韵自撰腔命名》："无情流水多情客。劝我如曾识。"(《全宋词》卷一)

"流水"整天只是流淌，非常悠闲。因此，流水常用来表示"悠闲"，如：

(21) 刘长卿《使还至菱陂驿渡浉水作》："何事行人倦，终年流水闲。"(《全唐诗》卷一百四十七)

(22) 刘长卿《入白沙渚夤缘二十五里至石窟山下怀天台陆山人》："归人不计日，流水闲相随。"(《全唐诗》卷一百四十九)

(23) 韦应物《诣西山深师》："世有征战事，心将流水闲。"(《全唐诗》卷一百九十二)

根据上面的"流水"个案研究，我们发现，"流水"这个源域可以和众多的目标域之间发生关系。这主要是因为不同的人对流水的不同体验。这种不同的体验，就是语言发生演变的一种认知动因。但是这些不同体验形成的源域的特征在选取表达的时候要受制于目标域。这就是 Lakoff 隐喻理论的另一原则——目标域优胜（target domain override）原则，即目标域的内部结构不允许违背，它决定源域中的什么特征会被映射。如说"理论的大厦"，源域"大厦"中，只有"基座"和"结构"被映射；而大厦的"门、窗、顶"等特征则没有被映射，这是因为，目标域"理论"

中没有这些特点。也就是说，源域特征向目标域映射是一种具有选择性的（selective）过程，而目标域正是这种选择的客观依据，做出这种选择则主要是由说话者的表达意图所决定。如说"他是一条狼"，因为"他"是人，所以"狼"的"狼脸""凶狠""狡猾""坚忍""执着"等特点可以映射，而狼的"皮毛""四条腿""尾巴"等特征则不可以映射。所以，在映射中，源域特征的选择总是以目标域为背景的。根据这一法则，映射的两个域之间是互动的但也是不对称的（asymmetry）。

而且根据我们的调查，近代汉语中"流水"用得最多的隐喻特征是"匆匆、急急"。这个隐喻特征是通过视觉来感知也是最容易感知的，隐喻的二域之间的联系是通过相似性来形成的，而事物之间的相似性的认识是与人们的生活体验和知识结构（包括逻辑知识、百科知识和词汇知识）相关的。因此，不同生活地域、文化层次、社会阶层的人对二域之间的联系的认识是不同的。"流水"用来隐喻"音乐""愁思""情感"等都是要有较高文化的人才能建立两者之间的联系。因此，物理相似性应该是隐喻相似性中最普遍的，"流水"的"匆匆、急急"正是如此。

（二）副词"流水"形成的隐喻运作机制

在上文中，我们说源域的特征系统地映射到目标域中而具体是哪一种特征被映射，说话者会根据表达的意图对其中的映射特征进行凸显。如说"他长得狼似的"，指外貌；如说"他又偷东西又杀人，真是一条十足的狼"则指性格。也就是说，说话者通过补充语句中的隐含信息来达到凸显源域中映射的特征。我们看"流水"例句。如：

(24) 急急光阴似流水，等闲白了少年头。（元·王晔《桃花女破法嫁周公》第一折）

(25)（唱）我哭这光阴急急如流水，青春才至，白发相催。（元·史九散人《老庄周一枕胡蝶梦》第二折）

(26)（做见跪科）（正末云）你便是那高山？（高山云）是便是，不知犯甚罪，被这厮流水似打将来？（元·孟汉卿《张孔目智勘魔合罗》第四折）

我们从前二例中不难看出，它们中连接二域的相似性都是"流水"

的"急急"特征。需要指出的是,例(26)是一个谓词性隐喻,焦点是"流水",充当了状语,相当于一个副词的功能。此句的目标域是动作"打"。流水的"急"映射到动作"打"的"快"上面,相似性是"迅速"。

"流水"一词这种隐喻的结果是它在明清时期可以位于主语和谓语之间充当状语,表示"急忙、迅速"之义。

(27) 那时闻人生正醒来,伸个腰,那和尚流水放手,轻轻的睡了倒去。(明·凌蒙初《拍案惊奇》卷三十四)

(28) 再去摸他后庭时,那和尚却象惊怕的,流水翻转身来仰卧着。(明·凌蒙初《拍案惊奇》卷三十四)

(29) 众人不管三七二十一,一齐拥入。流水叫香公把门闭上。(明·冯梦龙《醒世恒言》卷十五)

(30) 幸喜合监的人,知他是个有钱主儿,奉承不暇,流水把膏药末药送来。(明·冯梦龙《醒世恒言》卷二十九)

(31) 今番见父亲流水选择人家改嫁,料想延秀死是实了。也怕不得羞耻,放声哭上楼去。(明·冯梦龙《醒世恒言》卷二十)

(32) 哄的玉姐回头,那亡八把头口打了两鞭,顺小巷流水出城去了。(明·冯梦龙《警世通言》卷二十四)

(33) 正说间,只见外面多人簇拥进来说:"吴家后面书房起火了!"众人流水跑到后面,看不见响动,止见一片红光罩着书房,多人也都散了。(明·佚名《英烈传》卷七)

(34) 狄希陈看见他揭眼罩,恐怕孙兰姬叫他,流水挤眼。(清·西周生《醒世姻缘传》卷三十八)

(35) 只见素姐从睡梦中高声怪叫。唬得薛婆子流水跑进去。(清·西周生《醒世姻缘传》卷四十四)

(36) 俺大哥也就随后到了,请大嫂流水回去开了门,好叫人打扫。(清·西周生《醒世姻缘传》卷八十五)

(37) 狄员外慌做一团,他母亲摸得他身上凉凉爽爽的,又不发热,骂道:"不长进的孽种!不流水起来往学里去,你看我掀了被子,趁着光腚上打顿鞋底给你!"(清·西周生《醒世姻缘传》卷三

十三）

（38）只听见乡约放个屁，他<u>流水</u>就说"好香，好香"，往鼻子里抽不迭的。（清·西周生《醒世姻缘传》卷三十四）

"流水"因为还具有"连绵不断"的特征，明清时期，它可位于主语和谓语之间时，演变成状态副词，表示"不断（地）"之义。如：

（39）那徐氏把他当做掌上之珠，见哭得恁般模样，急得无法可治，口中连连的劝他："莫要哭。且说为甚缘故？"自己却又鼻涕眼泪流水淌出来。（明·冯梦龙《醒世恒言》卷二十）

（40）秀娥却也不要，只叫肚里饿得慌。夫人流水催进饭来，又只嫌少，共争了十数多碗，倒把夫人吓了一跳。（明·冯梦龙《醒世恒言》卷二十八）

（41）许宣方欲推辞，青青已自把菜蔬果品流水排将出来。（明·冯梦龙《警世通言》卷二十八）

（42）唬得宗昭流水陪罪不迭，闭了口跑的回家。（清·西周生《醒世姻缘传》卷三十五）

（43）杨春又到了李云庵家，李云庵说："贵人踏贱地呀！可是喜你平地就得这万两的财帛。流水买地，我替你分种地去。"（清·西周生《醒世姻缘传》卷三十四）

（44）惟素臣房内，常如早春，不觉甚热，流水的煮饭烧茶，以应合宫之用。（清·夏敬渠《野叟曝言》卷一百七）

状态副词"流水"表示"急忙、迅速"义或者"不断（地）"义为时修前贤所忽略，也未见于当今任何词典，以上列举二十余例以期证明。据我们统计，"流水"此类副词用法在明清时期有上百例。

副词"流水"的产生，其实是目标域对源域反作用的结果，是源域和目标域互动的结果。布莱克（Black）（1962）认为隐喻运作的机制是源域和目标域之间的互动（interaction），提出了隐喻的互动理论，并且认为互动又反过来促进了框架（frame）的平行变化（1979：29）。在Black的观点中，在投射（projection）之后，不仅是框架（frame）的意义发生了变化，而且焦点（focus）的意义同样发生了变化（Black 所说的焦点、框架分别是 Lackoff 所说的源域和目标域）。也就是说，有些词在长期的隐喻使用中，渐渐地获得了某种固定的隐含义。如"他是一头猪"，按 Black 的观点，焦点"好睡""肥胖""懒惰"等特点抛射到框架中，从猪看到了他的特点；相反，在中国文化的这种隐喻中，"猪"这个词不再仅仅表示有四条腿、长耳朵、大鼻子的动物，而且它本身也逐渐获得了人的特性的词义。也就是说，"猪"成了"懒惰"等的代名词。同样的，副词"流水"的形成是类似例（26）中这种谓词性隐喻句中各类动词反作用的结果。

而副词"流水"在概念上又比例（26）中作状语的"流水"更为抽象，它可以用来修饰各类动词。也就是说，它是各类动词"快"的特点抽象的结果。副词"流水"形成的运作机制，我们可以用图表示如下：

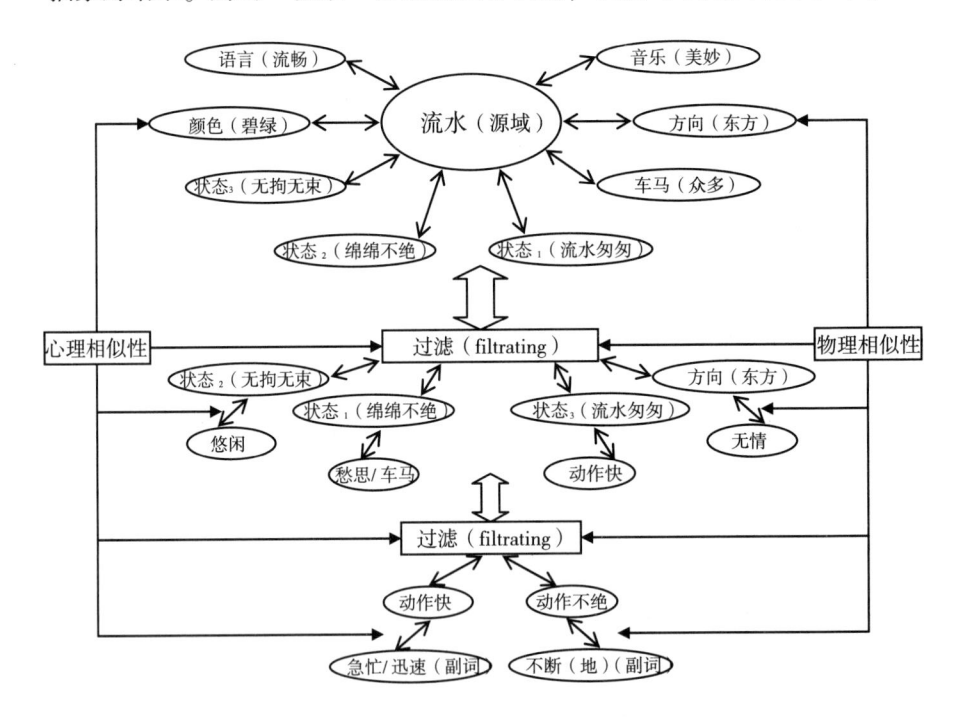

"流水"语义系统演变简图

从图中，我们可以看出状态副词"流水"的形成是众多隐喻义在使用过程中的一个心理选择的过程。这个心理选择的过程取决于物理相似性和心理相似性的可接受程度，或者说普遍接受程度。普遍性程度越高，则隐喻义变成稳定意义的可能性则越大。而"流水"的"匆匆""绵绵不断"特征在心理接受上的要求较低，图越往上，心理接受的要求越高。如"流水"与"音乐"这个隐喻，需要较高的文化层次的人才能建立，因此，这种隐喻义的使用范围必然不广，而词义的使用频率又是词义发生变化的一个重要的因素。

副词"流水"的形成在语言上的一个重要因素是它的"匆匆貌""绵绵不断貌"表示的是水流动的样子，即表示的是动作，因此，它可以用来描绘动词，构成"流水似的+VP"或者"流水一般+VP"，可以修饰动词是"流水"成为副词的一个关键性的因素。随之它的动作"迅速""不断"这个隐喻义的稳定，加上在动词前的高频出现，从而促使它的最终演变。

但是在现代汉语中，明清时期的状态副词"流水"很难直接位于动词前修饰动词，要表示动作"迅速"或者"不断（地）"的状态，"流水"依然使用隐喻的最初形式，即："像流水似的+VP"或者"像流水（一）般/样+VP"。如：

（45）分出来了呢，又眼睁睁地望着这几个人像流水似的花了去。（张恨水《金粉世家》第九十回）

（46）他一本又一本地查阅着，辞典和百科全书像流水一样被取来又送回。（张承志《北方的河》第三回）

（47）这些长大的暗沟，匪徒们称为流水沟，意思是情况紧急，即可顺沟像流水一样逃窜。（曲波《林海雪原》第十七回）

（48）往事流水般逝去，而青春的回忆却仍然令人耳热心醉，使她沉浸在美好的感情里。（凌力《少年天子》第三部第五回）

只在少数几个词，如"作业""生产"等的前面，"流水"可以充当状语，蕴含有"不断（地）之义"，这应该是明清以来用法的遗留。如：

（49）《中韩合资真露饮料有限公司成立》："它的生产基地设在昌平县，矿泉水直接从地下汲取，封闭式流水生产，每分钟生产矿泉

水五百瓶。"(《人民日报》1995年10月18日)

(50)《支持应来自社会各界》："日本漫画家创作时一般采用先进的可以从事动画设计的计算机及透明底纹纸，流水作业，形成一个完整的创作组合。"(《人民日报》1995年11月4日)

《现代汉语词典》(2016：837) 对"流水作业"的解释是："一种生产组织方式，把整个的加工过程分成若干不同的工序，按照顺序像流水似的不断进行。"从释义中，我们可以看出"流水作业"还是突出"流水"的"不断"特征。从《现代汉语词典》(2016：837)对其他几个词，如"流水账""流水席""流水线"的释义来看，"流水""不断"的比喻义在现代汉语中得到继承，但是作副词的功能已经淡化。表示"迅速"义的"流水"就只能用例(47)和例(48)中的结构来修饰动词。可见，现代汉语中，状态副词"流水"已经衰微。其主要原因应该是"流水"的本义太常用，常用义抑制了比喻义进一步巩固成基本义；另外，无论在近代还是在现代汉语中，"像流水似的+VP"或者"像流水（一）般/样+VP"结构的使用频率太高，这种句法结构阻碍了"流水"直接位于动词前作状语。因此，现代汉语中，状态副词"流水"有消亡的迹象。如果不是语料的缺陷，这至少说明了我们有关虚词演变的有些信念需要重新审视：一是用例数量应该由少到多；二是虚词的发展总是不断地虚化。

三　概念隐喻与介词"透过"的形成[①]

"透过"在汉语中是一个相当常见的词，但却不见于辞书，不论是注重"古今兼收，源流并重"的《汉语大词典》还是注重现代汉语词汇的《现代汉语词典》(第5版)皆未加注意，也未见前修时贤对其有所关注。而类似的词的研究则较多，如充当动词、介词的"经过"(吕叔湘，1980；侯学超，1998；张斌，2001；雷冬平，2008)和充当动词、介词的"通过"(吕叔湘，1980；侯学超，1998；张斌，2001；卢英顺，2003；雷冬平，2008)。"透过"研究的缺失，将影响整个"V过"类词的研究

[①] 此小节内容曾发表于《保定学院学报》2010年第1期。

和学习，影响对整个"V 过"类词成词途径和规律的把握。其实，"透过"和"经过""通过"一样有两种词性，一为动词，义为"穿过、通过"；二为介词，在句中引出动作发生或者完成所需要的凭借，相当于介词"通过"。我们需要探讨"透过"这两种词性句法功能、语义特点以及动词向介词演变的过程。

（一）动词"透过"的句法功能和语义特征

"透过"从句法功能上看，它可以作动词在句中充当谓语，这种功能从唐五代时期产生并一直沿用至现代。如：

（51）有老清见日影<u>透过</u>窗，问："为复窗就日，为复日就窗？"（南唐·静、筠禅僧《祖堂集》卷十四）

（52）人气须是刚，方做得事。如天地之气刚，故不论甚物事皆<u>透过</u>。（宋·朱熹《朱子语类》卷八）

（53）单雄信先地赶上手拈着绿沉枪，枪尖儿看看地着脊背，着脊背<u>透过</u>胸堂。（元·尚仲贤《尉迟恭三夺槊》第一折）

（54）原来弓劲力深，这枝箭直<u>透过</u>七层坚甲，如钉钉物，穿的紧牢，摇也摇不动。（明·冯梦龙、蔡元放《东周列国志》第五八回）

（55）这一条钉巧巧由棺盖<u>透过</u>，就把老族长的手掌锥通，又到了棺材墙上。（清·坑余生《续济公传》第二二九回）

（56）觉慧开始觉得寒气<u>透过</u>衣服浸到身上来了。（巴金《家》）

以上六例，"透过"之义犹"穿过"。《说文新附·辵部》："透，过也。"《增韵·候韵》："透，通也。"《洪武正韵·宥韵》："透，通也彻也过也跳也。"即"透""过"同义，"透"为"穿过"义早见于唐代，如：

（57）温庭筠《更漏子》："香雾薄，<u>透</u>帘幕，惆怅谢家池阁。"（《全唐诗》卷八百九十一）

（58）贯休《送僧入马头山》："情无刚强，气<u>透</u>今古。"（《全唐诗》卷八百二十八）

而"过"的"通过"义则用得更早,如:

(59) 子击磬于卫,有荷蒉而过孔氏门者。(《论语·宪问》)
(60) 若驷之过隙,然而遂之。则是无穷也。 (《礼记·三年问》)

"透过"乃二者连用而形成的并列式复合词,它最初典型的动词用法非常具象,表示"某客体(一般为物体)在空间上从起始处开始,经过一定的路径,位移到目标处"。形成一个位移的认知意象图式,据兰盖克(Langacker)(1987)认知语法理论,位移意象图式主要由动体(trajector,TR)、陆标(landmark,LM)和路径(PATH)三部分组成,表现的是 TR 与 LM 之间某种不对称的关系,TR 为这一不对称关系中的主体,其空间方位有待确定,LM 为参照物,为主体的方位确定提供参照。TR 所经过的路径称为 PATH。例如:

(61) 月亮已经升得很高,晶莹的青光<u>透过</u>窗隙照见刘亦丰和林道静两个兴奋的脸。(杨沫《青春之歌》)

据上,我们可以将例(61)动词"透过"的图式表示如下:

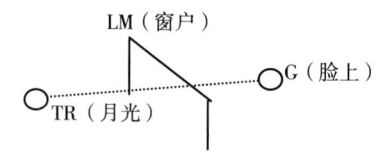

```
            LM(窗户)
              |
    O─────────┼─────────O G(脸上)
    TR(月光)   |
```

其模式与莱考夫与特纳(Lakoff & Turner)(1989)提出"起点—路径—目标"图式(Source-Path-Goal Schema)是一致的,因而我们在图式中添加了 G(Goal)。即"月光—窗隙—脸上"图式,在这个图式中,"透过"的语义表达并没有注重整个图式的展示,它更侧重在动体与其运行路径所需参照的路标(LM)上,它的语义要求其宾语应该是具体可穿透的实物。如例(51)—例(56),再如:

（62）太阳光透过了那一排竹帘子，把厢房的前半间染上了黑白的条纹。(茅盾《子夜》)

（63）萧队长从榆树丛子的空处，透过玻璃窗，瞅着空空荡荡的课堂，他说："就住在这行不行？"(周立波《暴风骤雨》)

"竹帘子""玻璃"是可以被太阳光和目光所穿透的。这种路标，我们也可以称之为障碍，它可以是有形状的，如上诸例；也可以是无形状的，如：

（64）许云峰崛立在楼八室铁门边，透过昏黄的狱灯，余新江望得见他沉思的脸。(罗广斌、杨益言《红岩》第十五章)

（65）透过苍茫的暮色，徐鹏飞靠近窗口凝望着夜景，点点灯火点缀着对面的山城。(罗广斌、杨益言《红岩》第九章)

（66）江姐向着华为指点的方向望去，透过飘忽的雨丝，可以看到在平坦的田野尽头，一条连绵不绝的山脉遮住了半边天。(罗广斌、杨益言《红岩》第四章)

三例中，"灯光""暮色""雨丝"皆充满整个所见空间，并无形状可言，它不是一个具有一定厚度的面，而是一片区域。

"透过"的动词义在发展演变中，不仅对障碍的语义特征提出要求，同时对充当动体的事物特征也同样提出要求，从研究来看，动体如要与"透过"共现，必须具备"条状"这样的语义特征，例（53）、例（54）和例（55）中的"枪""箭""钉"皆如此，就是例（51）、例（61）和例（62）中的"光线"、例（52）和例（56）中的气体以及例（63）、例（64）、例（65）和例（66）中的"目光"也同样如此。因为在人们的体验认知中，总是出现这样的组合，如"一束光线""一道光线/目光""一丝/股寒气"，因此，无论是阳光、月光还是目光，皆隐含有"条状"的语义特征，这一特征与"穿透"这一动作相吻合。

并且，从动词"透过"产生之初到现代汉语中，能够充当动体事物的范围也在不断缩小，由各种事物可充当到一般是由"光线"充当，如例（61）和例（62），而尤以"目光"为常见，如例（63）、例（64）、例（65）和例（66）。现代汉语中已经很难见到例（53）、例（54）和例（55）中这样具象的动体事物充当动词"透过"的主语了。

（二）介词"透过"的句法功能和语义特征

在句法功能上，"透过"除了可以充当动词，还可以充当介词，与名词一起构成介宾结构充当其后动词的状语，表示完成其后动作所需的凭借或者依据，义犹介词"通过"。例如：

（67）透过辛辣的烟草和热烘烘的汗味儿，岳之峰闻到了乡亲们携带的绿豆香。（王蒙《春之声》）

（68）苏菲的预言，是透过历史剧情证明真主和善良人的关系。（张承志《心灵史》第十一章）

（69）你能不能透过电视，对你的湖南乡亲们说几句话？（琼瑶《剪不断的乡愁》）

（70）另一个问题是，我们希望透过国际刑警组织，除了捉拿经济罪犯外，也管管文化罪犯。（柏杨《红尘静思·盼望神仙显灵》）

（71）张浚生还透过传媒祝香港市民家庭幸福、新年愉快、身体健康。（《人民日报》1995年1月30日）

（72）透过这个惊人的数字，可看出西安城涌动着申办热流。（《人民日报》1995年2月5日）

以上六例中，"透过"不再具有"穿过"的动作意义，已没有位移要素，其主语不再需要从起点经过一定的途径然后到达一定的目的地，而且充当主语不再是限于具有条状的事物，而是人。"透过"后的宾语也不是可以穿透之物，如例（67）中的"汗味儿"、例（69）中的"电视"、例（70）中的"国际刑警组织"当然是不可透过的，但它们分别是其后动词"闻""说""捉拿"得以发生的凭借或者依据。

（三）"透过"的概念隐喻

正如 Lakoff 和 Johnson（1980：5）指出，"隐喻普遍存在于我们的日常生活中，不但存在于语言中，而且存在于我们的思想和行为中。我们赖以思维和行为的一般概念系统，从根本上是隐喻方式的。"而认知语言学界普遍认为，在所有隐喻中，空间隐喻对人类的概念形成具有特殊重要的意义，因为多数抽象概念都是通过空间隐喻来表达和理解的。介词"透过"的形成正是空间概念隐喻的结果。例如：

（73）冬日的温暖的阳光<u>透过</u>窗户斜射进来，被淡青色洋布的窗帷遮住了。（巴金《家》）

（74）<u>透过</u>玻璃桌面，她看到小圆桌子下面钢架上那一盆水红色的月季花。（周而复《上海的早晨》第二部）

例（73）中，"阳光"透过"窗户"到达"屋内窗帷"，这表达的是一种空间位移的概念；同样，例（74）表达的是"目光"透过"玻璃桌面"到达"月季花"的空间位移概念。而这两种概念的内部结构是一致的。它们都可以概括为：

动体（某种事物）——→透过（穿过/通过）障碍/途径（某种事物）——→（到达）目的地

这种空间位移概念结构可以向结构相同的非空间概念结构发生隐喻映射。Lakoff（1989）认为，隐喻就是从源域（source domain）向目标域（target domain）的跨域映射（cross-domain mapping）。而映射遵循的是一种不变原则：隐喻映射保留源域的认知布局（cognitive topology），又在某种程度上与目标域的内在结构保持一致。如例（75）和例（76）就保留了例（73）和例（74）的认知布局和概念结构：

（75）作者对所反映的社会现象都有独到的见解和精辟的分析，<u>透过</u>这些隐情的揭示，能引发人们深刻的思索。（《人民日报》1995年10月17日）

（76）他不敢让女儿看他的眼睛，怕她<u>透过</u>父亲的笑容，看到埋藏在里面的深深的痛苦。（霍达《穆斯林的葬礼》第十章）

例（75）中，动体是"作者"，途径是"隐情的揭示"，目的是"引发人们的思索"；例（76）动体是"她"，途径是"父亲的笑容"，目的是"看到痛苦"。这两例中的概念结构，同样可以概括为：

动体（某个人）——→（依靠）途径/手段（某个动作或者抽象名

词）——→（达到）目的

比较这个概念结构和例（73）和例（74）下的概念结构，我们会发现这两个概念结构在位移这个概念域中有着相同的概念维度和要素，概念模型的相同使得两个概念域之间存在一种隐喻映射的关系。两者之所以会发生映射，是因为语言结构类推和功能扩展触动了语言演变机制，重新分析使得映射成为可能。比较例（74）和例（76）会发现，二者都是"透过X看到Y"这样的句法格式，其中X、Y是变量，当X的范围因为类推而扩大，由能够穿透的具体事物变成了不可穿透的抽象事物或者动作，即由"玻璃桌面"变成了"父亲的笑容"时，导致了重新分析的发生，"透过X看到Y"由连动结构重新分析为偏正结构，"透过X"成为"看到Y"的凭借或者依据；进而动词"看"也由"观看"义动词重新分析为"认知"义动词。那么，在这种句法格式中，"透过"不再是动词，而是引进动作手段或者凭借的介词。

（四）"V过"的多维度对比

由位移动词V和位移动词"过"并列联合构成"V过"类双音节构式特别多，如"经过""通过""透过""越过"①"走过""跨过""跳过""跑过""飞过"等。"V过"类构词方式的词应都具有同样的成词过程和虚化路径，都有演变成介词的可能。但"走过"及其后格式都很难将其定为是词，因为两个语素之间的关系还很松散，没有凝固，更不用说进一步虚化成介词了。"越过"是个动词，按照"V过"类词的演变路径有了一定程度的泛化，但却没有进一步虚化为介词，如：

（77）他看看街上敌人太多，就折进另一个黑黑的夹道里，越过一道短墙，从南边出庄了。（知侠《铁道游击队》第二十三章）

（78）我分开枯败的芦苇，越过一条渠，一条沟。（张贤亮《绿化树》）

（79）我和你都是无产无业，可以越过收购和加工定货，一步跳到公私合营。（周而复《上海的早晨》）

---

① 《现代汉语词典》（2016：1619）录有"越过"一词，释之为："经过中间的界限、障碍物等由一边到另一边。"既收"越过"，则"透过"则更不能遗漏。当补。

（80）他的手越过她的战栗、她的绝望，他用双手抚磨着她，唤醒着她。（周珺《被挡在门外的女孩》）

例（77）和例（78）是典型的动词，可适用于《现代汉语词典》中的释义："经过中间的障碍由一边到另一边。"而例（79）和例（80）却是一种非典型的用法，"越过"后的宾语既非界限亦非障碍，而是一种时间阶段和抽象的感情体验。这种非典型的用法同样也是功能类推和隐喻的结果，但是这种用法的"越过"没有进一步虚化而变成更虚的词类。这是为什么呢？因为"在每一个概念域中，都存在一个有各种维度交叉而构成的多维网络。……几个维度的节点以不同的组合方式交会在一起，形成一个一个不同的交会点，一个概念域中的不同概念就处在这个多维网络的不同交会点上；而那些组合在一起的若干维度上的节点，就是构成某个概念的概念要素"（蒋绍愚，2007：392）。我们这里讨论的"经过""通过""透过""越过"等动词属于位移概念域，这个概念域包括至少以下六个维度：a 位移动作；b 起点；c 路径；d 终点；e 速度；f 方式。我们将位移动词的概念维度分析如下：

"X 过"组合的概念维变分析表

	经过	通过	透过	越过	走过	跨过	跳过	跑过	飞过
位移动作	+①	+	+	+向上	+双脚交互向前	+向前或左右	+向上或向前，身子离地	+双脚交互向前	+空中
起点	+	+	+	+	+	+	+	+	+
路径	+	+	+	弧度	+	+弧度	+弧度	+	+
终点	+	+	+	+	+	+	+	+	+
速度					+慢		+快	+快	+快
方式					+脚	+脚或腿	+脚或腿	+脚或腿	+翅膀+工具

从以上表格中可以看出，所列位移双音节构式都含有前四个维度，但是只有"经过""通过""透过"三个词没有对四个维度中的节点做出具

---

① 有"+"而无具体文字，说明该概念维度有概念要素却没有具体的特征限定。

体标示，这说明三个词对位移动作没有具体的特征限制，"经过/通过"某地，它可以是"走过""跑过""飞过"等，这些皆可以说是"经过/通过"。也就是说，位移动作概念要素越多，则概念就越具体，概念的外延就越小，它所能支配的论元范围也就越小，因而其泛化，甚至虚化的可能性就越小。常见的"打"与"敲"都是打击义的动词，"打"可以泛化成表示"打饭""打毛衣""打车票"等概念，甚至可以进一步虚化成介词表示"打这里经过"等概念，而"敲"却不能有这种泛化和虚化。这是因为"打"的各维度的概念要素都没有具体的限定，它可以是用手打，也可以是用工具打，可以是用力打，也可以是轻轻地打。而"敲"则有限定特征，《说文·支部》曰："敲，横擿。"段玉裁注曰："横投之也。"也就是说，"敲"这个概念在动作方式维度上进行了要素限定。通俗地说，"打"的概念宽泛，而"敲"的概念太过具体，因此导致了二者在词义演变上的不同。"越过"成词并有泛化趋势，是因为它的概念要素限定不多，但是它在动作上含有【+向上】的要素以及在位移路径上含有【+弧度】的特征，这也进一步限制了它不能像"经过""通过""透过"一样向介词虚化。宽泛的概念更容易发生词义的虚化，具体概念的词则不然。决定词义宽泛抑或具体的因素就是概念要素是否具有明确的特征限定。

四　结语

无论是"流水"演变成副词，还是"透过"演变成介词，其中的动因和机制都少不了隐喻。我们认为隐喻是认知方式，而且也是语言演变的动因和机制。说它是动因是因为它可以揭示语言变化的原因。这个原因就是认知的相似性联结，就是说人脑具有将相似事物进行联结的功能。隐喻强调概念相似性，"流水"的副词义"迅速"义和"流水"就是相似的；"透过"从"穿过"具体事物到凭借工具或手段也同样是相似的。因此，并不如有的人认为，词性发生改变则涉及的认知方式就一定是转喻。说"隐喻"是机制是因为它可以揭示语言到底是如何变化的，从副词"流水"和介词"透过"的形成我们可以看到，隐喻关于源域和目标域的映射机制其实就揭示了语义从本义到引申义演变的操作程序和方式。所以，汉语虚词的形成研究，隐喻应作为揭示其形成过程的主要手段来研究。

第三节 韵律制约与双音虚词的形成①

一 引言

从理论上说，每一个复合词的外部结构都应该能够做出分析，然而有时实际操作起来却是困难的，因为这种词汇外部结构的分析涉及内部构词理据或者词源的探索。有的词语的构词理据一目了然，其外部结构自然容易分析，如"地震""气球""刹车"等。但有的词语外部结构却不那么容易判断，如"口红"等。特别是有些复合虚词的外部结构如果想对它做出正确的分析，则必须对其成词过程进行探讨，如程度副词"太过"是分析成偏正结构呢，还是分析成并列结构？解决这一问题肯定就需要对其成词途径进行研究（胡丽珍、雷冬平，2009）。我们甚至观察到，有的虚词的内部结构看上去不可分析，如在"无以""无由""无从"等词中②，"无"比较容易判定为表示"没有"义的动词，但"以""由""从"是动词呢，还是介词，则不好判断，即使判断其为动词或者介词中的一种，知道是"动词+介词"或者"动词+动词"的结构，但其与动词"无"的关系却同样难以分析。本节试着用演绎的方法来探讨"无从"类词的成词过程，从韵律的角度来解决这类词外部结构分析的问题以及这类词成词的内部机制问题。

二 由果索因的演绎法与"无从"类词的形成

语言理论的研究不应该仅限于为人们提供理解某种语言现象的方法或者途径，它应该能够为相同条件下的同类语言现象都做出合理的解释。演绎法的精神实质与语言理论研究的这种目的是一致的。所谓演绎法，就是

---

① 本节的相关内容发表于《汉语学习》2013 年第 1 期。
② 本节的写作源于与李宗江先生探讨"无从"一词的构词法，同时也得到宗江先生的诸多指导，十分感谢！

先要提出假说，接着依据假说的基本理论观点演绎出事实结论（已知的和未知的），然后用观察和实验检查这些事实结论，从而给予假说理论一定程度上的事实支持。这种方法的实质就是由果索因再由因证果的溯因推理（abduction）过程。这是科学研究方法不断发展的结果，"是现代一切理论性的经验科学的逻辑基础"（S. K. aumjan, 1971: 48）。语言研究运用演绎法的作用就在于，通过构造和运用假设演绎系统，为既成事实的语言现象的认定提供认识工具。我们以"无以""无由""无从"的内部结构为切入点，用演绎法来探讨"有/无+ Prep/V"类词的成词及其动因。

（一）词源语义与外部结构的联系

对于"无以""无由""无从"三个词的词源语义，我们直接利用《汉语大词典》（以下简称《大词典》）和《现代汉语词典》（第 7 版，以下简称《现汉》①）进行总结，其结论如下：

"无以"。《现汉》没有收录；《大词典》解释为："谓没有什么可以拿来；无从。"如《左传·昭公二十七年》："令尹将必来辱，为惠已甚。吾无以酬之，若何？"

"无由"。《现汉》解释为"（副）无从：～相会，不胜惋惜。"《大词典》解释为："没有门径；没有办法。"如《左传·哀公二十七年》："公游于陵阪，遇孟武伯于孟氏之衢，曰：'请有问于子，余及死乎？'对曰：'臣无由知之。'"

"无从"。《现汉》解释为："没有门径或者找不到头绪（做某件事）。～入手、～考察、心中千言万语，一时～说起。"《大词典》第三个义项解释为："找不到门径或头绪。"如《韩非子·五蠹》："今为众人法，而以上智之所难知，则民无从识之矣。"

从二词典对此三词的解释来看，三词皆可以用"无从"来解释，可见三者的意义基本相同。《大词典》关于"无以"释义是正确的，但是参照其他二词的解释及实例，还应该稍作改动，即"没有什么可以用来（做某事）"之义。从释义看，其外部结构是"无+'以'字短语"，"无"为动词，"'以'字短语"为名词性成分，整个词的结构应为动宾结构。

---

① 本节所列举论据中的词语都以《汉语大词典》或者《现代汉语词典》（2016）收录为准，所描写的词语皆为二者或者其中之一所收录。

那么,"无由""无从"的"没有门径"义同样是一个动宾结构的词,但是从具体实例来看,"由"和"从"二字之义却没有落实,因为"由""从"二词没有"门径"或者"办法"之义。因此,从"无从"类词的词源意义看,其语义含有一个构式义,因为"从"无法表达名词意义,那么在其前或后必有一个成分使之转变成为名词性的成分,即"无+从X"或者"无+X从"构式,而其中"从X"或者"X从"构式是一个名词性质的成分,充当的是"无"的宾语。因此,"无从"类词可以分析成动宾结构。

(二) 结论假设与语言事实的互证

"无从"类词之"从"既然是"从X"或者"X从"构式的语言演变的结果,且为名词性成分,我们据此假设,"X"应该为功能词"所",且"无从""无以""无由"是从"无所从""无所以""无所由"构式脱落了"所"而形成,因为"无从/无以/无由VP"表达"无N从/以/由之可VP"之义,其中"N"在"无从"类词中无法得到合理的解释,唯一的解释就是它是从它的源构式"无所从/以/由VP"之"所"字结构中遗留而来的。

这一假设是否会得到语言事实的支持呢?回答是肯定的。

"无以"做副词先秦已见。如:

(1) 孔子曰:"不知命,无以为君子也;不知礼,无以立也;不知言,无以知人也。"(《论语·尧曰》)
(2) 非人者必有以易之,若非人而无以易之,譬之犹以水救水也,其说将必无可焉。(《墨子·兼爱下》)

试比较以下两组例子:

(3a) 今人皆处天下而事天,得罪于天,将无所以避逃之者矣。(《墨子·天志下》)
(3b) 行之克也,将以害之;若其不克,其因以罪之。虽克与否,无以避罪。(《国语·晋语》)
(4a) 吾欲徼天之中,兵革既具,无所以行之。(《吴越春秋·勾

践伐吴外传》）

(4b) 吾欲与之徼天之衷，唯是车马、兵甲、卒伍既具，无以行之。请问战奚以而可？（《国语·吴语》）

从历史文献材料看"无以"是从"无所以"脱落了"所"而形成的。

"无由"做副词也于先秦已见。如：

(5) 故君子苟能无以利害义，则耻辱亦无由至矣。（《荀子·法行》）

(6) 凡行赏欲其本也，本则过无由生矣。（《吕氏春秋·不苟论》）

"无所由 VP"结构在先秦亦见。如：

(7) 无所由而常生者，道也。由生而生，故虽终而不亡，常也。由生而亡，不幸也。有所由而常死者，亦道也。（《列子·仲尼》）

"无从"做副词先秦已见。如：

(8) 百门而闭一门焉，则盗何遽无从入哉？（《墨子·公孟》）

同时，介词"从"之前常可见功能词"所"，如：

(9) 民不附，天下怨，此灭亡之所从生也，故明主禁之。（《管子·形势解》）

"此灭亡之所从生"即"这是灭亡出现的原因"之义。

(10) 如来者，无所从来，亦无所去，故名如来。（鸠摩罗什译《金刚般若波罗蜜经》）

"无所从来"是"无从来之所"之义,即"没有从哪里来的地方"。试比较后世两个用例:

(11) 帝轻骑还邺,窘急,计无所从。(《北齐书》卷四十五)
(12) 承休遽闻东师入讨,大恐,计无从出,问于重霸。(《旧五代史》卷六十一)

例(11)应该是"计无所从出"之省。字面意思是"计策没有地方可以从那里想出来",即"计策没有办法想出",这与"无从"的词典释义是一致的,这也证明"无从"即"无所从"脱落了功能词"所"而构成的。

(三) 更多语言事实的支持

功能词"所"字脱落而导致句法变化,从而促使汉语中一些词语形成的词汇化现象不仅仅限于"无从""无由""无以"这三个词,这种现象还存在更多的词语当中。如:

1. 无所与→无与

(13) 故素也者,谓其无所与杂也。(《庄子·刻意篇》)
(14) 必欲争天下,非信无所与计事者。(《史记·淮阴侯列传》)
(15) 自夫子之死也,吾无以为质矣,吾无与言之矣!(《庄子·徐无鬼》)
(16) 无与同好,谁与同恶?(《史记·楚世家》)

"无与"的形成与前文的"无从""无由""无以"的形成是一样的,都是有"无所与之VP"脱落了"所"而形成。《汉语大词典》释"无与伦比"为"没有可以与之相比的,没有能比得上的"。"的"字短语相当于一个名词,从辞书的释义可以看出"无与伦比"的源结构"无所与(之)伦比"应该做这样"[[无[所[与(之)]]]伦比]"的切分,可是,当"所"脱落后,这种内部语义投射的语法关系变得模糊,加之韵律的要求,"无"和"与"跨层凝固成副词,则"无与伦比"变成"[[无与]伦比]"这样的切分。

2. 有所以→有以

(17) 夫天生蒸民,<u>有所以</u>取之。(《荀子·荣辱》)
(18) 郡国<u>有所以</u>为便者,上丞相、御史以闻。(《汉书·武帝纪》)
(19) 义者,谓其宜也,宜而为之,故曰:"上义为之而<u>有以</u>为也。"(《韩非子·解老》)
(20) 吾必<u>有以</u>重报母。(《史记·淮阴侯列传》)

"有以"的形成与前文的词汇形成一样,都是"无/有+介词"形成一个动宾结构,源结构中"所+介词"是修饰后面 VP 作状语的。

在更多的语言事实中,除了以上在"有/无+所+介词+VP"这种结构形成"有/无+介词"结构的副词外,还有"有/无+所+VP"结构形成"有/无+动词"结构的动词。如:

3. 无所措→无措

(21) 刑罚不中,则民<u>无所措</u>手足。(《论语·子路》)
(22) 水便满溢,<u>无措</u>足之地。(《周书·王思政列传》)
(23) 若使此人在朝,我辈<u>无措</u>手处也。(《周书·宇文孝伯列传》)
(24) 夫刑以节人,罪必无滥,故刑罚不中,民<u>无措</u>足。(《魏书·赵郡王列传》)
(25) 自画冠既息,刻吏斯起,法令滋章,手足<u>无措</u>。(《陈书·后主纪》)

以上五例中,可以看出例(21)"民无所措手足"为源构式,即"民无措手足之处"之义,这与例(22)和例(23)所表达的意义是一致的,只不过例(21)用"所"来表达了名词功能,而例(22)和例(23)则省略"所",用"地"和"处"直接将名词词义表达出来。例(24)则连后面的名词也省略了,动宾结构"措足"直接置于"无"之后,其功能仍然相当于一个名词。而当这种动宾结构中的宾语"手足"前移至句首话题化时，动词"措"因为没有宾语而与"无"凝固成词，如例（25），"无"与"措"的关系虽然仍然是动宾关系，但其语素间表层的关系已经比较模糊了。再如：

（26）书凡九门，计贰百卷，不敢不具上献，庶明鄙志所之，尘渎圣聪，兢惶无措。(《旧唐书·杜佑列传》)

例（26）中的"无"与"措"的关系如果不追溯其源构式的话，很难看出其是动宾结构的积淀。

《大词典》收录了"无措"一词，虽然《现汉》没有收"无措"，但是《现汉》收录了"无所措手足"（当然，先且不论《现汉》将其当词来收录是否正确），并释之为："手脚不知放在哪里，形容不知该怎么办才好。"从释义可以看出，《现汉》也是将"无所措手足"切分成"［无［所［措手足］］］"这样的动宾结构的。《现汉》也收录了"手足无措"这一成语，释之为"形容举动慌乱或者没有办法应付"，其实，该成语之释语最好也加上"手脚不知放在哪里"这样的本义，这样，引申意义就更容易理解和掌握。

4. 有所为/无所为→有为/无为

（27）闻道之后，有所为有所执者，所以之人，无所为无所执者，所以之天。(《关尹子·一宇》)
（28）消息满虚，一晦一明，日改月化，日有所为，而莫见其功。(《庄子·田子方》)
（29）无为而物成，是天道也。(《礼记·哀公问》)
（30）人有不为也，而后可以有为。(《孟子·离娄下》)

"有为""无为"即"有所作为""无所作为"之义。

5. 有所谓/无所谓→有谓/无谓

（31）有所谓蜗者，君知之乎？(《庄子·则阳》)

（32）如是，夫子无所谓能治国乎？（《晏子春秋·谏下》）

（33）今我则已有谓矣，而未知吾所谓之其果有谓乎？其果无谓乎？（《庄子·齐物论》）

（34）有文实也，而后谓之；无文实也，则无谓也。（《墨子·经说下》）

"有所谓"即"有说道之人或物"，"无所谓"即"无说道之人或物"。省略功能"所"之后，形成"有谓""无谓"，如例（33）和例（34）。它们的意义与例（31）和例（32）一致的。孙诒让《墨子间诂》释例（34）文曰："谓有名实始有所谓，无名实则无所谓。"

6. 无所碍→无碍

（35）圆乎规，方乎矩，包裹宇宙而无表里，洞同覆载而无所碍。（《淮南子·缪称训》）

（36）须臾，融液断绝，于是船无所碍。（《晋书·王濬列传》）

（37）穷来归我，诛之不祥。且魏人来侵，每为矛盾，若悉诛蛮，则魏军无碍，非长策也。（《梁书·萧景列传》）

（38）如至四月，淮水泛长，舟行无碍，宜善量之。（《魏书·萧澄列传》）

7. 无所往→无往

（39）人能充无受尔汝之实，无所往而不为义也。（《孟子·尽心下》）

（40）故成王之于周公也，无所往而不听，知所贵也。桓公之于管仲也，国事无所往而不用，知所利也。（《荀子·君子》）

（41）学不死之师，无往而不遂。（《淮南子·精神训》）

（42）以此乘吴，无往而不克矣。（《三国志·魏书·邓艾列传》）

前二例与后二例在结构上完全一致,都用"而"连接两个否定性的谓词短语。前二例去"所"在句法和语义上都是通的,只是在语义理解的时候,必须添加"所"才更好理解,在语法理解时,则需要借助谓词转指一类的概念才更容易说明问题。《大词典》释"无往"为"无论到哪里",释"无往不克"为"无论到哪里,没有不胜利的",二词的解释乍看语义通顺,理解正确,其实在"无"的解释上存在问题,从释义上看,词典将"无"解释成"无论",这是不正确的。"无"应该是动词,解释成"没有","无往不克"是一个并列结构,"无"与"不"是两个否定词,只不过前者为否定动词,后者为否定副词,"无往"为动宾结构,而"不克"为偏正结构,表达的意义是"没有前往的地方不能攻克",也就是"前往的地方都能攻克",或"无论前往哪个地方都能攻克",因此"无论"是句式双重否定逻辑推理中得出的语义。"无往不遂"同样是解释为"没有前往的地方不成功的"。后二例如果参照前二例的"所"构式,就不会出现类似《大词典》这样的理解偏差。所以,"无往"为"无所往"脱落了"所"的演变结果。

8. 有所得→有得

(43) 是以老而无子者,<u>有所得</u>终其寿。(《墨子·兼爱上》)
(44) 请案验,卒不能<u>有所得</u>,而方进果自得御史大夫。(《汉书·杜周列传》)
(45) 以一易两,人曰:无丧而<u>有得</u>也。(《荀子·正名篇》)
(46) 悠悠罔极,亦各<u>有得</u>。(《后汉书·崔骃列传》)

"有得"一词,《大词典》释之为"有所得;有所领悟"。《现汉》释之为"有所领会",从二词典的释义中,我们可以看出"有得"的来源。

9. 有所感→有感

(47) 然物<u>有所感</u>,事有可适,何不为之先?(《韩诗外传》卷七)
(48) 上<u>有所感</u>,辄使赋之。(《汉书·枚乘列传》)
(49) 辍而<u>有感</u>,以为隐者也。(《后汉书·高凤列传》)

（50）且喜怒哀乐，有感而自然者也。(《淮南子·齐俗训》)

《现汉》释"有感"为"有所感触"，正确，同时也可以看出"有感"的来源。

以上，我们列举了许多通过脱落了功能词"所"而词汇化的现象。其实通过这种途径形成的词还有许多，如"有亡""有自""有守""有待""无畏"及"无至"等。需要进一步论证的是，既然存在"所"字结构，是什么触动了"所"字的脱落呢？我们认为是由于"所"语法化成语法功能词后，"所"的功能是使谓词性成分变为名词性成分；而动词"有/无"也具有使动词的陈述性质事物化的强制功能，这样，两种功能相同的手段在一起，就出现羡余信息，羡余信息促使虚化的"所"脱落，再加上在韵律的双音化的推动下，从而形成"有/无+介词或及物动词"内部结构为动宾式的复合词。以下是详细论证。

三 "所"的指称化标记与转指功能

从《马氏文通》以来，动词或动词词组以及介词前的"所"字在学术界一直被认为是"代词"。马建忠先生（1983：60）将"所"界定为接读代字，"'所'字常位领读，或隶外动，或隶介子，而必先焉"。马氏认为动词或动词词组以及介词前的"所"是动词或者是介词的宾语，并且前置。黎锦熙先生（1992：94）认为"所"是"联接代名词"，他（1992：191）说："表示子句故曰联接；可代实体，故曰代名词。"并认为（1992：190）："句中一有'所'字，便可断定他所关连的那一部分必是一个形容性的'子句'（或'短语'）；故'所'字的最大作用，就在表示子句（或短语）的存在。"王力先生（1998：365）将"所"字认为是一个特殊的指示代词，"它通常用在及物动词的前面和动词组成一个名词性的词组"。郭锡良先生等（1999：331）指出："'所'字作为辅助性代词，所代的是某个动作的对象。它位于动词和动词性词组之前，和动词或动词性词组结合成'所'字结构，使整个结构具有名词性质。"这种观点与具体例子分析的时候会产生矛盾。因为我们的论题是从"无从"类词开始的，我们就以"所+介词+动词"类结构来分析代词说的矛盾之处。

王力先生（1998：366-337）说："'所'字又常常用在介词'从''以''为''与'等字的前面，指代介词所介绍的对象，它们所表示的是：行为发生的处所，行为赖以实现的工具手段和方式方法，产生某种行为的原因，以及与行为有关的人物，等等。"暂转引二例，如：

（51）楚人有涉江者，其剑自舟中坠于水，遽契其舟，曰："是吾剑之<u>所从</u>坠。"（《吕氏春秋·察今》）

（52）彼兵者，<u>所以</u>禁暴除害也，非争夺也。　（《荀子·议兵》）

如果说"所"字是"指代介词所介绍的对象"，那么"所"是先与介词发生联系，然后再与动词发生联系，"所从坠"理解成了"从所坠"，"所以禁暴除害"理解成了"以所禁暴除害"；且"所从坠"在句法上切分成了"［［所从］坠］"而"所以禁暴除害"切分成"［［所以］禁暴除害］"。如果这样将"所"理解成代词，并做介词的宾语的话，则"所"字结构就成了一个介词短语修饰动词（动词短语）的状中结构，它是谓词性的，而不能够得到整个"所"字结构为名词性词组的结论。因此，这是将"所"理解成代词无法解释的矛盾。

我们认为，介词"从"的宾语是"契舟之处"，"以"的宾语是"兵"，这种介词宾语承前省略在古汉语中是非常常见的，董秀芳（1998a）曾论述了这种介词宾语的零形回指现象。再如：

（53）小人有母，皆尝小人之食，未尝君之羹，请<u>以</u>遗之。（《左传·隐公元年》）

（54）太史公曰："赵盾弑其君。"以<u>示</u>于朝。（《左传·宣公二年》）

（55）必欲争天下，非信<u>无所与</u>计事者。　（《史记·淮阴侯列传》）

（56）必欲争天下，非信<u>无可与</u>计事者。　（《汉书·高祖帝纪》）

前两例"以"字后面分别省略了宾语"君之羹""赵盾弑其君之事";后两例中,有无"所"字都不影响介词"与"的宾语是承前省略了"韩信"。可见,"所"不是介词宾语。且"所"字结构中,有的介词后面的宾语并没有省略,这样,"所"再理解成代词作介词的宾语就无法解释,如:

(57) 自此以后,乃令史官记地动所从方起。(《后汉书·张衡列传》)

(58) 谯周忧之,无所与之言。(《宋书·五行志》)

此二例,"所"无法充当介词的宾语。当然,"所"的词性和功能历来就有不同的说法,杨树达先生在《词诠》中认为它是语中助词;周法高先生在《中国古代语法》中认为它是代词性的助词;周秉钧先生在《古汉语纲要》中认为它是结构助词;杨伯峻先生在《文言文法》中认为它是小品词,等等。但是,综观这些不同的意见,我们认为朱德熙先生(1983)的观点是比较接近语言事实的,虽然他(1983:16)提出的"不过凡是真正的名词化都有实在的形式标记。所谓'零形式名词化',对于汉语来说,只是人为的虚构"。这个观点值得商榷,但是他在该文中对"所"字性质和功能的概括无疑是正确的,朱先生指出"所"字是名词化的标记,它只有转指功能。沈家煊先生等(2000:27)指出:"动词的功能由陈述变为指称,这叫作动词的指称化。"而所谓转指,是指谓词性成分由陈述转而指称动作行为的所涉及的施事者或受事者等。"所"字无论是在"所+动词(词组)"结构还是在"所+介词+动词(词组)"结构中,"所"都是指称化的标记,所起的功能是放在及物动词或有介(宾)词的前面,从而把整个"所"字结构变成一个名词性的词组,具有转指功能。如:

(59) 以有若似圣人,欲以所事孔子事之。(《孟子·滕文公上》)

(60) 注焉而不满,酌焉而不竭,而不知其所由来,此之谓葆光。(《庄子·齐物论》)

例 (59) 之 "所" 附着在动宾短语 "事孔子" 前转指 "侍奉孔子的方式",动词 "事" 后面已有宾语 "孔子",所以 "所" 当然不能理解成代词宾语前置;例 (60) 之 "所" 附着在状中短语 "由 (X) 来" 前转指 "来" 的 "空间方位"。因此,两例 "所" 都是语法功能词,是指称化的标记,而在句法分析上,则应该做 "[所 [事孔子]]" "[所 [由来]]" 这样的切分。从研究可以看出,将 "所" 字认定为指称化标记可以统一地解释各种 "所" 字结构。①

"所" 字具有转指功能,但是其所转指的语义却比较模糊,正如王力先生 (1998:366) 指出:"'所' 字词组虽然带有名词性,但是离开上下文,它本身一般不能明白表示的是人还是事物,更不能具体表示是什么人、什么事物。" 虽然语义不确定,但是根据上下文还是可以推知其所转指的内容。殷国光先生 (2006:36) 通过对《庄子》"所" 字结构的考察,得出 "所" 字结构转指应遵循的两条原则:(1) 不能转指该结构中 (无论在 "所" 后,还是 "所" 前) 已出现的语义角色;(2) 有介词标记的 "所" 字结构转指介词引进的语义角色;无介词标记的 "所" 字结构转指对象取决于动词的配价,并遵循客事>补事、配价语义角色优先的原则。第一条原则无疑是正确的,第二条原则需要做出补充。

首先,"有介词标记的 '所' 字结构转指介词引进的语义角色" 这一结论并不完整,如:

(61) 今人皆处天下而事天,得罪于天,将无所以避逃之者矣。(《墨子·天志下》)

介词 "以" 可以引进的语义角色有 "论事的标准" "动作行为的凭借或前提" "具有的身份或资格" "动作实施的方式、方法或手段" 等,此例中 "所以避逃之" 这个 "所" 字转指的是 "动作的实施的方法",而这种转指意义的获得,必须结合介词后面动词的语义才能够获得,因此,有介词标记的 "所" 字结构转指的内容是由介词和其后动词共同的语义

---

① 我们所说的 "所" 指称化标记功能不包括表示被动意义的 "所"。根据董秀芳 (1998b) 的研究,表示被动意义的 "所" 也是从表示指称标记的 "所" 重新分析而形成的。

角色来决定的。明白这一点，有利于我们对"无从"类词中介词意义的确定。如介词"从"，它能够引进的语义角色有"办法""门径""头绪""地方"等，而"无从"中之"从"的转指意义的确定却需要遵守介词和其后动词共同决定语义的原则。如：

(62) 今为众人法，而以上智之所难知，则民无从识之矣。(《韩非子·五蠹》)

"民无从识之"即"人民没有去认识它（微妙之言）的办法"，"办法"不能替换为"地方"，因为其后的动词"认识"不涉及空间位置的语义，如果动词涉及空间位置，则"从"可以转指为"地方"。如：

(63) 备恐殆，急置太子，祸乃无从起。(《韩非子·扬权》)

"祸乃无从起"即"祸于是没有地方可以兴起"之义，因为动词"起"涉及空间方位，故而与介词"从"的语义进行整合时，可以转指"地方"之义。因此，从例(62)和例(63)看来，介词转指意义的确定还离不开后面动词的语义限制，必须与动词语义取得搭配协调、一致的条件。因为"无从 VP"源自"无所从（X）VP"结构，其语法结构应该做"［无［所［［从（X）］VP］］］"的切分，"所"字的脱落导致了"无从 VP"结构重新分析成"［［无从］VP］"，尽管介词"从"在句法关系上已经不和动词发生直接的关系，但是其语义的转指还是来自其源结构中的状语地位，虽然这个转指的内容来自介词引进的语义角色，但具体是哪个语义，其后的动词语义依然是一个重要的限定因素。

其次，"无介词标记的'所'字结构转指对象取决于动词的配价，并遵循客事>补事、配价语义角色优先的原则"。这一原则整体上是正确的，但据王力先生所提到的省略介词的"所"字结构中，这一原则也有不少例外，如［以下二例转引自王力先生（1998：368）］：

(64) 冀之北土，马之所生，无兴国焉。(《左传·昭公四年》)

（65）邪秽在身，怨之<u>所构</u>。（《荀子·劝学》）

按照殷国光先生（2006）的原则，"所生"之"所"该优先转指动词"生"之客事（包括受事、对象、使事、意事、终点等），但例（64）却违背了这一原则，"所"转指的是殷文所指的补事（包括空间、凭借、原因、目的等），转指的是"马出生的处所"；同样，例（65）之"所"转指的是"构"的原因，其优先转指的非客事而是补事。

因此，"所"的转指功能其实就是概念物化（高航，2007）的功能，这一功能将动词所编码的事件物化为名词，将动词的陈述关系物化作为一个整体从而进行凸显。所以在对"所"字结构进行识解的时候，认知主体会将动词识解成一个过程，而将"所+动词/介词"识解为一个抽象的组块，这个组块由这个动作所涉及的各种语义角色所组成。而具体是哪个语义角色得到凸显，则取决于动词语义和上下文语义。

四 "有""无"的名物化强制功能和"所"的零形转指

在"有/无+VP"结构中，"有"的性质和功能多有研究，主要观点有语气副词说、传疑副词说、数量副词说、肯定副词说、无指代词说、连词说、动词说、助动词说、体助词说（详见张文国、张文强，1996；付习涛，2006的介绍）。对于"无"的研究不多，诸说之中，我们主张"有/无+动词（词组）/介词"结构中的"有/无"为存现动词。"有/无"的语义是"存在或不存在某种人、物或者事情"，某地出现了某物，其实就是领有了某物，存现和领有是两个具有引申关系的意义。有/无这两个动词无论是用在某地存在某物，还是某人领有了某物，其后的宾语都是事物名称，当然都是名词。因此，在"有/无 X"构式复合词中，X 只能是一个名词性的成分，即使 X 是由一个动词或者动词性词组充当。由于"有/无"的"存在/不存在"义使得其后的动词或者动词性词组的陈述性极其弱化，因此这个 X 同样不是表示动作行为本身，而是在"有/无"强制力下发生转指，从而表示动作行为的对象、凭借、工具、方法、原因、处所、关连对象等，使整个动作概念物化。认知主体对这类词进行识解的时候，"有/无"后的动作及其所涉及的论元角色是作为一个整体进行凸显的。因此，我们认为在"有/无+动词（词组）/介词"

结构中，"有/无"两个动词具有强制后面谓词性成分名物化的功能，这种功能使得"有/无+动词（词组）/介词"这种结构词汇化而形成的复合词的内部结构是动宾式的，如上文第二节诸例所示。再如：

（66）荆轲有所待，欲与俱，其人居远未来，而为留待。（《战国策·燕策三》）

（67）夫知有所待而后当，其所待者特未定也。（《庄子·大宗师》）

（68）吾有待而然者邪？吾所待，又有待而然者邪？（《庄子·齐物论》）

（69）感而应，迫而动，不得已而往，如光之燿，如景之放，以道为绋，有待而然。（《淮南子·精神训》）

《汉语大词典》释"有待"为"有所期待"。从所举四例看，释义是正确的。正如上文所论，"所"字具有转指功能，其后的动词或者动词性的词组均须名物化，而"有"也同样具有强制后面动词或动词性词组名物化的功能，因此在例（66）和例（67）中，"所"与"有"的转指功能发生重叠，使得语法手段产生冗余信息，经济原则使得多余信息必须溢出。而"有"在句中一般是充当谓语的，出于完句需要，它是不能脱落的，"所"则不然，它在句中不充当成分而只有转指功能，因此是冗余挤出的对象，且词汇化的主流趋势是双音化，韵律的要求也使得"所"在这种结构的词汇化过程中脱落。例（68）是一个很有意思的例子，三个分句中，既有"有待"又有"所待"，这充分显示了"有"与"所"功能上的同一性，而当两者叠加在一起，"所"的脱落则是必然的了。

还有一个需要解决的问题是，为何一定要将"有/无+动词（词组）/介词"结构的词汇化解释为"所"的脱落而造成的，不是可以直接解释成"有/无"后的动词（词组）或介词发生转指吗？如果是动词（词组）或介词直接转指的话，就忽略了大量的"有/无+所+动词（词组）/介词"的语言现象，而且这些有"所"的结构往往比无"所"的结构出现得更早或者同时代，如第二节所举的大量实例都是如此，如果忽略这么多含"所"字的结构，且忽略它们在语义和功能上一致的语言事实，从而做出脱落说以外的解释，这当然是不可靠的。[①]

另外，由于功能词的脱落从而导致汉语词汇化的现象不仅限于本章所论及的"所"字结构，梁银峰（2009）讨论了"从来"类词的形成途径为：所X来>X来，是"所"字脱落的结果；陈昌来等（2010）认为副词"由来"的形成是从"所由来"到"由来"脱落了功能词"所"的结果，因此，功能词"所"字的脱落造成的词汇化现象并不鲜见。并且，汉语中还存在其他功能词脱落造成的词汇化现象，董秀芳（2009）就曾论及功能词的变化与词汇化的关系，其中包括承接结构中"而"的失落与词汇化、动名之间"于/於"的失落与一些动宾结构词汇化的问题；张谊生（2010）讨论了附缀"于"的脱落对其前面动词和形容造成的语法影响。可见，汉语中一些功能词的脱落从而造成语言结构的词汇化是一种常见的语言现象。

因此，我们认为"有/无+所+动词（词组）/介词"结构到动宾结构的"有/无+动词（词组）/介词"复合词的演变过程是"有/无"的强制转指功能迫使同样具有转指功能的"所"脱落的结果。"所"字脱落后，虽然在形式上，"无从"类词的"所"已不存在，但是它的转指功能在它后面的谓词性成分已经烙上了深深的印记，故而其语迹却没有完全消失，其转指功能作为隐性的语迹还存留在原来的位置上，我们认为这是"所"的零形转指功能。这样，"所"在表层形式上不与"有/无"发生羡余，在转指功能上却与"有/无"一起对其后动词（词组）/介词的转指共同发挥作用。

五　韵律双音化的推动与功能词"所"的去留

在上文的论证过程中，我们发现有"有/无+动词""有/无+介词"

[①] 当然，"有/无X"类词的形成除了我们所说的"所"字脱落的句法内部途径，也还存在结构类推的外部途径。因为"无V$_单$"这个词模形成后，它具有类推能产性，产生一些"无V$_单$"类动词，此类无源结构"无所V$_单$"，如"无已"在先秦已见，却见不到"无所已"的结构。但这并不能说明"无已"之"已"是在"无"的强制下直接转指形成，因为能够直接转指的动词必有所涉，一般来说是一个及物动词，而"已"则不符合，因此它是词模类推的结果。这种类推是在"所"脱落后形成"无V$_单$"词模才进行的，因而这类词的产生途径并不影响我们的结论。

两个类型的动宾结构词语,这两类词虽然在词汇化后的类型上是一致的,但它们的词汇化过程并不一样,且对后面谓词性成分的要求也不一样,词汇化的结果也不一样。

首先,本节所讨论"有/无+动词"的源结构"有/无+所+动词"要求动词为单音节动词,这样,"所"字的脱落除了前面我们说的动因,韵律的双音化要求也是一个重要的因素,韵律促使"所"字脱落,使"有/无"与后面单音节动词更容易词汇化成双音节的动词,如果源结构"有/无+所+动词"结构中的动词为双音节时,"所"字将不会脱落。如:

(70) 相忘以生,<u>无所终穷</u>?(《庄子·大宗师》)
(71) 巧者劳而知者忧,无能者<u>无所求</u>。(《庄子·列御寇》)
(72) 尝欲<u>有所司察</u>,择长年廉吏遣行,属令周密。(《汉书·黄霸列传》)
(73) 尚书令受丞相对,霸免冠谢罪,数日乃决。自是后不敢复<u>有所请</u>。(《汉书·黄霸列传》)

像例(70)和例(72)中的"无所终穷"和"有所司察"这种语境中的"所"是不会脱落的,虽然"有/无"具有强制后面谓词性成分名物化的功能,脱落"所"字后在语义上可以理解,但是这种双音节前的"所"如果脱落的话,形成"无终穷""有司察"三音节的结构不符合汉语词汇化的双音化趋势,而例(71)和例(73)则不一样,源结构"无所求"和"有所请"本身就是三音节的,因此韵律的双音化要求会促使功能多余的"所"字脱落而形成"无求"和"有请"。① 因此在"有/无+所+动词"结构中,如果动词为双音节的话,同样由于韵律的作用,"所"字会强行留下,重新分析成直接与"有/无"发生关系而导致"有所""无所"二词的形成(限于篇幅,此问题另文讨论)。

其次,"有/无+介词"的源结构并不是"有/无+所+介词",而是

---

① "无+所+$V_单$"结构"所"的脱落并非没有例外,当这个"无+所+$V_单$"作为一个结构凝固并词汇化,不能做出[无[所+$V_单$]]这样的结构切分时,其意义发生进一步引申,这时,"所"不会脱落。如"无所谓"。虽然也有"无谓"一词,但二者的意义和用法并不一致,因此,"无所谓"作为一个词在现代汉语中还保留。

"有/无+所+介词+VP",在这个结构中,介词是单音节的(当然绝大部分介词本来就是单音节的,特别是在古代汉语中),典型的 VP 是双音节动词词组,如果动词是单音节的,也一般会在动词后面添加语气词来形成双音节结构(当然也有少数是单音节的,但这不影响词汇化的发生,因为 VP 在这一类结构中不是词汇化的主角),这样"有/无"与单音节的介词更容易重新分析成一个双音节的词,因为"所"脱落后,这一类含介词的结构还需要发生重新分析,即介词从结构上属后重新分析成属前,于是"有/无"和介词同样容易形成双音节复合词。这类结构不同于"有/无+动词"结构词汇化成动词的是,"有/无+介词"结构词汇化成副词,这是它所在的位置造成的,它固定位于 VP 前面充当状语(如本节涉及的"无从""无以""无与""无由""有以"等),因此是副词。

六 结语

我们从分析"无从"类词的内部结构入手,发现从词的表层字面意义上很难对该类词做语素间的关系分析。因此,我们根据这类词的词义来假设其内部结构是从"无+所+从"结构脱落了功能词"所"字后词汇化的结果,并且分析了大量的此类现象来对假设进行证明。接着解释了"所"字脱落是因为"有/无"具有使其后谓词性成分发生转指的强制性功能,而"所"同样是指称化标记,具有转指功能,因此两种功能相同的语法手段产生羡余,由于经济原则而促使在句中不充当任何成分的"所"字脱落,在这种脱落过程中,韵律也起了非常关键的作用。

本节的研究没有过多地描写每个词的成词过程,更多的是侧重演绎法在研究具体语言现象中的运用。我们先从个别的语言现象的初步观察中得出假设,给出一个初步的答案;然后寻求更多的语言事实来证实这一答案,展示假设和需要解释的现象之间的契合关系;并基于语言学的理论对这种功能词脱落和词汇化之间的关系进行了解释。另外,揭示功能词的脱落从而造成词汇化现象不仅限于"所",在汉语词汇化过程中,这是一种普遍现象。因此,我们用演绎法来研究"无从"类词的形成过程和机制,更多的是像徐烈炯先生(2008:22)所说的"解题":"研究语言学和研究其他科学一样,主要是解题目,而不是论哲理、谈体会。"解决一个小题后，再上升到一个大的题，由一般规则上升到普遍规则的探求，层层嵌套、层层递归的研究方法是语言研究不断前进的必由之路。

第四节　重新分析与双音虚词的形成[①]

紧邻语境就是线性相邻排列的语言成分所构成的语言环境。这种语言环境可能是一个短语成分，也可能是几个跨层结构的组合，比通常所指的语境（context）概念所指的范围要小。因为在语法化过程中，促使语言成分之间的关系发生重新分析的动因主要是语用类推导致了语言成分的变化，这种变化的成分基本都是与语法化目标项左右相邻的成分发生了变化，才能导致目标项的变化。如果发生变化的成分和语法化目标项之间间隔着其他的成分，则目标项语法化过程一般不会发生。所以，我们在第一章探讨语法化环境的时候，基本都是探讨紧邻语言环境，这才是语法化环境的关键所在。而重新分析是因为紧邻语境的变化而导致的，是从一个概念过渡到另一个概念，是概念的转喻，是指语言结构不改变表层线性排列的底层变化，即（A+B）C→A（B+C）的变化。如汉语的"学不成"在中古汉语是表示"没有学成"（连谓结构），在现代汉语是表示"不可能学成"（动补结构），其间发生了重新分析，而"没有学成"和"不可能学成"是两个相关的概念，即一个蕴涵另一个：不可能实现的事一定是没有实现的事（沈家煊，2004）。重新分析的这种转喻机制是双音虚词形成过程中的一个突出的因素，本节以"无比"的形成及其功能扩展来看紧邻语境的变化导致重新分析的发生，从而促使极性程度副词"无比"的形成。

一　引言

长久以来，汉语语言学界对于"无比"一词的词性归属存在很大的分歧。一些常用的语文词典，《现代汉语词典》（第7版）、《当代汉语词典》、《现代汉语学习词典》认为"无比"是动词；《现代汉语规范词典》、商务版《应用汉语词典》认为"无比"是形容词；此外，几本影响较大的虚词

[①] 此节相关内容已发表于《语言教学与研究》2014年第6期。

词典对"无比"的词性问题也存在不同的认识:张斌、侯学超、王自强各家主编的《现代汉语虚词词典》明确将"无比"标注为副词,而曲阜师范大学编写的《现代汉语常用虚词词典》和朱景松主编的《现代汉语虚词词典》则不承认"无比"的副词属性而未予以收录。我们将这些收录"无比"一词的词典对"无比"的词性归属及释义、释例表现归纳如下表:

"无比"各辞书释义对比表

词典	无比	释义	释例
《现代汉语词典》	动词	没有别的能够相比(多用于好的方面)	威力无比、无比强大、无比幸运、英勇无比
《现代汉语学习词典》	动词	没有能够比得上的(多用于好的方面)	无比优越、无比幸福、英勇无比、强大无比
《当代汉语词典》	动词	没有什么能够比得上(多用于好的方面)	无比幸福、神勇无比、无比坚强
《现代汉语规范词典》	形容词	没有什么能够比得上的(多用于好的方面)	威力无比、无比激动
《应用汉语词典》	形容词	没有能够比得上的;非常	无比优越、无比幸福、英勇无比、聪颖无比
《现代汉语虚词词典》张斌主编	副词	表示程度极高,相当于"极其"。多用于书面语。	激动无比、优越无比
《现代汉语虚词词典》侯学超主编	副词	表示程度极深;十分,非常。多修饰双音词。	无比兴奋、无比感慨
《现代汉语虚词词典》王自强主编	副词	有"非常""极了"的意思,表示程度极高,没有别的能够相比。	无比温暖、无比机智、英勇无比、困难无比

从上表可以看出,将"无比"作实词处理的词典对于"无比"一词的释义似乎也没有太大的出入,都表示"没有别的能够与之相比""多用于好的方面",但是对其词性归属却存在很大的差别,有的认为是动词,而有的认为是形容词。几本认为"无比"是副词的虚词词典从其释义也可看出,这几本词典都认为"无比"表示程度高,相当于"非常""极其"等典型的程度副词,可见他们都认为"无比"是程度副词。现代汉语程度副词是现代汉语副词这个词类范畴中的一个重要而又常用的次类,其研究一直是学术界关注的热点。而迄今为止,关于程度副词的范围,学术界尚无明确的定论。李泉(1996)列举了76个程度副词;杨荣祥(1999)划出61个程度副词;而张谊生(2000a)范围最大,共列举了89

个程度副词。三家对程度副词的范围存在一定的出入，一些典型的程度副词被共同认可，而有些词各家取舍不一。对于"无比"这个词，只有张谊生将其归纳进程度副词这个类别，李泉、杨荣祥都未收入。我们赞同张谊生先生的意见，认为"无比"可以是程度副词，但同时要补充的是，现代汉语中，"无比"还有动词的用法，我们着力要研究的是动词"无比"是如何演变成副词"无比"的，副词"无比"到底又怎样呢？这些都是认清"无比"一词所亟需解决的问题。

二 "无比"的历史演化

（一）动词"无比"的产生

对于现代汉语"有/无+Prep/V"类词的词汇化及其动因，上一节已有比较翔尽的研究，指出"有/无+Prep/V"类词都是从"有/无+所+Prep/V"结构脱落了"所"字而来，但同时也指出，"有/无+Prep/V"类词的形成除了"所"字脱落的句法内部途径外，还存在结构类推的外部途径，如"无已"的形成。我们需要指出的是，这种通过外部结构类推形成的词还有"无比"。"无比"在古代汉语中有三个义项（引自《汉语大词典》）：1. 没有互相对比；2. 无与伦比；3. 不相比附。在三个义项中，与现代汉语"威力无比""无比激动"意义相关的是义项2，这个义项出现最早的例证是在先秦。如：

(1) 游燕宫观，恣意所欲，<u>其乐无比</u>。（《列子·周穆王第三》）

此例之义是说"游玩之乐没有什么可以比得上的"。这种动词"无比"的原初用法是形成"名词+无比"结构，名词一般是表示比较的对象。其后世用例也可见此特征。如：

(2) 丹<u>经行无比</u>，自近世大臣，能若丹者少。（《汉书·师丹传》）

例（2）这句话的含义是："丹的经术和品行没有谁能够与之相比，从近代开始的大臣，能够比得上丹的人很少。""无比"在句子中作谓语，主语为名词"经行"。这种"无比"，我们认为是动词，是动宾式的复合动词，其语义是"没有别的（人或事物）能比得上"，相当于"无所比"，但是在历史文献中，秦汉时期仅于《史记》中出现了1例"无所比"结构，且意义与"无与伦比"意义的"无比"不相同。如：

（3）若至家贫亲老，妻子软弱，岁时无以祭祀进醵，饮食被服不足以自通，如此不惭耻，则<u>无所比</u>矣。（《史记·货殖列传》）

此例"无所比"是"无所与之等同"之义，即"假如饮食被服不足以满足自己生活却不知惭愧羞耻，这种人则没有什么可以用来形容了"之义。因此，动词"无比"的形成不是"无所比"脱落了"所"而来，而是先秦就已形成的词模"有/无+Prep/V"构式类推的结果。更何况动词"无比"在先秦时期就已经见到了用例，如例（1），因此，即使例（3）的"无所比"和例（1）的"无比"的意义相同，然而从语言结构的历史发展顺序来看，也不可能是从后起的"无所比"演变成先出现的"无比"。当然，动词"无比"的形成不是我们探讨的重点，我们要探讨的是动词"无比"如何演变成程度副词的。

（二）动词"无比"的用法扩展

动词"无比"在秦汉之后亦有不少用例，而且在结构上有所扩展。这种扩展表现在两个方面：一是"NP$_{受事}$+无比"扩展为"NP$_{非受事}$+无比"；二是"NP$_{受事}$+无比"扩展为"AP+无比"。第一个扩展方向，NP的词性没有改变，但是与动词结合的论元角色发生了改变。例（1）和例（2）中的NP"齐乐"与"经行"是"无比"之"比较"的对象，是受事，是核心论元，但是如果为了凸显整个事件中的时间范围，NP也可以是表示"无比"之"比较"的时间，是非受事，是动词的外围语义格。如：

（4）经学博览，政事文辩，<u>前世无比</u>。（《后汉书·马援列传》）

此例中,"无比"所要比较的对象是指前一分句中所提到的"学问与才能",后一分句补充完整是"学问和才能前世无比",即"学问和才能是前代人的学问和才能无法比拟的"。比较对象承前省略,凸显所要比较对象的时间范畴"前世",故形成"前世无比"这样的主谓短语结构。这种结构较常见,如:

(5) 闻姚察学行<u>当今无比</u>,我平陈,唯得此一人。(《南史》卷六十九)

(6) 垂暮之秋,忽见此苦,顾瞻灾酷,<u>古今无比</u>。(《魏书》卷六十四)

(7) 才略之美,<u>当今无比</u>。(《北史》卷二十一)

一般来说,这种"NP$_{非受事}$+无比"结构的前一分句都会明确"比较"的对象,如例(5)之"学行"、例(6)之"顾瞻灾酷"之品行、例(7)之"才略"。以上例句是凸显事件结构中事物的时间范围,有时为了凸显时间结构中事物的空间范围,则"NP$_{非受事}$+无比"结构中的 NP 也可以是表示空间范围的名词性成分。如:

(8) 万石君奋,恭谨,<u>举朝无比</u>。(李善《文选注》卷十八)

(9) 愿得黄浦,众所依。恩感人,<u>世无比</u>。(《宋书》卷二十二)

例(8)之"举朝"表示石奋具有的恭谨品质无人能比,凸显"无人能比"的范围是"举朝",即"整个朝廷官员的品质都无法与石奋的品质相比"。例(9)同样都是凸显范围"举世"。

第二个扩展方面是,"NP$_{受事}$+无比"扩展为"AP+无比"。也就是说,在事件结构中,"NP+无比"可以凸显事物的时间或者空间范围,那么 NP 也就体现出受事或者是非受事的论元角色;如果在事件结构中,为了凸显事物的性质特征,则"NP$_{受事}$+无比"扩展为"AP+无比"。如:

(10) 左右曰:"于今<u>尊贵无比</u>。"(《汉书·霍去病传》)

例（10）的意思是"到现在，尊贵的地位没有谁能够比得上。""尊贵"虽是形容词，但是在这里同样是作主语，转指"尊贵的地位"，陈述的是事物的性质，相当于一个名词。"无比"仍然是动词充当谓语。这种用例在汉代以后多见。如：

（11）此花色白如霜雪，香无比也。（《水经注》卷一）

（12）彼国王有千子，勇健无比，欲来伐吾国，是以愁尔。（《水经注》卷一）

（13）至十六日未时，有风从南而来，寺内香气，殊异无比，道俗官私，并悉共闻。（《全隋文》卷二十二）

（14）其夜雨宝屑银花，香气甚异无比。（《全隋文》卷二十二）

四例"无比"所要凸显的都是事物的性质，如例（11）之"花香"、例（12）之"王子勇健"、例（13）之"香气殊异"、例（14）之"香气甚异"。但是句法结构上，NP一般都已不在"无比"的表达式内，而是前置于前一分句，而单独让NP所具有的AP与"无比"构成"AP+无比"结构。比较例（13）与例（14），前者将"香气"前置于前一分句，后者将"香气"与"AP+无比"并置，这主要是由于韵律节奏的需要，中古以后，特别是到了近代汉语中，"AP+无比"结构之"AP"更多地倾向于双音节的形容词，这促使"无比"词义不断凝固和虚化。如：

（15）仙人常居山里，高闲无比。（《敦煌变文·妙法莲华经讲经文》）

（16）今社稷已安，太平则天之女，凶狡无比，专思立功，朝之大臣，多为其用。（《旧唐书》卷一百六十）

（17）二十余年，天下独有太平一公主，父为帝，母为后，夫为亲王，子为郡王，贵盛无比。（《旧唐书》卷一百八十三）

（18）前件官守文惟谨，持法甚精，清廉有余，贞固无比。（《全唐文》卷五百四十二）

（19）彼诚大巧，臣拙无比。（《全唐文》卷五百八十三）

(20) 风流无比，吟哦於贝齿朱唇。（《全唐文》卷八百二十二）

(21) 复州清溪山，焕丽无比。（宋·李昉《太平广记》卷一五三）

(22) 苗台符六岁能属文，聪悟无比。（宋·李昉《太平广记》卷一八二）

(23) 且如秦最是不善继周，酷虐无比。（宋·黎靖德《朱子语类》卷第二十四）

(24) 鸠之为物，其性专静无比，可借以见夫人之德也。（宋·黎靖德《朱子语类》卷第八十一）

(25) 妻王氏，妒悍无比。（元·陶宗仪《南村辍耕录》卷二十七）

(26) 人人奋勇吃食，拼命当先；个个威风，奸狡贼滑无比。（元·郑光祖《虎牢关三战吕布》第一折）

(27) 其时成德军节度使王武俊自恃曾为朝廷出力，与李抱真同破朱滔，功劳甚大，又兼兵精马壮，强横无比，不顾法度。（明·凌蒙初《初刻拍案惊奇》卷三十）

由于"无比"高频度与双音节形容词构成短语结构，"无比"的词义从凸显这种性质无人比及到凸显这种性质的程度很高。短语结构也可以从主谓结构重新分析成述补结构。这种结构到了明代用例更多。我们略举部分例子，如：

(28) 大郎有一室女，名唤文姬，年方一十八岁，美丽不凡，聪慧无比。（明·凌蒙初《二刻拍案惊奇》卷十一）

(29) 媳妇某骄悍异常，凶恶无比。欲求不遂，心事徒挂；反加恶名，致遭屈死。至亲宋存见证。孝义何在，合行严究。上告。（明·安遇时《包龙图判百家公案》第六卷）

(30) 那青釭剑砍铁如泥，锋利无比。（明·罗贯中《三国演义》第四十一回）

(31) 明宗从其言，于宫中选二八女子三人，美丽无比；装束华

整，更自动人。(明·冯梦龙《喻世明言》第十四卷)

(32) 那女子一见是孙行者，慌得推倒桌席，跌落尘埃，<u>羞愧无比</u>。(明·吴承恩《西游记》第六十回)

(33) 却说浚县知县，姓汪，名岑，少年连第，<u>贪酷无比</u>，性复猜刻。(明·冯梦龙《醒世恒言》第二十九卷)

(34) 那九六身长八尺，腰大十围，惯舞两把双刀，<u>骁勇无比</u>。(明·佚名《英烈传》第二十一回)

(35) 有如内侍者，以碧玉斝赐寡人酒，<u>甘香无比</u>。(明·冯梦龙《东周列国志》第二十六回)

(36) 此时万氏又富又贵，又与皇亲国戚联姻，<u>豪华无比</u>，势焰非常。(明·凌濛初《二刻拍案惊奇》卷十九)

(37) 院中大楼七间，皆香楠、铁力所斫，<u>壮丽无比</u>。(明·张瀚《松窗梦语》卷二)

这种例子中的"无比"，实词意义已经虚化，意义上更接近于一个程度副词，表示事物性状的程度深。因为这些"无比"前面的 AP 没有明确的比较对象，那么，"无比"实词义"没有别的能够相比"中的"相比"就没有可明确比较的对象，则实词义中的比较意义就会淡化，甚至消失。如例（30）"那青钉剑锋利无比"中，和其他剑相比较的意义会淡化，更多的是突出这口剑锋利的程度。例（32）就更是如此，"羞愧无比"不宜理解成"羞愧的心情没有任何人比得上"，而应理解成"非常羞愧"，因为首先语境中没有比较的对象；其次，人的内心情感也无法和别人进行比较，此时，"无比"最好理解成表示程度的副词。

当然，如果上下文语境中有明确比较的对象，即使在"AP+无比"构式中，"无比"还是宜理解成动词。如：

(38) 羲曰："劣弟亦曾谏兄，兄执迷不听，致有今日。司马懿<u>谲诈无比</u>，孔明尚不能胜，况我兄弟乎？不如自缚见之，以免一死。"(明·罗贯中《三国演义》第一百零七回)

(39) 那时福禄齐臻，<u>富贵无比</u>，天子之下，王侯之上。(明·佚名《明珠缘》第二十回)

例（38）中"司马懿谲诈无比"明显有将司马懿和孔明等进行比较，此时"无比"解读为动词更合适；例（39）中"富贵无比"明显有一个比较的范围，即"天子之下，王侯之上"，同样，这样的"无比"同样还是动词。因此，我们说从语义上来判断一个词是否已经虚化，更多地需要依靠语境，这就造成了存在多种理解的可能。所以，除了语义标准，判断一个实词是否虚化，更多地需要形式上的标志，副词的形成标志当然就是要获得状语位置，位于谓词性结构前充当修饰成分。

（三）程度副词"无比"的形成

在"AP+无比"中，"无比"的语义越来越倾向于表示事物性状的程度深，在这种语义之下，当"AP+无比"结构由于语义的凸显而发生句法外置的时候，这一构式形成了"无比+AP"结构，当"无比"在句法中获得状语的位置，我们说程度副词"无比"就完全形成了，这一过程在明清时期已经完成。如：

（40）但只有杨元长者家中正在整酒做戏还愿，无比快活，甚好讨乞，我们往往在那里相熟，多乞得些。（明·安遇时《包龙图判百家公案》第十卷）

（41）宅中有十里锦帐，天上人间，无比奢华。（明·冯梦龙《喻世明言》第三十六卷）

（42）石氏无比惶悚，璇姑亦代谦谢。（清·夏敬渠《野叟曝言》第一百二十五回）

（43）圆成无比淫凶，岛民都恨如切骨，情愿归降。（清·夏敬渠《野叟曝言》第七十九回）

（44）每日除案牍之外，便进内侍奉两大人，空着便抱弄鹊儿，无比亲热。（清·夏敬渠《野叟曝言》第一百二十八回）

（45）与上皇看时相仿，不及太师爷看的一回，有万道金光，闪烁飞舞，无比好看！（清·夏敬渠《野叟曝言》第一百二十八回）

（46）出了一张花榜，把这个薛金莲高高的取了个一甲第一名状元，那几句评语里头说得十分热闹，什么说"藐姑仙子，无比清扬；越国西施，逊其都丽"。（清·张春帆《九尾龟》第九十一回）

在这个过程中,"无比"作状语的时候还可以用"的"字来连接,可以看作是"无比"副词功能开始扩展的开端。如:

(47) 娘子人才<u>无比的好</u>,只争年纪大些。(明·兰陵笑笑生《金瓶梅》第九十一回)

(48) 你原是落花流水,不堪的穷命,你却想的是出将入相,<u>无比的荣华</u>。(清·李百川《绿野仙踪》第七十回)

无论是"无比"直接位于形容词前作状语,表示程度高,还是用"的"字连接"无比"和形容词,都是现代汉语程度副词的典型句法功能。可见,程度副词"无比"在明清时期已经完全形成。

从以上分析中,我们可以将"无比"的历史演变概括如下:"无比"最初是动词"无"和"比"两个动词词义的简单相加,构成一个动宾式的复合动词,表示"没有什么能够与之相比"之义。一般与名词构成主谓短语,在"NP+无比"结构中充当谓语。由于构式表达凸显的作用,"NP+无比"构式扩展为"AP+无比"构式,在"AP+无比"构式中,"无比"获得表示事物性状程度深的语义。再由于语法上的外置,"AP+无比"构式演变成"无比+AP"构式,这样,程度副词"无比"就完全形成了。

三 副词"无比"形成的动因、机制及其虚化特点

(一) 副词"无比"形成的动因和机制

所谓"副词化",是指短语或者其他实词等语言单位逐渐凝固或词义变得更加虚化,句法功能则向状语功能集中的演变过程。"无比"从动词向副词演变的动因和机制主要有四点:紧邻语境的转变、句法外置、重新分析和韵律双音化。

1. 物性结构与构式压制:紧邻语境的转变及构式的重新分析

所谓"紧邻语境",是指诱发句子中各种语言成分发生演变的与之相邻的句法位置和环境。"无比"副词化紧邻语境的转变是指"NP+无比"构式向"AP+无比"构式的扩展。紧邻语境的变化会带来语义的变化和

成分之间关系的变化。我们可以从生成词库理论来分析其中的变化，Pustejovsky（1991）提出词义描写的论元结构（argument structure）、物性结构（qualia structure）、事件结构（event structure）和词汇承继结构（lexical inheritance structure）四个层面的分析框架，并在其同名著作（1995：61-83）中进一步详细阐述了词义的这四个层面。这四个层面的语义系统有一套运作机制贯穿语义系统中的各描写层面，包括类型压制（type coercion）、类型转换（type shifting）、共组（co-composition）和选择约束（selective binding）等机制。其中。类型压制指词语再组合时为满足表达的需要，改变一个论元类型以到达预期功能的一种语义操作手段（Pustejovsky，1995：111；雷冬平、胡丽珍，2013）。如果被压制方的物性结构规定了它不能发生相应的类型转换，双方的组合就不合法。如（转引自 Pustejovsky，1995：115）：

（49）a. John began a book.
b. John began reading a book.
c. John began to read a book.

例（49）a 中，因为 NP（一本书）不能满足谓语动词 begin 所要求的组合类型，因此动词 begin 就会压制 NP 成为一个事件的表达，这种压制不是任意的，而是依据根植于 NP "book" 的物性结构的，由于"书"的施成角色（人）和功能角色两个物性特征与事件 "read" 相联系，事件就会重构压制的 NP 所适合的类型语境，所以例（49）b（49）c 中动名词形式和不定式所表示的事件就会压制到 NP 中。于是就形成了例（49）a 这样的表达。这种压制使得 "a book" 发生了类型转换，使得本为名词性的 NP 具有了谓词的性质。那么，在"NP+无比"构式中，当 NP 是受事（例 2 的"经行无比"）时，与动词"无比"发生语义联系的不是 NP 所表示的事物本身，而是指事物所具有的性质与"无比"发生语义上的联系。例（2）的"经行无比"不仅仅是说"丹的经术和品行没有谁能够与之相比"，更准确地说是"丹的渊博经术和正直的品行没有谁能够与之相比"，凸显的是"经行"的"渊博与正直"的性质。再如：

(50) 经学博览，政事文辩，<u>前世无比</u>。（《后汉书·马援列传》）

例（50）的"前世无比"也是指"马援的学问和才能是前代人的学问和才能所具有的程度所无法比拟的"，凸显的是这种才能所具有的程度。因此，事件的整体压制到了 NP 中，NP 是一个表示事物性质的一个事件结构，当然这个表达事物性质的事件有时候不仅仅是一个单个的 NP，为了表达的明确性，也为了听者语言解码的省力，语言表达经常将所需要进行比较的 NP 所具有的性质在结构中进行凸显。如：

(51) 东家有贤女，自名秦罗敷。<u>可怜体无比</u>，阿母为汝求。（《孔雀东南飞》）

(52) 穆子孙虽在襁褓，悉拜仪同，其一门执象笏者百余人，<u>贵盛当时无比</u>。（《北史》卷五十九）

例（51）"体（样貌）无比"看似构成了"NP+无比"这样的构式，其实是"（体）可怜无比"，凸显的是"体"所具有的性质的程度是无可比拟的；例（52）中的"贵盛当时无比"同样也是凸显"贵盛的程度是无可比拟的"。也就是说，单单是用 NP 和"无比"形成构式，认知主体在解码的时候需要将 NP 中所蕴含的压制了的事件结构进行解压缩，然后再进行解读。而含有 AP 的表达式则再解读时要容易得多，这也从一个侧面来证明了单个"NP 无比"句式确实是蕴含了整个事件框架语义。

所以，构式的压制就会使得构式中的一些构件能够得以类推而不会改变构式的意义，这就是为何语言结构能够类推的原因，因为类推是为了产生统一的句法格式，而构式压制使得这种句法格式的意义保持不变。所以，例（51）、例（52）中的 NP 也可以不在构式中出现，因为它可以承前进行省略，直接构成"AP+无比"这样的构式，这也是构式扩展的结果，这种扩展是语用信息表达凸显的结果。如：

(53) 懿其<u>耿介无比</u>，贞明可称。（《全唐文》卷七百五十八）
(54) 苗台符六岁能属文，<u>聪悟无比</u>。（五代·王定宝《唐摭言》

卷三)

构式扩展为"AP+无比"后的另一个结果就是"无比"的语义有了新的发展。生成词库认为,动词连接不同的名词会造成动词的不同词义。如[例(12)转引自 Pustejovsky,1995:88]:

(55) ①Mary enjoyed the movie last night. (watching)
②John quite enjoyed his morning coffee. (drinking)
③Bill enjoyed Steven King's last book. (reading)

例(55)中,由于各句中的 NP 的功能角色不同,因此动词"enjoy"在吸取不同的物性特征之后,其词义就会由于语境化的作用可以分别理解成句尾括号中的动词。雷冬平(2012)也指出,"构式中不同变量的替换、类推和扩展,必然使得构式中的不变量的语义为了与之和谐而发生变化,只是不同构式的变化程度不一致而已"。在例(55)这样的 SVO 构式中,动词 V 不变,而由于宾语的不同,宾语所表示的事物的不同物性结构必然和不同的动作相联系,这就造成了"enjoy"的不同解读。同样,从构式"NP+无比"向构式"AP+无比"的扩展,"无比"作为不变量的语义就要发生重新分析,以与变化了的前面成分的语义保持语义上的协调性。我们说,在"NP+无比"中,"无比"不是直接和 NP 发生语义关系,而是和 NP 所具有的性质发生语义关系。因此,在表层句法上,"NP+无比"只能分析成主谓结构,这时,"无比"的动词意义还比较实在。当"无比"与事物性质的这种底层语义关系反映到表层句法的时候,"AP+无比"的句法内部结构可以发生重新分析,既可以理解成主谓结构(AP 转指为一个名词性的事件),又可以理解成是述补结构,"无比"理解成是一个程度副词,补充说明 AP 所表示性状的程度深。这种处于临界环境的可以重新分析的"无比"构式在近代汉语中有大量的用例。如前文所示。

2. 韵律制约:"无比"重新分析的可能性

韵律制约是指在"NP/AP+无比"构式中,NP 或者 AP 都必须是双音节的词,"NP/AP+无比"构式就形成一个四音节的结构,四个音节构成两个音步,"无比"不变量是一个双音节词语,因此,音步的节律制约强制 AP 也是个双音节的形容词,这就更容易使"无比"发生重新分析,使"无比"理解成是前面形容词的补语,如果前面不是形容词,而是一个形容词性的短语或其他性质的短语,则"无比"难以重新分析成补语。如:

(56) 只是赵伯仁作恶无比,不知何故子孙兴旺?(明·安遇时《包龙图判百家公案》第七卷)

(57) 桓公既归,自谓功高无比,益治宫室,务为壮丽。(明·冯梦龙《东周列国志》第二十四回)

(58) 其人不但通身如墨,连牙齿也是黑的,再映着一点朱唇,两道红眉,一身红衣,更觉其黑无比。(清·李汝珍《镜花缘》第十六回)

以上三例中,"无比"前的成分分别是动宾短语、主谓短语以及偏正短语,这时,"无比"只能理解成动词,表示"无人能相比"之义,只有满足 AP 为双音节形容词这个条件时,"无比"才可以重新分析成在句中充当补语,用法接近于程度副词。如:

(59) 枕以七宝合为鹧鸪,褥色殷鲜,光软无比,云是却尘兽毛所为,出自句骊国。(明·冯梦龙《醒世恒言》第二十三卷)

(60) 后来汪千一中了武举,直做到亲军指挥使之职。子孙繁盛无比。(明·冯梦龙《喻世明言》第三十九卷)

3. 句法外置:"无比"状语功能的获得和副词身份的确立

通常所说的"外置"(extraposition)是指一些语法成分没有出现在通行的位置上,而是被置于该位置之后。戴曼纯、高海英(2004)就曾指出"主语的外置""定语外置""介词短语外置"以及"补语外置"四种外置情况。这种外置指的是语言序列空间排列上的右向移位的一种句法操作,并没有改变句法成分之间的语法关系。我们所说的句法外置是从核心句法成分(谓语)向非核心句法成分(补语或状语)的句法移位。这种移位改变了句法成分在句中的语法位置。张定、丁海燕(2009)认为"NP+好+V"中"好"的形成经历了一个"［VNP］好(移位前)→好［VNP］(外置)→NP［好V］(难易移位)"的移位过程。从"［VNP］好"结构向"好［VNP］"结构的句法外置过程,"好"从谓语演变成了状语。我们认为,从构式"AP+无比"到构式"无比+AP"的扩展同样经历了这样一个句法外置的过程。

从句子的信息表达来看,"无比"的外置句法操作的动因是信息焦点凸显的结果。一般来说,汉语句子的已知信息在前,而新信息靠后,所以汉语的句尾焦点很常见,因此,为了凸显焦点,句法操作常常发生焦点信息后移。陈昌来(2000)认为倒装的部分往往是焦点,温锁林(2001)也认为语序位移是为了显现句尾焦点。在"NP/AP+无比"构式中,句子表达的信息是凸显"无比",表达事物的某个性质特征没有别的能够比得上,"无比"的语义和句法地位都处于构式的核心地位,但是,构式的语义是为了凸显事物的性质特征,为了强调表达的内容,"AP+无比"构式中的AP就有必要置于信息焦点的位置,因此,AP就需要向后移,其语义也就成了构式意义的中心,"无比"也因为AP的后移而获得了状语的位置,而且其语义也变成构式的辅助部分,只侧重对AP所表示的性质程度进行凸显。"无比"于是就已经获得了程度副词的身份。如例(40)—例(46)

对比以下二例:

(61)丹良石城系主公亲筑,<u>坚固无比</u>,濠更深广,兵精粮足,与府城一般。(清·夏敬渠《野叟曝言》)

(62)系貘皮攒成,轻而且薄,十层金甲,<u>无比坚固</u>,戟枝虽利,何能钩透。(清·汪寄《海国春秋》)

显然,例(61)中"坚固无比"焦点信息在"无比"之上,突出别人建筑的城墙比不上主公亲自建筑的,所以这种"坚固无比"仍然处于主谓短语和动补短语两可的阶段;而例(62)中"无比坚固"的焦点信息在"坚固"之上,"无比"外置后,语义随着句法地位的弱化而进一步虚化,只表示程度深,用来修饰其后的"坚固",句法外置使得"无比"

在句法上获得了充当状语成为副词的条件。

(二)"无比"虚化的特点

一般认为,词组或者实词得以虚化为副词的动因在于其经常位于谓词性成分前充当状语。然而,从"无比"的虚化轨迹看,其特殊之处就在于"无比"的虚化位置不是状位,而是经常位于形容词后充当补语,后来才逐渐演变为可位于形容词前充当状语的。而且纵观整个近代汉语的使用情况,"无比"在近代汉语中作补语的用法远远多于作状语。明代我们只见"无比"2例作状语的情形,清代副词"无比"作状语的情形较之明代数量增多,但也是集中在少数几部作品中,绝大多数清代文学作品中"无比"还是位于形容词后作补语。《野叟曝言》中副词"无比"用例最多,其中"无比"作补语30例,作状语10例。可见在清代副词"无比"作补语才是其主要的句法功能。因此,关于"无比"的虚化位置,我们应承认其是在补语位置上虚化而来的。

杨荣祥(2001)认为近代汉语程度副词是不能作补语的,他认为像"非常""甚""极"等用在谓词性成分之后,"实际上是它们的非副词用法的残存;至少在近代汉语中,副词是不能充当补语的"。但是,实际情况证明,汉语中一些典型的程度副词确实就是在补语位置上得以虚化为副词的。比如"非常",据武振玉(2004)考察,"非常"从短语演变为形容词再到副词,在产生的初期只位于所修饰词之后,唐代时开始出现位于所修饰词之前的用法,但是一直到明清都主要是以位于所修饰词之后为主要用法,到了清代晚期甚至是现代汉语的早期才开始形成以位于所修饰词之前为主的用法。可见"非常"虚化的主要句法位置也是因为常位于形容词或者心理动词之后,以作程度补语的句法功能为先,再产生作状语的句法功能。王静(2004)认为,位于动词或者形容词后的"非常"都应看作是补语,她对古书中确实存在"非常"位于同一个词的前后而语义又没有什么不同的例子做出了很好的说明,如以下4例皆转引自(王静,2004):

(63)庐官帐中不问,霸王非常大怒;帐中饮酒饭庐官,适来见驱过人否?(《敦煌变文·汉将王陵变》)

(64)庄闻语,大怒非常,遂唤远公直至面前。(《敦煌变文·庐

山远公话》》)

（65）子谨听了，<u>欢喜非常</u>，说："贾魏氏活该有救星了。"（清·刘鹗《老残游记》第十五回）

（66）吴二得了二百银子，<u>非常欢喜</u>，原注不动。（清·刘鹗《老残游记》第十九回）

张谊生（2000c）也早就认可了这一点：汉语副词的形成，主要是在谓词前面的状语位置上实现的，但是也应看到，现代汉语中部分副词的虚化是在补语位置上实现的。因此，我们也认为：位于形容词后的"无比"是补语，"无比"是在补语的位置上得以虚化的。但是，我们同时也应该强调，在补语位置上的，无论是"非常"还是"无比"是处于可重新分析的临界语境，虽然可以分析成副词，但还没有完全成为典型的副词，因为它在补语的位置上还可以分析成实词充当谓语。因此，我们把形容词后充当补语的"无比"和"非常"看成是准副词，只有当它们真正获得状语位置的句法功能后，它们成为程度副词的演变过程才算完成。

四　程度副词"无比"句法功能的扩展

（一）无比+的+AP

副词"无比"在明清时期完全形成后，清代末期有一些功能扩展的表现，如其后出现了单音节的被修饰词，出现了带"的"字连接的"无比的AP"结构（详见前文）。由于"无比"到现代汉语和报刊网络语言中更加大量使用，功能有进一步扩大的趋势。我们考察发现，程度副词"无比"在现代汉语用"的"字连接它和修饰语的现象越来越多见。不少学者将这种现象认为是副词作定语。张斌《新编现代汉语》（2008）认为，定语多由名词、代词、形容词、动词、数量词充当，少数副词和一些词组也可以作定语。张谊生（2000a）将副词分为描摹性副词、评注性副词、限制性副词三类，他指出描摹性副词大多可充当动词的准定语，主要作用是刻画、描述相关的状态和行为。朱萍（2012）则在考察大量语料的基础上，对现代汉语副词作定语这一特殊的语言现象进行了定量描写和定性分析，并对副词作定语的成因以及"副词+的+X"结构的语用价值进行过探讨。我们也认为,"无比+的+AP"的句法格式中,"无比"的功能仍然是状语,只是这种形式受到了定中短语"的"字结构的形式影响;或者像张谊生先生认为的,最多是准定语,因为"副词+的+AP"结构中的副词所充当的句法功能与典型的定语还是相去甚远,特别是语义上存在巨大的差别,不能把"的"字作为判断定语的绝对标识。如:

(67) 能够执行这一任务,我为我的祖国、为我们的中华民族感到无比的骄傲和自豪。

(68) 还会闻到奶香和牛羊的鼻息,甚至毡房的膻味,感到无比的亲切。

(69) 郭再源坦言自己从慈济的事业里感受到了无比的快乐,心甘情愿地去做善事,在帮助他人的过程中得到内心的欢喜。

(70) 白求恩大夫出现在哪里,哪里的伤员就感到无比的温暖。

(71) 大家一定是突然发现了"说唱的旋律"原来也能无比的优美。

(72) 她的手从男人的皮衣上滑落了。她觉得自己无比的丑陋。

以上六例"无比+的+AP"中的"无比"在句中依然是充当状语,表示的依然是性质的程度深。"的"字去掉丝毫不影响语义的表达,"的"字的添加只是在语用上对"无比"进行强调,"的"字的添加延长了"无比"音节长度,语音流上得到了拖宕,且不是增加一个音节的长度,而是增加了两个音节的长度。"无比优美"中"无比"的长度是两个音节,而"无比的优美"中"无比的~"在朗读中的长度是四个音节,因为除了增加"的"字音节外,"的"后还有一个语音延长音节,"的"字的语流长度在朗读时占据了两个音节的长度。"的"字的添加使得"无比的"成了一个三音节的修饰语,由于韵律稳定的要求,强制"无比的"形成一个四音节的形式,因此就会形成"无比的~"的语音格式。所以在"无比+的+AP"构式中,"的"字不是定语的标记,而是语用强调的一种手段。

(二) 无比+"有+N"

此外,在当代媒体语言中,我们可以发现程度副词"无比"作状语在搭配上有了扩展，不仅仅是可以修饰形容词，还可以修饰"有+N"结构。如：

（73）2005年，天下掉下个芙蓉姐姐，先吓我们一跳，然后逗我们哈哈大笑。她那么有恒心，上树趴都坚持挺胸翘臀，摆出高难度造型。她无比有勇气，瞄准中国两大最高学府频频曝光。（《2005年，"娱乐大戏"日日上演》，《中国青年报》2005年12月26日）

（74）这个傻呵呵大笑而无比有亲和力的灰姑娘形象，使她成了票房女王，顺便带着她不太出色的嗓子成了歌坛天后。（《奇迹创造者 娱乐圈最到位的十位奇女子》，人民网·海南视窗2006年2月22日）

（75）不管你的造型如何，当你从一辆红色的Z4上走下时，这辆曲线优美的跑车足以把你衬托得无比有型了。（《9款跑车让女人尖叫男人驻足》，《东南快报》2007年10月19日）

吕叔湘（1980）、张斌（1998）、李宇明（2000）等都曾对"有+名"结构有过详细分析，他们认为"有+名"结构本身就表示程度深，受程度副词修饰表示程度加深。贺阳（1994）曾对"程度副词+有+名词"结构的构成条件以及语义、语法特点有过分析，他指出能进入这一格式的名词都是抽象名词，这个结构的语义功能表示对名词所指对象的性质达到的程度的评价。"有"的存在义和抽象名词自身"量"的不确定性的共同作用是"有+名"结构能够表示"程度量"的重要原因（姚占龙，2004）。"无比"对"有+N"结构的修饰，可以看出程度副词"无比"的成熟，越来越接近程度副词典型成员的特征。

（三）无比+不+形容词

另外，程度副词"无比"突破语法化之初的语法搭配还表现在与否定结构连接，形成"无比+不+形容词"的结构，其后不再限定为双音节的形容词。如：

（76）尽管相亲的地方在高档餐厅，对方看起来也像"高富帅"，但欣欣还是感觉无比不自在，无论是裙子和高跟鞋的不舒适，还是初

初见面无话可说的拘谨。(《张歆艺说话"直":看不惯男人当面炫富》,《广州日报》2013年1月30日)

(77)与人相交,大家都有这么个经验:凡对方把话说得太满、拍着胸脯打包票的,自己就得多留点神,备着掉链子;反之,对方把事情说得<u>无比不靠谱</u>,走另一个极端,那干脆就退避三舍,还共事个什么劲呢。(《50%误诊率:你的正常,我的肝颤》,《北京晚报》2012年6月13日)

"无比+不+形容词"结构中的形容词都为褒义形容词,"无比"修饰"不+形"整个结构,在语义表达上起加强否定的程度。因为否定也具有一个量度,可以说"有些/有点/稍微/比较/很/非常+不自在/不靠谱","无比"的用法相当于"非常"等,表示否定的量度深。

(四) 无比+名词

程度副词修饰形容词是其典型的句法功能,传统的语法著作通常不认为副词能够修饰名词,然而实际的语言现象却表明语言中存在大量名词受副词修饰的现象,其中较多为大家所关注和讨论的是程度副词直接修饰名词现象。张谊生(1996)早就注意到名词本身除了抽象的理性义之外还隐含着丰富的内涵义,这种内涵义本身存在程度的差异,因而可以通过其前加程度副词使其表现出来。程度副词"无比"在当代汉语中也发展出了修饰名词的用法。如:

(78)但他积极要求参战本身,就是<u>无比英雄</u>的行为。(《对毛岸英烈士牺牲的一点个人认识》,人民网·强国论坛2010年11月18日)

(79)即使当初确无异想,但朝朝暮暮面对"×颜",<u>无比"知己"</u>,只怕也身不由己,渐陷渐深,难以自拔,从量变而终于质变。(《"×颜知己"是个危险因子》,东方网2012年11月24日)

(80)文艺青年是如此饱含着个性魅力的一群,头发一定是原创的,不烫,不染,无关长短,却一定要自然的垂下。很爷们儿的大粗眉、<u>无比女人</u>的大红唇、日系睫毛大眼睛,都与文青磁场不符。(《为情人节预热 让男人爱恨交织的女人妆容》,东北新闻网2013年2月6日)

(81)此次周渝民蓄起了胡须,没有太多台词,眼神却多了坚毅和凶狠，打戏也干净利落，一反往日柔弱形象，从扮相到演出都无比男人。(《〈忠烈杨家将〉周渝民最惊艳 蓄胡须潇洒射箭》，《信息时报》2013年3月29日)

程度副词"无比"能和表示一类人的名词搭配的动因在于提取的是该名词的内涵义，如例（78）的"英雄"表示的是"不怕牺牲、不畏艰险，为人民利益而英勇斗争"；例（79）的"知己"表示的"亲密无间、情谊深切"；例（80）的"女人"体现的内涵是"性感、美丽"，而例（81）中的"男人"则已获得了"阳刚强壮、坚强刚毅"之类的内涵义。此类结构中的"无比"都是程度副词，这从例（80）中可以看得非常清楚，此例前说"很爷们儿"，其后说"无比女人"，"很"与"无比"形成互文结构，可见"无比"意义、用法和"很"是相同的。

因此，程度副词"无比"在现代汉语及网络语言中的句法功能更加丰富，"的"字形式更加常见，既可修饰"有+名"结构和否定结构，又可以超常修饰名词成分，这也意味着"无比"的程度副词属性更加的稳固和成熟。

五　结语

"无比"产生之初是一个动词，表示"没有别的能够相比"之义，这种用法一直到现代汉语中还有不少用例，如"威力无比"等"NP+无比"之"无比"都属于动词。在整个汉语史的发展中，动词"无比"并非一成不变，由于构式类推机制的作用，构式"NP+无比"扩展为"AP+无比"构式。由于"AP+无比"构式的出现，紧邻语境的改变使得"无比"发生重新分析，"无比"可以理解成是其前形容词的补语，"无比"的语义得到虚化，只表达事物性状的程度深，"无比"获得了进一步发展所需要的语义。同时，由于信息焦点表达的需要，句法外置使得构式"AP+无比"转换成"无比+AP"，这标志着"无比"的程度副词功能完全形成，这一过程一直到明清时期才完成。从副词"无比"的形成过程我们可以看出，词汇项的语法化总是发生在特定的构式里（吴福祥，2005），而且词汇在虚化的过程中，除了继承（inheritance）自身构词语素的意义外，还会继承所处构式的语义，因为无论是 Goldberg（1995，2006）所指的语素、词、短语、小句等构式，还是篇章构式（如"XX 体"篇章构式，详见雷冬平、李要珍 2013），都具有自身的构式语义。

程度副词"无比"形成后，在现代汉语及网络语言中，句法组合表现既有对中古、近代汉语的继承，也有对中古、近代汉语的发展。"无比"可以构成含"的"字的状语结构，作状语时既可修饰否定结构、"有+名"结构，也可以修饰名词，这是"无比"在现代汉语中的发展，这也证明"无比"作为程度副词用法更加成熟。因此，在现代汉语中，"无比"既有充当动词的用法，如"NP+无比"（"威力无比"等）中的"无比"，也有充当副词的用法，如"无比+AP"（"无比激动/幸福"等）、"无比+有 N"（无比有意思）、"无比+不+形容词（无比不自在）""无比+名词（无比男人）"中的"无比"。副词用法是动词用法演变的结果。而对于现代汉语中"AP+无比"结构（如"英勇无比"）中的"无比"，我们认为它已经是个程度副词，尽管"AP+无比"结构是"无比"副词化的重新分析语境，可以做两可的分析，但是我们认为，"无比"从明清时期成为一个成熟的程度副词后，这种重新分析语境中的"无比"应该分析为副词，因为程度副词在现代汉语中可以充当补语，且对处于重新分析中的词语，在目标词类形成之前，原则上应该属前归类，即还认为它是源类词，但当它形成目标词类后，重新分析语境中的词语就应该倾向于属后归类，即认为它属于目标词类。具体到"AP+无比"构式中"无比"一词，它在明清时期获得状位之前，宜分析成动词；当"无比"在明清时期获得状位完全成为程度副词后，"AP+无比"中的"无比"则应该理解成程度副词。这样，现代汉语中的"无比"用法就不再杂乱无章，即除了"NP+无比"结构中的"无比"为动词外，其他结构中的"无比"都是程度副词。辞书在解释"无比"的时候应该列动词和副词两个义项，不能因为"无比"存在动词的用法而否定副词"无比"；同样，也不要因为存在程度副词用法的"无比"就否定了它的动词用法。现代汉语中，"无比"的动词和副词用法同时共存是语言演变的结果，是语言的历时演变在共时平面的压缩呈现。因此，对"无比"历史演化和功能的探讨，有助于我们正确理解"无比"的词性及含义，这对于"无比"的教学和习得也能够起到指导和借鉴作用。

参考文献

专著

鲍厚星、崔振华等：《长沙方言词典》，江苏教育出版社1998年版。

曹广顺：《近代汉语助词》，语文出版社1995年版。

曹先擢：《辞书论稿与辞书札记》，商务印书馆2010年版。

陈昌来：《现代汉语句子》，华东师范大学出版社2000年版。

陈光磊：《汉语词法论》，学林出版社1994年版。

陈群：《近代汉语程度副词研究》，巴蜀书社2006年版。

陈树昆：《文言虚字联绵词典》，百花文艺出版社1990年版。

陈涛：《古文误注匡正》，天津人民出版社2002年版。

陈霞村：《古代汉语虚词类解》，山西教育出版社1992年版。

陈泽平：《福州方言研究》，福建人民出版社1998年版。

楚永安：《文言复式虚词》，中国人民大学出版社1986年版。

《当代汉语词典》编委会编：《当代汉语词典》，中华书局2009年版。

道金斯：《自私的基因》（卢允中、张岱云、王兵译），吉林人民出版社1998年版。

丁声树：《现代汉语语法讲话》，商务印书馆2002年版。

丁喜霞：《中古常用并列双音词的成词和演变研究》，语文出版社2006年版。

董秀芳：《词汇化：汉语双音词的衍生和发展》（修订本），商务印书馆2012年版。

董秀芳：《词汇化：汉语双音词的衍生和发展》，四川民族出版社2002年版。

董秀芳：《汉语的句法演变与词汇化》，北京大学中文系《北大中文学刊》，北京大学出版社2010年版。

方一新：《东汉魏晋南北朝史书词语笺释》，黄山书社1997年版。

冯春田：《〈聊斋俚曲〉语法研究》，河南大学出版社2003年版。

冯胜利：《汉语的韵律、词法与句法》，北京大学出版社1997年版。

葛佳才：《东汉副词系统研究》，岳麓书社2005年版。

谷衍奎：《汉字源流字典》，华夏出版社2008年版。

郭良夫：《应用汉语词典》，商务印书馆 2000 年版。

郭锡良、唐作藩、何九盈、蒋绍愚、田瑞娟：《古代汉语（修订本）》，商务印书馆 1999 年版。

韩峥嵘：《古汉语虚词手册》，吉林人民出版社 1984 年版。

《汉语大词典》编辑委员会：《汉语大词典》，汉语大词典出版社 1990 年版。

何金松：《虚词历时词典》，湖北人民出版社 1994 年版。

何乐士：《古代汉语虚词通释》，北京出版社 1985 年版。

洪波：《论平行虚化》，《汉语史研究集刊（第二辑）》，巴蜀书社 2000 年版。

洪波：《使动形态的消亡与动结式的语法化》，载吴福祥、洪波主编《语法化与语法研究》（一），商务印书馆 2003 年版。

侯学超：《现代汉语虚词词典》，北京大学出版社 1998 年版。

胡裕树：《现代汉语》，上海教育出版社 1995 年版。

华南师范学院中文系《古代汉语虚词》编写组：《古代汉语虚词》，广东人民出版社 1982 年版。

江蓝生：《魏晋南北朝小说词语汇释》，语文出版社 1998 年版。

江蓝生、曹广顺：《唐五代语言词典》，上海教育出版社 1997 年版。

蒋绍愚：《蒋绍愚自选集》，河南教育出版社 1994 年版。

蒋绍愚：《近代汉语研究概况》，北京大学出版社 1994 年版。

蒋绍愚、曹广顺：《近代汉语语法史研究综述》，商务印书馆 2005 年版。

解惠全：《谈实词的虚化》，载《语言研究论丛》第四辑，南开大学出版社 1987 年版。

雷冬平：《极性程度副词"洞""雄""淫"的形成及其他》，载《汉语副词研究论集》（第一辑），上海三联书店 2013b 年版。

雷冬平：《近代汉语常用双音虚词演变研究及认知分析》，中国社会科学出版社 2008 年版。

雷文治：《近代汉语虚词词典》，河北教育出版社 2002 年版。

黎锦熙：《新著国语文法》，商务印书馆 1992 年版。

李临定：《现代汉语句型》，商务印书馆 1986 年版。

李泉：《副词和副词的再分类》，载胡阳扬主编《词类问题考察》，北京语言学院出版社 1996 年版。

李申：《徐州方言志》，语文出版社 1985 年版。

李晓明：《模糊性：人类认知之迷》，人民出版社 1985 年版。

李行健：《现代汉语规范词典》，外语教学与研究出版社 2010 年版。

李行健：《现代汉语规范词典》，外语教学与研究出版社 2004 年版。

李宇明：《汉语量范畴研究》，华中师范大学出版社 2000 年版。

廖秋忠：《廖秋忠文集》，北京语言学院出版社 1992 年版。

刘百顺：《魏晋南北朝史书词语考释》，陕西师范大学出版社1993年版。

刘丹青：《话题标记从何而来？——语法化中的共性与个性续论》，载沈家煊、吴福祥、马贝加《语法化与语法研究（二）》，商务印书馆2005年版。

刘丹青：《话题标记走向何处？——兼谈广义历时语法化的三个领域》，载沈家煊、吴福祥、李宗江《语法化与语法研究（三）》，商务印书馆2007年版。

刘丹青：《语法调查研究手册》，上海教育出版社2008年版。

刘丹青：《语序类型学与介词理论》，商务印书馆2003年版。

刘丹青：《重新分析的无标化解释》，载吴福祥、崔希亮《语法化与语法研究（四）》，商务印书馆2009年版。

刘坚：《论汉语的语法化问题》，吴福祥主编《汉语语法化研究》，商务印书馆2005年版。

刘纶鑫：《江西客家方言概貌》，江西人民出版社2001年版。

吕叔湘：《从主语宾语的分别谈国语句子的分析》，载《汉语语法论文集（增订本）》，商务印书馆1984年版。

吕叔湘：《近代汉语指代词》，学林出版社1985年版。

吕叔湘：《吕叔湘自选集》，上海教育出版社1989年版。

吕叔湘：《现代汉语八百词》，商务印书馆1980年版。

吕叔湘：《中国文法要略》，商务印书馆1982年版。

罗竹风：《汉语大词典》，汉语大词典出版社1993年版。

马贝加：《近代汉语介词》，中华书局2002年版。

马建忠：《马氏文通》，商务印书馆1983年版。

马庆株：《现代汉语的双宾语构造》，载《语言学论丛》第十辑，商务印书馆1983年版。

马真：《现代汉语虚词研究方法论》，商务印书馆2004年版。

马真：《现代汉语虚词研究方法论》，商务印书馆2004年版。

牛保义：《构式语法理论研究》，上海外语教育出版社2011年版。

潘国文：《字本位与汉语研究》，华东师范大学出版社2002年版。

潘悟云、陶寰：《吴语的指代词》，载李如龙、张双庆主编《中国东南部方言比较研究丛书（第四辑）：代词》，暨南大学出版社1999年版。

彭小川：《广州话助词研究》，暨南大学出版社2010年版。

齐春红：《现代汉语语气副词研究》，云南人民出版社2008年版。

秦礼君：《古代关联词语手册》，中国展望出版社1986年版。

曲阜师范大学现代汉语常用虚词词典编写组：《现代汉语常用虚词词典》，浙江教育出版社1987年版。

商务印书馆辞书研究中心编：《现代汉语学习词典》，商务印书馆2010年版。

苏珊·布莱克摩尔：《谜米机器》，吉林人民出版社2001年版。

孙锡信：《近代汉语语气词》，语文出版社1999年版。

太田辰夫：《中国语历史文法》，蒋绍愚、徐昌华译，北京大学出版社2003年第二版。

覃远雄：《南宁平话词典》，江苏教育出版社1997年版。

唐贤清：《〈朱子语类〉副词研究》，湖南人民出版社2004年版。

王力：《汉语史稿》，中华书局1980年版。

王力：《中国现代语法》，商务印书馆1985年版。

王力—：《古代汉语（第一册）》，中华书局1998年版。

王力—：《王力文集（第十一卷）》，山东教育出版社1990年版。

王寅：《构式语法研究》，上海外语教育出版社2011年版。

王锳：《诗词曲语辞例释》（增订本），中华书局1986年版。

王云路：《汉魏六朝诗歌语言论稿》，陕西人民出版社1997年版。

王云路：《中古汉语词汇史》，商务印书馆2010年版。

王自强：《现代汉语虚词词典》，上海辞书出版社1998年版。

魏钢强：《萍乡方言词典》，江苏教育出版社1998年版。

吴福祥：《敦煌变文语法研究》，岳麓书社1996年版。

伍铁平：《模糊语言学》，上海外语出版社1999年版。

伍云姬：《湖南方言的动态助词》，湖南师范大学出版社2009年版。

伍云姬：《湘方言动态助词的系统及其演变》，湖南师范大学出版社2006年版。

席嘉：《近代汉语连词》，中国社会科学出版社2010年版。

香坂顺一：《白话语汇研究》，江蓝生、白维国译，中华书局1997年版。

向熹：《简明汉语史》（修订本），商务印书馆2010年版。

萧斧：《"在那里""正在""在"》，载《语法论集》第二集，中华书局1955年版。

谢留文：《于都方言词典》，江苏教育出版社1998年版。

邢福义：《汉语语法学》，东北师范大学出版社1996年版。

邢福义、吴振国：《语言学概论》（第二版），华中师范大学出版社2010年版。

徐朝华：《上古汉语词汇史》，商务印书馆2003年版。

徐烈炯：《中国语言学在十字路口》，上海教育出版社2008年版。

徐烈炯、刘丹青：《话题的结构与功能》，上海教育出版社1998年版。

许宝华、宫田一郎：《汉语方言大词典》，中华书局1999年版。

杨伯峻：《古汉语虚词》，中华书局1981年版。

杨伯峻：《文言文法》，中华书局1963年版。

杨荣祥：《汉语副词形成刍议——以近代汉语为例》，载《语言学论丛》（第

23 辑），商务印书馆 2001 年版。

杨荣祥：《近代汉语副词研究》，商务印书馆 2005 年版。

杨树达：《词诠》，中华书局 1954 年版。

杨永龙：《〈朱子语类〉完成体研究》，河南大学出版社 2001 年版。

姚双云：《复句关系标记的搭配研究》，华中师范大学出版社 2008 年版。

袁毓林：《无指代词"他"的句法语义功能——从韵律句法和焦点理论的角度看》，《语法研究和探索（十二）》商务印书馆 2003 年版。

翟燕：《明清山东方言助词研究》，齐鲁书社 2008 年版。

詹伯慧、陈晓锦：《东莞方言词典》，江苏教育出版社 1997 年版。

詹人凤：《现代汉语语义学》，商务印书馆 1997 年版。

张斌：《汉语语法学》，上海教育出版社 1998 年版。

张斌：《现代汉语虚词词典》，商务印书馆 2001 年版。

张斌：《新编现代汉语》，复旦大学出版社 2008 年版。

张斌、张谊生：《现代汉语虚词》，华东师范大学出版社 2000 年版。

张福垌：《现代汉语虚词辨析 500 例》，学苑出版社 2002 年版。

张宁：《汉语双宾语句结构分析》，载陆俭明、沈阳、袁毓林编《面临新世纪挑战的现代汉语语法研究》，山东教育出版社 2000 年版。

张清源、田懋勤、余惠邦：《同义词典》，四川人民出版社 2002 年版。

张双庆：《香港粤语的代词》，载李如龙、张双庆主编《中国东南部方言比较研究丛书（第四辑）：代词》，暨南大学出版社 1999 年版。

张巍：《中古汉语同素逆序词演变研究》，上海古籍出版社 2010 年版。

张相：《诗词曲语辞汇释》，中华书局 1953 年版。

张亚军：《副词与限定描状功能》，安徽教育出版社 2002 年版。

张谊生：《"透顶"与"绝顶"的句法分布与搭配选择》，《多视角语法比较研究》（华中语学论库第四辑），华中师范大学出版社 2011 年版。

张谊生：《现代汉语副词分析》，上海三联书店 2010 年版。

张谊生：《现代汉语副词探索》，学林出版社 2004 年版。

张谊生：《现代汉语副词研究》，学林出版社 2000 年版。

赵艳芳：《认知语言学概论》，上海外语教育出版社 2001 年版。

赵元任：《汉语口语语法》，商务印书馆 1979 年版。

中共中央马克思恩格斯列宁斯大林著作编译局：《马克思恩格斯全集》（第十二卷），人民出版社 1998 年版。

中国社会科学院语言研究所词典编辑室：《现代汉语词典》（第 5 版），商务印书馆 2005 年版。

中国社会科学院语言研究所词典编辑室：《现代汉语词典》（第 6 版），商务印书馆 2012 年版。

中国社会科学院语言研究所词典编辑室：《现代汉语词典》（第 7 版），商务印书馆 2016 年版。

钟兆华：《近代汉语虚词研究》，中国社会科学出版社 2011 年版。

周秉钧：《古汉语纲要》，湖南教育出版社 1981 年版。

周长楫：《闽南方言大词典》，福建人民出版社 2006 年版。

周高法：《中国古代语法》，中华书局 1990 年版。

周静：《现代汉语递进范畴研究》，中国传媒大学出版社 2007 年版。

周俊勋：《中古汉语词汇研究纲要》，巴蜀书社 2009 年版。

周生亚：《〈搜神记〉语言研究》，中国人民大学出版社 2007 年版。

朱德熙：《语法讲义》，商务印书馆 1982 年版。

朱德熙：《朱德熙文集》第一卷，商务印书馆 1999 年版。

朱景松：《现代汉语虚词词典》，语文出版社 2007 年版。

朱居易：《元剧俗语方言例释》，商务印书馆 1956 年版。

朱军：《汉语构式语法研究》，中国社会科学出版社 2010 年版。

论文

［俄］А. Л 谢米纳斯：《汉语同义词的构词法作用及其来源》，冯文洁译，《绥化师专学报》1996 年第 1 期。

艾红娟：《山东方言表进行体词语的强化与更新》，《中国语文》2008 年第 3 期。

巴丹：《"极其"与"极为"的演化机制》，《百色学院学报》2011 年第 4 期。

毕永峨：《不定量词词义与构式的互动》，《中国语文》2007 年第 6 期。

藏晓艳：《"NP 了"的认知构式剖析》，《现代语文》2013 年第 2 期。

曹宏：《中动句的语用特点及教学建议》，《汉语学习》2005 年第 5 期。

曹广顺：《说助词"个"》，《古汉语研究》1994 年第 4 期。

昌梅香：《江西吉安赣语"叽"后缀研究》，《广西社会科学》2007 年第 10 期。

常婧：《汉语动结式受事论元的实现方式》，《阜阳师范学院学报（社会科学版）》2013 年第 1 期。

常萍：《"比及"释义献疑》，《汉字文化》2008 年第 3 期。

晁瑞：《ABB 状态词构式的结构整合与意义发展》，《合肥师范学院学报》2012 年第 2 期。

陈卓：《介词"对于"来源新探》，《理论界》2010 年第 4 期。

陈昌来、占云芬：《"多少"的词汇化、虚化及其主观量》，《汉语学报》2009 年第 3 期。

陈昌来、张长永：《"由来"的词汇化历程及其相关问题》，《世界汉语教学》2010 年第 2 期。

陈昌来、张长永：《"从来"的词汇化历程及其指称化机制》，《上海师范大学学报（哲学社会科学版）》2011 年第 3 期。

陈昌来、朱峰：《"除"类介词及"除"类介词框架的产生和发展》，《上海师范大学学报（哲学社会科学版）》2009 年第 2 期。

陈昌来、朱艳霞：《说流行语"X 党"兼论指人语素的类词缀化》，《当代修辞》2010 年第 3 期。

陈杰一、吴颖：《"也好"的多功能性及重新分析》，《暨南大学华文学院学报（华文教学与研究）》2009 年第 4 期。

陈景元：《主观推介与隐性评价——"不/没+VP1+等于+没/没有+VP2"构式探析》，《重庆邮电大学学报（社会科学版）》2011 年第 2 期。

陈满华：《关于构式语法理论的几个问题》，《外语教学与研究》2009 年第 5 期。

陈满华：《"X 哪儿来的？"与"哪儿来的 X？"的构式差异及相关问题》，《汉语学习》2010 年第 1 期。

陈满华：《类型学视野下的首词重复构式》，《苏州教育学院学报》2011 年第 3 期。

陈香兰：《认知语言学构式观》，《重庆大学学报（社会科学版）》2009 年第 2 期。

陈泽平：《福州方言处置介词"共"的语法化路径》，《中国语文》2006 年第 3 期。

陈宗利、赵鲲：《"吃了他三个苹果"的性质与结构》，《外国语》2009 年

第 4 期。

程乐乐：《关于构式语法的"三个世界"的思考》，《长江学术》2006 年第 4 期。

仇志群：《普通话中副词"在"和"正在"的来源》，《聊城师范学院学报（哲学社会科学版）》1991 年第 1 期。

储泽祥、曹跃香：《固化的"用来"及其相关的句法格式》，《世界汉语教学》2005 年第 2 期。

崔林、边娜：《论短语性研究的多为视角》，《长江大学学报（社会科学版）》2011 年第 10 期。

戴彩红：《"不要太+名词"构式的认知研究》，《文教资料》2010 年第 15 期。

戴浩一：《时间顺序和汉语的语序》，黄河译，《国外语言学》1988 年第 1 期。

戴曼纯、高海英：《从英语限定性关系从句看"外置"与不移动》，《外语学刊》2004 年第 3 期。

戴卫平、张丽丽：《构式观与语言习得》，《江苏教育学院研究》2011 年第 1 期。

邓慧爱：《从构式语法看汉语非受事动宾结构形成机制》，《怀化学院学报》2013 年第 2 期。

邓素兰：《"V+着"构式的语义分析》，《太原城市职业技术学院学报》2012 年第 5 期。

邓媛媛：《"X 无可 X"构式研究》，《重庆交通大学学报》（社会科学版）2011 年第 3 期。

邓云华、刘芬:《构式观与语言构式教学》,《西安外国语大学学报》2010年第2期。

邓云华、石毓智:《论构式语法理论的进步与局限》,《外语教学与研究》2007年第5期。

翟燕:《"也罢"的来源及语法化过程》,《唐都学刊》2008年第4期。

丁海燕、张定:《汉语形源助动词形成的句法机制》,《古汉语研究》2003年第3期。

丁加勇、易磊:《用构式语法研究"爱V不V"结构》,《云梦学刊》2009年第6期。

丁雪欢:《湖南沅江话"持续/进行体"的表达形式》,《汕头大学学报(人文社会科学版)》2007年第4期。

董成如、杨才元:《构式对词项压制的探索》,《外语学刊》2009年第5期。

董凤艳:《基于构式语法理论和标引假设解读新创名转动词句》,《科教文汇》2013年第5期。

董晓敏:《"名词+形容词"估量短语》,《世界汉语教学》2005年第3期。

董秀芳:《古汉语中介宾位置上的零形回指及其演变》,《当代语言学》1998a年第4期。

董秀芳:《重新分析与"所"字功能的发展》,《古汉语研究》1998b年第3期。

董秀芳:《词汇化与话语标记的形成》,《世界汉语教学》2007年第1期。

董秀芳:《汉语的句法演变与词汇化》,《中国语文》2009年第5期。

董秀芳:《话题标记来源补议》,《古汉语研究》2012年第3期。

董秀芳:《词汇与句法的关联:词义聚合与句法结构义聚合的平行性》,《语文研究》2013年第4期。

董艳萍、梁君英:《走近构式语法》,《现代汉语》2002年第2期。

董艳萍、梁君英:《构式在中国学生英语句子意义理解中的作用》,《外语教学与研究》2004年第1期。

杜曾慧:《从构式角度谈对外汉语教材词汇的英译——以〈标准汉语教程〉为例》,《天津市经理学院学报》2011a年第6期。

杜曾慧:《构式角度下的汉语重叠形式的英语注释方法和原则》,《法制与社会》2011b年第26期。

方红:《"幸亏"与"好在"的语义语用功能及选择差异》,《对外汉语研究》2010年第6期。

方梅:《指示词"这"和"那"在北京话中的语法化》,《中国语文》2002年第4期。

方一新、将兴鲁:《"甚至"的词汇化过程》,《江南大学学报(人文社会科学版)》2009年第1期。

冯奇、马婧雯:《再论Goldberg构式语法理论的局限性》,《民办教育研究》2010年第2期。

冯胜利:《论汉语的"韵律词"》,《中国社会科学》1996年第1期。

冯胜利:《汉语双音化的历史来源》,《现代中国语研究》2000a年第1期。

冯胜利：《汉语韵律句法学引论（下）》，《学术界》2000b 年第 2 期。

冯胜利：《古汉语判断句中的系词》，汪维辉译，《古汉语研究》2003 年第 1 期。

付慧琳、戴卫平：《构式语法的特色与局限》，《内蒙古工业大学学报（社会科学版）》2011 年第 1 期。

付习涛：《关于构式"有+VP"》，《中国地质大学学报（社会科学版）》2006 年第 5 期。

付义琴、赵家栋：《从明代小说中的"正""在"看时间副词"正在"的来源》，《中国语文》2007 年第 3 期。

傅永和：《汉字规范化 60 年》，《语言文字应用》2009 年第 4 期。

盖颖：《"囧"字漫说》，《牡丹江师范学院学报（哲社版）》2009 年第 3 期。

甘莅豪：《"不 A 不 B"的构式义与语义的消极倾向——基于认知与语用的分析》，《修辞学习》2008 年第 2 期。

高波、石敏：《构式语法家族概览》，《外语学刊》2010 年第 1 期。

高菲：《口语句式"X+死+（我）+了"的构式特点》，《湖北经济学院学报（人文社会科学版）》2011 年第 2 期。

高航：《概念物化与名词化》，《解放军外国语学院学报》2007 年第 6 期。

高群：《构式视野下的夸张形式描述与解释》，《安徽师范大学学报（人文社会科学版）》2012 年第 3 期。

高海莲：《从构式语法看"比 N 还 N"》，《湖北广播电视大学学报》2011 年第 1 期。

高惠宁：《现代汉语"N+V 着+A"构式研究综述》，《山东理工大学学报（社会科学版）》2010 年第 4 期。

高书贵：《"幸亏"隐含的转接功能与语义辖域》，《天津大学学报（社会科学版）》2006 年第 6 期。

高育花：《汉语双音节程度副词"X为"的历史发展及演变》，《长江学术》2010 年第 2 期。

葛佳才：《兼表总括与限止的认知解释》，中国训诂学研究会 2012 年学术年会论文，浙江杭州 2012 年 10 月。

龚波：《构式语义的吸收——"必"类副词表假设探源》，《乐山师范学院学报》2011 年第 10 期。

龚梅：《〈祷杌闲评〉处所介词研究》，《凯里学院学报》2012 年第 5 期。

龚娜：《"X 于"结构的语用分析与认知解释》，《梧州学院学报》2007 年第 2 期。

龚娜、罗昕如：《"X 于"结构的语法化》，《湖南科技大学学报（社会科学版）》2011 年第 2 期。

龚娜、周先忠：《"X 于"结构的语义分析》，《玉林师范学院学报（哲学社会科学版）》2006 年第 6 期。

古川裕：《现代汉语的"中动语态句式"——语态变换的句法实现和词法实现》，《汉语学报》2005 年第 2 期。

顾相菊：《现代汉语中"V+起来"结构的构式意义分析》，《河北工程大学学报（社会科学版）》2011 年第 1 期。

管志斌：《表责备的反预期构式

"早不 VP，晚不 VP"》，《理论界》2011 年第 7 期。

郭凤岚：《"又 A 又 B"格式的认知模式》，《世界汉语教学》2000 年第 3 期。

郭继懋：《反问句的语义语用特点》，《中国语文》1997 年第 2 期。

郭家翔：《网语流行体的语言学解读》，《湖北第二师范学院学报》2012 年第 10 期。

韩丹：《"主事居后'的'字句"的构式义及其认知解读》，《浙江教育学院学报》2009 年第 2 期。

韩自刚：《副词"亲自"的多角度研究》，《天津大学学报（社会科学版）》2009 年第 4 期。

何锋兵：《两类连词在汉语双音化后的不同归宿原因探析》，《语言应用研究》2009 年第 2 期。

何元建：《现代汉语中间句的句法结构》，《汉语学习》2010 年第 1 期。

何自然、何雪林：《模因论与社会语用》，《现代外语》2003 年第 2 期。

贺阳：《程度副词+有+名试析》，《汉语学习》1994 年第 4 期。

侯国金：《"某 V 某的 N"构式的认知语用研究》，《外语教学》2012 年第 4 期。

侯国金：《对构式语法八大弱点的诟病》，《外语研究》2013 年第 3 期。

胡训：《有感于"囧"和"兲"两个古字的错误用法》，《中国钢笔书法》2008 年第 11 期。

胡建刚：《表达空位与"忽悠"流行》，《语言文字应用》2007 年第 2 期。

胡丽珍：《再论三个程度副词"巨""狂""奇"》，《修辞学习》2008 年第 3 期。

胡丽珍、郭晓添：《"X 控"构式探析》，《玉林师范学院学报》2011 年第 6 期。

胡丽珍、胡玉国：《"奴"族新词语透视》，《五邑大学学报（社会科学版）》2008 年第 3 期。

胡丽珍、雷冬平：《构式"NP+好+V/A"的多义同构性及其动态演变研究》，《语言科学》2012 年第 2 期。

胡丽珍、雷冬平：《"忽悠"的产生、流行及误用》，《辞书研究》2008 年第 5 期。

胡丽珍、雷冬平：《"经过""经""通过"的语法化过程和认知解释》，《汉语史学报》2009a 年第九辑。

胡丽珍、雷冬平：《论"除非"的功能及其句式演变》，《中南大学学报（社会科学版）》2007 年第 2 期。

胡丽珍、雷冬平：《说超量级程度副词"太过"的形成》，《语言科学》2009b 年第 4 期。

胡清国：《汉语评价构式"一群 NP"探析》，《汉语学习》2013 年第 1 期。

胡旭辉：《认知和生成学派视角下的构式理论对比研究——以构式语法和第一语段句法为例》，《外国语》2012 年第 3 期。

胡学文：《中国学生双宾构式的习得——基于语料库的对比研究》，《外语研究》2007 年第 5 期。

黄斐：《近代汉语副词"看即"的语法化》，《湛江师范学院学报》2005 年第 2 期。

黄洁：《语言习得研究的构式语法视角》，《四川外语学院学报》2008 年第 4 期。

黄琦：《"NP（有生）+就是+个+NP"构式研究》，《现代汉语（语言研究版）》2013 年第 3 期。

黄昌静、邵志洪：《英汉双及物构式引申机制对比研究》，《外语教学》2006 年第 6 期。

黄正德：《汉语动词的题元结构与其句法表现》，《语言科学》2007 年第 4 期。

霍生玉：《湖南炎陵县西向话的"唧"尾》，《船山学刊》2000 年第 1 期。

汲传波、刘芳芳：《"动+个+形"语义、语用分析》，《喀什师范学院学报》2002 年第 4 期。

纪小凌：《再论汉语的中间结构》，《上海师范大学学报》2006 年第 6 期。

江蓝生：《"VP 的好"句式的两个来源——兼谈结构的语法化》，《中国语文》2005 年第 5 期。

江蓝生：《概念叠加与构式整合——肯定否定不对称的解释》，《中国语文》2008 年第 6 期。

江蓝生：《汉语连—介词的来源及其语法化的路径和类型》，《中国语文》2012 年第 4 期。

蒋海莉：《试析"所以"的词汇化路程》，《黑龙江教育学院学报》2006 年第 4 期。

蒋绍愚：《打击义动词的词义分析》，《中国语文》2007 年第 5 期。

蒋彰明：《古汉语中的谓语前置》，《兰州铁道学院学报》1999 年第 4 期。

解正明：《北京话认知称谓名词特点及其社会成因》，《语言教学与研究》2005 年第 6 期。

金国华、王明华：《从汉语新语缀"霸"看类推的成因》，《汉语学习》2008 年第 5 期。

匡鹏飞：《时间副词"从来"的词汇化及相关问题》，《古汉语研究》2010 年第 3 期。

匡鹏飞：《语气副词"明明"的主观性与主观化》，《世界汉语教学》2011 年第 2 期。

赖先刚：《副词的连用问题》，《汉语学习》1994 年第 2 期。

乐耀：《试论网络语言的自动调节能力》，《语言文字应用》2006 年第 4 期。

雷冬平：《语气助词"便是"的语法化及相关结构研究》，《语言教学与研究》2007 年第 2 期。

雷冬平：《说"打头"有"刚刚"义》，《古汉语研究》2008 年第 1 期。

雷冬平：《语气助词"也好"的语法化过程及其功能》，《牡丹江师范学院学报（哲学社会科学版）》2009 年第 6 期。

雷冬平：《从"流水作业"和"流水生产"说起》，《集美大学学报（哲学社会科学版）》2010a 年第 1 期。

雷冬平：《"透过"的功能及概念隐

喻》,《保定学院学报》2010b 年第 1 期。

雷冬平:《构式"最/再+X+不过"的构成及语法化研究》,《湘潭大学学报》(哲学社会科学版) 2011a 年第 1 期。

雷冬平:《附缀式网络新词族"X 控"探析》,《贵州社会科学》2011b 年第 10 期。

雷冬平:《隐喻与极性程度副词"雄"的形成》,《古汉语研究》2012a 年第 2 期。

雷冬平:《论"淫"的极性程度副词义》,《汉字文化》2012b 年第 2 期。

雷冬平:《汉字的重新分析与"囧"类古词语网络新义的产生》,《黄河科技大学学报》2012c 年第 2 期。

雷冬平:《"喝他个痛快"类构式的形成及其语义研究》,《语言科学》2012d 年第 2 期。

雷冬平:《"好+(X)个 NP"的构成及语法化研究》,《语言教学与研究》2012e 年第 2 期。

雷冬平:《现代汉语"有/无+Prep/V"类词的词汇化及其动因》,《汉语学习》2013 年第 1 期。

雷冬平、胡丽珍:《"他个"的形成、性质及其功能研究》,《语言科学》2006 年第 4 期。

胡丽珍、雷冬平:《江西安福方言表复数的"物"》,《中国语文》2007 年第 3 期。

胡丽珍、雷冬平:《说禅宗语录中的"格外"》,《湘潭大学学报(哲学社会科学版)》2008a 年第 2 期。

雷冬平、胡丽珍:《语气助词"也罢"的功能及语法化过程》,《北方论丛》2008b 年第 4 期。

雷冬平、胡丽珍:《否定构式"X+个+詈语名词"探析》,《历史语言学研究》2009 年第 4 辑。

雷冬平、胡丽珍:《时间副词"正在"的形成再探》,《中国语文》2010a 年第 1 期。

雷冬平、胡丽珍:《近代汉语虚词词汇化的一种特殊形式》,《古汉语研究》2010b 年第 1 期。

雷冬平、胡丽珍:《再论近代汉语双音虚词的概念叠加与词形整合》,《保定学院学报》2011a 年第 2 期。

雷冬平、胡丽珍:《"他个"双及物构式的语法化及其相关结构研究》,第六届汉语语法化问题国际学术讨论会论文,2011b 年。

雷冬平、胡丽珍:《说说程度副词"暴"和"超"》,《汉语学习》2011c 年第 5 期。

雷冬平、胡丽珍:《"NP+好 V"构式的认知机制与动态演变研究》,《世界汉语教学》2013 年第 4 期。

雷冬平、李要珍:《词族"X 棍"探析》,《玉溪师范学院学报》2012 年第 11 期。

雷冬平、李要珍:《元话语和网络语言中"XX 体"的篇章构式研究》,《湘潭大学学报(哲学社会科学版)》2013 年第 3 期。

雷冬平、罗华宜:《连词"再则"的形成及其话语标记功能研究》,《殷都学刊》2013 年第 6 期。

雷冬平、罗华宜：《连词"再有"的形成及其话语标记功能研究》，《保定学院学报》2013 年第 5 期。

雷冬平、王开辉：《构式"一 + N + VC"的构成及其演变研究》，《湛江师范学院学报》2013 年第 4 期。

雷冬平、覃慧娴、李要珍：《"无比"副词化的动因、机制及其功能扩展研究》，《语言教学与研究》2014 年第 6 期。

李冰：《"果真"与"果然"的用法考察及对比分析》，《汉语学习》2009 年第 4 期。

李凰：《"再 X 也 Y"的构式分析》，《暨南大学华文学院学报》2009 年第 4 期。

李璐：《构式语法及其对语言习得和教学的启示》，《江西教育学院学报（社会科学版）》2006 年第 5 期。

李然：《基于构式和概念框架理论的精读课教学新模式》，《科技信息》2011 年第 22 期。

李雅、周启强：《构式语法与生成语法的对比研究》，《当代教育理论与实践》2012 年第 12 期。

李德鹏：《介词"关于"的形成》，《邢台职业技术学院学报》2008 年第 6 期。

李冬香：《曲江区大村土话小称变音的变异研究》，《文化遗产》2009 年第 3 期。

李广锋、刘淑霞：《论汉语动词重叠的演变轨迹》，《郑州航空工业管理学院学报（社会科学版）》2004 年第 4 期。

李华勇：《Vi + NP 构式的认知分析——以去范畴化理论为指导》，《重庆交通大学学报（哲学社会科学版）》2012 年第 5 期。

李会荣：《"再 A 也 B"构式的类型分析——兼谈构式的基本类型》，《语文研究》2012 年第 4 期。

李剑影：《再论"玩它个痛快"》，《汉语学习》2007 年第 2 期。

李晋霞：《"好"的语法化与主观性》，《世界汉语教学》2005 年第 1 期。

李力维：《英语 have + - en 与汉语"有 + VP"完成构式对比分析》，《西南科技大学学报（哲学社会科学版）》2012 年第 4 期。

李伟大：《"X 花"的语义语法特征——兼论指人类词缀"花"的主观化》，《长春大学学报》2009 年第 7 期。

李文浩：《"爱 V 不 V"的构式分析》，《现代外语》2009 年第 3 期。

李文浩：《作为构式的"都 XP 了"及其形成机制》，《语言教学与研究》2010a 年第 5 期。

李文浩：《"再 XP 也 VP"构式分析》，《汉语学报》2010b 年第 4 期。

李小凡：《苏州方言的体貌系统》，《方言》1998 年第 3 期。

李小华、王立非：《第二语言习得的构式语法视角构式理论与启示》，《外语学刊》2010 年第 2 期。

李小洁：《介词"对于"的语法化研究》，《青春岁月》2012 年第 5 期。

李心释、姜永琢：《对话语标记的重

新认识》,《汉语学习》2008 年第 6 期。

李宇明:《领属关系与双宾语句分析》,《语言教学与研究》1996 年第 3 期。

李玉辉:《构式语法——现代语言学发展的新动向》,《中北大学学报（社会科学版）》2010 年第 1 期。

李玉洁:《符号学理论视角下的网络流行语传播——以"囧"为例》,《东南传播》2009 年第 8 期。

李宗宏:《主观归因构式及其修辞动因》,《当代修辞学》2013 年第 2 期。

李宗江:《去词汇化:"结婚"和"洗澡"由词返语》,《语言研究》2006 年第 4 期。

力量:《谈一种带"他"结构中"他"的词性及其结构的句法分析》,《淮阴师范学院学报（哲社版）》1984 年第 3 期。

力量:《"V 得（个）R""V 他（个）R"结构的语义、句法比较及相关问题》,《淮阴师范学院学报（哲社版）》1988 年第 3 期。

力量、庄义友:《"V 他（个）R"与"V 得（个）R"结构的深层比较》,《韶关大学学报（社科版）》1995 年第 1 期。

梁晓丽:《国内构式语法相关研究述评》,《柳州职业技术学院学报》2010 年第 3 期。

梁银峰:《现代汉语"X 来"式合成词溯源》,《语言科学》2009 年第 4 期。

梁银峰:《〈祖堂集〉语气副词系统》,《宁夏大学学报（人文社会科学版）》2010 年第 1 期。

林玲:《汉语网络新词的判定及造词方式》,《成都大学学报（社科版）》2008 年第 2 期。

林忠:《英语"同义反复"构式的认知解读及其在汉语中的表达》,《绥化学院学报》2008 年第 2 期。

林晓恒:《"都+V+的+N"的构式分析》,《语言研究》2006 年第 1 期。

刘丞:《"好在"的演化过程与功能扩展》,《世界汉语教学》2012 年第 4 期。

刘坚、曹广顺、吴福祥:《论诱发汉语词汇语法化的若干因素》,《中国语文》1995 年第 3 期。

刘云、李晋霞:《"V_ 双 N_1 的 N_2"格式转化为粘合式偏正结构的制约因素》,《世界汉语教学》2002 年第 2 期。

刘云:《"裸"族新词探微》,《辞书研究》2009 年第 2 期。

刘春伶:《对"构式语法"的反思》,《宜春学院学报》2011 年第 10 期。

刘大为:《从语法构式到修辞构式》,《当代修辞学》2010 年第 4 期。

刘丹青:《语法化中的更新、强化与叠加》,《语言研究》2001 年第 2 期。

刘丹青:《作为典型构式句的非典型"连"字句》,《语言教学与研究》2005b 年第 4 期。

刘丹青:《"有"字领有句的语义倾向和信息结构》,《中国语文》2011 年第 2 期。

刘冬青:《北京话"真"类语气副词的历时嬗变(1750—1950)》,《中州大学学报》2010年第6期。

刘福根:《汉语詈词浅议》,《汉语学习》1997年第3期。

刘富华、石微:《构式语法视角下的"V归V"格式研究》,《西安电子科技大学学报(社会科学版)》2012年第4期。

刘国辉:《构式语法的"构式"之辩》,《外语教学与研究》2007年第8期。

刘红妮:《"则已"的词汇化和构式语法化》,《古汉语研究》2009年第2期。

刘红妮:《"甚至"的词汇化与多种功能的形成》,《当代语言学》2012年第3期。

刘红妮:《结构省缩与词汇化》,《语文研究》2013年第1期。

刘金哲:《辨析"幸亏"与"好在"——基于国家语委语料库的研究》,《现代语文(语言研究版)》2009年第7期。

刘利民:《构式的逻辑反思与汉语研究的本位问题——从构建中国特色语言学理论体系的角度看》,《四川大学学报(哲学社会科学版)》2012年第5期。

刘乃仲:《关于〈"打碎了他四个杯子"与约束原则〉一文的几点疑问》,《中国语文》2001年第6期。

刘仁江、蒋重母:《湖南涟源方言的"子"尾和"唧"尾》,《娄底师专学报》2000年第3期。

刘小钦:《副词"好在"的词汇化过程》,《现代语文(语言研究版)》2011年第10期。

刘晓梅:《来自粤方言的超量级程度副词"太过"》,《中国语文》2007年第5期。

刘宗开:《"被XX"构式和传统汉语被动结构的对比研究》,《高等函授学报(哲学社会科学版)》2011年第6期。

卢烈红:《配对型"也好"源流考》,《中国语文》2012年第1期。

卢烈红:《"也罢"源流考》,《苏州大学学报(哲学社会科学版)》2013年第3期。

卢英顺:《说"通过"》,《语言教学与研究》2003年第6期。

卢英顺:《一种新的"不是A是B"构式》,《当代修辞学》2010年第2期。

陆烨、李佳:《构式语法下看词类归属》,《乐山师范学院学报》2012年第7期。

陆俭明:《再谈"吃了他三个苹果"一类结构的性质》,《中国语文》2002年第4期。

路广:《〈醒世姻缘传〉中的介词"从""打""齐"》,《泰山学院学报》2003年第5期。

罗忠:《论类推机制背景下词族生成的基础》,《现代语文(语言研究)》2009年第5期。

罗钱军:《特征映射型N1+N2概念合成名词之识解》,《辽宁师范大学学报(社会科学版)》2012年第5期。

罗昕如、龚娜：《湘方言中的"V+X+趋向补语"结构——兼与晋方言比较》，《语文研究》2010年第1期。

罗昕如、李斌：《湘语的小称研究——兼与相关方言比较》，《湖南师范大学社会科学学报》2008年第4期。

麻爱民：《副词"几乎"的历时发展》，《古汉语研究》2010年第3期。

马晓晨：《"囧"——从汉字修辞作品到网络新词》，《汉字文化》2009年第4期。

满在江：《与双宾语结构形同质异的两类结构》，《语言科学》2004年第3期。

孟凯：《构式视角下"X+N役使"致使复合词的类推及其语域特定化》，《当代修辞学》2010年第6期。

聂仁发：《"对于"百年来分布变化的定量分析》，《汉语学报》2011年第3期。

潘国英、齐沪扬：《论"也好"的词汇化》，《汉语学习》2009年第5期。

潘月洲：《构式语法理论刍议》，《江苏广播电视大学学报》2008年第6期。

裴瑞玲：《"属实"有副词新用法小议》，《语文知识》2011年第4期。

彭睿：《构式语法化的机制和后果——以"从而""以及"和"极其"的演变为例》，《汉语学报》2007年第3期。

彭睿：《"临界环境-语法化项"关系刍议》，《语言科学》2008年第3期。

彭睿：《临界频率和非临界频率——频率和语法化关系的重新审视》，《中国语文》2011年第1期。

彭春芳：《试论杨家滩镇方言的"唧"尾》，《娄底师专学报》2003年第3期。

彭小川：《广州方言表"持续"义的几种形式及其意义的对比分析》，《语文研究》2003年第4期。

蒲喜明：《副词"再""又"的语用意义分析》，《陕西师范大学学报（哲学社会科学版）》1993年第3期。

亓文香：《构式语法理论与构式广告的修辞认知研究》，《湖南社会科学》2013年第1期。

齐沪扬：《语气副词的语用功能分析》，《语言教学与研究》2003年第1期。

齐元涛：《重新分析与汉字的发展》，《中国语文》2008年第1期。

邱峰：《构式"N（就）是N"的语义生成机制》，《湖北社会科学》2012年第10期。

邱震强：《宁乡话特殊的时间状语和时间补语：在个里、在那里》，《桂林市教育学院学报（综合版）》1994年第2期。

曲丽玮、王冬梅：《流行语模"舌尖上的XX"构式描写及演变》，《渤海大学学报（哲学社会科学版）》2013年第4期。

任庆梅：《构式习得认知心理机制诠释研究综述》，《外国语》2007年第6期。

荣丽华：《从构式角度看汉语中的

"X 不 X"》,《语言教学与研究》2012年第6期。

阮绪和:《"A 而不是 B"构式的新用法》,《现代语文》2012年第8期。

沙玉伟:《"囧"字新用》,《汉字文化》2008年第5期。

邵宜:《赣语宜丰话词汇变调的类型及其意义》,《方言》2006年第1期。

邵慧君、万晓梅:《江西乐安县万崇话的小称变调》,《方言》2006年第4期。

邵敬敏:《"动+个+形/动"结构分析》,《汉语学习》1984年第2期。

邵敬敏:《"连 A 也/都 B"框式结构及其框式化特点》,《语言科学》2008年第4期。

邵敬敏:《"美女"面称的争议及其社会语言学调查》,《语言文字应用》2009年第4期。

邵敬敏:《新兴框式结构"X 你个头"及其构式义的固化》,《汉语学报》2012年第3期。

邵敬敏、崔少娟:《"一 A 一 B"框式结构的位序原则及语义》,《当代修辞学》2010年第4期。

邵敬敏、马喆:《网络时代汉语嬗变的动态观》,《语言文字应用》2008年第3期。

邵敬敏、王宜广:《"幸亏"类副词的句法语义、虚化轨迹及其历史层次》,《语言教学与研究》2011年第4期。

邵敬敏、朱彦:《"是不是 VP"问句的肯定性倾向及其类型学意义》,《世界汉语教学》2002年第3期。

邵敬敏、朱晓亚:《"好"的话语功能及其虚化轨迹》,《中国语文》2005年第5期。

申莉:《"V 得/不了"与"V 得/不着"的构式分析》,《语言教学与研究》2011年第2期。

申惠仁:《现代汉语四种好结构》,《语文学刊》2009年第5期。

沈莉:《娜现代汉语构式语法研究综述》,《牡丹江教育学院学报》2007年第5期。

沈敏:《基于语料库的"马上"与"眼看"的对比分析》,《国际汉语学报》2012年第1期。

沈光浩:《现代汉语类词缀的界定范围与标准》,《河北师范大学学报(哲学社会科学版)》2011年第3期。

沈家煊:《句法的象似性问题》,《外语教学与研究》1993年第1期。

沈家煊:《"语法化"研究纵观》,《外语教学与研究》1994年第4期。

沈家煊:《"有界"与"无界"》,《中国语文》1995年第5期。

沈家煊:《语言的"主观性"和"主观化"》,《外语教学与研究》2001年第4期。

沈家煊:《语用原则、语用推理和语义演变》,《外语教学与研究》2004a年第4期。

沈家煊:《说"不过"》,《清华大学学报(哲学社会科学版)》2004b年第5期。

沈家煊:《"王冕死了父亲"的生成方式——兼说汉语"糅合"造句》,《中国语文》2006a 年第 4 期。

沈家煊：《"糅合"和"截搭"》，《世界汉语教学》2006b 年第 4 期。

沈家煊：《语言共性何处求？——语言学的新动向》，《中国社会科学报》2012 年 7 月 2 日第 B03 版。

沈家煊：《英汉否定词的分合和名动的分合》，《中国语文》2010 年第 5 期。

沈家煊、王冬梅：《"N 的 V"和"参照体—目标"构式》，《世界汉语教学》2000 年第 4 期。

沈月辉：《浅议构式语法与高职英语教学改革》，《中国西部科技》2011 年第 30 期。

盛新华、罗晶：《浏阳方言中"形容词+唧"的基本格式及句法语义功能》，《湘潭大学学报（哲学社会科学版）》2008 年第 1 期。

施春宏：《面向第二语言教学汉语构式研究的基本状况和研究取向》，《语言教学与研究》2011 年第 6 期。

施其生：《广州方言的"量+名"组合》，《方言》1996 年第 2 期。

石汝杰、刘丹青：《苏州方言量词的定指用法及其变调》，《语言研究》1985 年第 1 期。

石毓智：《量词、指示代词和结构助词的关系》，《方言》2002 年第 2 期。

石毓智：《语法的规律与例外》，《语言科学》2003 年第 3 期。

束定芳：《论隐喻的运作机制》，《外语教学与研究》2002 年第 2 期。

宋晓敏：《解读"构式"》，《山西师范大学学报（社会科学版）》2012 年第 4 期。

宋云霞、杨维秀：《构式视角下的幽默生成机制探究——构式义与语境义的矛盾凸显》，《东北师范大学学报（哲学社会科学版）》2010 年第 5 期。

苏宝荣、沈光浩：《汉语派生词新词语的语言特征》，《江苏大学学报（社会科学版）》2011 年第 1 期。

苏丹洁：《语块是构式和词语的中介——以现代汉语"V 其 NP 来"为例》，《中山大学学报（社会科学版）》2012a 年第 1 期。

苏丹洁：《取消"兼语句"之说——构式语块法的新分析》，《语言研究》2012b 年第 2 期。

孙朝奋：《虚化论评介》，《国外语言学》1994 年第 4 期。

孙汝建：《肯定与肯定焦点》，《南京师范大学文学院学报》2004 年第 3 期。

孙显云：《从构式角度看英语语句理解、改进及对二语的习得的启示》，《陇东学院学报》2008 年第 2 期。

孙叶林：《邵东（火厂坪镇）方言的体貌表达》，《内江师范学院学报》2008 年第 5 期。

孙悠夏：《构式语法视角下的"差点儿"结构研究》，《长春大学学报》2012a 年第 7 期。

孙悠夏：《"X 族"构式的认知机制分析》，《齐齐哈尔大学学报（哲学社会科学版）》2012b 年第 2 期。

谭谨、彭建武：《现代汉语认知称谓词的隐喻和转喻研究》，《重庆理工大学学报（社会科学版）》2010 年第 11 期。

谭学纯：《亚义位和空义位：语用环境中的语义变异及其认知选择动因》，《语言文字应用》2009 年第 4 期。

汤玲：《双否定让步构式及其习得探析——以"不 V 不 V 也/又要 V+M"为例》，《汉语学习》2013 年第 4 期。

唐韵：《近代汉语的程度副词"十分"》，《四川师范学院学报（哲学社会科学版）》1992 年第 4 期。

唐韵：《〈元曲选〉中动词重叠的格式、语法意义及表达功能》，《四川师范大学学报（社会科学版）》2001a 年第 4 期。

唐韵：《〈元曲选〉宾白动词重叠式中宾语的位置及"儿"尾的问题——兼与〈老乞大〉〈朴通事〉〈水浒全传〉等比较》，《乐山师范学院学报》2001b 年第 3 期。

唐贤清：《副词"互相""相互"的演变及其原因分析》，《古汉语研究》2006 年第 4 期。

陶东兴：《新型"被"字句的构式语法解析》，《吉林广播电视大学学报》2013 年第 8 期。

滕兆玮、胡海青：《构式语法与大学英语教学方法创新》，《九江职业技术学院学报》2011 年第 2 期。

万莹：《析介词"朝"和"朝着"》，《汉语学报》2006 年第 2 期。

万莹：《析介词"对""对着"》，《北京广播电视大学学报》2008 年第 2 期。

万兰芹：《从构式语法看英汉双宾构式的异同》，《湖州师范学院学报》2008 年第 6 期。

汪维辉：《"所以"完全变成连词的时代》，《古汉语研究》2002 年第 2 期。

汪兴富、刘国辉：《构式语法专题研讨辉综述》，《外国语》2007 年第 6 期。

王江：《篇章关联副词"其实"的语义和语用特征》，《汉语学习》2005 年第 1 期。

王进：《〈元曲选〉"好数量 N(P) 也"的修辞功能》，《修辞学习》2007 年第 3 期。

王进：《〈元曲选〉"好"字感叹句的语法结构分析》，《榆林学院学报》2009 年第 3 期。

王晶：《从构式角度分析英汉语中的体压制现象》，《南昌教育学院学报》2011 年第 10 期。

王宁：《汉字构形理据与现代汉字部件拆分》，《语文建设》1997 年第 3 期。

王盼：《"还+NP 呢"构式新探》，《北方文学（下半月）》2010 年第 5 期。

王强、姜晖：《构式语法理论之优越性及局限性探究》，《大连海事大学学报（社会科学版）》2013 年第 2 期。

王群：《唐宋禅宗文献"自 X"类词的历时形成》，《齐鲁学刊》2006 年第 3 期。

王蕊：《"对于""关于""至于"的话题标记功能和篇章衔接功能》，《暨南大学华文学院学报》2004 年第 3 期。

王燕：《小释"囧"字》，《嘉兴学院学报》2009 年第 4 期。

王寅：《基于认知语言学的"认知

修辞学"——从认知语言学与修辞学的兼容、互补看认知修辞学的可行性》,《当代修辞学》2010年第1期。

王寅:《基于 ISVO 构式和多重传承机制的汉语特殊句式分析》,《外语教学》2011年第5期。

王寅、王天翼:《"吃他三个苹果"构式新解:传承整合法》,《中国外语》2009年第4期。

王寅、王天翼:《汉语明喻成语构式的特征分析》,《语言教学与研究》2010年第4期。

王锳:《唐诗中的动词重叠》,《中国语文》1996年第3期。

王云、郭智颖:《同源宾语结构的构式解读》,《天津市经理学院学报》2007年第6期。

王初艳:《现代汉语中"程度副词+名词"的构式分析》,《海外英语》2013年第5期。

王德亮:《"很+NP"的构式分析》,《西华师范大学学报(哲学社会科学版)》2009年第3期。

王国忠:《我的辞书癖》,《辞书研究》1988年第2期。

王海峰:《离合词离析形式 AXB 的构式特征》,《汉语学习》2009年第1期。

王浩然:《古汉语单音同义词双音化问题初探》,《河南大学学报(社会科学版)》1994年第3期。

王洪铭:《构式语法理论研究》,《边疆经济与文化》2012年第11期。

王建国:《汉语介词话题标记研究》,《江西财经大学学报》2009年第2期。

王娟娟:《试析汉语存现构式及其多义性》,《重庆科技学院学报(社会科学版)》2011年第3期。

王敏、杨坤:《交互主观性及其在话语中的体现》,《外语学刊》2010年第1期。

王圣博:《附缀式"X版"探微》,《语言文字应用》2009年第3期。

王素珍:《"非常"的语法化过程》,《廊坊师范学院学报》2007年第1期。

王天佑:《连词"与其"的词汇化过程及动因》,《语文研究》2011年第2期。

王为民:《"好+V"和"好 VN"》,《汉语学习》1989年第2期。

王文凤:《"NP+好 V"的认知分析》,《语文学刊》2009年第1期。

王晓凌:《"好个……"结构探析》,《汉语学习》2008a年第2期。

王晓凌:《说带虚指"他"的双及物式》,《语言教学与研究》2008b年第3期。

王兴才:《"难道"的成词及其语法化》,《长江师范学院学报》2011年第2期。

王云路:《简述汉魏六朝诗歌中的新词及其分类》,《语言研究》1997年第2期。

王云路、吴欣:《释"首告"》,《语言研究》2008年第1期。

卫斓:《汉语趋向补语构式"动词+下来"分析》,《四川师范大学学报(社会科学版)》2013 年第 3 期。

魏红:《"的确/确实"的语法化和主观化——兼论"的确"与"确实"的差异》,《云南师范大学学报(对外汉语教学与研究版)》2010 年第 3 期。

魏在江:《"……秀""秀……"的预设构式及其认知阐释》,《外语研究》2010 年第 3 期。

温锁林、雒自清:《疑问焦点与否定焦点》,《雁北师范学院学报》2000 年第 5 期。

文旭:《话题与话题构式的认知阐释》,《重庆大学学报(社会科学版)》2007 年第 1 期。

芜崧:《说"虫"族新词语》,《语文学刊》2006 年第 2 期。

吴炳章:《指类句的指类功能实现机制探讨》,《外语教学与研究》2010 年第 2 期。

吴福祥:《近年来语法化研究的进展》,《外语教学与研究》2004 年第 1 期。

吴福祥:《汉语语法化研究的当前课题》,《语言科学》2005 年第 2 期。

吴福祥:《东南亚语言"居住"义语素的多功能模式及语法化路径》,《民族语文》2010 年第 6 期。

吴剑峰:《显性施为式"我+言说动词"的构式分析》,《现代汉语》2011 年第 2 期。

吴为善:《"V 起来"构式的多义性及其话语功能——兼论英语中动句的构式特征》,《汉语学习》2012 年第 4 期。

吴长安:《"爱咋咋地"的构式特点》,《汉语学习》2007 年第 6 期。

吴兆吉:《所以》,《中国语文》1981 年第 3 期。

武焕丽:《认知语用视角下的汉语中缀构式》,《语文建设》2013 年第 24 期。

武振玉:《魏晋六朝汉译佛经中的同义连用总括范围副词初论》,《吉林大学社会科学学报》2002 年第 4 期。

武振玉:《程度副词"好"的产生与发展》,《吉林大学社会科学学报》2004a 年第 2 期。

武振玉:《程度副词"非常、异常"的产生和发展》,《古汉语研究》2004b 年第 2 期。

武振玉:《试论〈三言二拍〉中的双音程度副词》,《延边大学学报(社会科学版)》2005 年第 2 期。

武振玉、李铭娜:《论"尤最"副词的来源及其表现的汉民族文化心理》,《求索》2012 年第 2 期。

夏俐萍:《益阳方言"在咯里、在哦里"及其相关问题研究》,《成都理工大学学报(社会科学版)》2007 年第 1 期。

谢朝群、林大津:《Meme 的翻译》,《外语学刊》2008 年第 1 期。

谢若秋:《〈世说新语〉双音程度副词考察》,《广东技术师范学院学报(社会科学版)》2009 年第 2 期。

谢晓明、肖任飞:《表无条件让步的"说·什么"紧缩句》,《语言研究》2008 年第 2 期。

谢应光:《认知语法和构式语法:相似与差异》,《重庆师范大学学报(哲学社会科学版）》2007年第2期。

谢元春：《湖南冷水江方言的"仔"和"唧"》，《湖南省政法管理干部学院学报（综合版）》2002年第1期。

辛菊、王丹凤：《从语言的经济机制谈汉语联合式合成词的认知模式》，《语文学刊（高等教育版）》2008年第9期。

熊学亮：《英汉语双宾构式探析》，《外语教学与研究》2007年第4期。

熊学亮、杨子：《"N1+V+得+VP/AP"构式的复合致使分析》，《外国语文》2010年第1期。

熊仲儒：《"NP+好V"的句法分析》，《当代语言学》2011年第1期。

徐杰：《"打碎了他四个杯子"与约束原则》，《中国语文》1999年第3期。

徐妍：《"毕竟"的语法化过程初探——兼说态度副词类话语标记的语用功能》，《语文学刊》2011年第15期。

徐银：《基于构式语法的汉语"名+了"构式研究》，《四川教育学院学报》2009年第12期。

徐银：《基于构式语法的汉语"形（动）死我了"句式研究》，《江苏科技大学学报（社会科学版）》2010年第2期。

徐邦俊：《现代汉语"大X的"构式解析》，《求索》2012年第12期。

徐盛桓：《意向性的认知论意义——从语言运用的视角看》，《外语教学与研究》2013年第2期。

徐时仪：《"一味"的词汇化与语法化考探》，《语言教学与研究》2006年第6期。

徐通锵：《字的重新分析和汉语语义语法的研究》，《语文研究》2005年第3期。

徐志清：《也谈"（好）数量形（的）名"句型的特点》，《中国语文》1980年第4期。

许嘉璐：《论同步引申》，《中国语文》1987年第1期。

许丕华：《"好+V"式讨论》，《沈阳师范学院学报（社科版）》1996年第1期。

许艳敏：《"V开"构式的语法化》，《语文知识》2012年第3期。

薛万鹏：《"光棍"考》，《咬文嚼字》2011年第2期。

严辰松：《构式语法论要》，《解放军外国语学院学报》2006年第4期。

言岚：《湖南株洲方言中的"叽"尾》，《零陵学院学报》2002年第3期。

颜森：《江西方言的分区》，《方言》1986年第1期。

颜清徽、刘丽华：《娄底方言的两个语法特点》，《方言》1993年第1期。

杨梅、刘冬青，《〈红楼梦〉中"极"类程度副词计量考察》，《萍乡高等专科学校学报》2009年第4期。

杨竹：《从构式看"被+VI/AP"结构》，《四川教育学院学报》2011年第6期。

杨子、熊学亮：《"动词+他/它+数量短语"结构的构式分析》，《汉语学习》2009年第6期。

杨朝军：《主谓谓语构式的语篇功能

探因》,《荆楚理工学院学报》2012 年第 8 期。

杨荣祥:《现代汉语副词的词类及其特征描写》,《湛江师范学院学报(哲学社会科学版)》1999 年第 1 期。

杨唐峰:《认知语法的介词观》,《江苏外语教学研究》2009 年第 2 期。

杨雅娟:《国内构式语法理论研究综述》,《苏州教育学院学报》2012 年第 6 期。

杨亦鸣、徐以中:《副词"幸亏"的语义、语用分析——兼论汉语"幸亏"句相关话题的形成》,《语言研究》2004 年第 1 期。

杨永林:《千门万门,同出一门——从美国"水门事件"看文化"模因"现象》,《外语教学与研究》2008 年第 5 期。

杨永龙:《近代汉语反诘副词"不成"的来源及虚化过程》,《语言研究》2000 年第 1 期。

杨永龙:《试说"连 X+都 VP"构式的语法化》,第五届汉语语法化问题国际学术讨论会论文,2009 年。

杨永龙:《从"形+数量"到"数量+形"——汉语空间量构式的历时变化》,《中国语文》2011 年第 6 期。

杨勇飞:《基于使用的认知模型与商务语言动态性探析》,《湖南商学院学报》2012 年第 3 期。

杨勇飞、陈建文:《构式语法研究中的六个基本问题》,《湖南城市学院学报》2012 年第 1 期。

杨玉玲:《"比 N 还 N"构式探析》,《浙江学刊》2011 年第 4 期。

杨峥琳:《时间副词"顿时"的多角度分析》,《云南师范大学学报(对外汉语教学与研究版)》2010 年第 6 期。

姚兰、胡彭华:《湖南湘乡方言的"唧"尾》,《红河学院学报》2007 年第 1 期。

姚占龙:《也谈能受程度副词修饰的"有+名"结构》,《汉语学习》2004 年第 4 期。

伊原大策:《表示进行的"在"》,柴世森译,《河北大学学报(哲学社会科学版)》1986 年第 3 期。

易康:《模因论对仿拟的阐释力》,《外语学刊》2010 年第 4 期。

易正中:《反预期构式"哪里是 A,而是 B"》,《云梦学刊》2013 年第 2 期。

殷国光:《"所"字结构的转指对象与动词配价——〈庄子〉"所"字结构的考察》,《语言研究》2006 年第 3 期。

殷志平:《动词前成分"一"的探讨》,《中国语文》1999 年第 2 期。

游汝杰:《补语的标志"个"和"得"》,《汉语学习》1983 年第 3 期。

于红、戴卫平:《构式习得与语言习得》,《长春师范学院学报》2011 年第 9 期。

于兰:《构式语法及在其框架下的语言习得》,《佳木斯教育学院学报》2011 年第 1 期。

于萍:《"构式—语块"教学法——以"比"字句教学及实验为例》,《华章》2012 年第 9 期。

于峻嵘、康辉：《"幸亏""好在"辨析》，《河北大学学报（哲学社会科学版）》2005年第2期。

于丽虹：《"吃了他三个苹果"一类句子结构性质分析》，《佳木斯大学社会科学学报》2005年第5期。

于全有、裴景瑞：《"晒"族新词与社会文化心理通观》，《语言文字应用》2007年第3期。

袁平：《构式语法理论探析》，《广西青年干部学院学报》2009年第5期。

袁平、吴咏花：《从构式语法理论的角度探析语法教学》，《韶关学院学报》2009年第11期。

袁野：《构式语法、语言压制现象及转喻修辞》，《当代修辞学》2010年第3期。

袁野：《新构式语法的外框架模式与汉语短语研究》，《外国语》2013年第3期。

袁毓林：《词类范畴的家族相似性》，《中国社会科学》1995年第1期。

袁毓林：《论元结构和句式结构互动的动因、机制和条件》，《语言研究》2004年第4期。

曾玲玲、金江：《基于语料库的英汉"名词+名词"构式对比研究》，《浙江万里学院学报》2011年第5期。

曾思瑜：《网络用语"严重"一词探析》，《四川教育学院学报》2009年第7期。

张定、丁海燕：《助动词"好"的语法化及相关词汇化现象》，《语言教学与研究》2009年第5期。

张娟：《国内汉语构式语法研究十年》，《汉语学习》2013年第2期。

张曼：《试析新兴词语模X控》，《伊犁师范学院学报（社会科学版）》2011年第3期。

张琰：《隐喻能力与构式传承》，《贵州民族学院学报（哲学社会科学版）》2010年第1期。

张艳：《谈副词"实在"的语法化》，《江西师范大学学报（哲学与社会科学版）》2008年第4期。

张翼：《王冕死了父亲的认知构式新探》，《解放军外国语学院学报》2010年第4期。

张瑜、刘宇红：《从体验构式语法谈"能+VP+吗"构式》，《西安交通大学学报（社会科学版）》2007年第6期。

张媛：《"动+个+形"的认知探析——构式语法与认知语法的互动》，《西安外国语大学学报》2012年第3期。

张月：《"来着"的词性及语法化》，载《西南地区语言学研究生论坛论文集》，西南大学文献研究所，2012年。

张治：《"所以"凝固成词的途径——由介词结构到连词的过程探讨》，《郧阳师范高等专科学院学报》2003年第5期。

张伯江：《现代汉语的双及物结构式》，《中国语文》1999年第3期。

张春华：《新词语构造的合力机制》，《语言文字应用》2009年第2期。

张国宪：《现代汉语形容词的典型特征》，《中国语文》2000年第5期。

张国宪：《制约夺事成分句位实现的

语义因素》,《中国语文》2001 年第 6 期。

张国宪、卢建:《助词"了"再语法化的路径和后果》,《语言科学》2011 年第 4 期。

张华杰、杨莉莉:《现代汉语中的"你个"结构》,《修辞学习》2009 年第 3 期。

张佳易:《基于语料库的中国大学生英语迂回使役构式的习得研究》,《合肥工业大学学报(社会科学版)》2011 年第 1 期。

张建华:《浅析"词语的语法、语义多功能性":解读构式》,《海外英语》2011 年第 11 期。

张丽丽、戴卫平:《Goldberg 构式语法的"功"与"过"》,《西南农业大学学报(社会科学版)》2011 年第 3 期。

张少芳:《"虫"词族词语探析》,《河北大学成人教育学院学报》2006 年第 1 期。

张田田:《基于构式的现代汉语"认定义"动词初探》,《宁波职业技术学院学报》2011 年第 1 期。

张文国、张文强:《论先秦汉语的"有(无)+VP"结构》,《广西大学学报(哲学社会科学版)》1996 年第 3 期。

张晓青:《说"X 迷"》,《现代语文》2009 年第 3 期。

张亚军:《时间副词"正""正在""在"及其虚化过程考察》,《上海师范大学学报(哲学社会科学版)》2002 年第 1 期。

张艳:《谈副词"实在"的语法化》,《江西师范大学学报(哲学与社会科学版)》2008 年第 4 期。

张艳萍、曹炜:《〈型世言〉程度副词计量研究》,《汉语学报》2008 年第 1 期。

张怡春:《构式理论与对外汉语教学》,《盐城师范学院学报(人文社会科学版)》2009 年第 6 期。

张谊生:《名词的语义基础及功能转化与副词修饰名词》,《语言教学与研究》1996 年第 4 期。

张谊生:《现代汉语副词性质、范围与分类围》,《语言研究》2000a 年第 2 期。

张谊生:《论与汉语副词相关的虚化机制——兼论现代汉语副词的性质、分类与范围》,《中国语文》2000b 年第 1 期。

张谊生:《程度副词充当补语的多维考察》,《世界汉语教学》2000c 年第 2 期。

张谊生:《说"X 式"兼论汉语词汇的语法化过程》,《上海师范大学学报(社会科学版)》2002 年第 3 期。

张谊生:《从量词到助词——量词"个"语法化过程的个案分析》,《当代语言学》2003 年第 3 期。

张谊生:《附缀式新词"X 门"试析》,《语言文字应用》2007a 年第 4 期。

张谊生:《从间接的跨层连用到典型的程度副词——"极其"词汇化和副词化的演化历程和成熟标志》,《古汉语研究》2007b 年第 4 期。

张谊生:《网络新词"败"的形成与发展:汉语同形语素的感染生成及修辞解释》,《福建师范大学学报(哲学社会科学版)》2009年第2期。

张谊生:《从错配到脱落:附缀"于"的零形化后果与形容词、动词的及物化》,《中国语文》2010年第2期。

张谊生:《程度副词"到顶"与"极顶"的功能、配合与成因——兼论从述宾短语到程度副词的结构与语义制约》,《世界汉语教学》2013年第1期。

张谊生、潘晓军:《"稍微"类副词的历史来源和发展演变》,《忻州师范学院学报》2007年第3期。

张谊生、许歆媛:《浅析"X客"词族——词汇化和语法化的关系新探》,《语言文字应用》2008年第4期。

张永言、汪维辉:《关于汉语词汇史研究的一点思考》,《中国语文》1995年第6期。

张云峰:《〈红楼梦〉复音介词研究》,《长春理工大学学报(社会科学版)》2011年第1期。

张振羽:《明清小说方言副词探源两则》,《盐城师范学院学报》2011年第6期。

赵晨:《构式和组成构式词之间的互动关系:构式心理表征探索》,《山东外语教学》2011年第2期。

赵琪:《汉语非典型动结构式的论元结构分析》,《汉语学习》2013年第3期。

赵新:《"不过"补语句的历史考察》,《语言研究》2000年第2期。

赵越:《浙北杭嘉湖方言中的小称音》,《杭州师范学院学报(社会科学版)》2007年第5期。

赵大明:《左传中率领义"以"的语法化程度》,《中国语文》2005年第3期。

赵华伦:《论网络语言的修辞现象》,《语言文字应用》2005年第3期。

赵韶珍:《论构式语法之弊》,《北方文学》2012年第1期。

赵燕华:《"把"字句研究新视角——"致使-位移"构式》,《哈尔滨师范大学社会科学学报》2011年第4期。

郑娟:《形容词性同义反复语的语用分析》,《传奇·传记文学选刊》2011年第1期。

郑贵友:《关联词"再说"及其篇章功能》,《世界汉语教学》2001年第4期。

郑剑平:《副词修饰含"不/没有"的否定性结构情况考察》,《四川师范大学学报(社会科学版)》1996年第2期。

郑娟曼:《"还NP呢"构式分析》,《语言教学与研究》2009年第2期。

郑艳霞:《从认知角度看介词意义的多义性》,《淮阴工学院学报》2004年第2期。

周昊:《构式语法理论与现代汉语研究》,《菏泽学院学报》2011年第4期。

周道凤:《中国学生英语致使移动构式的认知习得调查研究》,《西安外国语大学学报》2012年第4期。

周广干：《上古语气词"乎"构式分析——从〈左传〉〈国语〉语气词"乎"谈起》，《广播电视大学学报（哲学社会科学版）》2013 年第 1 期。

周清艳：《"V 个 C"的构式特征及其形成动因》，《广东技术师范学院学报》2012 年第 1 期。

周小兵：《广州话量词的定指功能》，《方言》1997 年第 1 期。

周祖瑶：《广西容县方言的小称变音》，《方言》1987 年第 1 期。

朱军：《构式独立性的成因》，《湘潭大学学报（哲学社会科学版）》2011 年第 1 期。

朱彦：《创造性类推构词中的词语模式的范畴扩展》，《中国语文》2010 年第 2 期。

朱德熙：《自指和转指——汉语名词化标记"的、者、所、之"的语法功能和语义功能》，《方言》1983 年第 1 期。

朱景松：《动词重叠式的语法意义》，《中国语文》1998 年第 5 期。

朱晓农：《亲密与高调——对小称调、女国音、美眉等语言现象的生物学解释》，《当代语言学》2004 年第 3 期。

邹春玲、任伟萌：《"着"字构式的转喻分析》，《边疆经济与文化》2011 年第 10 期。

祖人植、任雪梅：《"毕竟"的语篇分析》，《中国语文》1997 年第 1 期。

学位论文

艾哈迈德：《"X 什么 X"及其相关构式研究》，硕士学位论文，上海师范大学，2012 年。

安荣勇：《论构式语法理论的进步与局限》，硕士学位论文，河北大学，2008 年。

巴丹：《"都"与"也"在相关构式中的异同》，硕士学位论文，上海师范大学，2011 年。

毕光伟：《"S+V_j+什么+O"构式研究》，硕士学位论文，南京师范大学，2011 年。

毕懿晴：《从构式语法角度看汉语反义词的同现现象》，硕士学位论文，湘潭大学，2007 年。

巢颖：《〈三遂平妖传〉助词研究》，硕士学位论文，华东师范大学，2005 年。

陈明芳：《现代汉语中名词活用为动词的构式制约机制》，硕士学位论文，暨南大学，2009 年。

陈双双：《"（S）+W+死+（O）+了"的构式研究》，硕士学位论文，吉林大学，2013 年。

陈云：《中国非英语专业大学生英语限定构式的习得研究》，硕士学位论文，四川外语学院，2011 年。

初玉：《"NP +一 M"及其对比构式研究》，硕士学位论文，上海师范大学，2012 年。

邓慧爱：《限定范围副词演变研究》，硕士学位论文，湖南师范大学，2010 年。

丁杰：《现代汉语"幸亏"类语气副词研究》，硕士学位论文，河南大学，

2004年。

方红：《"侥幸"类语气副词的研究》，硕士学位论文，上海师范大学，2003年。

付开平：《〈朴通事谚解〉助词研究》，硕士学位论文，华中科技大学，2006年。

高亚亨：《汉语心理认同类"把"字句的构式研究》，博士学位论文，上海师范大学，2012年。

郭磊：《通过介词释义句揭示汉语给予类和获取类双及物构式的差异》，硕士学位论文，重庆大学，2010年。

何鑫：《"元曲四大家"杂剧连词研究》，硕士学位论文，南京师范大学，2007年。

何瑛：《汉语与时间相关的范畴转移研究》，博士学位论文，中国社会科学院研究生院，2007年。

侯俐军：《〈清夜钟〉助词研究》，硕士学位论文，四川师范大学，2011年。

皇甫素飞：《现代汉语紧缩构式的多维研究》，博士学位论文，南京师范大学，2011年。

黄广平：《英汉被动构式的认知研究》，硕士学位论文，湖南师范大学，2010年。

黄学强：《构式语法下英汉被动构式功能的对比研究》，硕士学位论文，广西大学，2011年。

贾晓静：《构式语法角度下的英汉双及物构式的对比研究》，硕士学位论文，东北大学，2010年。

江海珍：《汉语名量构式研究》，硕士学位论文，湘潭大学，2011年。

姜琴琴：《介词"沿着"和"顺着"的比较研究》，硕士学位论文，华中师范大学，2011年。

焦晓玲：《"去X化"构式研究》，硕士学位论文，华中师范大学，2012年。

雷冬平：《近代汉语常用双音虚词演变研究及认知分析》，博士学位论文，浙江大学，2006年。

黎秀花：《"好你个X"的构式分析》，硕士学位论文，华中师范大学，2012年。

李得成：《〈祖堂集〉副词系统研究》，硕士学位论文，西北师范大学，2011年。

李健：《隐性差比构式"A-点"的句法分布及其语义分析》，硕士学位论文，上海师范大学，2012年。

李娟：《"至少"的多角度研究》，硕士学位论文，南昌大学，2012年。

李敏：《中国英语学习者对英语作格构式的习得》，硕士学位论文，贵州师范大学，2009年。

李倩：《"不A不B"构式的认知探索》，硕士学位论文，四川外语学院，2010年。

蔺红霞：《英汉存在句的构式语法研究》，硕士学位论文，燕山大学，2010年。

刘琳：《"常常""往往"的比较研究——兼论"往往"的主观性》，硕士学位论文，中国传媒大学，2008年。

刘淼：《构式的形成与特点》，硕士学位论文，上海师范大学，2010年。

刘敏：《汉语否定副词的来源与历史

演变研究》,硕士学位论文,湖南师范大学,2010年。

刘愿愿:《现代汉语"好在"及其相关格式研究》,硕士学位论文,上海师范大学,2011年。

吕峰:《"不V白不V"构式研究》,硕士学位论文,上海师范大学,2012年。

吕畔:《现代汉语"能不能不/别X"构式研究》,硕士学位论文,哈尔滨师范大学,2012年。

罗主宾:《明清时期语气副词研究》,博士学位论文,湖南师范大学,2013年。

牛然明:《现代汉语"程度副词+名词"结构的构式语法研究》,硕士学位论文,曲阜师范大学,2009年。

牛永娟:《汉语"有一种……叫(做)……"构式的范畴化研究》,硕士学位论文,河南大学,2012年。

潘福刚:《〈琵琶记〉助词研究》,硕士学位论文,曲阜师范大学,2008年。

钱锦昕:《"白X"及相关构式研究》,硕士学位论文,南京师范大学,2011年。

任蓓:《"NP+VR+QP"构式及相关问题研究》,硕士学位论文,上海师范大学,2011年。

尚虹:《〈元刊古今杂剧三十种〉助词研究》,硕士学位论文,山西大学,2006年。

石吉梦:《"也罢"与"也好"及其相关格式研究》,硕士学位论文,上海师范大学,2008年。

唐依力:《汉语处所范畴句法表达的构式研究》,硕士学位论文,上海师范大学,2012年。

田靓:《汉语作为外语/第二语言教学的"把"字句研究》,博士学位论文,北京大学,2012年。

万莹:《相似介词"X"与"X着/了"比较研究》,博士学位论文,华中师范大学,2006年。

王彩利:《"N的V"构式研究》,硕士学位论文,上海外国语大学,2010年。

王华:《〈水浒传〉助词计量研究》,硕士学位论文,苏州大学,2007年。

王建伟:《英汉语中非宾格现象之认知构式角度探索》,博士学位论文,复旦大学,2008年。

王静:《绝对程度副词从近代汉语到现代汉语的发展演变》,硕士学位论文,河南大学,2004年。

王娟:《"二拍"的介词研究》,硕士学位论文,福建师范大学,2006年。

王丽娟:《宋代助词研究》,硕士学位论文,四川大学,2007年。

王萌:《"里"类介词框架的语法、语义及隐现规律研究》,硕士学位论文,上海师范大学,2006年。

王姝:《构式语法视角下的动词词义增值研究》,硕士学位论文,吉林大学,2009年。

王淑华:《晚唐五代连词研究》,博士学位论文,山东大学,2009年。

夏芳芳:《"A不到哪里去"的构式解析及其理据性探究》,硕士学位论文,上海师范大学,2011年。

谢洪欣:《元明时期汉语连词研究》,博士学位论文,山东大学,2008年。

谢晶晶:《新"被XX"构式的认知研究》,硕士学位论文,湖南大学,2012年。

谢明英:《现代汉语"X就X在Y(上)"构式研究》,硕士学位论文,上海师范大学,2011年。

徐景宜:《话题标记"关于""至于""对于"研究》,硕士学位论文,上海师范大学,2010年。

徐明显:《"比N还N"构式研究》,硕士学位论文,南京师范大学,2011年。

徐晓阳:《"再X不过"构式相关问题研究》,硕士学位论文,上海师范大学,2010年。

许秋娟:《副词"究竟"的研究》,硕士学位论文,广西民族大学,2012年。

绪可望:《汉英空间构式对比研究》,硕士学位论文,东北师范大学,2012年。

严毓芬:《汉语中"不礼貌构式"的社会与认知研究》,硕士学位论文,上海外国语大学,2012年。

杨静:《汉语新构式"N被X"的认知解读》,硕士学位论文,华中师范大学,2011年。

杨琴:《汉英动宾结构的对比研究》,硕士学位论文,湖南师范大学,2007年。

杨筱:《从构式语法的角度看中国二语习得者对英语习语构式的理解》,硕士学位论文,中国海洋大学,2009年。

殷琦:《"有一种A叫B"构式研究》,硕士学位论文,浙江师范大学,2012年。

张丹:《时间副词"一直""老是""总是"的比较研究》,硕士学位论文,延边大学,2011年。

张会兰:《"从"类介词研究》,硕士学位论文,华东师范大学,2009年。

张靖宇:《构式的句法功能增效》,硕士学位论文,苏州大学,2010年。

张萌:《移就词格的构式研究》,硕士学位论文,曲阜师范大学,2011年。

张舒翼:《敦煌本〈六祖坛经〉连词研究》,硕士学位论文,河南大学,2011年。

张婷婷:《汉语的话语标记"还有"——兼论"再/又/也+有"》,硕士学位论文,河南大学,2010年。

张莹:《近代汉语并列关系连词研究》,博士学位论文,山东大学,2010年。

张彧彧:《近代汉语时间副词研究》,博士学位论文,吉林大学,2012年。

赵静芳:《"幸亏"类副词功能差异及演变研究》,硕士学位论文,江西师范大学,2012年。

赵丽哲:《"S比NP还NP"构式的认知研究》,硕士学位论文,河南大学,2011年。

郑丽:《英汉"Find"与"找"构式对比研究》,硕士学位论文,吉林大学,2012年。

周丹:《"还要"的多角度研究》,硕士学位论文,南昌大学,2012年。

周敏莉:《新邵县寸石方言"仔"

和"唧"的研究》，硕士学位论文，湖南师范大学，2006年。

周文娟：《〈新编五代史平话〉连词研究》，硕士学位论文，苏州大学，2009年。

朱萍：《现代汉语副词作定语的相关问题研究》，硕士学位论文，上海师范大学，2012年。

朱茜：《构式语法理论框架下"能"的多义研究》，硕士学位论文，上海外国语大学，2009年。

朱蓉：《"V/A+死+了"构式的非范畴化》，硕士学位论文，四川外语学院，2011年。

外文参考文献

Aristotle, 1954, *Rhetoric and Poetics*. New York: The Modern Library.

Bergen, B., 2007, Experimental methods for simulation semantics. In M. Gonzalez-Marquez, I.Mittelberg, S.Coulson, & M. Spivey (Eds.), *Methods in Cognitive Linguistics*. Amsterdam: Benjamins.

Bergen, B., & Chang, N., 2003, Embodied Construction Grammar in Simulation-based Language Understanding.Technical Report 02-004. International Computer Science Institute, Berkeley.

Bergen, B., & Chang, N. & Narayanan, S., 2005, Simulated Action in an Embodied Construction Grammar, *In Construction Grammar: Cognitive and Cross-language Dimensions*.John Benjamins.

Bergen, B., & Chang, N., 2005, Embodied Construction Grammar in Simulation-based Language Understanding, In J.-O.Östman & M.Fried (Eds.), *Construction Grammars: Cognitive Grounding and Theoretical Extensions*.Amsterdam: Benjamins.

Bergen, B., Lau, C., Narayan, S., Stojanovic, D., & Wheeler, K., 2010, Body Part Representations in Verbal Semantics, *Memory & Cognition*, Vol.38 (7).

Bergen, B., Lindsay, S., Matlock, T., & Narayanan, S., 2007, Spatial and Linguistics Aspects of Visual Imagery in Language Comprehension, *Cognitive Science Society*, Vol.31.

Bergen, B., Narayan, S., & Feldman, J., 2003, Embodied Verbal Semantics: Evidence From an Image-verb Matching Task, *Proceedings of the Twenty-Fifth Annual Conference of the Cognitive Science Society*, 25.Mahwah, NJ: Erlbaum.

Bergen, B., & Wheeler, K., 2005, Sentence Understanding Engages Motor Processes. In B. G. Bara, L. W. Barsalou, & M.Bucciarelli (Eds.), *Proceedings of the 27th Annual Conference of the Cognitive Science Society*.Mahwah, NJ: Erlbaum.

Bergen, B., & Wheeler, K., 2010, Grammatical Aspect and Mental Simulation, *Brain & Language*, 112.

Black, M., 1962, *Models and Metaphors*.Ithaca: Cornell University Press.

Black, M., 1993, More about Metaphor. In Ortony, A. (ed.) *Metaphor and Thought*. (2nd ed.).Cambridge: Cambridge University Press.

Blackmore, S., 2000, *The Meme Machine*.Oxford: Oxford University Press.

Borer, H., 2003, Exo – skeletal vs. Endo-skeletal Explanations: Syntactic Projection and Lexicon, J.Moor & M.Polisky, *The Nature of Explanation in Linguistic Theory*.CSLI Publications.

Borer, H., 2005, *Structuring Sense: In Name Only*.Oxford: OUP, 2005.

Brinton, Laurel J. & Elizabeth Closs Traugott, 2005, *Lexicalization and Language Change*. Cambridge: Cambridge University Press.

Clark, V. Eve, 1987, The Principle of Contrast: A Constraint on Language Acquisition, In Brian MacWhinney (eds.), *Mechanisms of Language Acquisition*, Hillsdale, N. J.: Lawrence Erlbaum Associates.

Craig, C., 1991, Ways to Go in Rama: A Case Study in Polygrammaticalization, In Traugott &Heine (eds.), *Approaches to Grammaticalization*, Vol.2. Amsterdam: benjamins.

Croft, W., 2003, *Typology and Universals*, Cambridge: Cambridge University Press, 2nd.

Croft, W., 2001, *Radical Construction Grammar: Syntactic Theory in Typological Perspective*. Oxford: Oxford University Press.

Dawkins R., 1976, *The Selfish Gene*. Oxford: Oxford University Press.

Dawkins, R., 1982, *The Extended Phenotype*.Oxford: Oxford University Press.

Diewald, G., 2002, A Model for Relevant Types of Contexts in Grammaticalization, In: Wischer, Ilse and Gabriele Diewald (eds.), *New Reflections on Grammaticalization*.

Evans, Vyvyan, 2006, Lexical Concepts, Cognitive Models and Meaning-Construction.*Cognitive linguistics*, 17 (4).

Fillmore, Charles J., 1975, An Alternative to Checklist Theories of Meaning, In Cathy Cogen, Henry Thompson, Graham Thurgood (eds.), *Proceedings of the Annual Meeting of the Berkeley Linguistic Society*. Berkeley, CA: Berkeley Linguistics Society.

Fillmore, Charles J., 1985, Frames and the Semantics of Understanding, *Quaderni di Semantica* 6 (2).

Fillmore, Charles J., 1988, The Mechanisms of "Construction Grammar." *BLS*, 14.

Fillmore, Charles J. Kay and M. O'Connor, 1988, Regularity and Idiomaticity in Grammatical Construction: The Case of LET ALONE.*Language*, 64.

Geurts, B., 1999, *Presuppositions and Pronouns*, New York, Elsevier.

Givoón, Talmy, 1985, Function, Structure, and Language Acquisition, In Dan I.Slobin (eds.), *The Crosslinguistic Study* of Language Acquisition. Hillsdale, N. J.: Lawrence Erlbaum Associates.

Goldberg, Adele E., 1995, *Constructions: A Construction Grammar Approach to Argument Structure*. Chicago: Chicago University Press.

Goldberg, Adele E., 2003, Constructions: A New Theoretical Approach to Language, *Journal of Foreign Languages*, No.3.

Goldberg, Adele E., 2006, *Constructions at Work: the Nature of Generalization in Language*. Oxford: Oxford University Press.

Goldberg, Adele E.& J.Awera., 2012, This is to Count as a Construction.Folia Linguistica, (1).

Greville G. Corbett, 2004, *Number*, Cambridge: Cambridge University Press.

Grice, H.P., 1975, Logic and Conversation. In Cole, P. and Morgan, J. L. (ed.), *Syntax and Semantics*. Vol. 3, Speech Act.New York: Academic Press.

Grice, H.P., 1978, Further Notes on Logic and Conversation.In Cole, P. (ed.), *Syntax and Semantics*. Vol. 9, Pragmatics. New York: Academic Press.

Hans C. Boas & Ivan A. Sag, 2012, *Sign-Based Construction Grammar*.Stanford: Center for the Study of Language and Information.

Heine, B., 2002, On the Role of Context in Grammaticalization, In: Wischer, Ilse and Gabriele Diewald (eds.), *New Reflections on Grammaticalization*.xiv, 437.

Hopper Paul J & Elizabith Closs Traugott, 2003, *Grammaticalization*, Cambridge: Cambridge University Press, 2nd, revised.

J. Lidz & A. Williams, 2009, Constructions on Holiday.Cognitive Linguistics, (20.1).

Kate Distin, 2005, *The Selfish Meme- A Critical Reassessment*.Cambridge: Cambridge University Press.

Kay, P. and Fillmore, C., 1999, Grammatical Construction and Linguistic Generalization: The What's X doing Y? Construction.Language, Vol.75.

Kirsner, Robert S., 1985, Iconicity and Grammatical Meaning. In John Haiman (eds.), *Iconicity in Syntax*, Amsterdam: John Benjamins.

Lakoff, G., 1987, *Women, Fire and Dangerous Things: What Categories Reveal about the Mind*.Chicago: University of Chicago Press.

Lakoff, G. & Johnson, M., 1980, Metaphors We Live By. Chicago: The University of Chicago Press.

Lakoff, G.& Turner, M., 1989, *More than Cool Reason.A Field Guide to Poetic Metaphor*.Chicago: The University of Chicago Press.

Langacker, Ronald W., 1985, Observations and Speculation on Subjectivity.In John Haiman (eds.), *Iconicity in Syntax*, Amsterdam: John Benjamins.

Langacker, Ronald.W., 1987, Foundations of Cognitive Grammar, Vol.1: Theoretical Prerequisites.Stanford: Stanford University Press.

Langacker, Ronald.W., 1991, Foundations of Cognitive Grammar, Vol.2: Descriptive Application.Stanford: Stanford University Press.

Langacker, Ronald W., 1993, Reference-point Construction, *Cognitive Linguistics*, 4.

Langacker, Ronald W., 2005a, Integration, Grammaticalization, and Constructional Meaning. In Fried, M. & H. Boas (eds.), *Construction Grammars: Back to the Roots*.Amsterdam: John Benjamins.

Langacker, Ronald W., 2005b, Construction Grammars: Cognitive, Radical and Less So.In F.J.Ruiz de Mendoza Ib·ñez & M.S.Peña Cervel (eds.), *Cognitive Linguistics: Internal Dynamics and Interdisciplinary Interaction*. Berlin: Mouton de Gruyter.

Langacker, Ronald W., 2008, *Cognitive Grammar: A Basic Introduction*.Oxford: Oxford University Press.

Levinson, S.C., 1983, *Pragmatics*. Cambridge: Cambridge University Press.

Luc Steels, 2003, Evolving Grounded Communication for Robots.*Trends in Cognitive Science*, 7.

Luc Steels, 2004, Constructivist Development of Grounded Construction Grammar. In D. Scott, W. Daelemans and M. Walker (eds.), *Proceedings of the Annual Meeting of the Association for Computational Linguistics Conference*.Barcelona: ACL.

Luc Steels, 2005, The Role of Construction Grammar in Language Grounding. AI Journal, 164.

Luc Steels, 2012a, *Computational Issues in Fluid Construction Grammar*.Springer, Berlin.

Luc Steels, 2012b, Design methods for Fluid Construction Grammar. In Luc Steels (eds.), *Computational Issues in Fluid Construction Grammar*.Springer Verlag, Berlin.

Luc Steels and Joachim De Beule, 2006, Unify and Merge in Fluid Construction Grammar. In P. Vogt, Y. Sugita, E. Tuci, and C. Nehaniv (eds.), *Symbol Grounding and Beyond*, LNAI 4211, Berlin, 2006.Springer.

Luc Steels and Remi van Trijp, 2011, How to Make Construction Grammars Fluid and Robust.In Luc Steels, *Design Patterns in Fluid Construction Grammar*.John Benjamins, Amsterdam.

Lyons, John, 1977, *Semantics* (volumn2). Cambridge: Cambridge University Press.

Michaelis, L., 2004, Type Shifting in Construction Grammar: an Integrated Approach to Aspectual Coercion. *Cognitive Linguistics*, (15).

Pieter Wellens, Remi van Trijp, Katrien Beuls & Luc Steels, 2013, Fluid Construction Grammar for Historical and Evolutionary Linguistics, *Proceedings of the 51st*

Annual Meeting of the Association for Computational Linguistics, Sofia, Bulgaria, August 4-9.

Pustejovsky, James, 1991, The Generative Lexicon, *Computational Linguistics*, Vol, 17 (4).

Pustejovsky, James, 1995, *The Generative Lexicon*. Cambridge, Massachusetts: The MIT Press.

Pustejovsky, James, Pierrette Bouillon, Hitoshi Isahara, Kyoko Kanzaki and Chungmin Lee, 2012, *Advances in Generative Lexicon Theory*. New York: Springer.

Rechards, A., 1965, *The Philosophy of Rhetoric*. New York: Oxford University Press.

Remi van Trijp, Luc Steels, Katrien Beuls, Pieter Wellens, 2012, Fluid Construction Grammar: The New Kid on the Block, *Proceedings of the 13th Conference of the European Chapter of the Association for Computational Linguistics*, Avignon, France, April 23 – 27.

Rens Bod, 2009, Constructions at Work or at Rest? *Cognitive Linguistics*, (20.1).

Robert A. Hall Fr., 1964, *Introductory Linguistics*, Chilton Books.

Searle, J.R., 1969, *Speech Act*. Cambridge: Cambridge University Press.

S.K.aumjan, 1971, *Principles of Structural Linguistics*. Paris: Mouton.

Sperber, D.& Wilson, D., 1986, *Relevance: Communication And Cognition*. Oxford: Blackwell.

Talmy, L., 2000, Towards a Cognitive Semantics, Vol. 1: *Concept Structuring Systems*. Cambridge, Mass.: The MIT Press.

Taylor, J., 1989, *Linguistic Categorization: Prototypes in Linguistic Theory*, Oxford: Oxford University Press.

Taylor, John R., 1995, *Linguistic Categorization: Prototypes in Linguistic Theory*. Oxford: Oxford University Press.

Ungerer, F.& H.J.Schmid, 2001, *An Introduction to Cognitive Linguistics*. Beijing: Foreign Language Teaching and Research Press.

Van Trijp, Remi, 2013, A Comparison between Fluid Construction Grammar and Sign-Based Construction Grammar. *Constructions and Frames* 5 (1).

Viberg, Ake, 1983, The Verbs of Perception: a Typological Study. *Linguistics* 21 (1).

后　　记

　　本书是2011年获批国家社科基金青年项目（"汉语常用构式的词汇化和语法化研究，项目编号：11CYY040"）结题成果的双音虚词部分（结题结果为"良好"）。构式是形式和意义的配对，而其中的形式其实就是语言单位的语法构造形式，因此，汉语的最小构式应该是双音节词语（单音节词语及以下单位不存在语法构造形式）。汉语双音虚词的演变研究长期存在一个重描写而轻解释的现象，在有的研究成果中，双音虚词的语法化研究仅仅局限于指出某个双音词在哪个时代出现，在哪个时代沿用等情况，其中演变的过程如何却不得而知，从非词到词的过程不甚明了，特别是何种动因和机制导致了该词的形成研究还不够深入。因此，双音虚词的演变研究应该立足于结构式，把双音虚词的语法化置于其使用语境中去研究，并把语言的动态观和语言的历史演变结合起来进行研究。构式语法的主张和观点正好适合我们的研究目标，我们有的章节立足于认知构式语法，努力去探讨所涉及双音词的演变过程研究，特别是力图去还原这种历史演变的现场，让我们能够清晰地看到虚词演变的每一个环节。试图从构式语义来探讨双音虚词的语义，又克服构式语法缺乏历史演变研究的特点，着力探讨构式的来源和形成。限于经费和字数，有三章关于小句构式演变的成果没有纳入本书，因此，书名也就改为"汉语常用双音虚词的语法化研究"。

　　本书中的一些章节都以单篇论文的形式曾在《中国语文》《语言科学》《语言教学与研究》《世界汉语教学》《古汉语研究》《汉语学习》等专业刊物上以及《湘潭大学学报》（哲学社会科学版）等大学学报上发表过。但是，各篇文章都有所侧重，因此，汇集成书的时候，我们力图使之成为一个整体，分别从语法化环境、路径、语法化链、构式框架的语法化以及虚词形成的动因机制等方面来安排篇章结构。但毕竟是单篇论文的形式,全书整体性还不够完善,特别是有的章节还存在一些内容论述的重复现象。本书既有短语构式演变所带来的双音虚词的形成研究,也有小句构式语法化所带来的双音虚词的形成研究和构式构件融合而形成双音虚词的研究。这些研究既是对双音虚词语法化研究现状不足的补充,也是对构式语法缺乏词类构式研究的一个补充,同时提出了构式的源构式探讨可以推导构式的形成过程,构式不是自在存在,而是一种自为存在。因此,本书试图展示双音虚词历时研究的一种新范式。

　　本书的完成获得了各方的支持。首先,要感谢我的爱人胡丽珍博士!课题的不少内容是与她一起讨论完成的,许多章节她是第一读者,并提出了不少宝贵意见。而且有不少章节发表时,她也是第二作者,个别小节(如"还好"与"太过"的研究等)还是第一作者,这些内容都征得她的同意后,收入了本书中。这些年来,尽管经历了这样那样的困难,她都坚定地站在我的身边,鼓励我,支持我。其次,要感谢我的女儿。这个可爱的天使,给我带来无穷的欢乐和前进的动力。再次,要感谢我的博士生导师方一新先生,双音虚词语法化研究的方向是在与先生讨论博士论文写作的时候就定下的。而且本书有两个小节的内容也是出自本人的博士论文,这些都得到过方先生的悉心指导。另外,还要感谢学术界的吴福祥先生、张谊生先生、李宗江先生、邵敬敏先生、洪波先生、吴为善先生、杨永龙先生与董秀芳先生等学者,他们当面或者书面给书中的相关内容提出过宝贵的意见;也要感谢《中国语文《语言科学》《语言教学与研究》《世界汉语教学》《古汉语研究》以及《汉语学习》等发表过本书相关章节内容杂志编辑部的编辑先生与匿名审稿专家,他们为相关内容的修改也提出过宝贵的修改意见。当然,有的章节写作,我的研究生也有参与资料收集(如罗华宜、李要珍等),参考文献格式整理(如李飞燕),有的还是内容发表时的第二作者,此处一并感谢,不一一列出。另外,趁本书出版之际,还要感谢湘潭大学外国语学院的朋友罗美君副教授。2013年我被评为博导后,罗美君就说来读我的博士,可是后来我调离了湘潭大学,此事一直没有给她兑现,一直是个遗憾。虽然此后我给予了她一些专业上的指导,但是在这个期间她也给了我很多帮助,特别是我调离湘潭大学后,一些后续的事情她都帮了我太多,而且本书也收录了我们一起合作写的一篇论文(关于"好道"的研究),一并表示感谢!最后,本书的出版还要感谢重庆师范大学文学院的基金资助，特别要感谢文学院各位领导的大力支持！

另外，需要指出的是，本书是前面提到的课题结题的部分成果，结题已有五六年了，现在出版，基本保留了成果发表时和结题时的原貌，具体问题研究中的前期研究成果基本截止到 2015 年，之后相关问题后续有学者研究过的成果基本就没有涉及，敬请相关学者谅解。最后，还需要说明的是，虽然我的初衷是试图将认知构式语法运用到汉语双音虚词的语法化研究中来，但我的学识和外语理解认知水平有限，语言理论基础较为薄弱，所以，在运用国外语言学理论来解释汉语现象的时候可能存在谬误之处，敬请学术界的同人及读者提出批评指正！

雷冬平

2021 年 7 月 1 日于师大苑